DISTANCE IS MEANINGLESS
WHEN TWO HEARTS
ARE ATTACHED
TO EACH OTHER

to Jackie

January 8, 2021
September 3, 2022

COUNTRY ROADS
TAKE ME HOME

für Peter Kunigowski

WAS IST mD/Vfa kompakt?

Der Autor ist kommunaler Verwaltungsbeamter mit beruflicher Erfahrung in den Bereichen Ordnungswidrigkeiten- und Gefahrenabwehrrecht und Leistungsverwaltung. Zudem verfügt er über die Qualifikation zum Ausbilder nach der Ausbildungs-Eignungsverordnung und langjährige Erfahrung als Praxisausbilder und -prüfer im öffentlichen Dienst.

Dieses Buch soll als vollumfängliches Hilfsmittel für die Anwärterinnen und Anwärter im mittleren kommunalen Verwaltungsdienst und die Auszubildenden zur/zum Verwaltungsfachangestellten dienen. Es ersetzt keine fachbezogene Spezialliteratur, sondern vermittelt einen Überblick über das große Ganze, um das es bei der Ausbildung geht.

Der Autor vertritt hierbei ausschließlich seine eigene Meinung hinsichtlich der Priorisierung von Inhalten und regt an einigen Stellen auch zum Nachdenken über politische Entscheidungen oder gesetzliche Regelungen an. Dabei orientiert er sich stark an den einschlägigen Stoffverteilungsplänen der Studieninstitute.

INHALTSVERZEICHNIS

GRUNDLAGEN 7

STAATS- UND EUROPARECHT 67

ALLGEMEINES VERWALTUNGSRECHT.................... 111

RECHT DER GEFAHRENABWEHR 149

KOMMUNALRECHT 167

ZIVILRECHT 189

BEAMTENRECHT.. 213

ARBEITSRECHT.. 222

SOZIALRECHT 237

ORDNUNGSWIDRIGKEITEN- UND STRAFRECHT 272

BESCHAFFUNG UND VERGABE............................ 284

VERWALTUNGSORGANISATION.................................. 289

VOLKSWIRTSCHAFTSLEHRE 323

BETRIEBSWIRTSCHAFTSLEHRE 343

KOMMUNALE BUCHFÜHRUNG 371

KOSTEN- UND LEISTUNGSRECHNUNG 406

KOMMUNALES FINANZMANAGEMENT.......................... 454

KOMMUNALES ABGABENRECHT................................ 465

HANDLUNGS- UND SOZIALKOMPETENZ 480

STICHWORTVERZEICHNIS................................ 489

Bibliografische Information der Deutschen Nationalbibliothek:
Die Deutsche Nationalbibliothek verzeichnet diese Publikation
in der Deutschen Nationalbibliografie; detaillierte bibliografische
Daten sind im Internet über http://dnb.dnb.de abrufbar.

© 2023 Volker Kunigowski

Herstellung und Verlag:
BoD – Books on Demand, Norderstedt

ISBN: 978-3-7494-3595-1

GRUNDLAGEN

Zunächst möchte ich dir zu deinem Ausbildungsplatz zur / zum Verwaltungsfachangestellten, bzw. zu deiner Ernennung zur Sekretäranwärterin / zum Sekretäranwärter im öffentlichen Dienst gratulieren. Gleichzeitig danke ich dir für den Kauf dieses Lehrbuches.

In diesem ersten Kapitel möchte ich dir Grundlagen vermitteln, die so – oder so ähnlich – für alle Fächer deiner Ausbildung gelten. Sie schweben sozusagen über allem. Bestimmte Themen, die ich hier anspreche, werde ich in den einzelnen Kapiteln noch intensiver beleuchten und erklären – immer so, wie es für dich im Rahmen deiner Ausbildung wichtig sein wird.

Letztlich wird es darauf hinauslaufen, dass du in den rechtswissenschaftlichen Fächern sogenannte „Gutachten" schreiben musst, in denen du anhand eines bestimmten Prüfschemas eine Prüfung einer Behördenentscheidung durchführen musst. Am Ende sollst du die Frage beantworten, ob die Behörde „richtig oder falsch" gehandelt hat. Die Prüfschemata werden dir von deinem Dozenten für das jeweilige Fach vorgegeben. Sie enthalten bestimmte Prüfpunkte, die du der Reihe nach abarbeitest. Während meine Erläuterungen am Anfang dieses Kapitels noch sehr allgemein und theoretisch sind, wirst du feststellen, dass ich zum Ende des Kapitels immer häufiger von diesen „gutachterlichen Prüfungen" sprechen werde. Ich will dich dadurch langsam an die Fragen heranführen, die du dir dann im Verlauf deiner Ausbildung immer wieder stellen wirst, wenn du einen rechtswissenschaftlichen Fall bearbeiten sollst.

Du wirst möglicherweise beim Lesen dieses Kapitels nicht direkt alles verstehen und nachvollziehen können. Das ist überhaupt nicht schlimm. Ich bin der Meinung, das wichtigste ist, dass man bestimmte Dinge überhaupt mal gehört hat. Wenn du dann während deiner Ausbildung auf die hier angesprochenen Themen triffst, erinnerst du dich vielleicht daran, hier etwas darüber gelesen zu haben. An diesem Punkt beginnt dann das Lernen und das eigentliche Verstehen.

Ich empfehle dir also, dieses Kapitel bereits zu Beginn deiner Ausbildung vollständig, aber völlig ohne Druck „Verstehen-zu-müssen", durchzulesen. Versuche einfach, meine Erläuterungen nachzuvollziehen, so gut es geht, und dir vielleicht den einen oder anderen Begriff zu merken. Alles andere kommt dann mit der Zeit von selbst.

RECHTSNORM

Spätestens im Fach „Staats- und Europarecht" wirst du lernen, dass die Bundesrepublik Deutschland ein Rechtsstaat ist, und dich mit der Frage beschäftigen, was einen Rechtsstaat ausmacht. Ein wesentlicher Bestandteil davon ist ein von der Bevölkerung getragenes, diskriminierungsfreies Rechtssystem. Ein Rechtssystem ist letztlich nichts anderes, als eine Aufstellung allgemeiner Aussagen, die auf eine Vielzahl von Einzelsituationen anwendbar sind. Dies nennt man auch „generell-abstrakte Regelung", denn diese Regeln gelten unabhängig vom Einzelfall.

Ziel des Gesetzgebers ist es nämlich gerade nicht, jeden Einzelfall zu regeln, sondern Rahmenbedingungen für das Zusammenleben zu schaffen. Erst wenn es in einem bestimmten Einzelfall zu einem Regelverstoß kommt (z.B. Überfahren einer roten Ampel), wird die allgemeine Regelung (das Überfahren von roten Ampeln ist verboten) im Einzelfall geprüft und eine Entscheidung getroffen, die nur für diesen konkreten Einzelfall gilt (der Fahrer muss eine Geldbuße bezahlen und/oder ihm wird der Führerschein entzogen).

Die Regelung von Einzelfällen obliegt zunächst der zuständigen Verwaltungsbehörde, die ihre Entscheidung i.d.R. in Form eines Verwaltungsaktes erlässt. Das nennt sich dann „individuell-konkrete Regelung".

Eine Rechtsnorm ist daher so konkret wie nötig, aber so allgemein wie möglich zu formulieren. Dies ist nie leicht und bringt viele Interpretationsmöglichkeiten mit sich. Die Aufgabe eines jeden, der mit der Anwendung von Vorschriften betraut ist, ist es daher, durch Auslegung zu ermitteln, wie eine Norm anzuwenden ist. Zu diesen konkreten Methoden der Auslegung komme ich später zurück. Zuerst möchte ich dir erklären, wie eine Rechtsnorm zu lesen ist.

Es gibt ganz unterschiedliche Arten von Rechtsnormen. Die zunächst wichtigste Art ist für dich die Ermächtigungsgrundlage, bzw. die Anspruchsgrundlage.

Die Ermächtigungsgrundlage ermächtigt die Behörde dazu, tätig zu werden. D.h., wenn die Behörde etwas tun möchte, das in die Rechte des Bürgers eingreift (z.B. Entziehen der Fahrerlaubnis), dann muss es eine Ermächtigungsgrundlage geben, die der Behörde unter bestimmten Voraussetzungen sozusagen die Erlaubnis dazu gibt. Gibt es diese nicht, so darf die Behörde nicht tätig werden. Ich komme später nochmal zu diesem Thema zurück, wenn es um den „Vorbehalt des Gesetzes" geht.

Eine Anspruchsgrundlage ist quasi das Gegenteil einer Ermächtigungsgrundlage. In einer Anspruchsgrundlage wird dem Bürger das Recht gegeben, von der Behörde unter bestimmten Voraussetzungen eine bestimmte Tätigkeit zu verlangen (z.B. Erteilen einer Fahrerlaubnis). Erfüllt der Bürger die rechtlichen Voraussetzungen (z.B. Bestehen der Fahrprüfung und Erreichen des erforderlichen Lebensalters) kann die Behörde die Erteilung der Erlaubnis nicht einfach verweigern. Tut sie dies doch, kann der Bürger auf Erteilung der Erlaubnis klagen.

Ich habe gerade in beiden Fällen den Begriff „Voraussetzungen" verwendet. Natürlich kann die Behörde nicht jedem einfach die Fahrerlaubnis entziehen und nicht jeder kann einfach die Erteilung einer Fahrerlaubnis verlangen. Der Gesetzgeber (oder Verordnungsgeber) hat für alle Ansprüche und Ermächtigungen Voraussetzungen festgelegt. Diese Voraussetzungen werden „Tatbestand" genannt. Nur, wenn dieser Tatbestand erfüllt ist, besteht der Anspruch des Bürgers oder die Ermächtigung der Behörde. Diese Konsequenz, die sich aus der Erfüllung des Tatbestands ergibt (die Behörde darf die Fahrerlaubnis entziehen, bzw. der Bürger hat einen Anspruch auf Erteilung der Fahrerlaubnis) wird „Rechtsfolge" genannt.

Ist der Tatbestand erfüllt, so kann/muss also die Rechtsfolge eintreten.

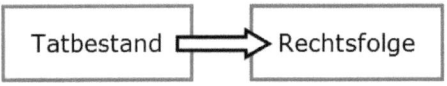

Wenn mehrere Voraussetzungen erfüllt sein müssen, spricht man von „Tatbestandsmerkmalen", die zusammen den Tatbestand ergeben.

Die jeweiligen Tatbestandsmerkmale können kumulativ („und"), alternativ („oder") oder aus einer Kombination aus beidem vorliegen:

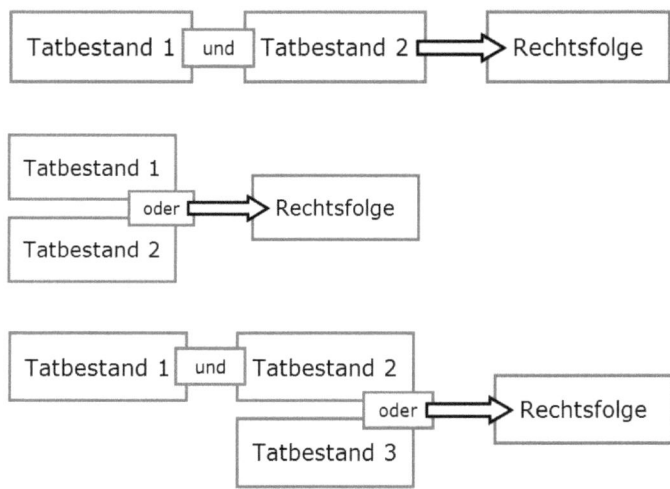

Beispiel:

„Wer zwischen 8 Uhr und 18 Uhr einen roten Pullover trägt, muss eine Geldbuße von 100 € entrichten."

Die Norm regelt für alle Personen, die zwischen 8 und 18 Uhr mit einem roten Pullover angetroffen werden, eine Rechtsfolge. Personen mit grünem Pullover oder solche mit rotem Pullover, die nach 18 Uhr unterwegs sind, fallen nicht unter den Tatbestand.

Für die Personen, die die Tatbestandsmerkmale
     1. trägt roten Pullover und
     2. zwischen 8 Uhr und 18 Uhr
erfüllen, greift die Rechtsfolge. Sie müssen eine Geldbuße in Höhe von 100 € bezahlen.

Den Tatbestand, die einzelnen Tatbestandsmerkmale und die Rechtsfolgen zu erkennen ist nicht immer einfach. Aber ich kann dir versichern, dass dir diese Erkenntnis zunehmend leichter fallen wird, je mehr Gesetzestexte du liest und je mehr du dich inhaltlich damit auseinandersetzen wirst. An dieser Stelle möchte ich dir daher ans Herz legen, dir anzugewöhnen, möglichst immer die Gesetzesstellen nachzulesen, über die ihr im Unterricht sprecht. Das erleichtert dir dann später auch die Orientierung in deiner Gesetzessammlung während den Klausuren und Prüfungen.

Eine andere Art von Rechtsnormen sind sogenannte „Hilfsnormen". Diese treffen Feststellungen oder definieren Begriffe („Legaldefinitionen"), sie besitzen aber keine Rechtsfolgenseite.

Beispiel:

§ 90a Bürgerliches Gesetzbuch (BGB): „Tiere sind keine Sachen. Sie werden durch besondere Gesetze geschützt. Auf sie sind die für Sachen geltenden Vorschriften entsprechend anzuwenden, soweit nicht etwas anderes bestimmt ist."

Hier wird klargestellt, dass Tiere keine Sachen sind. Jedoch werden die Vorschriften für Sachen auf diese angewendet. Eine Rechtsfolge fehlt hier. Es handelt sich daher um eine Hilfsnorm.

Beispiel:

§ 823 I BGB: „Wer vorsätzlich oder fahrlässig das Leben, den Körper, die Gesundheit, die Freiheit, das Eigentum oder ein sonstiges Recht eines anderen widerrechtlich verletzt, ist dem anderen zum Ersatz des daraus entstehenden Schadens verpflichtet."

Dies ist eine Anspruchsgrundlage. Es sind Tatbestand und Rechtsfolge definiert. Du siehst, dass hier der Tatbestand schon sehr komplex ist, weil er aus vielen Tatbestandsmerkmalen besteht. Ist der Tatbestand erfüllt, so tritt die Rechtsfolge ein:

Tatbestand:

„Wer vorsätzlich oder fahrlässig das Leben, den Körper, die Gesundheit, die Freiheit, das Eigentum oder ein sonstiges Recht eines anderen widerrechtlich verletzt, [...]"

Rechtsfolge:

„[...] ist dem anderen zum Ersatz des daraus entstehenden Schadens verpflichtet."

Ist der Tatbestand nicht erfüllt, so besteht in diesem Fall auch kein Anspruch auf Schadensersatz.

JURISTISCHE ZITIERWEISE

Im Rahmen deiner Ausbildung wirst du immer wieder Gesetzesstellen angeben müssen, um deine Argumentation zu belegen. Du musst dabei unbedingt darauf achten, dass du diese Stellen richtig zitierst. Richtig heißt dabei auch: möglichst genau.

Man kann zur Zitierung unterschiedliche Schreibweisen verwenden, die ich dir im Folgenden vorstellen werde. Sprich bitte mit deinem jeweiligen Dozenten, welche Schreibweise er für seinen Unterricht bevorzugt. Normalerweise wird dir freigestellt, wie du zitierst, solange du es richtig tust.

Gesetze sollten grundsätzlich immer zuerst voll benannt und die Abkürzung in runden Klammern dahinter gesetzt werden. Im Folgenden kann dann nur noch die Abkürzung genannt werden:

„Gemäß § 90a Satz 1 Bürgerliches Gesetzbuch (BGB) sind Tiere keine Sachen. Nach § 90a Satz 3 BGB sind auf diese jedoch die für Sachen geltenden Vorschriften entsprechend anzuwenden."

Es kann allerdings auch auf zwei Wegen mit Fußnoten gearbeitet werden. Hast du z.B. in erster Linie mit einem einzigen Gesetz zu tun, schreibe in die Fußnote zur ersten Nennung des Gesetzes einen Hinweis darauf:

Im Text:
„Gemäß § 90a Satz 1 Bürgerliches Gesetzbuch$_1$ sind Tiere keine Sachen. Nach § 90a Satz 3 sind auf diese jedoch die für Sachen geltenden Vorschriften entsprechend anzuwenden."

In der Fußnote:
„1 Alle Paragrafen sind im Folgenden solche des Bürgerlichen Gesetzbuches, sofern nicht etwas anderes bestimmt ist."

Die andere Variante wäre, das Gesetz in der Fußnote zu benennen:

Im Text:
„Gemäß § 90a Satz 1 BGB$_1$ sind Tiere keine Sachen. Nach § 90a Satz 3 BGB sind auf diese jedoch die für Sachen geltenden Vorschriften entsprechend anzuwenden."

In der Fußnote:

„*1 Bürgerliches Gesetzbuch.*"

Sprich mit deinem Dozenten, ob diese Varianten verwendet werden dürfen, und suche dir dann diejenige aus, die dir am ehesten zusagt. In Fächern wie „Allgemeines Verwaltungsrecht", „Sozialrecht" oder „BGB" kann der Einsatz von Fußnoten in der ersten Variante einen großen Zeitvorteil bei Klausuren bringen.

Erwähnen möchte ich noch den Umstand, dass in Bescheiden, die du möglicherweise in den Praxisabschnitten deiner Ausbildung in deiner Behörde lesen oder auch anfertigen wirst, oftmals der Name des Gesetzes mit dem Zusatz „vom XX.XX.XXXX in der derzeit geltenden Fassung (GVBl. S. XX)" o.ä. versehen wird. Die Notwendigkeit dieses Zusatzes im Rahmen der praktischen Arbeit erschließt sich mir nicht. Eine Behörde darf immer nur das Gesetz in der Fassung, die zum Zeitpunkt der Entscheidung wirksam ist, anwenden. Der Zusatz erübrigt sich also. Eine Ausnahme kann dann bestehen, wenn durch sogenannte Übergangsregelungen bestimmte Paragrafen der vorherigen Gesetzesfassung bis zum Ablauf eines bestimmten Datums weitergelten. Hier reicht dann aber der Zusatz „a.F." für „alte Fassung".

Nun zur eigentlichen Zitierweise. Zitiere immer so genau wie nur möglich unter Verwendung folgender Bezeichnungen:

Paragraf / Paragrafen	§ / §§
Absatz	z.B. Absatz 1, Abs. 1, I
Satz	z.B. Satz 2, 2.Satz, 2.S, 1
Halbsatz	z.B. Halbsatz 2, 2.Halbsatz, 2.Hs, 2.HS
Nummer / Ziffer	z.B. Nummer 3, Nr. 3, Zi. 3
Buchstabe / Literat	z.B. Buchstabe d), d), lit. d)

Alternative	z.B. Alternative 2, 2.Alternative, 2.Alt.
folgender, fortfolgende	f., ff.
in Verbindung mit	i.V.m.
im Sinne des	i.S.d.

Die Zitierung eines Absatzes in der Form (2) für Abs. 2 wird zwar häufig verwendet, diese Form ist aber nicht zulässig. Sie ist dem Gesetzgeber / Verordnungsgeber vorbehalten. Ich empfehle daher, auf eine der anderen Zitierweisen auszuweichen.

GEWALTENTEILUNG

Auch die wirksame Gewaltenteilung ist ein wesentliches Element des Rechtsstaates. Die Lehre geht davon aus, dass ein Staat u.a. dann ein Rechtsstaat ist, wenn sich das staatliche Gewaltmonopol auf drei Bereiche aufteilt, die voneinander unabhängig sind und sich gegenseitig kontrollieren.

Eine dieser drei Gewalten ist die Legislative („gesetzgebende Gewalt"). Hierzu gehören der Bundestag und die Länderparlamente. Diese beschließen formelle Gesetze und geben somit die Rechtsordnung in der Bundesrepublik und den Bundesländern vor. Sie können also ganz entscheidend beeinflussen, in welche Richtung sich die Gesellschaft entwickelt. Die Abgeordneten sind dabei jedoch an die jeweilige Verfassung (Grundgesetz oder Landesverfassung) gebunden.
Die Ausführung der Gesetze obliegt der Exekutive („ausführende/vollziehende Gewalt"). Diese besteht aus der Bundesregierung und den Landesregierungen mit ihren Ministerien, den meisten Bundes- und Landesbehörden und allen Kreis-, Stadt- und Gemeindeverwaltungen und den meisten sonstigen Körperschaften des öffentlichen Rechts (z.B. Landschaftsverbände). Die Behörden der Exekutive haben

grundsätzlich nicht zu hinterfragen, ob gesetzliche Regelungen „richtig oder falsch" oder verfassungsmäßig sind. Ihre Aufgabe ist es lediglich, die geltenden Gesetze auszuführen. Sie müssen dabei allerdings auch die Entscheidungen der letzten Gewalt, der Judikative, beachten.

Die Judikative („rechtsprechende Gewalt") umfasst die gesamte Gerichtsbarkeit, also alle Bundes- und Landesgerichte. Die Hauptaufgabe der Gerichte ist es, Entscheidungen der Exekutive daraufhin zu überprüfen, ob diese formell und materiell mit dem geltenden Recht (EG-Verordnungen, Verfassungen, Gesetze, Rechtsprechung) in Einklang stehen. Sprich, ob sie von der Art und Weise, wie die Entscheidung entstanden ist (formelle Rechtmäßigkeit) und mit ihrem Inhalt (materielle Rechtmäßigkeit) „richtig" sind. Die jeweiligen Voraussetzungen an die formelle und materielle Rechtmäßigkeit werde ich dir in den entsprechenden weiteren Kapiteln erklären. In der Summe entscheidet also das Gericht darüber, ob die Behörde richtig gearbeitet hat. Hat sie dies nicht getan, wird die Behördenentscheidung abgeändert oder aufgehoben. Eine weitere Aufgabe der Gerichte ist es, darüber zu entscheiden, ob die vom Parlament erlassenen Gesetze im Einklang mit der Verfassung und dem europäischen Recht stehen. Das nennt sich dann „Normenkontrolle". Diese unterteilt sich noch in die „inzidente Normenkontrolle" (inzident = einzelfallbezogen), die dann greift, wenn aufgrund einer konkreten behördlichen Entscheidung vom Gericht bezweifelt wird, dass das zugrundeliegende Gesetz verfassungsmäßig ist, und in die „abstrakte Normenkontrolle", die dann durchgeführt wird, wenn eine der Gewalten einzelfallunabhängig beantragt, die Verfassungsmäßigkeit eines Gesetzes zu überprüfen. Auch zu diesen Themen werde ich in den weiteren Kapiteln nähere Erläuterungen folgen lassen.

Nach manchen Meinungen stellt die Presse die sogenannte „vierte Gewalt" dar, denn auch die Presse hat, zumindest in einem Staat, in dem Pressefreiheit herrscht (ein weiteres Merkmal eines Rechtsstaates), eine gewisse Kontrollfunktion gegenüber den drei Gewalten, indem sie deren Handeln kritisch hinterfragen und letztlich auch öffentlich ungehindert kritisch darüber berichten kann. Ohne die Wichtigkeit einer funktionierenden Presse in einem Staat zu schmälern, empfinde ich es jedoch als zu weitgehend, die Presse auf eine Stufe mit den drei Gewalten zu stellen.

RECHTSQUELLEN

Als Rechtsquelle wird die Herkunft für rechtliche Vorschriften bezeichnet. Die wohl bekannteste Rechtsquelle ist das Gesetz. Wie bereits von mir dargestellt, werden (formelle) Gesetze durch die Parlamente beschlossen. Der Bundestag und die Landtage werden daher als „Gesetzgeber" bezeichnet. Gesetze gelten mit Inkrafttreten unmittelbar gegen und für die Bürger, Unternehmen und Behörden.

Gesetzescharakter haben auch die EG-Verordnungen der Europäischen Union, deren Wichtigkeit im täglichen Arbeitsleben zunehmend größer wird. Auch sie werden in einem formellen Verfahren erlassen und gelten unmittelbar gegen alle natürlichen und juristischen Personen der EU-Mitgliedsstaaten.

Eine weitere Quelle ist die, von mir schon erwähnte, Rechtsprechung (auch Richterrecht genannt). Damit ist die Gesamtheit der gerichtlichen Entscheidungen (Urteile und Beschlüsse) gemeint. Exekutive und Legislative haben sich an diese Entscheidungen zu halten. Für den Bürger gilt die

Rechtsprechung nicht unmittelbar, es sei denn, er war selbst Beteiligter an dem entsprechenden Gerichtsverfahren.

Behördliche Umsetzungsakte sind ebenfalls eine Rechtsquelle. Diese entstehen in der Regel durch den Erlass von Verwaltungsakten, durch die gesetzliche Regelungen für einen Einzelfall umgesetzt werden (z.B. Erteilung der Fahrerlaubnis für Herrn Müller, wenn er den gesetzlichen Tatbestand hierzu erfüllt).

Das zivilrechtliche Pendant zum Verwaltungsakt sind Rechtsgeschäfte. Auch sie sind Rechtsquellen. Hierzu zählen z.B. Arbeitsverträge, Kaufverträge, Mietverträge, Allgemeine Geschäftsbedingungen, Tarifverträge, dingliche Rechte und viele mehr.

Wieder zurück im öffentlichen Recht sind als ortgebundene Rechtsquellen die Satzungen der Gebietskörperschaften (Kreise, Städte, Gemeinden) zu nennen. Ohne Parlament zu sein, ist es das Recht der Kreistage, Stadträte und Gemeinderäte, ihre Angelegenheiten allgemein durch Satzungen regeln zu dürfen. Daher haben Satzungen zwar Gesetzescharakter, denn sie gelten unmittelbar gegen den Bürger und sie sind allgemeinregelnd, aber sie sind eben keine durch ein formelles Gesetzgebungsverfahren der Legislative, sondern eine durch Beschluss der Exekutive entstandene Rechtsquelle. Deswegen werden Satzungen auch als „materielle Gesetze" bezeichnet.

Rechtsverordnungen sind ebenfalls materielle Gesetze, denn sie werden durch die Ministerien (Exekutive) erlassen. Die Ministerien brauchen hierfür jedoch eine sogenannte „Verordnungsermächtigung". Der Gesetzgeber schreibt solche Verordnungsermächtigungen in seine Gesetze, um den

Ministerien die Möglichkeit zu geben, die allgemeinen Rahmenbedingungen, die das Gesetz vorgibt, in gewissem Maße einzuschränken. Eine Rechtsverordnung darf also nur auf Grundlage eines Gesetzes erlassen werden. Die Rechtsverordnung gilt unmittelbar. Da eine Verordnung zwar Gesetzescharakter hat, aber eben kein Gesetz ist, wird das Ministerium, wenn es Verordnungen erlässt, als „Verordnungsgeber" bezeichnet.

Auch das Grundgesetz, als Verfassung für die Bundesrepublik Deutschland, und die Landesverfassungen sind Rechtsquellen. Alle Gesetze, Verordnungen, Verwaltungsakte, Urteile, Satzungen, etc. müssen mit dem Grundgesetz, bzw. der jeweiligen Landesverfassung in Einklang stehen.

Rechtsquellen gelten örtlich grundsätzlich für den Bereich, für den sie erlassen sind. Das Grundgesetz gilt für die gesamte Bundesrepublik Deutschland, das Polizeigesetz NRW gilt für das gesamte Land Nordrhein-Westfalen, die Hundesteuersatzung der Stadt Düsseldorf gilt für Düsseldorf und die Herrn Müller erteilte Baugenehmigung gilt für das von ihm beantragte Bauvorhaben.

Allerdings kann der örtliche Geltungsbereich auch eingeschränkt werden. Zum Beispiel kann die Kreisverwaltung beim Ausbruch einer Tierseuche durch Allgemeinverfügung einen Sperrbezirk von 10 km um das Seuchenausbruchsgehöft einrichten. Die speziellen Vorschriften der Allgemeinverfügung gelten dann nur für die Gehöfte innerhalb dieses Sperrbezirks. Alle Gehöfte außerhalb des Sperrbezirks, die sich aber innerhalb des Kreisgebietes befinden, sind an diese Vorschriften nicht gebunden.

Auch in zeitlicher Hinsicht kann der Geltungsbereich von Rechtsquellen beschränkt sein. Grundsätzlich gilt ein erlassenes Gesetz oder ein bekanntgegebener Verwaltungsakt unbegrenzt. Wird aber z.B. das Gesetz geändert, so gilt nur noch die neue Fassung. Heutzutage ist es auch üblich, dass Gesetze mit einer Vorschrift versehen werden, die eine Überprüfung des Gesetzes zu einem bestimmten Datum vorschreibt. Dadurch soll sichergestellt werden, dass Gesetze, die sich als unwirksam herausgestellt haben oder die nicht mehr benötigt werden, wieder aufgehoben werden. Auch Verwaltungsakte und Verordnungen können von den erlassenden Behörden aufgehoben werden, wenn sie z.B. nicht mehr benötigt werden. Erlaubnisse können zudem von vorneherein z.B. mit einer Befristung versehen werden. Das kommt etwa bei der Genehmigung von Stadtfesten in Betracht. Die Erlaubnis, z.B. die Straße zu sperren und Verkaufsbuden aufzustellen, gilt dann nur für die Dauer des Stadtfestes. Danach wird die Erlaubnis automatisch unwirksam. Mehr hierzu erfährst du im Kapitel „Allgemeines Verwaltungsrecht".

VORBEHALT DES GESETZES

Unter dem Grundsatz „Vorbehalt des Gesetzes" versteht man die Notwendigkeit einer gesetzlichen Grundlage, um als Behörde in die Rechte des Bürgers eingreifen zu dürfen. Dieser Grundsatz ergibt sich aus Art. 20 III Grundgesetz – eine Vorschrift, die du dir durchlesen und merken solltest. Du wirst zu mehreren Gelegenheiten während deiner Ausbildung immer wieder mit Art. 20 GG Kontakt haben, da hier einige sehr wichtige Regelungen für das Verhalten des Staates gegenüber dem Bürger getroffen worden sind.

In Art. 20 III GG wird bestimmt, dass die Exekutive bei ihrer Arbeit an Recht und Gesetz gebunden ist. Das bedeutet, dass ein behördliches Handeln ohne rechtliche Grundlage nicht zulässig ist – dies muss insbesondere dann gelten, wenn in die Rechte des Bürgers eingegriffen werden soll.

Dieses Prinzip galt schon im Römischen Recht, aus dem viele Grundsätze unseres heute geltenden Rechtssystems noch ihren Platz haben, insbesondere im Bereich des Zivilrechts. So galt im Römischen Strafrecht schon der sogenannte „nulla poena-Grundsatz" („nulla poena sine lege" / „nullum crimen sine lege" = „keine Strafe / kein Verbrechen ohne Gesetz"). Demnach konnte man für eine Handlung nur dann bestraft werden, wenn diese Handlung bereits vor Tatbegehung auch unter Strafe gestellt war.

Zur Zeit des Dritten Reichs wurde dieser Grundsatz aufgehoben, um das deutsche Rechtssystem für die Schreckensherrschaft des Nationalsozialismus instrumentalisieren zu können. Bekanntestes Opfer dieses Vorgehens dürfte Marinus van der Lubbe sein, der für den Reichstagsbrand vom 27. Februar 1933 verantwortlich gemacht und zum Tode verurteilt wurde. Das Todesurteil erfolgte auf Grundlage der Reichstagsbrandverordnung, die erst am 28. Februar 1933, also nach dem Reichstagsbrand, in Kraft trat und u.a. für Brandstiftungen die bisher geltende lebenslange Freiheitsstrafe durch die Todesstrafe ersetzte. Mit dem Gesetz über Verhängung und Vollzug der Todesstrafe vom 29. März 1933 wurde dann auch noch die Rückwirkung der Reichstagsbrandverordnung für Taten, die zwischen dem 31. Januar und 28. Februar 1933 begangen wurden, beschlossen. Dieses Gesetz verstieß gleich gegen zwei Rechtsstaatsprinzipien, nämlich gegen die Verbote der strafrechtlichen Rückwirkung und der Einzelfallgesetzgebung (Art. 20 I 1 GG).

Der grundlegende Gedanke, der hinter diesem Prinzip zu sehen ist, ist der der Rechtssicherheit. Der Bürger muss wissen, was erlaubt und was verboten ist und – zumindest nach deutschem Strafrechtssystem – mit welcher Strafe er bei Zuwiderhandlung zu rechnen hat. Es kann in einem demokratischen Rechtsstaat nicht sein, dass jemand für etwas bestraft wird, von dem er nicht wusste, dass es strafbar ist.

Bezüglich der Kenntnisnahme von rechtlichen Regelungen ist jedoch darauf hinzuweisen, dass in unserem gesamten Rechtssystem, einschließlich des Zivilrechts, nicht das tatsächliche Wissen der betroffenen Person, sondern immer nur die Möglichkeit der Kenntnisnahme der Regelung ausschlaggebend ist.

Das heißt, der Bürger muss lediglich die Möglichkeit haben, sich über die für ihn einschlägigen Verbote informieren zu können. Dies ist allein schon durch die große Präsenz bestimmter „populärer" gesetzlicher Regelungen in den Medien weitestgehend gegeben, wie z.B. im Rahmen der „Hartz IV"-Gesetzgebung.

Viele Vorschriften sind kostenlos im Internet oder von den Parlamenten zu beziehen, und es ist auch Aufgabe der Verwaltung Wissenslücken unaufgefordert zu schließen, sofern diese beim Bürger erkannt werden und diese für die Sache erheblich sind. Ob der Bürger dann von dieser Möglichkeit Gebrauch macht, ist rechtlich zunächst unbedeutend.

Hinweis:

Der **Vorbehalt des Gesetzes** ist nicht zu verwechseln mit dem **Gesetzesvorbehalt**. Der Gesetzesvorbehalt ist ein Begriff aus dem Staatsrecht und bezeichnet die Ermächtigung im Grundgesetz an den Gesetzgeber, durch Gesetz bestimmte Grundrechte einschränken zu dürfen. Weitere Informationen zum Gesetzesvorbehalt findest du im Kapitel „Staats- und Europarecht".

VORRANG DES GESETZES

Der „Vorrang des Gesetzes" verbietet es den Behörden, Handlungen vorzunehmen, die dem geltenden Recht widersprechen.

Auch dieses Prinzip leitet sich aus Art. 20 III GG ab. Die Behörde hat also bei ihrer Arbeit die geltenden rechtlichen Regelungen exakt umzusetzen. Sie darf also insbesondere die rechtlichen Vorgaben nicht unterschreiten und nicht überschreiten.

Beispiel:

In der Allgemeinen Verwaltungsgebührenordnung für das Land Nordrhein-Westfalen (VerwGebO NW) ist in Ziffer 8.3.1.1 festgelegt, dass für die Durchführung der Jägerprüfung vom Prüfling eine Gebühr in Höhe von 220,00 € zu entrichten ist. Verlangt die Verwaltung nun stattdessen 250,00 € oder nur 100,00 € liegt im weitesten Sinne ein Verstoß gegen den Grundsatz des Gesetzesvorrangs vor.

GLEICHHEITSGRUNDSATZ (ART. 3 GRUNDGESETZ)

Der Staat hat bei allen seinen Handlungen die Grundrechte des Bürgers (Art. 1-19 GG) zu beachten. Auf die einzelnen Grundrechte werde ich im Kapitel „Staats- und Europarecht" eingehen. Die Gefahr der versehentlichen Verletzung der meisten Grundrechte ist verhältnismäßig gering. Stark gefährdet ist jedoch der Gleichheitsgrundsatz des Art. 3 Grundgesetz. Deswegen möchte ich diesen Artikel hier kurz ansprechen.

Gemäß Art. 3 GG sind alle Menschen (Frauen, Männer und diverse/intersexuelle) vor dem Gesetz gleich. Niemand darf wegen seines Geschlechtes, seiner Abstammung, seiner Rasse, seiner Sprache, seiner Heimat und Herkunft, seines Glaubens, seiner religiösen oder politischen Anschauungen benachteiligt oder bevorzugt oder wegen seiner Behinderung benachteiligt werden.

Dies schließt jedoch nicht aus, dass verschiedene Gruppen von Menschen aus sachlichen Gründen unterschiedlich behandelt werden können. So lautet der einschlägige Leitsatz des Bundesverfassungsgerichtes zur Anwendung von Gleichheit: „Wesentlich Gleiches ist gleich und wesentlich Ungleiches ist ungleich zu behandeln."

Das bedeutet, dass eine Ungleichbehandlung von Menschen dann erlaubt ist, wenn zwischen zwei Gruppen Unterschiede solcher Art und von solchem Gewicht vorliegen, dass eine ungleiche Behandlung gerechtfertigt ist.

Wann ein ausreichender sachlicher Grund für eine Ungleichbehandlung vorliegt, muss für jeden Einzelfall separat entschieden werden. Wichtig ist meines Erachtens für deine tägliche Arbeit, dass der Grund für eine Ungleichbehandlung offensichtlich sein muss. Er muss sich dir quasi „aufdrängen". Meistens wird es hierbei in deiner beruflichen Praxis um Unterschiede in der (finanziellen) Leistungsfähigkeit des Bürgers gehen. In der Regel existieren bereits gesetzliche Regelungen, die solche Ungleichheiten behandeln. Zum Beispiel sieht § 17 III OWiG vor, dass bei der Bemessung der Höhe von Geldbußen auch auf die wirtschaftliche Leistungsfähigkeit des Betroffenen zu achten ist. Wenn also ein Sozialhilfeempfänger und ein Millionär die gleiche Tat begehen, soll die verhängte Geldbuße beide in gleichem Maße bestrafen. Also müssen sich die Höhen der Geldbußen unterscheiden, denn eine Geldbuße in Höhe von 500 € tut dem Sozialhilfeempfänger sicherlich deutlich mehr weh, als dem Millionär. Hier ist also eine Ungleichbehandlung sachlich gerechtfertigt, aber eben auch speziell gesetzlich eröffnet. Das ist aber nicht immer der Fall.

Ein Bereich, für den man eine sachliche Ungleichbehandlung recht einfach nachvollziehen kann, ist die Sozialhilfe. Es liegt auf der Hand, dass Personen, die ihren Lebensunterhalt nicht aus eigenem Einkommen bestreiten können, Leistungen des Sozialamtes erhalten, Personen mit entsprechend hohem Gehalt aber nicht.

Aus dem Sozialstaatsprinzip des Art. 20 I GG ergibt sich für die Bundesrepublik Deutschland die Verpflichtung, durch Belastung der Starken und Förderung der Schwachen auf eine soziale Gleichheit innerhalb der Bevölkerung hinzuwirken.

Wichtig für dich ist es zunächst erstmal nur, zu wissen, dass du Sachverhalte, die wesentlich gleich sind, auch gleich behandeln musst. Wenn also z.B. zwei Personen die gleiche Dienstleistung nachfragen, muss auch die Gebühr in beiden

Fällen gleich hoch sein. Das Abweichen von diesem Prinzip benötigt einen sachlichen Grund und muss in deiner täglichen Arbeit die Ausnahme sein und bleiben.

ZUSTÄNDIGKEIT

Die Frage nach der Zuständigkeit ist eine der ersten Fragen, die man sich als Bediensteter einer Behörde stellt, bevor man in die eigentliche Fallbearbeitung einsteigt.

Man unterscheidet in die örtliche Zuständigkeit, die sachliche Zuständigkeit und die instanzielle Zuständigkeit.

Die Paragrafen, nach denen sich die Zuständigkeiten richten, unterscheiden sich je nach Fachbereich. Ich will dir hier nur einen ganz groben Überblick geben. Ich werde in jedem Kapitel die dort geltenden Zuständigkeitsregelungen noch ausdrücklich ansprechen.

Die Regelungen über die Zuständigkeit ergeben sich üblicherweise entweder aus dem Gesetz, das man anwenden möchte, oder aus einer speziellen Zuständigkeitsverordnung. Leider ist das Auffinden dieser Zuständigkeitsverordnungen oft sehr schwierig, da deren Namensgebung nicht immer eindeutig ist. Aber dein großer Vorteil in den Praxisabschnitten deiner Ausbildung ist es, dass dort Kolleginnen und Kollegen arbeiten, die die entsprechenden Vorschriften kennen werden.

Örtlich zuständig ist grundsätzlich erst mal die Behörde, in deren Zuständigkeitsgebiet / Hoheitsgebiet sich der zu regelnde Sachverhalt ereignet hat oder gerade ereignet oder noch ereignen wird. Also dort, wo z.B. eine Gaststätte eröffnet werden soll, eine Ordnungswidrigkeit begangen worden ist, ein

Haus abgerissen werden soll oder auch, wo der Antragsteller wohnt. Es geht also um den örtlichen Bezug zu der Behörde.

Bei der sachlichen Zuständigkeit geht es darum, ob die Behörde für die Erledigung der konkreten Aufgaben zuständig ist. Mit Behörde ist hier jetzt nicht zwangsläufig die gesamte Stadt- oder Kreisverwaltung gemeint, sondern das Amt, z.b. das Jugendamt, die Ausländerbehörde oder das Straßenverkehrsamt. Wenn es also um den Abriss eines Hauses geht, so leuchtet es wohl ein, dass hierfür das Bauamt und nicht etwa das Jugendamt zuständig ist.

Die instanzielle Zuständigkeit wird in deiner Ausbildung sehr wahrscheinlich vernachlässigt. Dabei geht es um die Frage, welche Instanz innerhalb einer Hierarchie von mehreren zuständigen Behörden tätig werden darf. Das klingt erstmal kompliziert, letztlich geht es aber nur um die Frage, ob die Gemeinde / Stadt, der Kreis, die Bezirksregierung, der Landschaftsverband oder das Ministerium zuständig ist. Du wirst während deiner Ausbildung fast ausschließlich mit Rechtsvorschriften zu tun haben, für die die Städte und Gemeinden zuständig sind. Eventuell kann mal etwas dabei sein, wo die Kreisverwaltung zuständig ist. Das Thema instanzielle Zuständigkeit ist für dich also erstmal nicht so wichtig.

Wichtig zu wissen ist, dass in Fällen von Gefahr im Verzug (siehe Kapitel „Recht der Gefahrenabwehr" / es handelt sich um Situationen, in denen dringend gehandelt werden muss) auch die Behörde tätig werden darf, die sachlich, aber nicht örtlich zuständig ist. Wenn also z.B. eine Mitarbeiterin des Ordnungsamtes / Bereich „Landeshundegesetz" der Gemeinde G durch die Fußgängerzone der Stadt S läuft und dort einen unangeleinten Hund sieht, der die Passanten anspringt, darf sie eingreifen und den Hund sicherstellen. Sie muss dann aber unverzüglich das Ordnungsamt der Stadt S informieren und darf nur diejenigen Handlungen vornehmen, die unbedingt nötig sind. Wäre die Mitarbeiterin nicht vom Ordnungsamt, sondern z.B. aus dem Bauamt, dürfte sie dies alles nicht. (Wichtig: hier geht es um die Frage der behördlichen Zuständigkeit – nicht, ob jemand aufgrund von Notwehr, Notstand oder sonstigen Not- oder Jedermannsrechten eingreifen dürfte)

VERHÄLTNISMÄßIGKEIT / ERMESSEN

Ich erkläre im Folgenden das Verhältnismäßigkeitsprinzip und das Ermessen, welches sich nochmal in das Entschließungsermessen und das Auswahlermessen unterteilt. Es handelt sich um zwei getrennte Elemente einer Rechtmäßigkeitsprüfung, die jedoch sehr viele Berührungspunkte haben, sodass eine klare Trennung in der gutachterlichen Prüfung manchmal sehr schwierig ist. Ich empfehle grundsätzlich, dem Prüfschema strikt zu folgen, welches dir von deinem Dozenten in dem jeweiligen Fach vorgestellt wird. Ich möchte dich an dieser Stelle nur dafür sensibilisieren, dass eine Maßnahme, die unverhältnismäßig ist, auf keinen Fall auswahlermessensfehlerfrei sein kann – und umgekehrt.

VERHÄLTNISMÄßIGKEITSPRINZIP

Auch das Verhältnismäßigkeitsprinzip werde ich noch in jedem Kapitel, in dem es eine Rolle spielt, genauer erklären. Dennoch möchte ich hier kurz einen allgemeinen Überblick geben.

Der Grundsatz der Verhältnismäßigkeit leitet sich aus Art. 20 III GG ab. Es gibt mehrere gesetzliche Grundlagen für die Anwendung des Verhältnismäßigkeitsprinzips, die jedoch inhaltlich gleich sind. Letztlich geht es immer darum, dass die Behörde den Bürger nicht übermäßig stark belasten, also in dessen Rechte eingreifen darf, wenn dasselbe Ziel auch mit geringeren Mitteln zu erreichen ist (auch „Übermaßverbot").

Die Prüfung der Verhältnismäßigkeit erfolgt in vier Schritten. Es ist sehr wahrscheinlich, dass der erste Schritt „legitimer Zweck" von dir während deiner Ausbildung nicht erwartet wird. Dennoch möchte ich auch diesen Punkt vorstellen:

1. legitimer Zweck

Die behördliche Maßnahme muss einem legitimen Zweck dienen. Ein legitimer Zweck ist gegeben, wenn die Maßnahme dem Gemeinwohl dient.

Im Rahmen deiner Ausbildung wirst du Verhältnismäßigkeitsprüfungen fast ausschließlich anhand von Einzelfallentscheidungen (Verwaltungsakten, siehe hierzu Kapitel „Allgemeines Verwaltungsrecht") vornehmen. Diese werden von der Behörde auf Grundlage eines Gesetzes getroffen und sollen in einem bestimmten Fall die Einhaltung der rechtlichen Vorschriften sicherstellen oder erzwingen. Dadurch, dass das zugrundeliegende Gesetz bereits im Sinne des Gemeinwohls beschlossen und verkündet worden sein sollte und die Behörde die Einhaltung dieser vorgegebenen Rechtsordnung erreichen möchte, dient letztlich auch die Behördenentscheidung dem Gemeinwohl. Du kannst innerhalb der Ausbildung also in der Regel davon ausgehen, dass der legitime Zweck gegeben ist. Vorsicht ist für dich dann geboten, wenn sich aus dem Sachverhalt eindeutig ergibt, dass die Behörde eine Entscheidung aus willkürlichen Gründen trifft, also eben nicht zur Einhaltung der Rechtsordnung, sondern z.B. um irgendwelche anderen Ziele zu erreichen (z.B. Abriss eines

Wohnhauses, das vollkommen intakt und vorschriftsmäßig ist, um dort ein Gewerbegebiet ausweisen zu können). Die Wahrscheinlichkeit, dass diese Gründe dann eben nicht einem legitimen Zweck dienen, ist in einer Klausur sehr groß.

2. Geeignetheit

Dies ist der Fall, wenn die Möglichkeit besteht, dass durch die Maßnahme das angestrebte Ziel erreicht wird.

Es reicht an dieser Stelle aus, dass die Zielerreichung denkbar, also nicht völlig abwegig ist. Ob die Maßnahme tatsächlich geeignet war, lässt sich erst im Nachhinein mit Sicherheit feststellen.

> Beispiel:
>
> Stellt ein Landwirt seinen Rindern nicht ausreichend Wasser zur Verfügung, stellt dies einen Verstoß gegen das Tierschutzgesetz (TierSchG) dar. Ungeeignet wäre es, den PKW des Landwirts sicherzustellen, da die Tiere nach wie vor kein Wasser hätten. Geeignet wäre es, den Rindern Wasser zur Verfügung zu stellen.

3. Erforderlichkeit

Erforderlich ist eine Maßnahme, wenn kein milderes Mittel denkbar ist, mit dem derselbe Erfolg zu erreichen wäre. Aus mehreren möglichen Maßnahmen, die qualitativ dasselbe Ergebnis erreichen, muss also diejenige Maßnahme ausgewählt werden, die den Bürger oder das schützenswerte Gut am wenigsten belastet. Wenn mehrere Maßnahmen denkbar sind, sind diese in einer gutachterlichen Prüfung auch zu benennen und die getroffene Entscheidung ist zu begründen.

Beispiel:

Wie oben. Neben der Möglichkeit, den Landwirt dazu zu zwingen, den Rindern Wasser zu bringen, könnten die Tiere auch geschlachtet werden. Der tierschutzwidrige Zustand wäre damit abgewendet, denn die Rinder hätten keinen Durst mehr. Diese Maßnahme wäre jedoch nicht das mildeste Mittel, denn sowohl für den Landwirt aus finanzieller, als auch für die Tiere aus gesundheitlicher Sicht, wäre es weniger belastend, schlicht Wasser zur Verfügung zu stellen.

4. Angemessenheit / Verhältnismäßigkeit im engeren Sinn

Angemessen ist eine Maßnahme nur dann, wenn deren Vor- und Nachteile nicht deutlich außer Verhältnis stehen. In der Regel geht es an dieser Stelle um eine Gegenüberstellung der betroffenen Grundrechte des Empfängers der Maßnahme und der Rechtsgüter, die die Behörde mit ihrer Maßnahme schützen will. Dies ist in der Regel auch der schwierigste Teil der Verhältnismäßigkeitsprüfung.

Auf Seite der Behörde kann hier ein bestimmtes Rechtsschutzgut in Frage kommen, z.B. Schutz der Gesundheit von Passanten, Schutz der Bevölkerung vor einer Katastrophe, Schutz der Umwelt, oder einfach ganz allgemein der Schutz der Unverletzlichkeit der Rechtsordnung oder der Schutz des Bestands des Staates und seiner Organe.

Für den Bürger kommen vor allem die Grundrechte in Betracht. Am häufigsten dürfte es wohl um die allgemeine

Handlungsfreiheit (Art. 2 I GG), die körperliche Unversehrtheit (Art. 2 II 1 GG), die Freiheit der Person (Art. 2 II 2 GG), die Glaubensfreiheit (Art. 4 I, II GG), die Berufsfreiheit (Art. 12 I, II GG), die Unverletzlichkeit der Wohnung (Art. 13 I, II GG) und das Recht auf Eigentum (Art. 14 I, III GG) gehen.

Bei der Prüfung der Angemessenheit geht es dann darum, zu begründen, warum die Grundrechte des Bürgers in diesem konkreten Einzelfall zurückstehen müssen. Hierzu sind grundsätzlich alle Aspekte, die für und gegen eine Einschränkung der Rechte des Bürgers sprechen, zu erörtern. Letztlich wird es in der Regel darauf hinauslaufen, dass dem Interesse der Öffentlichkeit an der Einhaltung der Rechtsordnung ein größeres Gewicht gegeben wird, als dem Einzelinteresse des Bürgers, der sich gegen die Rechtsordnung (und damit die Gemeinschaft) stellt.

> Beispiel:
>
> Wie oben. Der Landwirt könnte sich der Anordnung, Wasser zu holen, mit der Begründung widersetzen, dies stelle einen Eingriff in seine grundgesetzlich geschützte allgemeine Handlungsfreiheit dar. Dem entgegen steht der Tierschutz, der sich aus Art. 20a GG ergibt und den Rang eines Staatsziels hat. Zudem gibt das Tierschutzgesetz (bzw. die Tierschutz-Nutztierhaltungsverordnung) ausdrücklich vor, dass Rinder täglich mit Wasser in ausreichender Menge und Qualität zu versorgen sind.

Man würde also argumentieren, dass die Bevölkerung ein berechtigtes Interesse daran hat, dass die tierschutzrechtlichen Vorschriften vom Landwirt eingehalten werden. Erschwerend für den Landwirt könnte man herausstellen, dass es sich um eine Tierhaltung handelt, die der Einkommenserzielung des

Landwirts und der Lebensmittelgewinnung dient, sodass hier höhere Anforderungen an die Einhaltung der Vorschriften zu stellen sind, als bei einer privaten Tierhaltung. In der Summe würde man zum Ergebnis kommen, dass das Interesse der Öffentlichkeit an einer Durchsetzung der tierschutzrechtlichen Vorschriften zum Schutz der Tiere dem Individualinteresse des Landwirts an einem ungehinderten rechtswidrigen Verhalten vorgeht. Die getroffene Maßnahme wäre damit angemessen.

Hinweis:

Bei der Frage der Angemessenheit geht es letztlich immer um die Frage, ob eine Grundrechtsverletzung vorliegt. Du musst dir klar machen, dass es viele Rechtfertigungen dafür gibt, dass in die Grundrechte des Bürgers eingegriffen wird. Wenn der Eingriff sachlich gerechtfertigt und rechtmäßig ist, ist er auch zulässig. Nur, wenn der Eingriff in die Grundrechte nicht erlaubt war, willkürlich erfolgt oder zu belastend ist, handelt es sich nicht mehr um einen zulässigen Grundrechtseingriff, sondern um eine Grundrechtsverletzung.

ERMESSENSAUSÜBUNG

Beim Ermessen geht es um die Frage, ob und wie die Behörde eingreifen darf oder muss, wenn es zu rechtlichen Verstößen kommt oder wenn behördliche Dienstleistungen beantragt werden.

1. Entschließungsermessen

Das Entschließungsermessen beschäftigt sich damit, ob die Behörde einen Handlungsspielraum hat, ob sie tätig wird, oder ob sie auf jeden Fall tätig werden muss. Die Gesetzgeber und Verordnungsgeber machen es uns an dieser Stelle ausnahmsweise mal relativ einfach, herauszufinden, ob wir Entschließungsermessen haben oder nicht. Sie schreiben es ausdrücklich in die Gesetze und Verordnungen rein. Entscheidend ist hier immer die Formulierung der Ermächtigungsgrundlage, die wir verwenden möchten, bzw. der Anspruchsgrundlage, auf die der Bürger seinen Antrag stützt.

1.1 KANN

Hat der Gesetz- oder Verordnungsgeber bei der Formulierung der Ermächtigungs- oder Anspruchsgrundlage das Verb „können" verwendet, so hat er hierdurch der Behörde ein umfassendes Entschließungsermessen eingeräumt. Die Behörde kann dann recht frei entscheiden, ob und wie sie tätig wird. Jedoch darf die Entscheidung nicht willkürlich oder diskriminierend sein. Hat die Behörde vorher in einem gleichgelagerten Fall Maßnahmen getroffen, dann muss sie dies jetzt auch tun. Das gebietet das sogenannte Prinzip der „Selbstbindung der Verwaltung". Außerdem darf der Sachbearbeiter seine Entscheidung nicht davon abhängig machen, ob er mit dem Bürger gut zurechtkommt oder ihn sympathisch oder unsympathisch findet.

Du musst wissen, dass es sogenannte Fälle der „Ermessensreduktion auf Null" gibt. Das ist dann der Fall, wenn die Situation so ist, dass man auf gar keinen Fall mehr abwarten kann. Wenn also z.B. Glasscherben auf einem Kinderspielplatz herumliegen, wird die Ordnungsbehörde nicht sagen können, dass sie ihr Entschließungsermessen aus § 14 I OBG NRW in der Art ausübt, dass sie die Scherben liegen lässt. Hier ist die Gesundheit der Kinder so wichtig und vor allen Dingen auch so konkret gefährdet, dass ein Eingreifen unbedingt nötig ist.

Außerdem muss gesagt werden, dass das Entschließungsermessen einer Behörde auch dann sehr stark eingeschränkt ist, wenn ein Bürger eine behördliche Handlung, z.B. die Erteilung einer Erlaubnis, beantragt und er die rechtlichen Vorgaben erfüllt. Hier geht dann das Bedürfnis des Bürgers vor und die Behörde wird die beantragte Erlaubnis erteilen müssen.

> Beispiel:
> „Die Ordnungsbehörden können die notwendigen Maßnahmen treffen, um eine im einzelnen Falle bestehende Gefahr für die öffentliche Sicherheit oder Ordnung (Gefahr) abzuwehren." (§ 14 I OBG NRW)

1.2 SOLL
Wenn das Verb „sollen" verwendet wurde, so muss die Behörde tätig werden, es sei denn, es handelt sich um einen atypischen Fall. Ein atypischer Fall liegt vor, wenn der Sachverhalt sehr stark von der Masse der anderen Sachverhalte abweicht. Wenn also der aktuelle Fall mit den ganzen anderen Fällen, die von der Behörde bearbeitet werden, nicht vergleichbar ist.

> Beispiel:
> „Die zuständige Behörde soll demjenigen die Ausübung der Tätigkeit untersagen, der die Erlaubnis nicht hat." (§ 11 V 6 TierSchG)

1.3 MUSS (TRIFFT / ERTEILT)
Wenn Verben verwendet werden, die eine konkrete Handlung bezeichnen, also schon vom Wortsinn her keinen Spielraum zulassen, ist die Behörde zum Tätigwerden verpflichtet.

> Beispiel:
> „Die zuständige Behörde trifft die zur Beseitigung festgestellter Verstöße und die zur Verhütung künftiger Verstöße notwendigen Anordnungen." (§ 16a I 1 TierSchG)

In diesem Fall ist die Behörde also dazu verpflichtet, tätig zu werden, und ist lediglich frei in der Auswahl der zu treffenden Maßnahme. Es handelt sich dann um einen Fall der sogenannten „gebundenen Verwaltung" oder des „gebundenen Ermessens".

2. Ermessensfehler

Wenn der Behörde ein Ermessen eingeräumt ist, sind bei der Ausübung des Ermessens folgende Ermessensfehler zu vermeiden:

2.1 Ermessensausfall

Ein Ermessensnichtgebrauch (auch „Ermessensnichtgebrauch" oder „Ermessensunterschreitung") liegt vor, wenn die Behörde das ihr zustehende Ermessen ganz oder teilweise nicht erkennt, bzw. nicht gebraucht. Dahinter steht der Gedanke, dass ein Ermessen nur dann richtig ausgeübt werden kann, wenn die Behörde auch erkannt hat, dass ihr ein Ermessen zusteht.

> Beispiel:
> Nach § 4 I Landeshundegesetz NRW (LHundG NRW) bedarf derjenige, der einen gefährlichen Hund im Sinne des Gesetzes hält oder halten will, der behördlichen Erlaubnis.

„Die Erlaubnis kann befristet erteilt und mit Bedingungen und Auflagen verbunden werden; …" (§ 4 IV LHundG NRW)

Die Behörde erteilt eine Erlaubnis und befristet diese auf 2 Jahre. In der Begründung gibt sie folgendes an:

„Nach § 4 IV LHundG NRW bin ich verpflichtet, Ihre Erlaubnis zu befristen."

Die Behörde hat hier nicht erkannt, dass ihr hinsichtlich der Befristung ein Ermessen zusteht. Sie ist davon ausgegangen, dass sie dazu verpflichtet ist, die Erlaubnis zu befristen. Somit liegt ein Ermessensausfall vor.

2.2 Ermessensüberschreitung

Eine Ermessensüberschreitung ist gegeben, wenn die Behörde den ihr eingeräumten Ermessensrahmen überschreitet.

Beispiel:
Nach Tarifstelle 30.3 Allgemeine Verwaltungsgebührenordnung NRW ist für die Versendung von Akten eine Gebühr von 5 € bis 100 € zu erheben.

Wenn die Behörde für die Versendung von Akten eine Gebühr von z.B. 200 € erhebt, handelt es sich um eine Ermessensüberschreitung.

2.3 Ermessensfehlgebrauch

Um einen Ermessensfehlgebrauch handelt es sich im Grunde bei Willkür-Maßnahmen. Wenn also die Behörde eine Entscheidung aufgrund sachfremder Erwägungen trifft.

> Beispiele:
> Ein Haus wird nach bauordnungsrechtlichen Vorschriften abgerissen, weil dort künftig keine Wohnbebauung mehr erfolgen, sondern Gewerbe angesiedelt werden soll.
>
> Umsetzung eines Amtsleiters, weil er der „falschen" politischen Partei angehört.

3. Auswahlermessen

Hinsichtlich der Auswahl der Maßnahmen ist die Behörde grundsätzlich frei. Sie muss beachten, dass sie die o.g. Ermessensfehler vermeidet, die Entscheidung also rechtmäßig und sachgerecht erfolgt. Wie bereits erwähnt, läuft es hier im Wesentlichen auf eine Verhältnismäßigkeitsprüfung hinaus.

NORMENKOLLISION

Es kann passieren, dass sich zwei (oder mehrere) Vorschriften widersprechen. Dann musst du darüber entscheiden, welche der Vorschriften anzuwenden ist. Hierzu gibt es mehrere Methoden (Kollisionsregeln und Auslegungsregeln), die dir dabei helfen können. Mach dir an dieser Stelle keinen Druck. Gerade das Auslegen von Rechtsnormen ist sehr kompliziert und wird von dir in der Regel so nicht erwartet. Ich halte es aber dennoch für wichtig, dass du die nachfolgenden Methoden mal gehört hast.

1. Kollisionsregeln

1.1 Spezialitätsprinzip
(lat., „lex specialis derogat legi generali")
Das Spezialitätsprinzip wird in deiner praktischen Arbeit sehr wichtig sein, denn unser ganzes Rechtssystem (inklusive des

EU-Rechts) ist auf diesem Prinzip aufgebaut. Es geht dabei darum, dass immer diejenige Norm angewendet wird, die den vorliegenden Sachverhalt am speziellsten, also am wenigsten allgemein, regelt.

So gibt zum Beispiel das Ordnungsbehördengesetz NRW (OBG NRW) die allgemeinen Rahmenbedingungen für das Handeln der Ordnungsbehörden vor und beinhaltet mit seinem § 14 I auch eine eigene Ermächtigungsgrundlage zum Eingreifen in die Rechte des Bürgers.

Wenn es sich aber zum Beispiel um einen Sachverhalt aus dem Bereich des Tierschutzrechts handelt, so ist das Tierschutzgesetz (TierSchG) spezieller, denn es regelt genau diesen Fachbereich. Es darf daher nur auf das OBG NRW zurückgegriffen werden, wenn das TierSchG zu bestimmten Punkten keine Regelungen getroffen hat. Da aber das TierSchG in seinem § 16a eine eigene, speziellere Ermächtigungsgrundlage enthält, ist ein Rückgriff auf § 14 I OBG NRW grundsätzlich nicht erlaubt.

Für den Bereich des Tierschutzes kann man das Spezialitätsprinzip sogar noch weitertreiben, denn auf Grundlage des § 2 TierSchG, der grundsätzlich eine artgerechte Haltung von Tieren vorschreibt, sind mehrere Verordnungen erlassen worden, die diesen Paragrafen für bestimmte Tierarten oder Sachverhalte konkretisieren. So darf z.B. für Hundehaltungen grundsätzlich nicht § 2 TierSchG herangezogen werden, sondern es ist die Tierschutz-Hundeverordnung anzuwenden.

1.2 Anciennitätsprinzip

(lat., „lex posterior derogat legi priori")

Dieses Prinzip hat in der heutigen Zeit nur noch eine nachgeordnete Bedeutung. Es soll immer diejenige Vorschrift angewendet werden, die jünger ist, weil man davon ausgeht, dass diese dem derzeitigen Stand der gesellschaftlichen, kulturellen, sozialen, rechtlichen und politischen Entwicklung eher entspricht, als die ältere. Heutzutage gibt es kaum mehr Vorschriften, die nicht regelmäßig überarbeitet werden, so dass eine Anwendung des Anciennitätsprinzips praktisch nicht mehr in Frage kommt.

1.3 Normenhierarchie

(lat., „lex superior derogat legi inferiori")

Wahrscheinlich hast du mal von dem Spruch „Bundesrecht bricht Landesrecht" gehört. Dieser beschreibt genau das Prinzip der Normenhierarchie. Die übergeordnete Rechtsquelle soll immer den Vorrang vor der jeweils untergeordneten Rechtsquelle erhalten. Mit der sich stetig weiterentwickelnden Bedeutung des EU-Rechts verschiebt sich diese Rangordnung der Rechtsquellen nach oben:

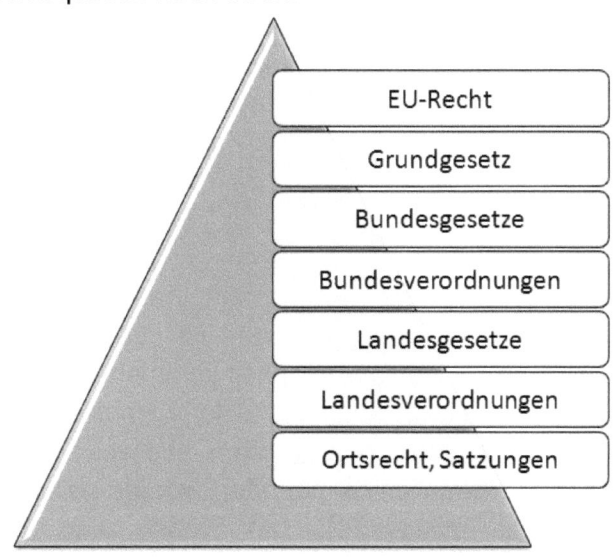

2. Auslegungsregeln (canones)

Wie bereits erwähnt, möchte ich auf die Auslegungsregeln nur ganz oberflächlich eingehen. Es geht bei der Auslegung darum, wie eine Rechtsnorm zu verstehen ist. Die Gesetz- und Verordnungsgeber verwenden oft sogenannte „unbestimmte Rechtsbegriffe", die nicht sofort von ihrem Inhalt und Umfang her verständlich sind. Sie bedürfen daher der Auslegung. Die folgenden Methoden sollen dabei helfen, die Bedeutung einer Rechtsnorm herauszufinden.

> Beispiel:
> „Die Beleidigung wird mit Freiheitsstrafe bis zu einem Jahr oder mit Geldstrafe…bestraft." (§ 185 Strafgesetzbuch)
> Die Frage ist, was alles unter den Begriff der „Beleidigung" fällt.

2.1 Grammatische (philologische) Auslegung

Hierbei hält man sich ganz streng an die Wortbedeutung. Hierzu kann man sich zum Beispiel des Duden oder eines Lexikons bedienen, um herauszufinden, was das auszulegende Wort alles umfasst.

2.2 Historische Auslegung

Man betrachtet bei der historischen Auslegung, wie die Rechtsnorm zustande gekommen ist und wie dieses Zustandekommen in der Öffentlichkeit kommentiert worden ist. Hierzu kann man in erster Linie die Unterlagen des Parlaments einsehen und versuchen, zu ergründen, aus welchen Gründen diese konkrete Formulierung getroffen worden ist. Außerdem kann man die zeitgenössische Presse und eventuell rechtswissenschaftliche Zeitschriften einsehen und erhält hierüber Hinweise darauf, wie die Vorschrift gemeint sein könnte.

2.3 Systematische Auslegung

Bei der systematischen Auslegung versucht man, anhand der Systematik der Rechtsordnung die Bedeutung des Rechtsbegriffs herauszufinden. Wenn dieser Begriff z.B. schon an anderer Stelle näher definiert ist, kann man versuchen, diese Definition analog anzuwenden.

2.4 Teleologische Auslegung
(griech., „telos" = Ende/Ziel/Sinn)

Hierbei stellt man sich die Frage, was der Gesetz- oder Verordnungsgeber wohl mit der Vorschrift bezwecken wollte. Es besteht natürlich die Gefahr, dass man eine Norm dann so auslegt, wie man es selbst am liebsten hätte – das darf natürlich nicht passieren.

2.5

Im Ergebnis wende ich meistens die grammatische und die teleologische Auslegung in einer Kombination an. Für deine praktische Arbeit empfehle ich immer erstmal den Blick in einen, hoffentlich zugänglichen, Kommentar zu dem anzuwendenden Gesetz. Im Kommentar sind auch die wichtigsten Gerichtsentscheidungen dargestellt, denn um ehrlich zu sein, sind es in aller Regel die Gerichte, die eine Norm verbindlich auslegen (dürfen).

3. Grundsatz der praktischen Konkordanz

Wenn die Kollision nicht zwischen Gesetzen und/oder Verordnungen besteht, sondern zwischen Grundrechten (z.B. um Fall der Angemessenheit in einer Verhältnismäßigkeitsprüfung), dann können die vorgenannten Regeln nicht angewendet werden.

Hier kommt dann der Grundsatz der praktischen Konkordanz zum Einsatz. Für dich reicht es an dieser Stelle aus, zu wissen, dass kein Grundrecht ein anderes Grundrecht absolut verdrängen darf und daher bei einer Grundrechtskollision eine Art „Mittelweg" im Licht der Verfassung gefunden werden muss.

OPPORTUNITÄTSPRINZIP / LEGALITÄTSPRINZIP

Das „Opportunitätsprinzip" beschreibt im Grunde das Vorhandensein des Entschließungsermessens der Behörde. Die Strafverfolgungsbehörde (Staatsanwaltschaften, Polizei) hingegen muss in den meisten Fällen auch ohne Antrag, nämlich von Amts wegen, tätig werden und ein Ermittlungsverfahren einleiten. Das Fehlen eines Entschließungsermessens wird „Legalitätsprinzip" genannt.

VERWALTUNGSVORSCHRIFT / ERLASS

Wesentlich für deine praktische Arbeit in der Behörde ist letztlich noch die Unterscheidung zwischen Rechtsvorschriften und Verwaltungsvorschriften.

Rechtsvorschriften sind alle Vorschriften, die eine Außenwirkung entfalten. Hierzu zählen alle Gesetze, das Richterrecht, Gewohnheitsrechte, Verordnungen und

Satzungen. Diese Vorschriften sind von den Bürgern, Unternehmen und Behörden zu befolgen, bzw. einzuhalten.

Es gibt jedoch auch sogenannte Verwaltungsvorschriften oder Erlasse, die in der Regel von den zuständigen Ministerien an die untergeordneten Verwaltungsbehörden gerichtet werden. Hier werden den Behörden Verfahrensformen, Verhaltensweisen und Auslegungsregeln vorgeschrieben, die diese zu befolgen haben.

Wichtig ist, dass zwar die Behörde an die Verwaltungsvorschriften gebunden ist, auch wenn die Behörde eine abweichende Rechtsauffassung vertritt. Jedoch kann der Bürger aus einer Verwaltungsvorschrift keine Ansprüche herleiten.

Für die Verwaltungsbehörde ergibt sich hierdurch das Dilemma, dass sie auch Verwaltungsvorschriften einhalten muss, die rechtwidrig sind. Die Behörde wird hierdurch zu rechtswidrigem Verhalten gezwungen. Klagt der Bürger erfolgreich gegen die Behördenentscheidung, kann sich die Behörde nicht darauf berufen, dass sie nur den Erlass befolgt hat. Sie verliert das Verfahren. Hält sich die Behörde allerdings nicht an den Erlass, droht ihr Ärger seitens der Fachaufsicht. In der Praxis kann also nur dazu geraten werden, Erlasse zu befolgen, sich aber damit abzufinden, dass Gerichtsverfahren dann auch schon mal verloren werden.

ARTEN DER MEHRHEITEN

Für die Kapitel, bei denen Abstimmungen und Wahlen zum Inhalt gehören, soll dir hier nochmal ein Überblick über die verschiedenen Arten von Mehrheiten gegeben werden. Es geht also immer um die Frage, ob eine zur Wahl gestellte Entscheidung (das kann die Beschlussfassung über ein Gesetz oder eine Vorlage im Stadtrat oder auch die Wahl einer Person sein) angenommen oder abgelehnt wird. Bei Stimmengleichheit gilt die Entscheidung in der Regel als abgelehnt (genauer: nicht beschlossen). Wichtige Größen sind die Anzahl der Sitze im Entscheidungsorgan (z.B. Abgeordnete im Bundestag, Stimmen im Bundesrat, Mitglieder im Stadtrat), die Anzahl der anwesenden stimmberechtigten Personen und die Anzahl der tatsächlich abgegebenen Stimmen.

1. Relative Mehrheit / Stimmenmehrheit

Hierbei kommt es nicht darauf an, wie viele Sitze im Entscheidungsorgan existieren. Ein Beschluss ist immer dann gefasst, wenn mindestens eine Ja-Stimme mehr abgegeben worden ist, als Nein-Stimmen.

2. Einfache Mehrheit

Bei der einfachen Mehrheit ist der Beschluss gefasst, wenn mindestens eine Ja-Stimme mehr abgegeben worden ist, als die Hälfte der anwesenden Personen. Es kommt also nicht auf die Anzahl der Sitze des Entscheidungsorgans an. Sind z.B. 100 Personen anwesend, ist ein Beschluss mit mindestens 51 Ja-Stimmen gefasst.

3. Absolute Mehrheit

Bei der absoluten Mehrheit kommt es nun darauf an, wie viele Sitze das Entscheidungsorgan hat, denn ein Beschluss ist nur dann gefasst, wenn mehr als die Hälfte der Mitglieder/Sitze/Stimmen für die Vorlage stimmt. Wenn ein Entscheidungsorgan also über 100 Mitglieder verfügt, kann ein Beschluss nur mit mindestens 51 Ja-Stimmen gefasst werden, egal wie viele der Mitglieder tatsächlich anwesend sind (es sei denn, das Organ wäre nicht beschlussfähig).

4. Qualifizierte Mehrheit

Bei der qualifizierten Mehrheit ist eine individuelle Quote vorgegeben, die erreicht werden muss. In der Regel werden entweder 2/3 der Stimmen vorausgesetzt oder es wird die Einstimmigkeit vorausgesetzt.

4.1 Einfache qualifizierte Mehrheit

Bei der einfachen qualifizierten Mehrheit muss die vorgegebene Quote anhand der abgegebenen Stimmen erreicht werden. Wenn also 90 Stimmen abgegeben werden, müssen bei einer 2/3-Mehrheit mindestens 60 Ja-Stimmen zusammenkommen.

4.2 absolute qualifizierte Mehrheit

Hier muss die Quote anhand der Anzahl der Mitglieder/Sitze/Stimmen erfüllt werden. Wenn es also 90 Mitglieder gibt, müssen bei einer 2/3-Mehrheit 60 Mitglieder mit Ja stimmen, wobei es egal ist, wie viele Mitglieder anwesend sind.

GUTACHTERSTIL

Wie ich bereits zu Anfang dieses Kapitels angekündigt habe, wird es deine Hauptaufgabe in der theoretischen Ausbildung sein, rechtswissenschaftliche Gutachten zu schreiben.

In dem Gutachten geht es darum, unter Zuhilfenahme eines speziellen Prüfschemas, eine rechtliche Fragestellung systematisch zu beantworten. Die einzelnen Prüfpunkte des

Schemas dienen dabei dazu, dass keine Aspekte vergessen werden. Dass die Beantwortung in Form eines Gutachtens erfolgt, hat den Grund, dass du auf diese Weise dazu gezwungen wirst, eine tatsächliche Prüfung vorzunehmen und nicht einfach, sozusagen „aus dem Bauch" heraus, Antworten zu geben.

Das wichtigste am Gutachterstil ist, dass man ihn konsequent einhält. Das ist nicht so einfach, wie es klingt, weil man naturgemäß in eine Art „Erzählstil" verfällt. Es ist daher unerlässlich, dass du dich immer wieder zur Einhaltung des Gutachterstils ermahnst.

Zu unterscheiden sind der Urteilsstil oder Bescheidstil und eben der Gutachterstil oder Gutachtenstil.

Den Bescheidstil wirst du überwiegend bei der praktischen Arbeit in den Ausbildungsabschnitten in deiner Behörde anwenden. Hier wird das Ergebnis der Entscheidung (der „Tenor") vorangestellt und im Anschluss begründet. Der Sinn ist, dass der Empfänger auf der ersten Seite direkt sieht, was von ihm verlangt wird, bzw. wie eben die Entscheidung der Behörde ausgefallen ist.

Beim Gutachterstil soll aber das Ergebnis erst mit der Anfertigung des Gutachtens ermittelt werden.

Konkret bedeutet das, dass du von deinem Dozenten eine konkrete Fragestellung erhältst, die du dann in Form eines Gutachtens beantworten sollst. Dazu grenzt du üblicherweise erstmal das Rechtsgebiet und bestenfalls den Kreis der in Frage kommenden Paragrafen ein.

Nehmen wir zur Erklärung mal folgenden einfachen Sachverhalt:

„Die beiden Schüler A und B sitzen im Unterricht nebeneinander. Während der letzten Schulstunde merkt der A, dass sein Stift nicht mehr schreibt. Einen anderen Stift hat er nicht. Der B hat jedoch immer eine große Auswahl Stifte bei sich. Der A bittet den B, ihm bis zum Ende der Unterrichtsstunde einen seiner Stifte zu leihen. Der B willigt ein und übergibt dem A einen Stift. Nach dem Unterricht steckt der A den Stift ein und will den Klassenraum verlassen. Da spricht der B den A an und verlangt die Herausgabe des Stiftes."

Eine mögliche Fragestellung des Dozenten könnte lauten:

„Hat der B einen Anspruch auf Herausgabe des Stiftes gegenüber A?"

Deine Aufgabe ist es nun, diese Fragestellung gutachterlich zu beantworten. Ich erkläre dir schrittweise, wie du das machst.

Zunächst prüfst du überschlägig, welchem Rechtsgebiet dieser Sachverhalt zuzuordnen ist. Hier handelt keine Behörde und zwischen A und B scheint kein Über-/Unterordnungsverhältnis zu bestehen. Wir müssen uns also im Zivilrecht befinden, genauer gesagt im Recht der Schuldverhältnisse. Ganz genau bei einem Leihgeschäft.

Im zweiten Schritt stellst du dir die Frage, welche Normen des Leihrechts betroffen sein könnten. Hier kommt zunächst § 598 BGB in Betracht, der die „vertragstypischen Pflichten bei der Leihe" regelt. Dort wird jedoch keine Aussage darüber getroffen, wann eine Leihsache zurückzugeben ist. Wenn du dann in den Paragrafen weiterblätterst, stößt du sicherlich auf

§ 604 BGB, der sich mit der „Rückgabepflicht" befasst. Hier scheinst du also richtig zu sein.

Im dritten Schritt überlegst du dir, wie du anhand der Fragestellung und der einschlägigen Rechtsvorschrift einen Einstieg in das Gutachten gestalten kannst.

Hier bietet es sich an, die Fragestellung (eventuell in leicht angepasster Formulierung / oft beginnend mit Phrasen wie „Fraglich ist…" oder „Zu prüfen ist…") als **Obersatz** zu übernehmen:

„Fraglich ist, ob der B von dem A die Herausgabe des Stiftes verlangen kann."

Nun ist es deine Aufgabe, eine **Definition** vorzustellen, die eine Lösung der Fragestellung ermöglicht. An dieser Stelle nennst du die einschlägige Rechtsvorschrift oder, wenn eine solche nicht existiert, die in der Rechtswissenschaft anerkannte Definition. In diesem Fall gehst du auf § 604 BGB ein und stellst dar, wann die Rückgabe einer Leihsache im Allgemeinen zu erfolgen hat. Du brauchst hier im Grunde genommen nur den Gesetzestext zu zitieren. Eigene Formulierungen sind möglich, aber ich rate davon ab. Du musst den Gesetzestext lediglich ein wenig umstellen:

„Nach § 604 I BGB ist der Entleiher verpflichtet, die geliehene Sache nach dem Ablauf der für die Leihe bestimmten Zeit zurückzugeben."

Du hast jetzt die Frage aufgestellt, die du beantworten möchtest, und auch erklärt, welche Regeln (unter anderen) für die Rückgabe einer Leihsache bestehen. Normalerweise neigt man jetzt dazu, direkt auf die Frage antworten zu wollen. In der Regel dürfte die Antwort auch richtig sein. Aber Ziel des

Gutachtens ist es eben, rechtliche Fragen nicht aus dem Bauch heraus zu beantworten, sondern die Antwort auf Grundlage der rechtlichen Regelungen und anhand des konkret vorliegenden Sachverhalts zu begründen. Die Anwendung der rechtlichen Vorschrift auf den Sachverhalt nennt sich **Subsumtion** und ist der nächste Schritt in deinem Gutachten. Du gehst an dieser Stelle die Rechtsnorm oder Definition Schritt für Schritt durch und prüfst die einzelnen Bestandteile mit dem Sachverhalt gegen. Dazu stellt man, je nachdem, wie es technisch am einfachsten ist, bestenfalls zuerst kurz den Sachverhalt dar und ordnet dann dessen Bestandteile den rechtlichen Vorgaben zu, oder man geht einfach einen Aspekt, nach dem anderen, durch:

„Vorliegend hat der A vom B einen Stift geliehen. Der A ist demnach Entleiher im Sinne der Vorschrift und der Stift die geliehene Sache. Es wurde vereinbart, dass die Leihe bis zum Ende der Unterrichtsstunde erfolgen sollte. Nach Ende der Stunde war demnach die für die Leihe bestimmte Zeit abgelaufen und der A war zur Rückgabe des Stiftes verpflichtet."

Das mag jetzt auf dich furchtbar umständlich wirken, du musst aber zugeben, dass du deine Bauchgefühl-Antwort wohl kaum so differenziert hättest geben können. Du hast einfach das Gefühl gehabt, bzw. aus Erfahrung gewusst, dass eine geliehene Sache zurückzugeben ist. Du hättest aber nicht erklären können, warum das so ist und zu welchem konkreten Zeitpunkt die Rückgabe erfolgen muss. Wenn du dir nämlich die weiteren Absätze des § 604 BGB ansiehst, wirst du feststellen, dass es durchaus Fälle gibt, die man allein mit dem Bauchgefühl eventuell nicht richtig hätte lösen können, wie z.B. ob man eine Leihsache nur von dem Entleiher oder auch von einem Dritten zurückfordern kann (§ 604 IV BGB).

Aber nun zurück zu unserem Gutachten. An dieser Stelle hast du die schwierigsten Schritte schon erledigt, darfst aber jetzt den letzten Schritt nicht vergessen: das **Ergebnis**. Dieses kann im Gutachten sehr kurz ausfallen. Im Prinzip geht es hier nur noch darum, die Schlüsse, die du in der Subsumtion gezogen hast, zusammenzufassen und die im Obersatz aufgeworfene Fragestellung zu beantworten:

„Der B kann von dem A nach § 604 I BGB die Herausgabe des Stiftes verlangen."

Damit ist dein Gutachten abgeschlossen.

Jetzt sind natürlich die Gutachten, die du im Rahmen deiner Ausbildung schreiben wirst, nicht so einfach, wie dieses hier. Vor allen wirst du die schon angesprochenen Prüfschemata verwenden, die es nötig machen werden, mehrere Prüfpunkte miteinander zu verschachteln. Das klingt vielleicht erstmal kompliziert, ist es aber eigentlich nicht. Du hältst dich einfach an das Gutachtenschema, das ich dir gerade vorgestellt habe, bestehend aus **Obersatz, Definition, Subsumtion, Ergebnis** und verschachtelst diese „kleinen Gutachten" miteinander zu einem „großen Gutachten".

Natürlich erkläre ich dir auch das jetzt anhand eines Beispiels. Zunächst will ich dir aber den Aufbau so eines Gutachtens nochmal anhand einer Grafik veranschaulichen:

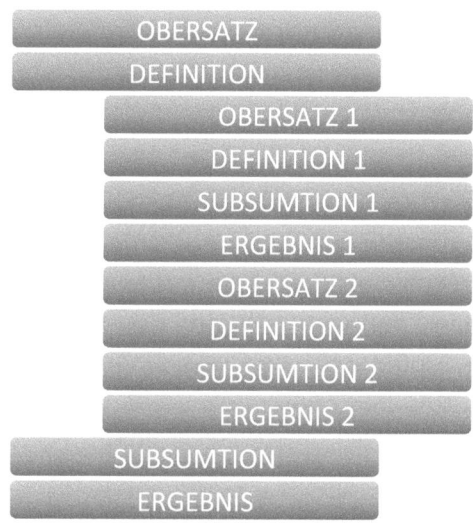

Machen wir jetzt unseren Fall von eben etwas komplizierter:

„Der A und der B sind erwachsene Nachbarn. Der Rasenmäher des A ist am letzten Wochenende kaputt gegangen, als er damit über einen Stein gefahren ist. Der Rasen ist daher nur zur Hälfte gemäht. Der A fragt den B, ob dieser ihm seinen Rasenmäher leihen kann, damit der A den Rest des Rasens mähen kann. Der B willigt ein und übergibt dem A seinen Rasenmäher. Bevor der A mit Mähen beginnen kann, setzt ein starker Regen ein, sodass der A den Rückzug antreten muss und den Rasenmäher des B erstmal in seiner Garage abstellt. Ab dem nächsten Tag scheint wieder die Sonne. Nach zwei Wochen mit ununterbrochenem Sonnenschein klingelt der B beim A und verlangt die Herausgabe des Rasenmähers, da der B diesen nun selbst

verwenden möchte. Der A verweigert die Herausgabe mit der Begründung, dass er noch nicht dazu gekommen sei, den Rasen zu Ende zu mähen. "

Der Dozent stellt folgende Frage:

„Kann der B vom A die Herausgabe des Rasenmähers verlangen? "

An dieser Stelle möchte ich darauf hinweisen, dass es unterschiedliche Möglichkeiten gibt, diesen Fall gutachterlich zu lösen. Man kann z.b. den gesamten § 604 BGB in einem einzigen Punkt prüfen oder den Paragrafen in einzelne Unterpunkte zerlegen. Wenn du in der Erstellung von Gutachten geübt bist, wirst du einen solchen Fall in einem einzigen Prüfpunkt bearbeiten. Aber an dieser Stelle sollst du lernen, wie man ein Gutachten aufbaut. Deswegen erkläre ich dir die Prüfung nun in der ausführlichen Variante. Die kompakte Variante präsentiere ich dir im Anschluss dann aber auch noch. In der ausführlichen Version zerlegen wir den § 604 BGB in seine einzelnen Tatbestände. Damit du das nachvollziehen kannst, möchte ich dir einmal alle Tatbestände nennen. Im Anschluss prüfen wir dann nur diejenigen, die logisch zu unserem Fall passen. So eine Vorprüfung wirst du, wenn du geübt bist, automatisch im Kopf machen, bevor du mit deinem Gutachten anfängst.

Hier also die Tatbestände des § 604 BGB:

§ 604 I regelt, dass der Entleiher eine Leihsache zurückzugeben hat, wenn die vereinbarte Leihdauer abgelaufen ist.

§ 604 II 1 regelt den Fall, dass keine Leihdauer vereinbart ist, sondern die Leihe zu einem bestimmen Zweck erfolgt. Dann ist die Leihsache zurückzugeben, wenn der Entleiher die Leihsache zu dem vereinbarten Zweck gebraucht hat.

§ 604 II 2 bestimmt, dass der Verleiher die Leihsache bereits vor dem Gebrauch zurückfordern kann, wenn der Entleiher Gelegenheit hatte, die Leihsache zu gebrauchen, es aber versäumt hat.

§ 604 III regelt den Fall, dass etwas verliehen wurde, ohne dass Entleiher und Verleiher eine Leihdauer oder einen bestimmten Zweck vereinbart haben. Dann kann der Verleiher die Leihsache jederzeit zurückfordern.

§ 604 IV gibt dem Verleiher das Recht, die Sache auch von jedem Dritten zurückzufordern, dem der Entleiher die Sache seinerseits überlassen hat.

§ 605 V bestimmt, dass die Verjährungsfrist hinsichtlich des Rückgabeanspruchs mit der Beendigung der Leihe beginnt. (Hat mit unserem Fall rein gar nichts zu tun!)

Wenn wir uns diese Tatbestände nun ansehen, stellen wir fest, dass Absatz I den Grundsatz für alle weiteren darstellt. Mit unserem Sachverhalt befinden wir uns zudem noch im Bereich des Absatzes II, Satz 1 und Satz 2 (Ausnahmen vom Grundsatz). Die anderen Absätze spielen augenscheinlich für unseren Fall keine Rolle, diese können also vernachlässigt werden. Wir prüfen also die Absätze I und II der Reihe nach durch.

Wieder beginnen wir damit, dass wir aus der Fragestellung des Dozenten einen **Obersatz** formulieren:

„Es ist zu prüfen, ob der B vom A die Herausgabe des Rasenmähers verlangen kann."

Nun folgt die **Definition**. Zu diesem Zeitpunkt können wir nur sagen, dass sich ein Anspruch auf Rückforderung aus § 604 BGB ergeben könnte. Weiter eingrenzen können wir das derzeit noch nicht. Deswegen formulieren wir die Definition ganz allgemein:

„Ein solcher Anspruch auf Herausgabe könnte sich aus § 604 BGB ergeben."

Ob ein solcher Anspruch besteht, können wir erst dann beantworten, wenn wir jetzt der Reihe nach die einzelnen Tatbestände, die in Frage kommen, durchprüfen. Wir beginnen mit dem Grundsatz des Absatzes I. Hinsichtlich des Aufbaus beginnen wir also mit einer neuen gutachterlichen Prüfung, die in unsere bereits bestehende Prüfung eingeschoben wird. Demnach müssen wir an dieser Stelle einen neuen **Obersatz** (wie „Obersatz 1" in der Grafik) formulieren:

„Der Anspruch könnte sich aus § 604 I BGB ergeben."

Nun folgt unsere **Definition** konkret für diesen Tatbestand („Definition 1"):

„Nach § 604 I BGB ist der Entleiher verpflichtet, die geliehene Sache nach dem Ablauf der für die Leihe bestimmten Zeit zurückzugeben."

Es folgt die **Subsumtion** („Subsumtion 1"), bei der wir den Sachverhalt mit der genannten Norm gegenprüfen:

„Im vorliegenden Fall hat sich der A den Rasenmäher des B geliehen. Der A wäre zur Rückgabe des Rasenmähers verpflichtet, wenn die für die Leihe bestimmte Zeit abgelaufen ist. Eine Zeitdauer für die Leihe wurde jedoch zwischen A und B nicht vereinbart."

Offenbar ist der Absatz I auf unseren Fall also nicht anwendbar, weil keine Leihdauer vereinbart wurde. Wir kommen also zum (Zwischen-)**Ergebnis** („Ergebnis 1"):

„Der B kann von A die Rückgabe des Rasenmähers aus § 604 I BGB nicht fordern."

Wir nehmen uns jetzt den nächsten Tatbestand vor und beginnen wieder mit einem **Obersatz** (wie „Obersatz 2"):

„Es ist zu prüfen, ob sich ein Anspruch auf Herausgabe aus § 604 II 1 BGB ergibt."

Und wir geben als **Definition** („Definition 2") den Gesetzestext wieder:

„Ist eine Zeit nicht bestimmt, so ist nach § 604 II 1 BGB die Sache zurückzugeben, nachdem der Entleiher den sich aus dem Zweck der Leihe ergebenden Gebrauch gemacht hat."

Es folgt die **Subsumtion** („Subsumtion 2"):

„Laut Sachverhalt hat der A den Rasenmäher des B geliehen, um damit die Mäharbeiten zu Ende zu bringen, die er wegen des eintretenden starken Regens unterbrechen musste. Der A hat jedoch die Mäharbeiten bislang nicht fertiggestellt."

Und kommen zum (Zwischen-)**Ergebnis** („Ergebnis 2"):

„Daher besteht kein Herausgabeanspruch des B gegen den A aus § 604 II 1 BGB."

Nun gucken wir uns den nächsten Tatbestand an und stellen **Obersatz, Definition, Subsumtion** und **Ergebnis** direkt im Zusammenhang dar:

„Zuletzt könnte sich ein Anspruch auf Herausgabe aus § 604 II 2 BGB ergeben.

Demnach kann der Verleiher die Sache schon vor dem zweckmäßigen Gebrauch durch den Entleiher zurückfordern, wenn so viel Zeit verstrichen ist, dass der Entleiher den Gebrauch hätte machen können.

Zwischen dem Zeitpunkt der Übergabe des Rasenmähers und dem Zeitpunkt der Rückforderung lagen zwei Wochen besten Wetters. In dieser Zeit hätte der A ausreichend Gelegenheit gehabt, den Rasenmäher zweckgemäß, also für die Beendigung der Mäharbeiten, zu gebrauchen.

Der B darf daher den Rasenmäher vom A nach § 604 II 2 BGB zurückfordern."

Auch, wenn dir das jetzt doppelt-gemoppelt vorkommt, ist die Prüfung an dieser Stelle noch nicht zu Ende. Du hast jetzt drei Unterprüfpunkte auf- und wieder zugemacht. Aber die ursprüngliche Fragestellung ist noch nicht beantwortet. Im Aufbau des Gutachtens befinden wir uns nun an der Stelle der **Subsumtion.** Du musst hier also nochmal die Zwischenergebnisse der Unterprüfungen zusammenfassen. Hier reicht es jedoch, auf diejenigen Punkte einzugehen, die der Lösung dienlich sind. Den Absatz I braucht man hier also nicht nochmal zu erwähnen:

„Die Leihe war hier nicht nach Zeit bemessen, sondern sie diente dem Zweck, dass der A die Mäharbeiten fertigstellen kann. Jedoch hat er die Sache nicht gebraucht, obwohl er hierzu Gelegenheit hatte."

Gefolgt vom **Ergebnis**:

„Der B kann daher aus § 604 II 2 BGB die Herausgabe des Rasenmähers vom A fordern."

Damit hast du es geschafft, und du weißt jetzt, wie man ein Gutachten schreibt. Herzlichen Glückwunsch!

Natürlich wirst du noch einige Übung brauchen, bis du die entsprechenden Rechtsnormen, Definitionen und Prüfpunkte findest und in einen logischen und strukturierten Aufbau bringen kannst, aber deswegen brauchst du dir keine Sorgen zu machen. Das regelt sich von ganz alleine – außerdem werden dir auch deine Dozenten eine ganze Menge Hilfestellung geben.

Jetzt, da du den § 604 BGB kennst, stelle ich dir noch die Kompaktvariante des Gutachtens vor. Ich fasse da zwar einige Punkte zusammen, dennoch bleibt es eine gutachterliche Prüfung und die Vierteilung in Obersatz, Definition, Subsumtion und Ergebnis wird eingehalten. Versuche einfach mal, das nachzuvollziehen:

„Es ist zu prüfen, ob der B vom A die Herausgabe des Rasenmähers verlangen kann.

Ein solcher Herausgabeanspruch könnte sich aus § 604 BGB ergeben, da es sich um ein Leihgeschäft handelt. Nach § 604 I BGB ist der Entleiher verpflichtet, die geliehene Sache nach dem Ablauf der für die Leihe bestimmten Zeit zurückzugeben. Ist keine Zeit für die Leihe bestimmt, so ist nach § 604 II 1 BGB die Sache zurückzugeben, nachdem der Entleiher den sich aus dem Zweck der Leihe ergebenden Gebrauch gemacht hat. Der Verleiher kann die Sache nach § 604 II 2 BGB jedoch schon vor dem zweckmäßigen Gebrauch durch den Entleiher zurückfordern, wenn so viel Zeit verstrichen ist, dass der Entleiher den Gebrauch hätte machen können.

Vorliegend wurde für die Leihe keine Zeit bestimmt, die Rückgabepflicht des Entleihers richtet sich daher nach dem zweckmäßigen Gebrauch der Leihsache. Der B hat dem A den Rasenmäher zu dem Zwecke geliehen, die wegen des starken Regens unterbrochenen Mäharbeiten fertigzustellen. Jedoch hat der A den Rasenmäher hierfür nicht gebraucht, obwohl er bei zwei Wochen mit bestem Wetter hierzu ausreichend Gelegenheit gehabt hätte.

Der B hat demnach einen Herausgabeanspruch aus § 604 II 2 BGB gegen den A."

Du wirst am Anfang noch Schwierigkeiten damit haben, immer die passenden Wörter zu finden und dich kurz und dabei trotzdem präzise auszudrücken. Aber auch hier kann ich dich beruhigen: auch das wird mit der Zeit besser und einfacher.

Zum Abschluss will ich dir noch zwei ganz wichtige Punkte mit auf den Weg geben:

1. Wörter, wie „offensichtlich", „natürlich", „wahrscheinlich" haben in einem Gutachten nichts zu suchen. Man darf nur dann mit allgemeinen Lebenserfahrungen an eine Fallprüfung herangehen, wenn alle anderen

Lösungswege (und die befinden sich meistens im Gesetz oder in deinen Unterlagen aus dem Unterricht) ausgeschöpft sind. Die Verwendung solcher Wörter birgt die große Gefahr, dass man keine echte Prüfung durchführt, sondern eben doch eine Bauchentscheidung trifft. Deswegen ist es unbedingt zu vermeiden, dass du Schlüsse ziehst, die du nicht mit Paragrafen belegen kannst.

2. Erweitere nicht den Sachverhalt! Halte dich genau an den Sachverhalt, den dir der Dozent vorgibt. Es ist wirklich schwierig für die Dozenten, eine Klausuraufgabe zu stellen, die bei allen Kursteilnehmern zu einer „eindeutigen rechtlichen Lösung" führt. Eigentlich ist das unmöglich. Der Dozent wird versuchen, den Fall so einfach wie möglich zu halten und dir im Zweifel Tipps im Sachverhalt zu hinterlassen, anhand derer du erkennen kannst, auf welche Lösung er hinaus will. Möglicherweise grenzt er die Lösungsmöglichkeiten auch durch die Formulierung der Fragestellung / Aufgabe ein. Versuche jedenfalls möglichst wenig in den Sachverhalt hineinzuinterpretieren und ganz nah am Wortlaut der Aufgabenstellung zu bleiben.

BESCHEIDSTIL

Zum Schluss möchte ich noch kurz ein paar Worte zum Bescheidstil verlieren. Das ist eher ein Thema für deine praktische Ausbildung in deinen Ausbildungsämtern und weniger für die Ausbildung am Studieninstitut. Einen guten Bescheid schreiben zu können, ist aber, spätestens in deinem späteren Berufsleben, mindestens genauso wichtig.

1. Attribute eines Bescheids

Ein Bescheid sollte **freundlich** formuliert sein. Dies gilt auch dann, wenn es sich um eine für den Bürger nachteilige oder unangenehme Entscheidung handelt. Auch bei inhaltlichen Differenzen sollte die Freundlichkeit immer gewahrt bleiben – das gilt nicht nur auf der Arbeit.

Zudem sollte der Bescheid möglichst **verständlich** formuliert sein. Das heißt, dass dem Bürger klar sein muss, was du mit dem Bescheid mitteilen oder regeln willst. Hier geht es also um die Bestimmtheit des Bescheids: der Bürger muss in der Lage sein, zu verstehe, was die Behörde von ihm will, und sein Verhalten danach ausrichten können. Gleichzeitig soll der Bescheid aber auch **adaptiert** sein. Es muss also, soweit dies möglich ist, bei der Sprachwahl berücksichtigt werden, auf welchem sprachlichen und intellektuellen Niveau sich der Empfänger befindet („Empfängerhorizont"). Die schulische und berufliche Qualifikation spielt hier natürlich eine Rolle, es wäre aber zu kurz gegriffen, wenn man sagen würde, ein Akademiker versteht mehr, als eine ungelernte Hilfskraft. Das kann so sein, muss es aber nicht. Wahrscheinlicher ist es, dass ein Jurist eher den Hintergrund deines Bescheids und dessen Tragweite versteht, als vielleicht ein Theologe oder ein Apotheker. Aber auch das ist immer nur eine Vermutung. Wenn du dich generell um Verständlichkeit bemühst und deinen Stil dann anpasst, wenn du durch den bisherigen Kontakt mit dem Empfänger Anhaltspunkte dafür hast, dass er weniger oder mehr erklärende und umschreibende Worte benötigt, dann machst du alles richtig.

Wichtig ist, dass der Bescheid **strukturiert** aufgebaut ist. Hier geht es weniger darum, dass die Paragrafen-Ketten korrekt wiedergegeben werden, sondern dass der Bescheid einen logischen roten Faden aufweist. Ich sage dazu immer: „Der Bescheid muss so schlüssig und gleichzeitig flüssig geschrieben sein, dass der Leser diesen beim ersten Lesen und ohne großes Nachdenken nachvollziehen kann und am Ende deiner Meinung ist."

Das verständliche und adaptierte Schreiben darf aber nicht dazu führen, dass die rechtlichen Ausführungen ungenau werden. Der Bescheid muss dennoch **präzise** sein. Es muss unmissverständlich klar sein, was in dem Bescheid geregelt wird. Es darf also kein unnötiger Interpretationsspielraum bleiben. Hier kann es zu Schwierigkeiten kommen, wenn Fachbegriffe eine Rolle spielen. Grundsätzlich empfehle ich immer die Verwendung von Fachbegriffen, denn sie sind deswegen „Fachbegriffe", weil sie dasjenige, für das sie stehen, am Treffendsten bezeichnen. Alle anderen Bezeichnungen sind weniger präzise. Fachbegriffe sind aber oft für den Laien unverständlich. Daher empfehle ich, immer zuerst den Fachbegriff zu nennen und ihn anschließend mit eigenen Worten zu umschreiben. Da die Umschreibung aber in der Regel wieder zu unpräzise sein wird, empfehle ich, die Formulierung so zu wählen, dass dem Empfänger klar ist, dass es auch andere Bedeutungen gegen kann. Dies kann man erreichen, indem man Ausdrücke wie „z.B." oder „u.a." verwendet.

> Beispiel:
> Für den Fall der Nichtbefolgung meiner Anordnung innerhalb der v.g. Frist drohe ich Ihnen das Zwangsmittel des unmittelbaren Zwangs an. Dies kann u.a. bedeuten, dass ich mir den Zugang zu Ihrem Grundstück auch gegen Ihren Willen und unter Einsatz körperlicher Gewalt verschaffen werde.

Zuletzt muss der Bescheid **überzeugend** sein. Aus meiner mehr als 10-jährigen Erfahrung bei einer Ordnungsbehörde kann ich berichten, dass auch für den Bürger sehr negative Entscheidungen erheblich besser akzeptiert werden, wenn die Gründe für die Entscheidung ausführlich und schlüssig dargelegt werden und insbesondere auch auf die Argumente des Bürgers, auch wenn diese rechtlich irrelevant sind, ernsthaft eingegangen wird. Ich kann daher nur empfehlen, diese Punkte bei der Bescheiderstellung zu beachten, um möglichen Einsprüchen, Widersprüchen oder Klagen schon im Vorfeld entgegenzuwirken.

2. Stile

Man kann Bescheide im „persönlichen Stil" oder im „unpersönlichen Stil" verfassen.

Beim persönlichen Stil wird der Bescheid so formuliert, als wäre man selbst der Behördenleiter: „Ich ordne folgendes an…".
Gerade zu Beginn der Tätigkeit in einer Behörde kann dieses Vorgehen befremdlich auf einen wirken, wenn man z.B. von sich selbst als „der Unterzeichner" oder „meinem Sachbearbeiter" schreiben muss. Daran kann man sich aber gewöhnen.

Beim unpersönlichen Stil schreibt man im Prinzip in der dritten Person von der handelnden Körperschaft, bzw. dem Behördenleiter: „die Stadt S ordnet folgendes an…" oder „der Bürgermeister der Stadt S erteilt Ihnen die Erlaubnis zum…".

Dieser Stil gefällt mir sehr viel besser, allerdings wird meistens der persönliche Stil verwendet. Welcher Stil zu verwenden ist, wird normalerweise von der Behörde vorgegeben, entweder durch Dienstanweisung, häufiger jedoch durch „betriebliche Übung", d.h. „es wurde schon immer so gemacht".

3. Aufbau eines Bescheids

Ein Bescheid besteht üblicherweise aus vier Teilen:

1. Bescheideingang
   a. Absender
   b. Anschrift des Empfängers
   c. Aktenzeichen
   d. Betreff / Bezug
   e. Anrede
   f. Einleitung / Sachverhaltsdarstellung
2. Tenor
   a. Hauptentscheidung
   b. Nebenentscheidungen
   c. Nebenbestimmungen
   d. Anordnung der sofortigen Vollziehung
   e. Zwangsmittelandrohung / -festsetzung
   f. Kostenentscheidung
3. Gründe
   a. tatsächliche Gründe
   b. rechtliche Gründe
4. Bescheidschluss
   a. Rechtsbehelfsbelehrung
   b. Grußformel
   c. Unterschrift / Namenswiedergabe

Da es unterschiedliche Arten von Bescheiden gibt, z.B. Bußgeldbescheide, Gebührenbescheide, Ordnungsverfügungen, Erlaubnisse, Zulassungen, etc., sind nicht immer alle der vorgenannten Punkte in den Bescheid aufzunehmen. Welche Punkte erforderlich sind, bzw. weggelassen werden können, ist im Einzelfall zu entscheiden.

Wichtig ist in jedem Fall immer, dass die erlassende Behörde zu erkennen ist. Aber in der Praxis sollte das aufgrund der Verwendung von Mustern und Briefbögen kein Problem sein.

4. Häufige Fehler / Mängel

- Unbestimmtheit, d.h. der Bürger versteht nicht, was von ihm verlangt wird
- Unzureichende Begründung (in der Praxis: vollständig fehlende oder offensichtlich sachfremde Begründung)
- Unzureichende Ermessensausübung, insbesondere hinsichtlich Verhältnismäßigkeit und Entschließungsermessen
- Unzureichende Adressatenauswahl, insbesondere bei Ordnungsverfügungen
- Unverständliche Sprache („Bürokratendeutsch")

Diese Fehler solltest du bei der Bescheiderstellung vermeiden. Ansonsten kann ich dir noch den Hinweis geben, dass einige Ausbilder und Vorgesetzte gerne regelmäßig Umformulierungen der von dir erstellten Schreiben vornehmen, die für dich möglicherweise unverständlich sind. Oft geht es darum, dass der Ausbilder oder Vorgesetzte „das letzte Wort" hat oder einfach seinen persönlichen Stil einfließen lassen möchte. Es heißt nicht zwangsläufig, dass deine Formulierung schlecht ist. Deswegen nimm solche Verhaltensweisen auch nicht persönlich, sondern bleibe einfach deinem Stil treu.

STAATS- UND EUROPARECHT

Den Begriff „Staat" verwendet man im Alltag regelmäßig. Nur selten macht man sich jedoch Gedanken darüber, was einen Staat eigentlich ausmacht. Dein Job als „Staatsdiener" ist es, genau das zu tun. Du bist nach deiner Ausbildung nicht nur Ansprechpartner, wenn es um die Erteilung von Fahrerlaubnissen, Baugenehmigungen oder die Ausstellung von Personalausweisen geht, sondern auch bei Fragen rund um den Staatsaufbau, die Regierung und den übergeordneten Sinn und Zweck der gesetzlichen Regelungen, die du tagtäglich durchsetzen wirst. Bei deiner Einstellung hast du - zumindest als Beamtin/Beamter - in deinem Amtseid geschworen, dich der freiheitlich-demokratischen Grundordnung der Bundesrepublik Deutschland zu unterwerfen und diese zu schützen. Sicherlich wusstest du zu diesem Zeitpunkt noch gar nicht so genau, was du da eigentlich beschwörst. Nun ist es allerdings an der Zeit zu verstehen, wo dein Platz in unserem Staat ist und wie das ganze System „Staat" funktioniert.

ELEMENTENLEHRE

Nach herrschender Lehre sind für das Bestehen eines Staates drei Elemente notwendig: das Staatsvolk, das Staatsgebiet und die Staatsgewalt.

Gehen wir in Gedanken zurück in die Zeit, als die Menschen aufbrachen, um neues Land für sich zu beanspruchen und größere Gemeinschaften zu manifestieren. Hier handelt es sich um eine bestimmte Anzahl von Menschen, die sich zusammengeschlossen haben, um gemeinsam zusammenzuleben, das Land zu bewirtschaften und untereinander Handel zu treiben. Diese „Staatsvolk" genannten Menschen lassen sich nun an einem bestimmten Ort nieder, den sie für ihr Territorium erklären. Dieses Territorium, das „Staatsgebiet", wird durch verschiedene Faktoren begrenzt. Die Begrenzung erfolgt zum Beispiel durch die eingeschränkte Mobilität des Staatsvolks. Nur so weit, wie es den Bewohnern möglich ist, das Territorium zu bewirtschaften und es gegen Eindringlinge zu verteidigen, kann es als Staatsgebiet gelten. Durch die Entwicklung besserer Fortbewegungsmöglichkeiten, durch Bildung neuer Siedlungen innerhalb des Staatsgebietes und durch Bevölkerungswachstum kann das Staatsgebiet jedoch grundsätzlich wachsen. Weiterhin begrenzt wird es durch die Topografie, also die Begebenheit der Landschaft. Flüsse sind erst nach Entwicklung von Schiffen befahrbar, Wälder erst nach Rodung und Anlegen von Wegen durchquerbar und Berge erst durch Entwicklung von Steigwerkzeug, bzw. künstlicher Luftzufuhr, Druckausgleichstechnologie etc. zu bewältigen. Zuletzt wird schließlich das Staatsgebiet dadurch begrenzt, dass es auf das Staatsgebiet einer anderen Gemeinschaft stößt. Entweder kann es zu einer Assimilation der anderen Gemeinschaft oder zu einer Annexion einiger Randgebiete durch kriegerische Auseinandersetzungen kommen - oder die Grenzen bleiben in der bisherigen Form nebeneinander bestehen.

Zuletzt muss aber die Ordnung in Staatsgebiet und Staatsvolk sichergestellt werden. Solange die Größe der Bevölkerung gering bleibt, können kleinere Konflikte durch Gespräche geklärt werden. Jedoch trägt jeder Mensch einen gewissen, mitunter kriminellen, Egoismus in sich, der dafür sorgt, dass jeder letztlich versucht, das Beste für sich zu erreichen, auch wenn es zu Lasten anderer geht. In diesen Momenten muss ein Regelwerk erstellt werden, an das sich jeder, der zu der Gemeinschaft gehören möchte, halten muss. Damit dies durchgesetzt werden kann, muss ein Kontrollorgan eingerichtet werden, welches zum einen für die Aktualisierung und Anpassung von Recht, und zum anderen für die Einhaltung der Regelungen und die Sanktionierung der Widerständler sorgt: die „Staatsgewalt". Wie du siehst, ist die Regierung somit durch das gesamte Volk dazu eingesetzt, für das Volk zu sprechen, Gesetze zu schaffen und die Einhaltung der Sicherheit und Ordnung zu überwachen.

Solange das Volk mit der Arbeit der Regierung einverstanden ist, kann dieses System funktionieren. Ist das Volk enttäuscht oder unterdrückt, kommt es zu einer Revolution, bei der das Volk versucht die Regierung aus dem Amt zu heben.

Ist die Regierung selbst mit dem Staatsaufbau nicht zufrieden, erfolgt ein Staatsstreich („Revolution von oben") in Form einer wesentlichen Umstrukturierung der Verfassung.

Als Beispiel für den Staatsstreich kann das Attentat des Grafen von Stauffenberg auf Adolf Hitler am 20. Juli 1944 gelten. Stauffenberg versuchte als Mitglied der Wehrmacht und durch Unterstützung mehrerer weiterer hochrangiger Wehrmachtsmitglieder durch die Ermordung Adolf Hitlers eine politische Wende im nationalsozialistischen Deutschland zu erreichen.

Als friedliche Revolution gilt die deutsche Wende 1989/1990 oder die, letztlich doch gescheiterten, Revolutionen in Ägypten, Libyen und Syrien ab dem Jahr 2011 im Rahmen des Arabischen Frühlings.

STAATS- UND REGIERUNGSFORMEN

Es gibt verschiedene Regierungsformen, die danach unterschieden werden, wie viele Freiheiten das Staatsvolk hat und wie durchlässig der Staatsaufbau ist, bzw. welche Macht die Staatsspitze tatsächlich, innerhalb des Regierungssystems, inne hat.

Hierzu die wesentlichen **Regierungsformen** in der Übersicht:

Absolutismus
Der Herrscher regiert losgelöst von Kontrollen nach seinen eigenen Machtvorstellungen.

Anarchie
Kein Regierungssystem. Hierdurch soll Gewaltlosigkeit erreicht werden.

Demokratie
Das Volk herrscht durch seine Vertreter, die i.d.R. durch Wahlen bestimmt werden.

Diktatur
Es herrscht i.d.R. ein Diktator alleine über das Volk, wobei vorgespiegelt wird, er sei durch freie Wahlen legitimiert oder wobei Wahlen komplett fehlen oder nur eine Partei wählbar ist.

Kommunismus
Es herrscht eine klassenlose Gesellschaft, deren Wirtschaftsprodukt allen Mitgliedern zu gleichen Teilen zusteht.

Monarchie
Alleinherrschaft eines bestimmten Herrschergeschlechts, mit Ablösung des Alleinherrschers an der Staatsspitze durch Erbfolge.

Die **Staatsform** sagt etwas darüber aus, wie sich die Machtverteilung nach außen darstellt. So geben sich Diktaturen nach Außen oft als Republiken aus.

Absolute Monarchie
Der Monarch herrscht ohne Einschränkung seiner Macht.

Konstitutionelle Monarchie
Die Macht des Monarchen ist durch eine Verfassung begrenzt.

Parlamentarische Monarchie
Der Monarch nimmt de facto nur repräsentative Aufgaben wahr, da die Politik von einem Parlament vorgegeben wird.

Republik
Die Politik der Regierung wird insofern kontrolliert, dass sie sich am Gemeinwohl orientiert.

Bundesrepublik
Gemeinsame Regierung mehrerer teilsouveräner Gliedstaaten.

Präsidialrepublik
Der Präsident ist gleichzeitig Repräsentant und Regierungschef.

Räterepublik
Die Regierung erfolgt durch Räte, die vom Volk meist direkt gewählt werden.

STRUKTUR VON STAATEN

Die Bundesrepublik Deutschland ist ein Bundesstaat. Das bedeutet, dass sie aus mehreren Staaten (unseren Bundesländern) besteht, die ihre eigenen Angelegenheiten selbst verwalten können. Die Aufgabenwahrnehmung hat jedoch im Sinne der übergeordneten Bundesregierung und Bundesgesetzgebung zu erfolgen. Daher sind unsere Bundesstaaten auch nur teilsouverän. Durch die Föderalismusreform ab 2006 wurden den Ländern mehr Rechte, insbesondere im Bereich der Gesetzgebung, zugeschrieben. Der Bund darf in vielen Bereichen in der Folge nur noch dann als alleiniger Gesetzgeber tätig werden, wenn bundeseinheitliche Regelungen aus Gründen der Wirtschaftsentwicklung oder der gesellschaftlichen Gleichbehandlung notwendig sind. In den Fällen, in denen die Länder direkt durch Bundesgesetzgebung betroffen sein würden, können diese durch ihre Mitgliedschaft im Bundesrat auf die Ausgestaltung, bzw. Verabschiedung des Gesetzes Einfluss nehmen.

DEUTSCHLAND AUF DEM WEG ZUR DEMOKRATIE

Zu der deutschen Verfassungsentwicklung möchte ich nicht zu weit ausholen, da ausreichend freie Quellen für dich zur Verfügung stehen, um dich ausführlich mit dem Thema auseinanderzusetzen. In diesem Zusammenhang kann ich die Dienste der Bundeszentrale für politische Bildung (http://www.bpb.de) sehr empfehlen, die in ihrem Online-Shop sehr gute und günstige Materialien zu allen denkbaren geschichtlichen und politischen Themen in ihrer Serie „Informationen zur politischen Bildung" anbietet.

Erste Züge eines echten Sozialstaats und einer echten parlamentarischen Republik hatte bereits die Weimarer Republik ab dem Jahr 1918 inne. Die Weimarer Verfassung galt unter Zeitgenossen als eine der fortschrittlichsten Verfassungen überhaupt. Durch die Machtergreifung durch Adolf Hitler im Jahr 1933 wurde die demokratische Entwicklung in Deutschland unterbrochen und eine Diktatur installiert. Unter der NSDAP-Regierung wurden nicht nur die Entwicklungen im Bereich der sozialen Sicherheit der Bevölkerung teilweise rückgängig gemacht, sondern auch Angst und Rassismus im Land verbreitet. Durch den unnötigen und über alle Maße in die Länge gezogenen Krieg, sowie die systematischen Gräueltaten auf den unzähligen Nebenkriegsschauplätzen, war Deutschland zum Zeitpunkt der Kapitulation 1945 in jeder Hinsicht am absoluten Ende angelangt. Für Menschen, wie du und ich, die die Nachkriegszeit nicht miterlebt haben, ist es eigentlich nicht vorstellbar, woher die deutsche Bevölkerung die Kraft genommen hat, aus diesem sozialen, gesellschaftlichen, kulturellen, militärischen und politischen Scherbenhaufen aufzustehen, das ganze Land neu aufzubauen und es zu der erstklassigen Wirtschafts- und Dienstleistungsnation zu führen, die die Bundesrepublik heute ist. Aus meiner Sicht stellt die BRD aber auch den weltweit wegweisenden Inbegriff von Demokratie und Rechtsstaatlichkeit dar. Bei dieser Entwicklung ist jedenfalls sicherlich auch nicht die Hilfe der Besatzungsmächte zu vergessen, die für eine Versorgung der Bevölkerung mit lebenswichtigen Nahrungsmitteln und Kleidungsstücken garantierten, dem NS-Regime durch relativ zügige Durchführung der Kriegsverbrecherprozesse einen endgültigen Schlusspunkt setzten und bei der Erarbeitung unserer heutigen Verfassung, des Grundgesetzes von 1949, zur Seite standen.

VERFASSUNGSGRUNDSÄTZE

In diesem Zusammenhang wurden in unser Grundgesetz sogenannte Staatsformmerkmale oder auch Staatsziele implementiert, die ganz deutlich machen, dass das deutsche Volk eine Regierung wie zu der Zeit der NSDAP kategorisch ablehnt. Diese lassen sich den Artikeln 20 und 20a GG entnehmen:

Artikel 20

(1) Die Bundesrepublik Deutschland ist ein demokratischer und sozialer Bundesstaat.

(2) Alle Staatsgewalt geht vom Volke aus. Sie wird vom Volke in Wahlen und Abstimmungen und durch besondere Organe der Gesetzgebung, der vollziehenden Gewalt und der Rechtsprechung ausgeübt.

(3) Die Gesetzgebung ist an die verfassungsmäßige Ordnung, die vollziehende Gewalt und die Rechtsprechung sind an Gesetz und Recht gebunden.

(4) Gegen jeden, der es unternimmt, diese Ordnung zu beseitigen, haben alle Deutschen das Recht zum Widerstand, wenn andere Abhilfe nicht möglich ist.

Artikel 20a

Der Staat schützt auch in Verantwortung für die künftigen Generationen die natürlichen Lebensgrundlagen und die Tiere im Rahmen der verfassungsmäßigen Ordnung durch die Gesetzgebung und nach Maßgabe von Gesetz und

Recht durch die vollziehende Gewalt und die Rechtsprechung.

Folgende Staatsformmerkmale lassen sich hieraus ableiten:

Republik
Deutschland ist eine Republik, d.h. dass sich die Regierung und Gesetzgebung am Gemeinwohl orientiert und nicht aus der übertragenen Macht Vorteile für sich selbst abschöpft.

Demokratie
Regierung, Gesetzgebung und Rechtsprechung sind gestützt auf freie, unmittelbare, gleiche, geheime und allgemeine Wahlen.

Sozialstaat
Regierung, Gesetzgebung und Rechtsprechung sind angehalten, bei jeder Entscheidung auch soziale Aspekte einfließen zu lassen. Eine Ausprägung des Sozialstaatsprinzips ist unsere soziale Marktwirtschaft.

Bundesstaat
Das Bundesstaatsprinzip garantiert das Fortbestehen der Bundesländer. Eine Abschaffung dieser und somit die Errichtung eines Einheitsstaates ist dadurch ausgeschlossen. Nicht garantiert sind jedoch die Aufteilung und die Anzahl der Bundesländer.

Rechtsstaat
Durch die sogenannte Gewaltenteilung werden die Regierung (vollziehende Gewalt, Verwaltung, Polizei), die Gesetzgebung (Parlamente) und die Rechtsprechung (Gerichtsbarkeit) funktional getrennt. Dies soll ein Hand-in-Hand-Wirken wie in

einem Unrechtsstaat entsprechend dem Dritten Reich verhindern. Die drei Gewalten kontrollieren sich zudem gegenseitig.

Schutz der natürlichen Lebensgrundlagen
Durch den hinzugefügten Artikel 20a wird der Umwelt-, Natur-, Arten- und Tierschutz zum Staatsziel erklärt. Jedes staatliche Handeln hat unter Vermeidung von Beeinträchtigungen der Umwelt und Natur zu erfolgen.

BUNDESORGANE

BUNDESTAG

Der Bundestag ist das höchste Legislativorgan. Seine Zusammensetzung ist im Bundeswahlgesetz (BWahlG) geregelt. Nach § 1 Abs. 1 BWahlG besteht er aus 598 Abgeordneten. Diese werden durch die Bundestagswahl in Form einer „personalisierten Verhältniswahl" gewählt, wobei gemäß § 1 Abs. 2 BWahlG 299 Abgeordnete Direktkandidaten der Landeslisten sind. Der Rest wird entsprechend der Verhältniswahl aus den verschiedenen Parteien besetzt. Zu beachten ist die Fünf-Prozent-Klausel, bzw. die 3-Wahlbezirke-Regel des § 6 BWahlG. Demnach erhalten nur die Parteien Sitze aus den Landeslisten (Zweitstimme), die mindestens 5 % der Zweitstimmen erhalten oder drei Wahlbezirke „gewinnen". Zur Sicherstellung der Mehrheitsverhältnisse werden letztlich Überhangmandate gebildet.

Die Legislaturperiode beträgt vier Jahre.

Die Wahl zum Deutschen Bundestag erfolgt unter den grundgesetzlich festgelegten Wahlgrundsätzen, die du beherrschen solltest:

allgemein
Alle Bürger dürfen wählen.

unmittelbar
Die Stimmenabgabe erfolgt direkt und nicht über Wahlmänner, wie z.B. in den USA.

frei
Es darf kein Druck auf die Wähler ausgeübt werden, um deren Stimmabgabe zu beeinflussen.

gleich
Jeder Wähler hat die gleiche Anzahl an Stimmen und jede Stimme wiegt gleich viel. Gegensatz zum Klassenwahlsystem.

geheim
Die konkrete Stimmabgabe erfolgt anonym.

Der Bundestag ist zuständig für die Beratung und den Beschluss über Bundesgesetze und den Bundeshaushalt. Nähere Informationen zur Gesetzgebung folgen in einem späteren Abschnitt.

BUNDESRAT

Der Bundesrat besteht aus Mitgliedern der Landesregierungen. Die Zusammensetzung ist abhängig von der jeweiligen Einwohnerzahl der Bundesländer, jedoch nicht proportional. So hat jedes Land mindestens drei Stimmen. Bei Beschlüssen kann jedes Land immer nur einheitlich abstimmen.

Der Bundesrat spielt eine große Rolle im Gesetzgebungsverfahren. Der Bundesratspräsident leitet die Sitzungen und wechselt jährlich. Welches Bundesland in welchem Jahr den Bundesratspräsidenten stellt, wird im Voraus festgelegt.

BUNDESVERSAMMLUNG

Die Bundesversammlung wird einberufen zur Wahl des Bundespräsidenten. Sie besteht aus den Abgeordneten des Bundestags und einer gleich großen Anzahl von Persönlichkeiten des öffentlichen Lebens, die von den Länderparlamenten gewählt werden. Die Bundesversammlung wählt den Bundespräsidenten und löst sich im Anschluss wieder auf.

BUNDESPRÄSIDENT

Der Bundespräsident ist das Staatsoberhaupt und repräsentiert die Bundesrepublik Deutschland nach außen und innen. Er hat nur sehr begrenzte Macht, wird jedoch in entscheidenden Momenten sehr wichtig. Dies ist zum Beispiel der Fall, wenn er bei einem negativen Ausgang der Vertrauensfrage des Bundeskanzlers oder bei einer Minderheitenregierung den Bundestag auflösen kann. Zu seinen weiteren wichtigen Aufgaben gehört, dass er die Bundesrepublik Deutschland völkerrechtlich vertritt, dass er dem Bundestag einen Kandidaten für die Wahl des Bundeskanzlers vorschlagen kann und die Bundesminister entsprechend den Vorschlägen des Bundeskanzlers ernennt. Außerdem fertigt er die beschlossenen Bundesgesetze aus, d.h. er unterschreibt diese abschließend. Er hat hierbei ein formelles Prüfrecht und kann bei Bedenken gegen die Ordnungsmäßigkeit des durchgeführten Gesetzgebungsverfahrens die Unterschrift verweigern. Umstritten ist, ob ihm auch ein materielles Prüfrecht zusteht.

Die Amtszeit des Bundespräsidenten beträgt fünf Jahre und es ist lediglich eine (1) Wiederwahl möglich.

BUNDESREGIERUNG

Die Bundesregierung besteht aus dem Bundeskanzler und den Bundesministern. Sie stellt die Exekutivgewalt auf der Bundesebene dar. Der Bundeskanzler schlägt seine Minister vor, welche durch den Bundespräsidenten ernannt werden. In der Folge leitet der Bundeskanzler die Geschäfte der Bundesregierung und verteilt die Aufgaben (Ressorts) auf die Ministerien. Dem Bundeskanzler kommt hierbei eine Richtlinienkompetenz zu, d.h. er kann allein entscheiden, „in welche Richtung" die Politik der Bundesregierung gehen soll. Einschränkend muss man allerdings sagen, dass durch das Ressortprinzip jeder Minister, sobald er eingesetzt ist, sein Ministerium eigenständig verwalten und gestalten kann.

BUNDESVERFASSUNGSGERICHT

Das Bundesverfassungsgericht entscheidet vor allem über folgende Situationen:

Verfassungsbeschwerde
Kann von jedermann erhoben werden, der glaubhaft macht, dass er durch einen staatlichen Eingriff in seinen Grundrechten verletzt sein könnte.

Konkrete Normenkontrolle
Hierbei können die Fachgerichte Gesetze auf Verfassungsmäßigkeit prüfen lassen, wenn sie Zweifel haben, ob sie verfassungskonform sind.

Abstrakte Normenkontrolle
Die Bundesregierung, eine Landesregierung oder der Bundestag (mit min. ¼ der Mitglieder) kann ein formelles Gesetz auf Verfassungsmäßigkeit prüfen lassen.

Bund-Länder-Streitigkeiten
Sind sich Bund und Länder uneinig über die Kompetenzverteilung, z.B. im Falle der Gesetzgebung, kann das Bundesverfassungsgericht beauftragt werden, diese Differenz zu klären.

Das Bundesverfassungsgericht hat seinen Sitz in Karlsruhe und besteht aus zwei Senaten. Die Richter werden zur Hälfte von einem speziellen Wahlausschuss des Bundestages und zur anderen Hälfte vom Bundesrat für die Dauer von 12 Jahren gewählt. Eine Wiederwahl ist nicht möglich.

GEMEINSAMER AUSSCHUSS

Der Gemeinsame Ausschuss von Bundestag und Bundesrat stellt im Verteidigungsfall fest, ob Bundestag und Bundesrat beschlussfähig sind. Sind sie es nicht, so übernimmt er deren Aufgaben.

GESETZGEBUNG

Formelle Gesetze werden gemäß Art. 70 I GG grundsätzlich von den Länderparlamenten beschlossen. Jedoch bestehen im Grundgesetz Ausnahmeregeln, die den Bundestag zur Gesetzgebung ermächtigen. Dies ist der Fall im Bereich der ausschließlichen Gesetzgebung (Art. 71 GG) und der konkurrierenden Gesetzgebung (Art. 72 GG).

AUSSCHLIESSLICHE GESETZGEBUNG

Im Bereich der ausschließlichen Gesetzgebung hat der Bund gemäß Art. 71 GG das Recht Gesetze zu erlassen. Die Länder dürfen nur dann Gesetze erlassen, wenn sie in den Bundesgesetzen ausdrücklich dazu ermächtigt werden. Die Landesgesetze dürfen dann dem Bundesgesetz jedoch nicht widersprechen. In Art. 73 GG werden die Themengebiete aufgeführt, die zur ausschließlichen Gesetzgebung zählen.

KONKURRIERENDE GESETZGEBUNG

Hier haben die Länder gemäß Art. 72 Abs. 1 GG grundsätzlich die Gesetzgebungskompetenz, solange und soweit nicht der Bund zuvor ein Gesetz erlassen hat. In Art. 72 Abs. 3 GG sind thematische Ausnahmen aufgeführt, bei denen die Länder auch dann abweichende Gesetze erlassen können, wenn der Bund bereits ein entsprechendes Gesetz erlassen hat. Weiter sind in Art. 74 GG die Themengebiete aufgelistet, auf die sich die konkurrierende Gesetzgebung erstreckt. Für die in Art. 72 Abs. 2 GG genannten Bereiche des Art. 74 GG hat der Bund die Gesetzgebungszuständigkeit, wenn zur Herstellung gleichwertiger Lebensumstände oder zur Wahrung der Rechts- oder Wirtschaftseinheit eine bundeseinheitliche Regelung erforderlich ist.

Bei der Prüfung der Gesetzgebungszuständigkeit ist daher immer zunächst zu prüfen, ob es sich um einen Fall der konkurrierenden oder ausschließlichen Gesetzgebung handelt, und zuletzt, ob Ausnahmen vorliegen.

GESETZGEBUNGSVERFAHREN

Wenn die Gesetzgebungskompetenz beim Bund liegt, richtet sich das Verfahren danach, ob es sich um ein **Einspruchsgesetz** oder ein **Zustimmungsgesetz** handelt.

Es handelt sich um ein Zustimmungsgesetz, wenn durch das Gesetz...

* das Grundgesetz geändert werden soll,
* Hoheitsrechte auf die EU übertragen werden sollen,
* die Verwaltungshoheit der Bundesländer betroffen ist oder
* das Finanzaufkommen der Länder zu mindestens 25 % betroffen ist (auch wenn das Finanzaufkommen erhöht wird).

In allen anderen Fällen handelt es sich um ein Einspruchsgesetz.

Ich erkläre beide Verfahren auf den folgenden Seiten, beginne aber erstmal mit zwei Schaubildern.

EINSPRUCHSGESETZE

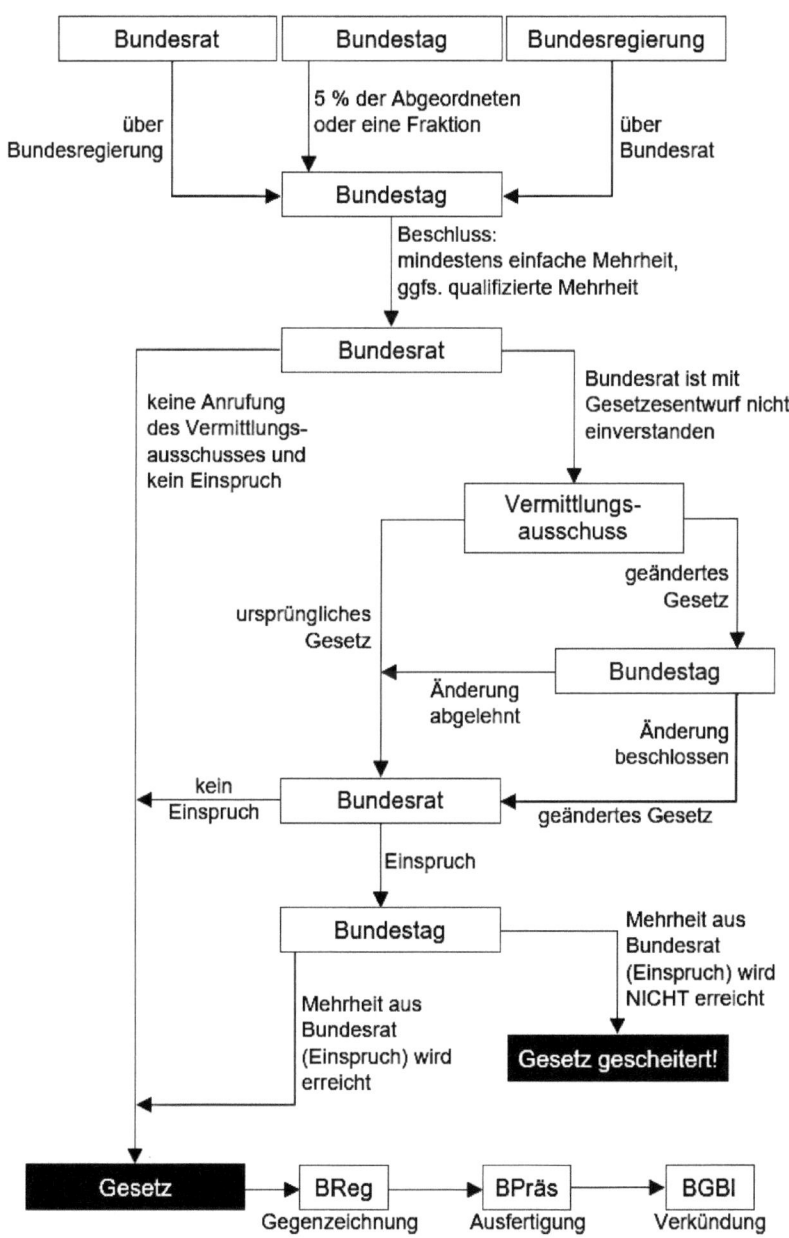

ZUSTIMMUNGSGESETZE

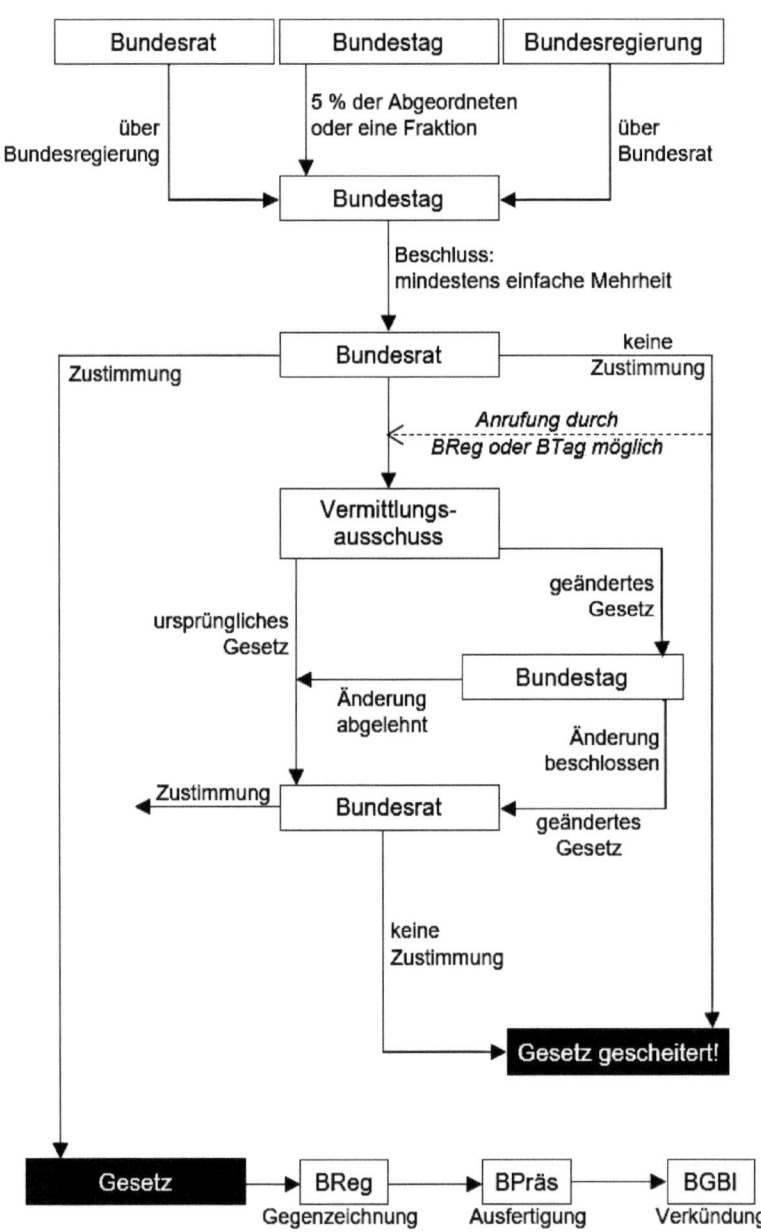

BESCHREIBUNG DES GESETZGEBUNGSVERFAHRENS

I. Gesetzesinitiative

Das Initiativrecht, also das Recht, Gesetzesentwürfe in den Bundestag einzubringen, liegt nach Art. 76 I GG bei der Bundesregierung, dem Bundesrat und den Abgeordneten des Bundestages selbst.

Wenn ein Entwurf aus der Mitte des Bundestages eingebracht werden soll, muss der entsprechende Antrag von mindestens 5 % der Abgeordneten oder von mindestens einer Fraktion gestellt werden.

II. Vorverfahren

Ein Entwurf der Bundesregierung ist nach Art. 76 II GG zunächst dem Bundesrat zur Stellungnahme zuzuleiten. Der Bundesrat wiederum muss einen Entwurf nach Art. 76 III GG zunächst der Bundesregierung zur Stellungnahme zuleiten.

Der Bundestag hat nach Art. 76 III 5, 77 I 1 GG über die Gesetzesvorlage in angemessener Frist zu beraten (i.d.R. in drei Lesungen zzgl. Ausschusssitzungen) und Beschluss zu fassen.

III. Hauptverfahren

Der Bundestag kann seine Beschlüsse i.d.R. mit einfacher Mehrheit fassen.

(Grundgesetzändernde Gesetze (Art. 79 I, II GG auch i.V.m. Art. 20 I 2, 3 GG) bedürfen jeweils einer Zwei-Drittel-Mehrheit im Bundestag und später im Bundesrat.)

Nach der Beschlussfassung durch den Bundestag ist das Gesetz nach Art. 77 I 2 GG unverzüglich an den Bundesrat weiterzuleiten.

III.1 Einspruchsgesetze

Wenn es sich um ein Einspruchsgesetz handelt und der Bundesrat mit dem Gesetz einverstanden ist, ist es nach Art. 78 GG zustande gekommen. (Weiter bei Punkt IV. Ausfertigung)

Ist der Bundesrat mit dem Gesetz nicht einverstanden, muss er zunächst nach Art. 77 II 1, III 1 GG den Vermittlungsausschuss anrufen.

Der Vermittlungsausschuss setzt sich aus 16 Mitgliedern des Bundesrates und 16 Mitgliedern des Bundestags zusammen. Dort wird über das Gesetz beraten und es wird versucht, ein Kompromiss zu finden.

Wird ein solcher gefunden, geht dieses geänderte Gesetz zunächst wieder zur Beschlussfassung an den Bundestag (Art. 77 II 5 GG). Beschließt der Bundestag das geänderte Gesetz, wird es dem Bundesrat vorgelegt. Beschließt der Bundestag das geänderte Gesetz nicht oder kann sich der Vermittlungsausschuss auf kein geändertes Gesetz einigen, wird das ursprüngliche Gesetz dem Bundesrat vorgelegt.

Wenn der Bundesrat nun mit dem vorgelegten Gesetz (entweder ursprüngliches oder geändertes Gesetz) einverstanden ist, ist das Gesetz nach Art. 78 GG zustande gekommen. (Weiter bei Punkt IV. Ausfertigung)

Ansonsten kann der Bundesrat nach Art. 77 III 1 GG einen Einspruch gegen das Gesetz beschließen.

Der Bundestag hat nun die Möglichkeit, den Einspruch des Bundesrates zurückzuweisen. Dazu benötigt er aber mindestens dieselbe Mehrheit, die der Bundesrat beim Beschluss über den Einspruch erreicht hat (Art. 77 IV GG). Erreicht also der Bundesrat eine absolute Mehrheit (Mehrheit der Stimmen), so muss auch der Bundestag eine absolute Mehrheit erreichen (Mehrheit der Abgeordneten). Wird der Einspruch des Bundesrates mit einer absoluten 2/3-Mehrheit (Mehrheit der Stimmen) beschlossen, reicht jedoch im Bundestag die einfache 2/3-Mehrheit (Mehrheit der abgegebenen Stimmen), wobei mindestens die absolute Mehrheit (Mehrheit der Abgeordneten) erreicht werden muss.

Wird der Einspruch vom Bundestag überstimmt, ist das Gesetz nach Art. 78 GG zustande gekommen. (Weiter bei Punkt IV. Ausfertigung)

Wenn die Mehrheit im Bundestag nicht ausreicht, ist das Gesetz gescheitert.

III.2 Zustimmungsgesetze

Wenn der Bundesrat bei einem Zustimmungsgesetz die Zustimmung beschließt, ist das Gesetz nach Art. 78 GG zustande gekommen. (Weiter bei Punkt IV. Ausfertigung)

Ansonsten ist das Gesetz gescheitert. Jedoch können in diesem Fall Bundesrat, Bundesregierung und Bundestag noch den Vermittlungsausschuss anrufen (Art. 77 II 1, 4 GG).

Wird der Vermittlungsausschuss angerufen, versucht dieser einen Kompromiss zu erarbeiten.

Gelingt ihm dies, wird das geänderte Gesetz dem Bundestag zur Beschlussfassung zugeleitet (Art. 77 II 5 GG). Wenn der Bundestag das geänderte Gesetz beschließt, wird es dem Bundesrat vorgelegt. Kann sich der Vermittlungsausschuss nicht einigen oder wird das geänderte Gesetz nicht vom Bundestag beschlossen, wird das ursprüngliche Gesetz erneut dem Bundesrat vorgelegt.

Wenn nun der Bundesrat seine Zustimmung zu dem (entweder ursprünglichen oder geänderten) Gesetz gibt, ist das Gesetz nach Art. 78 GG zustande gekommen. (Weiter bei Punkt IV. Ausfertigung)

Beschließt der Bundesrat die Zustimmung nicht, ist das Gesetz gescheitert.

IV. Ausfertigung

Ein ordnungsgemäß beschlossenes Gesetz wird zunächst von der Bundesregierung gegengezeichnet, dann vom Bundespräsidenten ausgefertigt und zuletzt im Bundesgesetzblatt (BGBl) verkündet. Es tritt zu dem im Gesetz bestimmten Tag oder mit Ablauf des vierzehnten auf die Veröffentlichung im Bundesgesetzblatt folgenden Tages in Kraft.

Es ist umstritten, in wie weit der Bundespräsident die Ausfertigung eines beschlossenen Gesetzes verweigern kann, d.h. ob ihm ein formelles und materielles Prüfrecht zusteht. Nach einigen Meinungen darf der Bundespräsident ein Gesetz umfassend prüfen und die Ausfertigung bei formellen und materiellen Fehlern verweigern. Nach meiner und einigen anderen Meinungen beschränkt sich das Prüfrecht des Bundespräsidenten auf die formelle Verfassungsmäßigkeit. Nach wenigen anderen Meinungen hängt das Vorliegen eines materiellen Prüfrechts davon ab, ob der Bundespräsident über eine rechtswissenschaftliche Ausbildung verfügt. Weitgehend unumstritten ist jedoch, dass der Bundespräsident die Ausfertigung von Gesetzen verweigern kann, wenn diese offensichtlich gegen die Verfassung verstoßen würden.

GRUNDRECHTE UND GRUNDRECHTSGLEICHE RECHTE

Die Grundrechte sind verfassungsrechtlich verbürgte Abwehrrechte des Bürgers gegen den Staat. Exekutive, Judikative und Legislative sind durch sie gebunden. Zusätzlich hat aber das Bundesverfassungsgericht in seinem „Lüth"-Urteil bestimmt, dass auch eine Wirkung der Grundrechte auf das Zivilrecht, insbesondere bei der Auslegung unbestimmter Rechtsbegriffe, besteht. Demnach müssen alle Rechtsnormen, also eben auch die des Zivilrechts, im Geiste der Grundrechte ausgelegt und angewandt werden.

Die Grundrechte befinden sich im Grundrechtekatalog in den Artikeln 1-19 GG. Daneben existieren noch Regelungen, die den Grundrechten gleichgestellt sind. Diese sind in Art. 93 I Nr. 4 lit. a) GG abschließend aufgezählt.

Es gibt zwei gängige Einteilungen der Grundrechte, die du beherrschen solltest:

1.) EINTEILUNG NACH DEM SCHUTZZWECK

1.1) Freiheitsrechte (z.B. Allgemeine Handlungsfreiheit aus Art. 2 GG)

Hier wird ein Handlungsbereich festgelegt, innerhalb dessen jeder so handeln kann, wie er möchte.

1.2) Gleichheitsrechte (z.B. Gleichheitssatz aus Art. 3 GG)

Diese regeln, dass jeder Mensch grundsätzlich gleich zu behandeln ist und schließen Diskriminierung aus.

1.3) Institutionsgarantien (z.B. Ehe und Familie aus Art. 6 GG)

Hier wird z.B. im Fall des Art. 6 GG die Garantie dafür übernommen, dass der Staat die Ehe schützt und fördert.

2.) EINTEILUNG NACH DEM GESCHÜTZTEN PERSONENKREIS

2.1) Menschenrechte

Dies sind Rechte, die jedem Einwohner Deutschlands garantiert werden. Erkennen kann man Menschenrechte an der Formulierung „Jeder...". Diese verfassungsgegebenen Menschenrechte sind nicht zu verwechseln mit den Menschenrechtskonventionen die international gelten und jedem Menschen bestimmte Rechte garantieren.

2.2) Bürgerrechte

Diese Rechte gelten nur für deutsche Staatsbürger und sind an der Formulierung „Jeder Deutsche..." zu erkennen.

SCHRANKEN

Da es zwangsläufig regelmäßig zu Kollisionen zwischen den Grundrechten verschiedener Personen kommen würde, wenn jeder seine Grundrechte uneingeschränkt geltend machen könnte, muss eine Einschränkung in vielen Fällen im Sinne des öffentlichen Interesses erfolgen. Man unterscheidet dabei zwischen folgenden Schranken:

Verfassungsunmittelbare Schranken sind direkt im entsprechenden Grundrechtsartikel hinterlegt. Als Beispiel gilt Artikel 2 I GG, der besagt, dass jeder das Recht auf eine freie Entfaltung seiner Persönlichkeit hat, solange er dadurch nicht die Rechte anderer verletzt und nicht gegen die verfassungsmäßige Ordnung oder das Sittengesetz (das Strafgesetzbuch zzgl. spezialgesetzlicher Straftatbestände) verstößt.

Verfassungsimmanente Schranken ergeben sich aus der Systematik der Grundrechte direkt. Immer, wenn mehrere Grundrechte miteinander kollidieren, ist im Einzelfall eine Grundrechtsabwägung durchzuführen, um zu klären, welche der betroffenen Grundrechte wie weit eingeschränkt werden. Die einzige Ausnahme stellt Art. 1 I GG dar, dieser darf niemals eingeschränkt werden.

Gesetzesvorbehaltsschranken: Grundrechte werden regulär durch Gesetze eingeschränkt. Dies ist jedoch nur möglich, wenn der Erlass eines derartigen Gesetzes im Grundrechtsartikel ausdrücklich eingeräumt wird. Zum Beispiel ist dies in Art. 2 II 3 GG der Fall. Außerdem müssen in dem zu erlassenden Gesetz aufgrund des sogenannten Zitiergebots diejenigen Grundrechte genannt werden, die durch das Gesetz eingeschränkt werden sollen.

SCHRANKEN-SCHRANKEN

Um eine ungerechtfertigte Einschränkung von Grundrechten zu verhindern, gibt es zudem noch die sogenannten Schranken-Schranken. Zu diesen gehört das schon angesprochene **Zitiergebot**, nach dem alle einzuschränkenden Grundrechte ausdrücklich zu benennen sind. Außerdem ist der **Grundsatz der Verhältnismäßigkeit** zu befolgen unter dem die Rechtsgüterabwägung im Falle einer Kollision durchzuführen ist. Als letzte Schranken-Schranke ist die **Wesensgehaltsgarantie** zu nennen. Jedes Grundrecht darf nur insoweit eingeschränkt werden, wie dessen Wesensgehalt, also dessen Regelungszweck, nicht verändert wird.

WAHLVERFAHREN ZUM DEUTSCHEN BUNDESTAG

Ich möchte dir nun noch grob einen Überblick über das Wahlverfahren zum Deutschen Bundestag nach dem Sainte Laguë-Schepers-Verfahren verschaffen. Zwar wird die konkrete Wahl in den meisten Kursen nicht Bestandteil einer Klausur sein, dennoch ist es gut, grob zu wissen, wie das Verfahren abläuft.

Wie schon dargestellt wird in Deutschland eine personalisierte Verhältniswahl durchgeführt. Das bedeutet, dass es zwei Stimmen gibt. Durch die Erststimme werden die Direktmandate besetzt, durch die Zweitstimme die Sitzanzahl der Parteien im Bundestag bestimmt. Für die Wahl zum Deutschen Bundestag gilt zudem die sogenannte Fünf-Prozent-Klausel, die besagt, dass Parteien, die weniger als 5 % der Zweitstimmen erhalten, nicht in den Bundestag einziehen. Hiervon gibt es allerdings u.a. eine Ausnahme: ein Einzug ist dann noch möglich, wenn die Partei in mindestens drei Wahlbezirken jeweils ein Direktmandat erhält. Die Anzahl der dann zu erhaltenden Sitze im Bundestag richtet sich dann wiederum nach der Anzahl der Zweitstimmen. Hat eine Partei mehr Sitze durch Direktmandat erhalten, als ihr nach Zweitstimmen zustehen, so erhält sie die Differenz zusätzlich. Diese Sitze heißen dann Überhangmandate.

Im Sainte Laguë-Schepers-Verfahren wird zunächst ermittelt, welche Parteien in den Bundestag einziehen. Dann wird aus den Zweitstimmen ein sogenannter Zuteilungsdivisor ermittelt. Dies geschieht durch Division der gültigen Zweitstimmen durch die Anzahl der gesetzlich zu verteilenden Sitze (= 598 Sitze). Anschließend werden die Zweitstimmen der einzelnen Parteien durch den Zuteilungsdivisor geteilt. Das Ergebnis wird bis 0,5 abgerundet und ab 0,5 aufgerundet. Übrig bleibt die Anzahl der Sitze, die der Partei aufgrund der Zweitstimmen zustehen. In einem zweiten Schritt wird ermittelt, welche Parteien Überhangmandate erhalten. Daraus ergibt sich die tatsächliche Sitzanzahl und -verteilung im Bundestag.

BEISPIEL

Bei der Wahl zum Deutschen Bundestag wurden 50.000.000 gültige Wahlscheine abgegeben. Die Verteilung stellt sich wie folgt dar:

Name der Partei	Sitze aus Direktmandaten	Zweitstimmen
Die Großen	150	30.000.000
Die Violetten	20	11.000.000
Die Orangen	100	7.000.000
Die Gestreiften	10	800.000
Die Dicken	0	500.000
Die Intellektuellen	9	400.000
Die Unterschätzten	10	300.000
Summen:	299	50.000.000

Ermittle bitte die jeweilige Sitzanzahl der Parteien. Aus wie vielen Sitzen besteht letztlich der Deutsche Bundestag?

Lösung:

1.) Anwendung der Fünf-Prozent-Klausel

Name der Partei	Zweitstimmen	Prozentanteil
Die Großen	30.000.000	60,0
Die Violetten	11.000.000	22,0
Die Orangen	7.000.000	14,0
Die Gestreiften	800.000	1,6
Die Dicken	500.000	1,0
Die Intellektuellen	400.000	0,8
Die Unterschätzten	300.000	0,6
Summen:	50.000.000	100,0

Anwendung der Ausnahmen:

Die Gestreiften, die Intellektuellen und die Unterschätzten haben jeweils weniger als 5 % der Zweitstimmen erhalten, haben aber jeweils mehr als 3 Wahlbezirke gewonnen. Sie ziehen daher in den Bundestag ein.

Hinweis:

Rundungsungenauigkeiten bis zu einem (1) Sitz sind in der Regel zulässig.

Ergebnis:

Für Sitzverteilung sind nicht zu berücksichtigen: die Dicken.

2.) Ermittlung des Zuteilungsdivisors

$$div = \frac{\text{gültige Stimmen ohne ausgeschiedene Parteien}}{\text{gesetzliche Anzahl der Sitze}}$$
$$= \frac{(50.000.000 - 500.000)}{598} = 82.775,9$$

3.) Ermittlung der Sitze aus den Zweitstimmen

$$Sitze_{Die\ Großen} = \frac{Zweitstimmen}{div} = \frac{30.000.000}{82.775,9} = 362,4 \cong 362$$

$$Sitze_{Die\ Violetten} = \frac{11.000.000}{82.775,9} = 132,9 \cong 133$$

$$Sitze_{Die\ Orangen} = 84,6 \cong 85$$
$$Sitze_{Die\ Gestreiften} = 9,7 \cong 10$$

$Sitze_{Die\ Intellektuellen} = 4,8 \cong 5$

$Sitze_{Die\ Unterschätzten} = 3,6 \cong 4$

4.) Ermittlung der Überhangmandate

Name der Partei	Sitze nach Zweitstimmen	Direkt-mandate	Sitze im BTag
Die Großen	362	150	362
Die Violetten	133	20	133
Die Orangen	85	100	100
Die Gestreiften	10	10	10
Die Intellektuellen	5	9	9
Die Unterschätzten	4	10	10
Summen:	598 (599)	299	624

5.) Ermittlung der Ausgleichsmandate

Normalerweise müssten an dieser Stelle die Ausgleichsmandate ermittelt werden. Für den Deutschen Bundestag wurden die Ausgleichsmandate im Jahr 2013 eingeführt. Durch die Bildung von Ausgleichsmandaten soll das Verhältnis zwischen den Parteien, das sich aus dem Ergebnis der Verhältniswahl ergeben hat, und das durch die Bildung der Überhangmandate nicht mehr stimmt, wiederhergestellt werden. Hierzu wird das Parlament durch Bildung der Ausgleichmandate solange vergrößert, bis das Verhältnis wieder erreicht ist.

Dieses System steht unter großer Kritik, da der Bundestag hierdurch ganz erheblich anwachsen kann und hierdurch auch die Kosten, insbesondere für die Abgeordnetendiäten, extrem ansteigen.

Da das Verfahren zur Ermittlung der Ausgleichsmandate nicht einheitlich und auch kompliziert ist, wird es in deiner Ausbildung höchst wahrscheinlich nicht behandelt. Ich lasse es an dieser Stelle daher weg.

6.) Ergebnis

Der Bundestag wird aus 624 Sitzen bestehen. Darin enthalten sind 26 Überhangmandate.

VERFASSUNGSBESCHWERDE

Sehr unwahrscheinlich, aber nicht unmöglich, ist es, dass du im Rahmen deiner Ausbildung eine Verfassungsbeschwerde nach Art. 93 I Nr. 4a GG i.V.m. § 90 I BVerfGG prüfen musst. Daher will ich dir zumindest das Prüfschema mit den entsprechenden Rechtsgrundlagen und Definitionen nicht vorenthalten.

Bei der Prüfung der Verfassungsbeschwerde geht es immer um ein (fiktives) Gesetz, dass mindestens ein (1) Grundrecht einschränkt. In der Regel ist es ein Bürger, der sich durch dieses Gesetz in seinen Grundrechten nicht nur eingeschränkt, sondern auch verletzt sieht. Er erhebt daher die Verfassungsbeschwerde zum Bundesverfassungsgericht. Deine Aufgabe besteht nun darin, gutachterlich zu prüfen, ob die Klage Aussicht auf Erfolg hat.

ERWEITERTES PRÜFSCHEMA „Verfassungsbeschwerde"

I.

Es ist zu prüfen, ob die Verfassungsbeschwerde (VB) des X Aussicht auf Erfolg hat.

Eine VB hat Aussicht auf Erfolg, wenn sie zulässig und begründet ist.

II.

Es ist zu prüfen, ob die VB des X zulässig ist.

1.

Es ist zu prüfen, ob das zuständige Gericht angerufen wird.

Nach Art. 93 I Nr. 4 a) GG und §§ 13, 90 ff. BVerfGG ist für die Entscheidung über VBen das Bundesverfassungsgericht zuständig.

[…]

2.

Es ist zu prüfen, ob X beschwerdefähig ist.

Dies ist der Fall, wenn es sich beim X um eine natürliche oder juristische, prozessfähige Person handelt.

[…]

3.

Es ist zu prüfen, ob ein tauglicher Beschwerdegegenstand gegeben ist.

Ein Beschwerdegegenstand kann jeder Akt der öffentlichen Gewalt sein.

[…]

4.

Es ist zu prüfen, ob ein Beschwerdegrund vorliegt.

Dies ist der Fall, wenn die Möglichkeit der Grundrechtsverletzung gegeben ist und der Beschwerdeführer selbst, unmittelbar und gegenwärtig betroffen ist.

[…]

5.

Es ist zu prüfen, ob der Rechtsweg erschöpft ist.

Nach Art. 90 II BVerfGG besteht die Möglichkeit der VB erst nach vollständiger Erschöpfung des Rechtswegs.

[…]

6.

Es ist zu prüfen, ob die VB form- und fristgerecht eingereicht wird.

Die VB ist schriftlich einzureichen. Nach § 93 III BVerfGG ist sie, wenn sie sich gegen ein Gesetz richtet, binnen eines Jahres ab Bekanntmachung des Gesetzes einzureichen.

[…]

Die erforderlichen Verfahrensvorschriften sind eingehalten.

Die VB ist zulässig.

II.

Es ist zu prüfen, ob die VB begründet ist.

1.

Es ist zu prüfen, ob der Fall in den persönlichen Schutzbereich des Art. X GG fällt.

Nach Art. X GG handelt es sich bei dem Grundrecht auf XXX um ein Deutschenrecht.

[...]

2.

Es ist zu prüfen, ob der Fall in den sachlichen Schutzbereich des Art. X GG fällt.

Nach Art. X GG steht jedem Deutschen das Recht zu, XXX.

[...]

3.

Es ist zu prüfen, ob ein Grundrechtseingriff vorliegt.

Dies ist der Fall, wenn der X durch den Akt der öffentlichen Gewalt in seiner Grundrechtsausübung beeinträchtigt ist.

[...]

4.

Es ist zu prüfen, ob eine verfassungsmäßige Rechtfertigung für den Grundrechtseingriff vorliegt.

4.1

Es ist zu prüfen, ob das Grundrecht auf XXX beschränkt werden durfte.

Dies wäre nur zulässig, durch Gesetzesvorbehalt oder im Rahmen der verfassungsimmanenten Schranken (Beachtung der Rechte Dritter, der verfassungsmäßigen Ordnung und des Sittengesetzes).

[...]

4.2

Es ist zu prüfen, ob die Gesetzesänderung formell verfassungsgemäß war.

Dann müsste das vorgeschriebene Gesetzgebungsverfahren fehlerfrei durchlaufen worden sein.

[...]

4.3

Es ist zu prüfen, ob die Änderung des Versammlungsgesetzes materiell verfassungsgemäß war.

4.3.1

Es ist zu prüfen, ob das Bestimmtheitsgebot beachtet wurde.

Dies wäre der Fall, wenn die geänderte Vorschrift so klar gefasst ist, dass die Rechtslage für den Bürger erkennbar ist und er sein Verhalten daran ausrichten kann.

[...]

4.3.2

Es ist zu prüfen, ob die Gesetzesänderung verhältnismäßig ist.

Dann müsste sie einem legitimen Zweck dienen und geeignet, erforderlich und angemessen sein.

4.3.2.1

Es ist zu prüfen, ob die Gesetzesänderung einem legitimen Zweck dient.

Dies wäre der Fall, wenn die Änderung dem Gemeinwohl dienen könnte.

[...]

4.3.2.2

Es ist zu prüfen, ob die Gesetzesänderung geeignet ist.

Dann müsste sie zum angestrebten Ziel führen können.

[...]

4.3.2.3

Es ist zu prüfen, ob das Versammlungsverbot erforderlich ist.

Dies wäre der Fall, wenn es von mehreren gleichsam geeigneten Maßnahmen, diejenige Maßnahme darstellen würde, die in die Rechte der Betroffenen am wenigsten eingreift.

[...]

4.3.2.4

Es ist zu prüfen, ob die Gesetzesänderung angemessen ist.

Dies ist der Fall, wenn im Rahmen einer Grundrechtskollision, die aus dem öffentlichen Akt resultierenden Nachteile für die Betroffenen von den daraus resultierenden Vorteilen deutlich überwogen werden.

[...]

Die Gesetzesänderung dient einem legitimen Zweck, sie ist geeignet und erforderlich, aber nicht angemessen.

Die Gesetzesänderung ist somit insgesamt unverhältnismäßig.

Die Gesetzesänderung ist hinreichend bestimmt, jedoch nicht verhältnismäßig.

Damit ist sie materiell verfassungswidrig.

[...]

Damit ist die VB begründet.

Die VB ist zulässig und begründet.

Damit hat die VB Aussicht auf Erfolg.

EUROPARECHT

In der Regel kann im Rahmen deiner Ausbildung aus Zeitmangel nur marginal auf das Thema Europarecht eingegangen werden. Daher werde auch ich mich kurz fassen und nur die wesentlichen Fakten zur Entwicklung, zu den Organen und zu der Stellung der EU in rechtlicher Sicht nennen.

Die Europäische Union ist ein 1993 gegründeter Staatenverbund. Der Begriff „Staatenverbund" soll verdeutlichen, dass es sich nicht um einen Bundesstaat handelt, dafür sind die der EU übertragenen Hoheitsrechte zu gering, aber auch nicht um einen lockeren Staatenbund.

Die Vorgängerorganisationen waren ursprünglich auf die Schaffung einer Wirtschaftsunion und zur Beseitigung von Zoll- und Mautsystemen und Binnenmärkten innerhalb Europas ausgerichtet. Inzwischen wurden der EU aber durch die Mitgliedsstaaten Hoheitsrechte eingeräumt, die ihr enormen Einfluss auf die nationalen Rechtsordnungen einräumt. So sind im wesentlichen EU-Verordnungen und EU-Richtlinien zu unterscheiden. EU-Verordnungen sind unmittelbar geltendes Recht und innerhalb der Mitgliedsstaaten direkt anzuwenden. EU-Richtlinien haben keinen eigenen Gesetzescharakter, sind aber innerhalb einer bestimmten Karenzzeit durch die nationalen Parlamente in nationales Recht umzusetzen. Hierbei steht den Mitgliedsstaaten oft ein bestimmter Spielraum zu, wie die Aufgabe konkret erledigt und organisiert wird. Um die Aufgabenerfüllung an sich kommt der Mitgliedsstaat jedenfalls nicht herum. EU-Recht steht grundsätzlich über den nationalen Verfassungen.

DIE ORGANE

Europäisches Parlament

Das Europäische Parlament sitzt in Straßburg und wird von den Bürgern der Europäischen Union in direkter Wahl für fünf Jahre gewählt. Es besteht aus maximal 750 Mitgliedern zzgl. des Parlamentspräsidenten. Die Verteilung der Sitze richtet sich nach der Bevölkerungszahl der Mitgliedsstaaten, wobei ein Land zwischen 6 und 96 Abgeordnete stellen kann. Wie die Aufteilung nach einem Austritt des Vereinigten Königreichs (Brexit) aussehen wird, kann derzeit noch nicht abgeschätzt werden. Für die erste Amtszeit nach der EU-Parlamentswahl 2019 sind 705 Sitze vorgesehen. Die Aufteilung der Abgeordneten erfolgt nicht nach Zugehörigkeit des entsendenden Mitgliedsstaats, sondern nach (politischen) Fraktionen. Die Einteilung der Fraktionen ist ähnlich denen des Bundestags. So sind die Christdemokraten in der EVP, die Sozialdemokraten in der S&D, Konservative in der EKR, die Liberalen in der ALDE, die Grünen in der Grüne/EFA und die Linken in der GUE/NGL organsiert (Stand: 2019). Zudem bestehen zeitweilig kleine Fraktion, die überwiegend von Rechtspopulisten und EU-Skeptikern besetzt sind, wie z.B. die EFDD und die ENF (Stand: 2019). Auch fraktionslose Abgeordnete sind möglich.

Die Aufgaben des Europäischen Parlaments sind ähnlich denen des Bundestags. In erster Linie handelt es sich um das

Gesetzgebungsorgan der EU, welches in Zusammenarbeit mit dem Rat der Europäischen Union die gesetzlichen Vorgaben für die EU-Mitgliedsstaate verabschiedet. Dies geschieht in Form von EU-Verordnungen oder EU-Richtlinien. EU-Verordnungen gelten direkt gegenüber den Einwohnern, Unternehmen und Behörden der EU-Mitgliedsstaaten, während EU-Richtlinien innerhalb eines festgelegten Zeitfensters vom nationalen Gesetzgeber in die nationale Gesetzgebung eingearbeitet werden muss.

Außerdem entscheidet das Europäische Parlament über die Aufnahme und den Austritt von Mitgliedsstaaten und über Abkommen mit Nicht-EU-Staaten oder anderen Staatenverbünden.

Das Europäische Parlament übt die Aufsicht über die EU-Organe aus und kontrolliert den EU-Haushalt.

Europäischer Rat

Der Europäische Rat sitzt in Brüssel und besteht aus den Staats- und Regierungschefs der EU-Mitgliedsstaaten, sowie dem Präsidenten der Europäischen Kommission und der Hohen Vertreterin der EU für Außen- und Sicherheitspolitik. Der Präsident des Europäischen Rates wird aus dessen Mitte für 2 ½ Jahre gewählt wird. Eine (1) Wiederwahl ist möglich.

Im Europäischen Rat wird die politische Ausrichtung der EU bestimmt und die gemeinsame Außen- und Sicherheitspolitik der EU festgelegt.

Der Präsident des Europäischen Rates vertritt die EU nach außen.

Rat der Europäischen Union

Die Rolle des Rates der EU ist etwas vergleichbar mit der des Bundesrates. Er sitzt in Brüssel und besteht, immer abhängig vom zu behandelnden Themengebiet, aus Ministern der EU-Mitgliedsstaaten.

Im Rat der EU werden Rechtsvorschriften beraten und zusammen mit dem Europäischen Parlament beschlossen.

In wichtigen Angelegenheiten ist eine einstimmige Beschlussfassung notwendig, ansonsten reicht üblicherweise eine qualifizierte Mehrheit aus, die sich als Besonderheit auch nach der EU-Gesamtbevölkerung richtet.

Europäische Kommission

Die Europäische Kommission besteht aus dem sogenannten „Kollegium", welches sich aus je einer Person aus jedem EU-Mitgliedsstaat zusammensetzt. Zudem besteht ein Unterbau, genannt „Generaldirektionen", deren Mitarbeiter das Tagesgeschäft erledigen. Sie sitzt in Brüssel.

Bei der Europäischen Kommission handelt es sich um das Exekutivorgan der EU. Sie setzt die Entscheidungen des Europäischen Parlaments und der Rates der EU um und macht Vorschläge für neue europäische Rechtsvorschriften oder Änderungen bestehender Regelungen. Die Europäische Kommission überwacht zudem die Finanzmittelverwendung der EU.

Gerichtshof der Europäischen Union (EuGH)

Der Gerichtshof der Europäischen Union, auch Europäischer Gerichtshof genannt, stellt die Judikative der EU dar. Er besteht aus zwei Gerichten, dem Gerichtshof und dem Gericht. Beide Gerichte bestehen aus Richtern der EU-Mitgliedsstaaten. Der Sitz ist in Luxemburg.

Insgesamt überwacht der EuGH die korrekte Anwendung der EU-Vorschriften und löst Rechtsstreitigkeiten. Vereinfacht kann man sagen, dass der Gerichtshof für grundsätzliche Entscheidungen zuständig ist und insbesondere die EU-rechtskonforme Arbeitsweise der EU-Mitgliedsstaaten überwacht, während das Gericht tendenziell weniger wichtige Fälle bearbeitet, insbesondere auch Klagen von Privatpersonen und Unternehmen.

Europäische Zentralbank (EZB)

Die Europäische Zentralbank besteht aus den Präsidenten der nationalen Zentralbanken aller EU-Mitgliedsstaaten, sowie dem Präsidenten und dem Vize-Präsidenten der EZB. Ihr Sitz ist in Frankfurt (Main).

Die EZB ist für die Währungs- und Wirtschaftspolitik der EU zuständig (siehe hierzu Kapitel „Volkswirtschaftslehre").

Europäischer Rechnungshof

Der Europäische Rechnungshof besteht aus je einem Mitglied aus jedem EU-Mitgliedsstaat und hat seinen Sitz in Luxemburg. Er erstellt die Jahresberichte für das Europäische Parlament und den Rat der EU und überprüft, gemeinsam mit der

Europäischen Kommission die Finanzmittelverwendung der EU.

Die weiteren EU-Organe fasse ich nachfolgende grob zusammen:

Europäischer Auswärtiger Dienst (EAD) / Hohe Vertreterin der Europäischen Union für Außen- und Sicherheitspolitik
Sitz: Brüssel
Pflege der diplomatischen Beziehungen der EU zur übrigen Welt, Gewährleistung der Sicherheit, Entwicklungshilfe, Schutz der Menschenrechte

Europäischer Datenschutzbeauftragter (EDSB)
Sitz: Brüssel
Kontrolle der Einhaltung der datenschutzrechtlichen Regelungen

Europäischer Ombudsmann
Sitz: Straßburg
Bearbeitung von Beschwerden gegen die EU-Organe

Europäischer Wirtschafts- und Sozialausschuss (EWSA)
Sitz: Brüssel
Vertretung der Gewerkschaften, Arbeitgeberverbände und sozialer Interessensgruppen innerhalb der EU

Europäischer Ausschuss der Regionen (AdR)
Sitz: Brüssel
Vertretung von bestimmten Regionen oder Städten der EU-Mitgliedsstaaten und deren speziellen Interessen innerhalb der EU

Europäische Investitionsbank (EIB)
Sitz: Luxemburg
Subventionierung und Darlehensvergabe zur Förderung von Projekten, die die EU innerhalb und außerhalb der EU fördern.

ALLGEMEINES VERWALTUNGSRECHT

Das Allgemeine Verwaltungsrecht stellt den Grundstein für dein komplettes späteres dienstliches Handeln dar. Zu den einschlägigen Gesetzen, die dir in diesem Fach begegnen, gehören das Verwaltungsverfahrensgesetz, die Verwaltungsgerichtsordnung und das Landeszustellungsgesetz. Das AVR behandelt den Aufbau und die Formen von öffentlicher Verwaltung, und wie die Verwaltung handeln kann.

Eine Verwaltung kann hoheitlich oder fiskalisch handeln. Handelt sie hoheitlich, so ist sie dem Bürger übergeordnet und erteilt ihm Anweisungen oder genehmigt ihm z.B. den Bau eines Hauses. Handelt die Verwaltung fiskalisch, so schließt sie Verträge nach dem BGB ab und ist somit gleichberechtigt mit dem Bürger.

Außerdem unterscheidet man in Eingriffs- und Leistungsverwaltung. Eingriffsverwaltung gebietet oder verbietet dem Bürger ein Tun, Dulden oder Unterlassen. Leistungsverwaltung gewährt dem Bürger Geldzahlungen oder z.B. den Betrieb einer Gaststätte.

TRÄGER DER ÖFFENTLICHEN VERWALTUNG

Um Handeln zu können braucht die Verwaltung rechts- und handlungsfähige Personen. Sie bedient sich daher verschiedener juristischer Personen als Verwaltungsträger:

Körperschaft des öffentlichen Rechts

Körperschaften sind mitgliedschaftlich organisiert. Sie nehmen öffentliche Aufgaben wahr und sind mit Hoheitsrechten ausgestattet. Gemeinden, als Gebietskörperschaften, können darüber hinaus eigene Steuern erheben. Die Mitglieder von Körperschaften sind an der Willensbildung beteiligt und finanzieren die Körperschaft durch Beiträge. Die Mitgliedschaft ist teilweise freiwillig und teilweise pflichtig. So sind die Einwohner einer Gemeinde nach dem Wohnortprinzip Pflichtmitglied.

Anstalt des öffentlichen Rechts

Anstalten sind zweckgebundenes Sach- und Personalvermögen. Sie sollen eine bestimmte Aufgabe, z.B. die Bereitstellung des öffentlichen Rundfunks, erfüllen. Es besteht keine Mitgliedschaft, sondern die Anstalt wird durch Gebühren oder Beiträge der Nutzer finanziert.

Stiftungen des öffentlichen Rechts

Stiftungen sind verselbstständigte Organisationen, die aus einem endgültig übergebenen Vermögen heraus existieren. Sie sind zweckgebunden und erfüllen mit dem Vermögen eine bestimmte Aufgabe. Eine Vermögensaufstockung erfolgt am ehesten aus Spenden und Erbschaften. Diejenigen, die von der Arbeit der Stiftungen profitieren sind Nutznießer.

INTERNE VERWALTUNGSORGANISATION

Die oberste Ebene einer Verwaltungsstruktur stellt das Organ dar, also die Körperschaft, Anstalt oder Stiftung.

Darunter befindet sich die Behörde. Dies ist grundsätzlich jede Stelle, die Aufgaben der öffentlichen Verwaltung wahrnimmt (§ 1 VwVfG NW).

Die kleinste Einheit ist das Amt. Dies ist ein bestimmter Aufgabenbereich innerhalb der Behörde, der einer einzelnen Person zuzuordnen ist.

Beispiel:

Die Stadt Köln ist als Gebietskörperschaft das Organ. Der Oberbürgermeister der Stadt Köln ist Behörde, da er die Aufgaben der öffentlichen Verwaltung für die Stadt Köln wahrnimmt. Herr Meier, der für die Erteilung von Fahrerlaubnissen im Zuständigkeitsgebiet der Stadt Köln eingesetzt wird, stellt ein Amt dar.

Dies mag dir etwas seltsam vorkommen, da du sehr wahrscheinlich unter einem Amt immer die Organisationseinheit, z.B. das Straßenverkehrsamt oder das Sozialamt, verstanden hast. Dies sind letztlich Ämter im organisatorischen, nicht aber im beamtenstatusrechtlichen Sinn und dieser Umstand mag heutzutage als überholt angesehen werden. Letztlich lässt sich das „Amt" schon aus der Bezeichnung Beamter herauslesen und auch wenn man den Beamten im funktionellen Sinne als „Amtswalter" betrachtet, wird deutlich, dass mit dem Wort „Amt" ursprünglich nicht die Behörde, sondern das konkrete Aufgabengebiet gemeint war. So tief musst du allerdings, zu deiner Beruhigung, nicht in diese Materie einsteigen.

VERWALTUNGSAKT

Wie schon zuvor dargestellt, kann eine Behörde auf unterschiedliche Weisen handeln. Sie kann dies fiskalisch tun, also indem sie privatrechtliche Verträge abschließt, aber auch indem sie Bußgeld- und Gebührenbescheide erlässt. Im AVR interessieren uns diese Varianten aber nicht weiter. Im Zentrum des allgemeinen Verwaltungsrechts liegt grundsätzlich der Verwaltungsakt.

Der Verwaltungsakt (und auch die Allgemeinverfügung) ist in § 35 VwVfG NW legaldefiniert. Ein Verwaltungsakt enthält sechs Tatbestandsmerkmale, die kumulativ vorliegen müssen, damit es sich um einen Verwaltungsakt handelt. Ein Verwaltungsakt ist darauf gerichtet, von dem Adressaten ein Tun, Dulden oder Unterlassen zu fordern oder diesem Rechte einzuräumen. Man unterscheidet daher zwischen begünstigenden, janusköpfigen und belastenden Verwaltungsakten. Begünstigende Verwaltungsakte sind solche, die dem Adressaten lediglich einen rechtlichen Vorteil bringen. Belastende Verwaltungsakte sind solche, die den Adressaten einschränken. Janusköpfig sind Verwaltungsakte, die begünstigend sind, aber gleichzeitig auch den Adressaten (oder einen Dritten) einschränken. Dies kann z.B. der Fall sein, wenn ein Verwaltungsakt mit Nebenbestimmungen erlassen wird. Dies sind Auflagen oder Bedingungen, an die z.B. eine Genehmigung geknüpft ist. Mehr zu Nebenbestimmungen erfährst du in einem späteren Abschnitt.

Nun aber zunächst ein Überblick über die Tatbestandsmerkmale eines Verwaltungsaktes:

Hoheitliche Maßnahme

Eine Maßnahme ist hoheitlich, wenn ein Über- und Unterordnungsverhältnis vorliegt (z.B. ‚der Bürgermeister ist dem Bürger übergeordnet") oder nach der modifizierten Subjektstheorie, wenn eine Ermächtigungsgrundlage gegeben ist.

Meine Empfehlung:

Eine hoheitliche Maßnahme liegt vor, wenn zweckgerichtetes, einseitiges Verwaltungshandeln mit Erklärungscharakter gegeben ist.

Behörde

Nach § 1 II VwVfG NRW ist eine Behörde jede Stelle, die Aufgaben der öffentlichen Verwaltung wahrnimmt.

Regelung

Eine Regelung liegt immer dann vor, wenn sich für den Adressaten ein Rechtsverhältnis ändert oder ein neues Rechtsverhältnis begründet wird oder wegfällt.

Meine Empfehlung:

Eine Regelung liegt vor, wenn die Maßnahme nach objektiven Gesichtspunkten unmittelbar auf die Herbeiführung einer Rechtsfolge gerichtet ist, insbesondere, wenn ein Rechtsverhältnis begründet oder geändert wird, oder ein bestehendes Rechtsverhältnis entfällt.

Einzelfall

Ein Einzelfall liegt vor, wenn sich die Maßnahme an eine einzelne Person oder an eine Gruppe von konkret bestimmbaren Einzelpersonen richtet.

Meine Empfehlung:

Dies ist der Fall, wenn sich die Maßnahme gegen eine bestimmte Einzelperson oder gegen eine Gruppe von konkret

> bestimmbaren Einzelpersonen richtet, und sie einen konkreten Sachverhalt betrifft.

Gebiet des öffentlichen Rechts

Nach der modifizierten Subjektstheorie liegt eine Maßnahme auf dem Gebiet des öffentlichen Rechts, wenn ihr eine Ermächtigungsgrundlage zugrunde liegt, und es sich nicht um eine Streitigkeit öffentlich-rechtlicher Art handelt (letzteres wird mit sehr hoher Wahrscheinlichkeit in deiner Ausbildung nie der Fall sein).

> Meine Empfehlung:
>
> Nach der modifizierten Subjektstheorie / Sonderrechtstheorie ist dies der Fall, wenn die Maßnahme auf eine Norm gestützt ist, die notwendigerweise einen Träger hoheitlicher Gewalt berechtigt oder verpflichtet.

Außenwirkung

Eine Außenwirkung liegt vor, wenn sich die Maßnahme an eine Person richtet, die (rechtlich) außerhalb der erlassenden Behörde steht.

Ein Verwaltungsakt muss formell und materiell rechtmäßig sein. D.h. die Formvorschriften müssen eingehalten sein (formelle Rechtmäßigkeit) und es muss sich tatsächlich um einen Verwaltungsakt handeln, der darüber hinaus inhaltlich fehlerfrei ist (materielle Rechtmäßigkeit). Deine Hauptaufgabe im Fach AVR wird es nunmehr sein, eine gutachterliche Rechtmäßigkeitsprüfung von Verwaltungsakten durchzuführen. Dazu benötigst du grundsätzlich ein Schema, das dir dabei hilft, keine wesentlichen Punkte auszulassen. Mit ein wenig Übung wirst du aber auch in der Lage sein, nur anhand des

Verwaltungsverfahrensgesetzes für das Land Nordrhein-Westfalen eine Prüfung durchzuführen. Spezialgesetzliche Grundlagen musst du dir grundsätzlich selbst suchen, jedoch spielen bestimmte Gesetze in deiner Ausbildung häufig eine Rolle, wie z.B. das Gaststättengesetz (GastG), das Landeshundegesetz (LHundG NRW) oder das Landesimmissionsschutzgesetz (LImSchG NRW). In der Regel wird dein Dozent dir Tipps geben, welche Gesetze anzuwenden sind. Steigen wir nun in eine erste einfache Prüfung mit spezialgesetzlicher Grundlage ein. Präge dir die jeweiligen Definitionen gut ein, denn diese werden dir immer wieder begegnen. Nicht alle davon sind im Gesetz nachschlagbar. Für die Grundlagen staatlichen Handelns (z.B. Verhältnismäßigkeitsprinzip) lies bitte zunächst das Kapitel „Grundlagen".

PRÜFUNG VERWALTUNGSAKT

> Herr Meier erhält von seiner zuständigen örtlichen Ordnungsbehörde der Stadt S ein Informationsschreiben zu den Vorschriften des Landeshundegesetzes NRW (LHundG NRW).
>
>
> Prüfe gutachterlich, ob ein Verwaltungsakt vorliegt!

LÖSUNGSANSÄTZE:

A.

Es ist zu prüfen, ob es sich bei dem Informationsschreiben der örtlichen Ordnungsbehörde um einen Verwaltungsakt handelt.

Nach § 35 1 Verwaltungsverfahrensgesetz für das Land NRW (VwVfG NRW) ist ein Verwaltungsakt jede (Verfügung, Entscheidung oder andere) hoheitliche Maßnahme, die eine Behörde zur Regelung eines Einzelfalles auf dem Gebiet des öffentlichen Rechts trifft und die auf unmittelbare Rechtswirkung nach außen gerichtet ist.

I.

Es ist daher zunächst zu prüfen, ob es sich um eine hoheitliche Maßnahme handelt.

Dies ist der Fall, wenn zweckgerichtetes, einseitiges Verwaltungshandeln mit Erklärungscharakter gegeben ist.

Durch das Informationsschreiben will die Behörde den Bürger einseitig über die geltenden Vorschriften informieren.

Es liegt daher eine hoheitliche Maßnahme vor.

II.

Weiter ist zu prüfen, ob eine Behörde handelt.

Eine Behörde ist nach § 1 II VwVfG NRW jede Stelle, die Aufgaben der öffentlichen Verwaltung wahrnimmt.

Dem Informationsschreiben ist zu entnehmen, dass es von der örtlichen Ordnungsbehörde der Stadt S kommt. Hierdurch wird verdeutlicht, dass die Behörde in Ausübung hoheitlicher Befugnisse handeln will.

Daher hat eine Behörde gehandelt.

III.

Nun ist zu prüfen, ob eine Regelung gegeben ist.

Eine Regelung liegt dann vor, wenn die Maßnahme nach objektiven Gesichtspunkten unmittelbar auf die Herbeiführung einer Rechtsfolge gerichtet ist, insbesondere, wenn ein Rechtsverhältnis begründet oder geändert wird, oder ein bestehendes Rechtsverhältnis entfällt.

Vorliegend wird Herr Meier lediglich über die geltenden Vorschriften des LHundG NRW informiert. Eine Rechtsfolge ist damit nicht verbunden.

Daher liegt keine Regelung vor.

IV.

Es ist nun zu prüfen, ob es sich um einen Einzelfall handelt.

Dies ist der Fall, wenn sich die Maßnahme gegen eine bestimmte Einzelperson oder gegen eine Gruppe von konkret bestimmbaren Einzelpersonen richtet, und sie einen konkreten Sachverhalt betrifft.

Vorliegend ist ausschließlich Herr Meier angeschrieben worden. Bei ihm handelt es sich um eine Einzelperson. Auch handelt es sich um einen konkreten Sachverhalt.

Es handelt sich daher auch um einen Einzelfall.

V.

Nun ist zu prüfen, ob die Maßnahme auf dem Gebiet des öffentlichen Rechts liegt.

Nach der modifizierten Subjektstheorie / Sonderrechtstheorie ist dies der Fall, wenn die Maßnahme auf eine Norm gestützt ist, die notwendigerweise einen Träger hoheitlicher Gewalt berechtigt oder verpflichtet.

Ein Informationsschreiben kann von jeder natürlichen und juristischen Person verschickt werden. Eine Norm, die dieses Recht nur einem öffentlich-rechtlichen Hoheitsträger einräumt, ist nicht ersichtlich.

Die Maßnahme liegt daher nicht auf dem Gebiet des öffentlichen Rechts.

VI.

Zuletzt ist zu prüfen, ob eine unmittelbare Rechtswirkung nach außen gegeben ist.

Eine solche liegt vor, wenn sich die Maßnahme an eine Person richtet, die (rechtlich) außerhalb der handelnden Behörde steht.

Dem Sachverhalt sind keine Informationen darüber zu entnehmen, dass es sich bei Herrn Meier um einen Angehörigen der Stadt S handelt. Ich gehe außerdem davon aus, dass das Informationsschreiben ansonsten dessen privaten Lebensbereich betrifft.

Es liegt demnach eine unmittelbare Rechtswirkung nach außen vor.

B.

Es sind zwei der erforderlichen Tatbestandsmerkmale, nämlich die Regelung und der Bezug zum öffentlichen Recht, nicht erfüllt.

Da die Tatbestandsmerkmale aber kumulativ vorliegen müssen, handelt es sich bei dem Informationsschreiben nicht um einen Verwaltungsakt i.S.d. § 35 1 VwVfG NRW.

Die Prüfung, ob ein Verwaltungsakt vorliegt oder nicht, wird dir wahrscheinlich in deiner ersten Klausur im Fach AVR begegnen. Für die zweite Klausur und deine Abschlussprüfung wird aber mit hoher Wahrscheinlichkeit ein Verwaltungsakt auf Rechtmäßigkeit zu prüfen sein. Auch einen solchen Fall will ich dir vorstellen.

PRÜFUNG DER RECHTMÄßIGKEIT

Die Prüfung der formellen und materiellen Rechtmäßigkeit wird den Schwerpunkt deiner Ausbildung ausmachen. Auch hier gibt es Prüfschemata, die dir bei der Prüfung helfen, die sich jedoch auch von Dozent zu Dozent unterscheiden können.

Ich möchte dir hier mein persönliches Prüfschema vorstellen. Ich weise aber darauf hin, dass die Reihenfolge der Prüfpunkte in deinem Unterricht anders sein kann, dass zusätzliche Prüfpunkte hinzukommen und Prüfpunkte von mir gegebenenfalls wegfallen können.

ERWEITERTES PRÜFSCHEMA AVR

Ermächtigungsgrundlage
Nach meiner und anderen Meinungen sollte aufgrund der Zweiteilung der Rechtmäßigkeitsprüfung einleitend kein Punkt „Ermächtigungsgrundlage" erscheinen. Die Prüfung der EG ist für den materiellen Teil vorgesehen.

A. Formelle Rechtmäßigkeit

I. Zuständigkeit der Behörde
Frage: Handelt die zuständige Behörde?

1. sachliche Zuständigkeit
Frage: Welche Behörde ist für die Erledigung der Aufgabe zuständig? (z.B. Bauamt, Ordnungsamt, Sozialamt) / § 5 OBG NRW oder Spezialgesetz

2. örtliche Zuständigkeit
Frage: Welche (der sachlich zuständigen Behörden = z.B. alle Bauämter von NRW) ist für den konkreten Einzelfall zuständig? Abhängig von z.B. Ort der Tätigkeitsausübung, Wohnsitz des Adressaten, Aufenthaltsort des Adressaten,

Ort der Gefahr. / § 3 VwVfG NRW oder § 4 OBG NRW oder Spezialgesetz

3. instanzielle Zuständigkeit (i.d.R. nicht zu prüfen)
Frage: Welcher Behördenzweig der örtlich und sachlich zuständigen Behörden ist zuständig? Z.B. örtliche Ordnungsbehörde oder Kreisordnungsbehörde. / Spezialgesetz

II. Verfahren

1. Beteiligter (i.d.R. nicht zu prüfen)
Frage: Ist der Adressat des Verwaltungsakts ein Beteiligter im Verwaltungsverfahren? / § 13 VwVfG NRW

2. Anhörung
Frage: Ist dem Beteiligten vor Erlass des VA Gelegenheit gegeben worden, sich zu äußern? / § 28 VwVfG NRW

3. keine Mitwirkung ausgeschlossener (i.d.R. nicht zu prüfen)
Frage: Liegt ein Mitwirkungsverbot vor? Z.B.: Ist der Sachbearbeiter selbst vom VA betroffen? Ist er befangen? / §§ 20, 21 VwVfG NRW

4. Beteiligung Drittbetroffener (i.d.R. nicht zu prüfen)
Frage: Sind andere Personen, außer dem

Adressaten, von den Wirkungen des VA betroffen? Z.B.: Anwohner. / § 13 II VwVfG NRW

III. Form

1. Form
Frage: Wurde die vorgeschriebene Form eingehalten? / § 37 II 1 VwVfG NRW, grundsätzlich Formfreiheit, aber § 20 OBG NRW: Schriftform bei ordnungsbehördlichen Maßnahmen

2. Begründung
Frage: Enthält der VA eine Begründung? / § 39 VwVfG NRW

3. Rechtsbehelfsbelehrung
Frage: Enthält der VA eine korrekte Rechtsbehelfsbelehrung? / § 58 VwGO, 1 Jahr Rechtsmittelfrist bei unterbliebener oder unrichtiger Belehrung

IV. Bekanntgabe
Frage: Wurde der VA ordnungsgemäß bekanntgegeben? / § 41 I 1, II, IV, § 43 I VwVfG NRW

B. Materielle Rechtmäßigkeit

Verwaltungsakt
Nach meiner und anderen Meinungen muss hier nicht unbedingt eine Prüfung auf Vorliegen eines

Verwaltungsakts erfolgen – sie ist aber auch nicht schädlich.

I. Ermächtigungsgrundlage

1. Vorliegen einer Ermächtigungsgrundlage
Frage: Ist die Behörde zum Handeln in diesem Einzelfall ermächtigt? Nach dem Grundsatz der Recht- und Gesetzmäßigkeit des Verwaltungshandelns muss jedes Tätigwerden der Behörde gesetzlich legitimiert sein (vgl. Art. 20 III GG) / § 14 OBG NRW oder Spezialgesetz

2. Tatbestandsvoraussetzungen
Frage: Ist im vorliegenden Einzelfall der Tatbestand der EG erfüllt?

3. Rechtsfolgeneintritt
Frage: Ist die vorgesehene Rechtsfolge eingetreten? / Nach meiner Meinung setzt die Prüfung der EG auch voraus, dass die Behörde eine Entscheidung innerhalb der Rechtsfolge getroffen hat. Nach anderer Ansicht ist dieser Prüfpunkt bereits Teil der Ermessensprüfung.

II. Auswahl des Adressaten / Auswahl des Verantwortlichen (insbesondere relevant im Recht d. Gefahrenabwehr)

Frage: Richtet sich der VA an den richtigen Adressaten? Z.B. Antragsteller, Zustands-, Verhaltensstörer, Jedermann / §§ 17, 18, 19 OBG NRW oder Spezialgesetz

III. Bestimmtheit

Frage: Ist der Tenor des VA hinreichend bestimmt

formuliert? Der Adressat muss wissen, was konkret von ihm verlangt wird, bzw. was ihm konkret gestattet wird. / § 37 I VwVfG NRW

IV. Ermessen

Frage: Bestand Ermessen und wurde das Ermessen von der Behörde korrekt ausgeübt?

1. Entschließungsermessen
Frage: Hatte die Behörde beim Eingreifen Ermessen oder war sie zum Eingreifen gezwungen?

2. Auswahlermessen
Frage: Hatte die Behörde die Wahl der Mittel und hat sie die Auswahl fehlerfrei getroffen?

a. Ermessensnichtgebrauch
Frage: Bestand Ermessen (vorrangig Entschließungsermessen), welches die Behörde nicht erkannt hat? Z.B.:
Gesetz: „Die Behörde trifft...",
Bescheid: „Daher habe ich mich entschieden...zu treffen"

b. Ermessensüberschreitung
Frage: Blieb die Behörde innerhalb des ihr eingeräumten Ermessens? Z.B.:
Die maximale Befristung einer Erlaubnis ist 1 Jahr, die Behörde befristet auf 6 Monate.

c. Ermessensfehlgebrauch
Frage: Dient die Maßnahme der Behörde dem Sinn und Zweck der gesetzlichen Regelung? Z.B.:
Beamtenrechtliche Umsetzung eines Amtsleiters, weil er der „falschen"

Partei angehört oder Ablehnung eines Bauantrags, weil dort künftig ein Gewerbegebiet entstehen soll.

V. Verhältnismäßigkeit

Frage: Ist die Maßnahme (auch Nebenbestimmungen) verhältnismäßig gegenüber dem Adressaten? / § 15 OBG NRW – für Zwangsmittel § 58 VwVG NRW

1. Geeignetheit
Frage: Führt die Maßnahme zum angestrebten Ziel?

2. Erforderlichkeit
Frage: Ist das gewählte Mittel von mehreren gleichsam geeigneten Mitteln dasjenige, welches in die Rechte des Adressaten am wenigsten eingreift?

3. Angemessenheit
Frage: Überwiegen die Vorteile der Maßnahme (z.B. öffentliches Interesse an Einhaltung der Rechtsordnung) die Nachteile der Maßnahme (z.B. Einschränkung der allgemeinen Handlungsfreiheit, etc.)?

VI. Möglichkeit der Ausführung

Frage: kann der Adressat den VA in rechtlicher und tatsächlicher Hinsicht ausführen? / § 44 II Nr. 4, 5 VwVfG NRW

C. Ergebnis

ÜBUNGSFALL

Kreisverwaltung Musterkreis

[...]

01.07.2019

Herrn
Marvin Meier
Hundegasse 21
12345 Musterstadt

Sehr geehrter Herr Meier,

ich erteile Ihnen aufgrund Ihres Antrags vom 01.06.2019 den Jahresjagdschein für die Dauer von einem Jahr.

[...]

Begründung:

Sie haben am 01.06.2019 bei mir beantragt, den Jahresjagdschein für die Dauer von drei Jahren auszustellen. Sie erfüllen die Anspruchsvoraussetzungen für die Erteilung eines Jahresjagdscheins. Da es sich jedoch um die erste Erteilung eines Jahresjagdscheins handelt, erfolgt die Befristung nicht, wie beantragt, auf drei Jahre, sondern nur auf ein Jahr.

[...]

Rechtsbehelfsbelehrung

[...]

Prüfe gutachterlich die formelle und materielle Rechtmäßigkeit des obenstehenden Bescheides.

RECHTSGRUNDLAGEN (Auszug):

Bundesjagdgesetz

§ 15 Allgemeines

(1) Wer die Jagd ausübt, muß einen auf seinen Namen lautenden Jagdschein mit sich führen und diesen auf Verlangen den Polizeibeamten sowie den Jagdschutzberechtigten (§ 25) vorzeigen. Zum Sammeln von Abwurfstangen bedarf es nur der schriftlichen Erlaubnis des Jagdausübungsberechtigten. Wer die Jagd mit Greifen oder Falken (Beizjagd) ausüben will, muß einen auf seinen Namen lautenden Falknerjagdschein mit sich führen.

(2) Der Jagdschein wird von der für den Wohnsitz des Bewerbers zuständigen Behörde als Jahresjagdschein für höchstens drei Jagdjahre (§ 11 Abs. 4) oder als Tagesjagdschein für vierzehn aufeinanderfolgende Tage nach einheitlichen, vom Bundesministerium für Ernährung und Landwirtschaft (Bundesministerium) bestimmten Mustern erteilt. [...]

Landesjagdgesetz NRW

§ 46

(1) Oberste Jagdbehörde ist das Ministerium. Es führt die Sonderaufsicht über die unteren Jagdbehörden und ist zugleich oberste Sonderaufsichtsbehörde.

(2) Untere Jagdbehörde ist der Kreis oder die kreisfreie Stadt als Kreisordnungsbehörde.

§ 48

Soweit im Bundesjagdgesetz, in diesem Gesetz und in Rechtsverordnungen auf Grund dieser Gesetze nichts anderes bestimmt ist, ist die untere Jagdbehörde zuständige Behörde.

LÖSUNGSANSÄTZE:

Es ist zu prüfen, ob der Bescheid der Kreisverwaltung Musterkreis formell und materiell rechtmäßig ist.

Dies ist der Fall, wenn die einschlägigen Form- und Verfahrensvorschriften eingehalten worden und der Bescheid inhaltlich fehlerfrei ist.

A.

Zunächst ist zu prüfen, ob der Bescheid formell rechtmäßig ist.

Dies wäre der Fall, wenn die Regelungen zu Zuständigkeit, Form und Verfahren eingehalten worden sind.

1.

Zunächst ist daher zu prüfen, ob die zuständige Behörde gehandelt hat.

Zuständig ist die Behörde, die sachlich und örtlich zuständig ist.

1.1

Als erstes ist zu prüfen, ob die sachlich zuständige Behörde gehandelt hat.

Nach § 48 LJagdG NRW i.V.m. § 46 II LJagdG NRW ist, soweit im BJagdG nichts anderes bestimmt ist, der Kreis als Untere Jagdbehörde sachlich zuständig.

Dem BJagdG lassen sich keine abweichen Zuständigkeitsregelungen entnehmen. Hier hat der Kreis Musterkreis gehandelt. Dieser war als Untere Jagdbehörde sachlich zuständig.

Es hat die sachlich zuständige Behörde gehandelt.

1.2

Nun ist zu prüfen, ob auch die örtlich zuständige Behörde gehandelt hat.

Dies ist nach § 15 II BJagdG die für den Wohnsitz des Bewerbers zuständige Behörde.

Herr Meier wohnt in Musterstadt. Die Kreisverwaltung Musterkreis ist für Musterstadt zuständig.

Die örtlich zuständige Behörde hat gehandelt.

Es hat sowohl die sachlich, als auch die örtlich zuständige Behörde gehandelt.

Damit hat insgesamt die zuständige Behörde gehandelt.

2.

Nun ist zu prüfen, ob die Anhörung erfolgt ist.

Nach § 28 I VwVfG NRW ist dem Betroffenen Gelegenheit zu geben, sich zu den für die Entscheidung erheblichen Tatsachen zu äußern, bevor ein Verwaltungsakt erlassen wird, der in dessen Rechte eingreift.

Vorliegend handelt es sich um einen Verwaltungsakt mit Nebenbestimmungen. Als sogenannter janusköpfiger Verwaltungsakt ist er somit gleichzeitig begünstigend und belastend. Er greift somit in die Rechte des Herrn Meier ein. Eine Anhörung ist daher erforderlich. Dem Sachverhalt ist kein Anhaltspunkt dafür zu entnehmen, dass die Anhörung unterblieben ist. Ich gehe daher davon aus, dass die Behörde die Anhörung durchgeführt hat.

Die erforderliche Anhörung ist erfolgt.

3.

Nun ist zu prüfen, ob die Form eingehalten wurde.

Grundsätzlich kann ein Verwaltungsakt nach § 37 II 1 VwVfG NRW formfrei erlassen werden. Anordnungen der Ordnungsbehörde, durch die u.a. die Einschränkung einer rechtlich vorgesehenen Erlaubnis ausgesprochen wird, werden nach § 20 I 1 OBG NRW jedoch durch schriftliche Ordnungsverfügungen erlassen.

Da die Erlaubnis Nebenbestimmungen enthält, ist dies als Einschränkung einer Erlaubnis zu sehen. Die Schriftform ist somit erforderlich. Der Bescheid liegt in Schriftform vor.

Die Form wurde eingehalten.

4.

Nun ist zu prüfen, ob der Bescheid eine Begründung enthält.

Nach § 39 I 1, 2 VwVfG NRW ist u.a. ein schriftlicher Verwaltungsakt mit einer Begründung zu versehen. In der Begründung sind die wesentlichen tatsächlichen und rechtlichen Gründe mitzuteilen, die die Behörde zu ihrer Entscheidung bewogen haben.

Der Bescheid wurde unter Nennung der Entscheidungsgründe erlassen.

Eine Begründung liegt vor.

5.

Weiter ist zu prüfen, ob eine Rechtsmittelbelehrung vorhanden ist.

Nach § 37 VI VwVfG NRW ist der Beteiligte schriftlich oder elektronisch über seine Rechtsmittel zu belehren.

Der Bescheid enthält eine Rechtsmittelbelehrung. Ich gehe davon aus, dass diese auch korrekt und vollständig ist.

Der Beteiligte wurde ordnungsgemäß belehrt.

6.

Zuletzt ist zu prüfen, ob der Bescheid ordnungsgemäß bekanntgegeben wurde.

Nach § 41 I, II 1 VwVfG NRW ist ein Verwaltungsakt demjenigen bekanntzugeben, für den er bestimmt ist oder der von ihm betroffen wird. Dabei gilt ein im Inland durch die Post versendeter Verwaltungsakt am dritten Tag nach der Aufgabe zur Post als bekanntgegeben. Zugleich wird ein Verwaltungsakt nach § 43 I VwVfG NRW in dem Zeitpunkt mit seinem Inhalt wirksam, in dem er bekanntgegeben wird.

Vorliegend wurde der Bescheid am 01.07.2019 zur Post gegeben. Er gilt somit am 04.07.2019 als bekanntgegeben und ist ab diesem Zeitpunkt wirksam.

Damit ist die Bekanntgabe ordnungsgemäß erfolgt.

Die einschlägigen Zuständigkeits-, Form- und Verfahrensvorschriften wurden eingehalten.

Damit ist der Bescheid formell rechtmäßig.

B.

Nun ist zu prüfen, ob der Bescheid auch materiell rechtmäßig ist.

Dies ist der Fall, wenn die Entscheidung inhaltlich fehlerfrei getroffen wurde.

Zunächst ist zu prüfen, ob die Entscheidung von einer Ermächtigungsgrundlage gedeckt ist.

Nach dem Grundsatz der Recht- und Gesetzmäßigkeit der Verwaltung, der sich aus Art. 20 III GG ableitet, benötigt die Behörde zum Tätigwerden eine gesetzliche Legitimation. Als

Ermächtigungsgrundlage könnte hier § 15 II BJagdG in Betracht kommen.

1.

Als erstes ist zu prüfen, ob die Tatbestandsvoraussetzungen der Ermächtigungsgrundlage erfüllt sind.

Nach § 15 II BJagdG wird der Jahresjagdschein für höchstens drei Jagdjahre erteilt.

Laut Sachverhalt wurden die Anspruchsvoraussetzungen für die Erteilung eines Jahresjagdscheins von Herrn Meier erfüllt. Der Jahresjagdschein wurde vorliegend für die Dauer von einem Jahr ausgestellt. Die Höchstdauer beträgt drei Jahre. Eine Erteilung für nur ein Jahr war somit rechtlich zulässig.

Der Tatbestand der Ermächtigungsgrundlage ist somit erfüllt und die Rechtsfolge kann eintreten.

2.

Fraglich ist, ob der Behörde ein Entschließungsermessen zusteht und sie dieses ordnungsgemäß ausgeübt hat.

Liegen die Anspruchsvoraussetzungen für die Erteilung eines Jahresjagdscheins vor, so ist dieser für die Dauer von höchstens drei Jagdjahren zu erteilen. Es besteht demnach kein Entschließungsermessen.

Die Behörde hat dies erkannt und den Jahresjagdschein erteilt.

Der Behörde stand kein Entschließungsermessen zu und sie hat dementsprechend ordnungsgemäß gehandelt.

3.

Weiter ist zu prüfen, ob ein Auswahlermessen besteht und die Behörde dieses fehlerfrei angewendet hat.

Die Erteilung des Jahresjagdscheins ist zwingend, soweit die Anspruchsvoraussetzungen erfüllt sind, jedoch steht der Behörde hinsichtlich der Dauer der Erteilung ein Auswahlermessen zu. Die Höchstdauer beträgt drei Jahre. Eine Mindestdauer ist gesetzlich nicht geregelt.

Beantragt wurde die Erteilung für drei Jahre. Die Behörde hat zwar den Jagdschein erteilt, jedoch nur für ein Jahr. Sie hat dies damit begründet, dass es sich um die erste Erteilung eines Jagdscheins für Herrn Meier handelt. Offenbar will die Behörde zunächst beobachten, wie Herr Meier mit der Verantwortung, Jagdwaffen zu verwenden, in der Praxis umgeht, bevor er einen mehrjährigen Jagdschein erhält. Diese Begründung ist plausibel und vom Auswahlermessen gedeckt.

Die Behörde hat ihr Auswahlermessen erkannt und korrekt ausgeübt.

4.

Es ist nun zu prüfen, ob die Entscheidung verhältnismäßig ist.

Dann müsste sie nach § 15 OBG NRW geeignet, erforderlich und angemessen sein.

4.1

Als erstes ist zu prüfen, ob die Entscheidung geeignet ist.

Dies ist der Fall, wenn sie zum angestrebten Ziel führt.

Der Gesetzgeber hat den Behörden bewusst einen Spielraum für die Dauer der Erteilung der Jagdscheine eingeräumt, damit diese den Einzelfall angemessen würdigen können. Eine unterschiedliche Dauer macht nur Sinn, wenn zunächst geprüft werden soll, wie mit der erteilten Erlaubnis umgegangen wird. Die Reduzierung der Dauer auf ein Jahr sorgt dafür, dass frühzeitig die Entscheidung erneut geprüft werden kann, bevor die Erlaubnis verlängert wird.

Die Entscheidung führt daher zum Ziel und ist geeignet.

4.2

Nun ist zu prüfen, ob die Entscheidung auch erforderlich ist.

Dies ist der Fall, wenn von mehreren gleich geeigneten Mitteln dasjenige gewählt wird, welches in die Rechte des Betroffenen am wenigsten eingreift.

Vorliegend hätte auch eine Dauer von zwei Jahren gewählt werden können. Es macht aber Sinn, bei der Ersterteilung zunächst den kleinsten Zeitraum zu wählen. Bei der ersten Verlängerung könnte dann auf zwei Jahre erhöht werden, bevor anschließend auf jeweils drei Jahre verlängert wird. Die Entscheidung der Behörde ist demnach plausibel.

Die Entscheidung ist somit auch erforderlich.

4.3

Nun ist zu prüfen, ob die Entscheidung auch angemessen ist.

Dies ist der Fall, wenn die Nachteile der Entscheidung nicht deutlich außer Verhältnis zu deren Vorteilen liegen.

Hier kollidiert das Grundrecht des Herrn Meier auf allgemeine Handlungsfreiheit, eventuell auch das Grundrecht der freien Berufsausübung, wenn Herr Meier die jagdliche Tätigkeit zu Erwerbszwecken nutzen möchte, mit dem öffentlichen Interesse daran, die Anzahl der im Umlauf befindlichen Waffen zum Schutz der Bevölkerung reduziert zu halten. Dem öffentlichen Interesse ist der Vorzug vor den Individualrechten des Herrn Meier zu geben.

Die Entscheidung ist damit auch angemessen.

Die Entscheidung der Behörde ist geeignet, erforderlich und angemessen.

Damit ist die Entscheidung insgesamt verhältnismäßig.

Die Behörde hat ihre Entscheidung ermessensfehlerfrei getroffen.

Damit ist die Entscheidung von der Ermächtigungsgrundlage gedeckt.

Der Bescheid ist materiell rechtmäßig.

Der Bescheid ist formell und materiell rechtmäßig.

Damit ist er insgesamt rechtmäßig.

NEBENBESTIMMUNGEN

Nach § 36 II VwVfG NRW darf ein Verwaltungsakt mit Nebenbestimmungen versehen werden:

Befristung - § 36 II Nr. 1

Mittels einer Befristung kann festgelegt werden, ob z.b. eine Erlaubnis erst an einem bestimmten Tag nach Bekanntgabe wirksam wird, an einem bestimmten Tag definitiv unwirksam wird oder überhaupt nur für einen festgelegten Zeitraum gilt. Dies wäre z.b. denkbar für Ausstellungen oder Märkte.

Bedingung - § 36 II Nr. 2

Legt man eine Bedingung fest, so wird der Verwaltungsakt (auch hier i.d.R. eine Erlaubnis) erst dann wirksam, wenn die Bedingung erfüllt ist. Zum Beispiel könnte es sinnvoll sein, dass die Sanitäreinrichtungen erneuert sein müssen, bevor eine erteilte Gaststättenerlaubnis wirksam wird.

Widerrufsvorbehalt - § 36 II Nr. 3

Behält man sich den jederzeitigen Widerruf vor, kann der Verwaltungsakt mit sofortiger Wirkung widerrufen, also unwirksam gemacht, werden. Dies kann zum Beispiel nötig sein, wenn eine Veranstaltung unvorhergesehen „aus dem Ruder läuft".

Auflage - § 36 II Nr. 4

Jeder Verwaltungsakt kann mit Auflagen verbunden werden. Der VA ist zwar von Anfang an wirksam, jedoch sind während der Durchführung der erlaubten Tätigkeit oder Veranstaltung die Auflagen einzuhalten. Der VA wird jedoch auch nicht direkt unwirksam, wenn die Auflagen nicht eingehalten werden. Hierzu kann dann aber der Widerrufsvorbehalt genutzt werden. Bei einer Sportveranstaltung könnte z.B. als Auflage erteilt werden, dass eine bestimmte Anzahl an Rettungswegen einzurichten und freizuhalten ist.

Auflagenvorbehalt - § 36 II Nr. 5

Wird ein Auflagenvorbehalt in den Verwaltungsakt aufgenommen, können während der Wirksamkeit des Verwaltungsaktes weitere Auflagen angeordnet werden. Beispiel: Für die Sportveranstaltung wurden drei Rettungswege zur Auflage gemacht. Der Besucherandrang ist nun aber doppelt so hoch, wie vorhergesehen. Die Behörde kann nun darauf reagieren und drei weitere Rettungswege zur Auflage machen.

Eventuell ist es für deine spätere praktische Arbeit sinnvoll zu wissen, dass Nebenbestimmungen zu einem Verwaltungsakt eigenständig vor dem Verwaltungsgericht angefochten werden können. Der zugrunde liegende Verwaltungsakt bleibt davon unberührt. Selbstverständlich kann aber auch der Verwaltungsakt inklusive aller Nebenbestimmungen angefochten werden.

NICHTIGKEIT

In § 44 VwVfG NRW sind die Nichtigkeitsgründe für Verwaltungsakte aufgeführt. In der Regel muss in Klausuren nicht auf eine Nichtigkeit oder Teilnichtigkeit eingegangen werden, dennoch ist es wichtig zu wissen, dass auch Verwaltungsakte nichtig, teilnichtig oder anfechtbar sein können. Die Abgrenzung erfolgt analog zum Zivilrecht: ein nichtiger VA wird so behandelt, als hätte es ihn nie gegeben; ein anfechtbarer VA bleibt wirksam, kann aber gerichtlich überprüft (angefochten) werden.

Nach Absatz 1 ist grundsätzlich jeder VA nichtig, der an einem, wie es heißt, schwerwiegenden Fehler leidet. Dieser Fehler muss darüber hinaus offenkundig sein. Nach h.M. kann eine formelle Rechtswidrigkeit nicht zur Nichtigkeit eines VA führen, aber eine materielle Rechtswidrigkeit.

Besondere Voraussetzungen an die Nichtigkeit sind in den Absätzen 2 und 3 aufgezählt. So ist ein Verwaltungsakt nicht nichtig, wenn z.B. verschiedene Mitwirkungsvorschriften nicht eingehalten wurden. Ein Verwaltungsakt ist aber ausdrücklich nichtig, wenn z.B. die erlassende Behörde nicht erkennbar ist, wenn in Bezug auf Ortsrecht eine örtlich nicht zuständige Behörde gehandelt hat, wenn der Verwaltungsakt praktisch nicht ausführbar ist oder wenn in ihm strafbare Handlungen verlangt werden oder er selbst gegen das geltende Recht verstößt.

Alle übrigen Verwaltungsakte sind grundsätzlich anfechtbar. Der Verwaltungsrichter stellt dann fest, ob Fehler vorliegen und hebt den Verwaltungsakt ganz, teilweise oder auch gar nicht auf.

HEILUNG

Formelle Fehler in einem Verwaltungsakt, die nicht nach § 44 VwVfG NRW zu dessen Nichtigkeit führen, können geheilt werden. Dies allerdings gemäß § 45 II VwVfG NRW nur, bis zum Abschluss des erstinstanzlichen verwaltungsgerichtlichen Verfahrens, d.h. bis zum ersten Urteil, bzw. Beschluss eines Verwaltungsrichters. Bis dahin kann z.B. eine unterbliebene Begründung oder Anhörung nachgeholt werden. In der Praxis ist das Unterlassen einer Anhörung daher nicht gravierend, in deiner Klausur allerdings muss hierauf besonders geachtet werden.

RÜCKNAHME / WIDERRUF / ERLEDIGUNG

Verwaltungsakte können grundsätzlich, auch wenn sie rechtskräftig geworden sind, zurückgenommen oder widerrufen werden. Eine Rücknahme oder ein Widerruf kann Bestandteil einer Laufbahnabschlussprüfung im mittleren Dienst sein, daher ist es wichtig, sich auch mit diesem Thema ausreichend zu befassen.

Zunächst ist zu prüfen, ob der Verwaltungsakt rechtswidrig oder rechtmäßig ist. Ein rechtswidriger VA wird nach § 48 VwVfG NRW zurückgenommen, ein rechtmäßiger VA wird nach § 49 VwVfG NRW widerrufen. Am ehesten kann man sich die Begrifflichkeiten vielleicht wie folgt merken:

Hat man etwas gesagt, was man nicht so meint, dann „nimmt man das zurück". Ein rechtswidriger VA wird also zurückgenommen. Im Umkehrschluss muss also der rechtmäßige VA widerrufen werden.

Bei der **Rücknahme** nach § 48 VwVfG NRW ist zunächst zu prüfen, ob es sich bei dem rechtswidrigen Verwaltungsakt um einen belastenden oder einen begünstigenden Verwaltungsakt handelt. Belastende rechtswidrige Verwaltungsakte können nach § 48 I 1 VwVfG NRW immer zurückgenommen werden; begünstigende rechtswidrige Verwaltungsakte allerdings nur unter den zusätzlichen Voraussetzungen der Absätze 2 bis 4.

Diese Voraussetzungen sind im Folgenden kurz skizziert:

§ 48 II VwVfG NRW - Bestandsschutz

Hat der Empfänger des rechtswidrigen begünstigenden Verwaltungsaktes Geldleistungen erhalten, kann der VA nur zurückgenommen werden, wenn der Empfänger nicht auf den

Bestand des Verwaltungsaktes vertraut hat, also insbesondere das Geld noch nicht verbraucht hat. Ist das Vertrauen des Empfängers schutzwürdig, so kann der VA nur für die Zukunft, aber nicht für die Vergangenheit, zurückgenommen werden.

§ 48 III VwVfG NRW - Vermögensausgleich

Hat der Empfänger auf den Bestand des Verwaltungsaktes vertraut, ist sein Vertrauen schutzwürdig und hat er im Vertrauen auf den Bestand des VA bereits Dispositionen getätigt, so ist er hierfür zu entschädigen, wenn der VA zurückgenommen wird.

§ 48 IV VwVfG NRW - Jahresfrist

Ein begünstigender rechtswidriger Verwaltungsakt kann nur innerhalb eines Jahres zurückgenommen werden, nachdem dessen Rechtswidrigkeit der Behörde bekannt geworden ist.

Auch bei einem **Widerruf** nach § 49 VwVfG NRW ist zunächst zu prüfen, ob ein belastender oder begünstigender Verwaltungsakt vorliegt, denn auch hier kann ein belastender rechtmäßiger Verwaltungsakt grundsätzlich nach Absatz 1 ganz oder teilweise widerrufen werden. Für begünstigende Verwaltungsakte gibt es jedoch auch hier wieder einige Einschränkungen. Diese Einschränkungen sind abschließend in Absatz 2 aufgezählt:

§ 49 II Nr. 1 VwVfG NRW

Der VA darf widerrufen werden, wenn dies durch Gesetz oder Verordnung zugelassen ist oder wenn durch Nebenbestimmung der Widerrufsvorbehalt Bestandteil des Verwaltungsaktes geworden ist.

§ 49 II Nr. 2 VwVfG NRW

Wenn der Verwaltungsakt mit Auflagen erlassen wurde, die nicht eingehalten werden.

§ 49 II Nr. 3 VwVfG NRW

Der VA darf widerrufen werden, wenn nachträglich der Rechtsgrund für die Erteilung entfallen ist und gleichzeitig der Widerruf im öffentlichen Interesse ist.

§ 49 II Nr. 4 VwVfG NRW

Haben sich die Vorschriften derart geändert, dass eine Erteilung nach neuem Recht nicht erfolgen würde, hat der Empfänger von dem Verwaltungsakt noch keinen Gebrauch gemacht und liegt der Widerruf im öffentlichen Interesse, so kann der VA widerrufen werden.

§ 49 II Nr. 5 VwVfG NRW

Der VA darf auch widerrufen werden, wenn durch dessen Fortbestand schwere Nachteile für das Gemeinwohl zu erwarten sind. (Auffangtatbestand)

Darüber hinaus ist zu beachten, dass, analog zur Rücknahme nach § 48 VwVfG NRW, Vermögensnachteile auszugleichen sind (siehe § 49 VI VwVfG NRW), die Jahresfrist gilt (siehe § 49 II, III VwVfG NRW, jeweils letzter Satz) und die Leistung noch nicht zweckentsprechend verbraucht sein darf (siehe § 49 III VwVfG NRW).

Zuletzt kann sich ein Verwaltungsakt nach § 43 II VwVfG NRW auf andere Weise erledigen. Diese **Erledigung** kann z.B. eintreten, wenn der Inhaber einer Erlaubnis von dieser keinen Gebrauch mehr machen möchte und sie der erlassenden Behörde zurückgibt, z.B. bei endgültiger Geschäftsaufgabe.

VERWALTUNGSRECHTSSCHUTZ

Nach Art. 103 I GG steht jedermann in seiner Sache ein Anspruch auf rechtliches Gehör zu. Die Durchführung von Gerichtsverfahren gegen hoheitliches Verwaltungshandeln ist auf Grundlage des Art. 95 I GG auf die Verwaltungsgerichte übertragen worden. Verwaltungsgerichtliche Verfahren richten sich nach den Vorschriften der Verwaltungsgerichtsordnung (VwGO).

Gemäß § 40 I 1 VwGO ist der Verwaltungsrechtsweg grundsätzlich in allen öffentlich-rechtlichen Streitigkeiten nicht-verfassungsrechtlicher Art gegeben. Zu einer näheren Prüfung dieser Voraussetzung werden wir später kommen. Für die Praxis kannst du dir zunächst merken, dass Klagen gegen Verwaltungsakte grundsätzlich vor dem Verwaltungsgericht entschieden werden.

Im Allgemeinen Verwaltungsrecht bestehen aus der VwGO grundsätzlich drei verschiedene Arten von Klagen.

Die **Anfechtungsklage** nach § 42 I 1.Alt. VwGO richtet sich gegen einen belastenden Verwaltungsakt. Dieser soll durch die Klage aufgehoben werden, so dass die Anordnungen nicht oder nicht mehr befolgt werden müssen.

Bei der **Verpflichtungsklage** nach § 42 I 2.Alt. VwGO soll die zuständige Behörde dazu verpflichtet werden, einen begünstigenden Verwaltungsakt im Sinne des Klägers zu erlassen. Im Ergebnis muss die Behörde einen rechtsfehlerfreien Verwaltungsakt erlassen. Die Rechtswirkung beginnt hier also regulär nicht mit dem Urteilsspruch, sondern erst, nachdem die Behörde auf das Urteil reagiert hat.

Die letzte wichtige Klageart der VwGO ist nach § 43 die **Feststellungsklage**. Das Gericht stellt hierbei fest, ob ein bestimmtes Rechtsverhältnis besteht oder nicht besteht oder ob ein Verwaltungsakt nichtig ist. Das Urteil erzeugt keine direkte Rechtswirkung, da ein nichtiger Verwaltungsakt so behandelt wird, als sei er nie existent gewesen. Auch die Feststellung, ob ein Rechtsverhältnis besteht oder nicht, kann für den Kläger zwar Auswirkungen haben, jedoch werden diese Auswirkungen nicht durch das Urteil gesetzt sondern ergeben sich aus dem bestehenden oder eben nicht bestehenden Rechtsverhältnis. Die Feststellungsklage ist zudem nur zulässig, wenn das Begehren des Bürgers nicht auf anderem Klageweg zufriedengestellt werden kann.

Nun zur eigentlichen Prüfung der Zulässigkeit des Verwaltungsrechtswegs. Es ist zunächst die Klagefrist zu prüfen. Hier sind die §§ 57, 58, 68, 69, 70, 74 VwGO zu beachten, insbesondere ist darauf hinzuweisen, dass in NRW das Vorverfahren nach §§ 68 ff. VwGO für das allgemeine Verwaltungsrecht durch § 110 I 1 Justizgesetz NRW (JustG NRW) entfallen ist. Die wenigen Bereiche, in denen das Widerspruchsverfahren noch durchgeführt wird, sind in § 110 II JustG NRW abschließend aufgezählt.

Im Weiteren muss gegebenenfalls geprüft werden, ob die Betroffenen nach den Vorgaben der §§ 61, 62, 63 VwGO parteifähig, prozessfähig und Beteiligte sind. Dieser Schritt kann unter Umständen unterbleiben – wie auch bei der gutachterlichen Prüfung der Beteiligten im formellen Teil einer Verwaltungsakt-Prüfung – dazu solltest du deinen Dozenten befragen.

Nun ist die Zulässigkeit der Klage zu prüfen. Diese besteht wiederum aus drei Tatbeständen. Es muss sich um eine öffentlich-rechtliche Streitigkeit handeln. Dies ist durch Anwendung der modifizierten Subjektstheorie in der Regel unproblematisch zu ermitteln. Weiter muss es sich um eine Streitigkeit nicht-verfassungsrechtlicher Art handeln. Das heißt in der Praxis, dass ein Bürger betroffen sein muss, und es sich nicht etwa um eine öffentlich-rechtliche Streitigkeit zwischen zwei Behörden handelt. Auch dieser Punkt sollte leicht lösbar sein. Etwas schwieriger ist die Prüfung der Rechtshängigkeit. Es gibt gesetzliche Vorschriften, die bestimmte Streitigkeiten an bestimmte Gerichtswege verweisen. Allerdings ist auch in der Lehre umstritten, wie genau die Zuordnung zu erfolgen hat. Für dich ist es in der Praxis und auch für deine Klausuren ausreichend, zu wissen, dass Verwaltungsakte des allgemeinen Verwaltungsrechts (der Bereich, mit dem du im Unterricht in AVR zu tun hast, aber z.B. nicht Leistungsbescheide im Sozialrecht [Sozialgerichtsbarkeit]) grundsätzlich vor dem Verwaltungsgericht verhandelt werden, und z.B. Bußgeld- oder Kostenbescheide vor dem Amtsgericht (ordentliche Gerichtsbarkeit). In der Klausur würde es also in der Regel reichen, wenn du schreibst:

Es ist zu prüfen, ob abdrängende Zuweisungen bestehen. Eine solche ist mir nicht bekannt und ergibt sich nicht aus dem Sachverhalt, daher gehe ich davon aus, dass eine solche auch nicht besteht und das Verwaltungsgericht zuständig ist.

Als dritter Punkt muss die Klage vor dem Verwaltungsgericht auch begründet sein. Das ist der Fall, wenn der der Klage zugrunde liegende Verwaltungsakt rechtswidrig ist (das wäre dann ausführlich zu prüfen) und ob der Kläger durch diesen Verwaltungsakt (zumindest denkbar) in seinen Rechten verletzt ist. Eine potenzielle Verletzung der Klägerrechte liegt im Grunde schon bei jedem belastenden Verwaltungsakt vor.

Denke daran, dass auch eine Genehmigung, die Nebenbestimmungen enthält, in der Summe als belastend anzusehen ist.

INSTANZEN DES VERWALTUNGSRECHTSWEGS

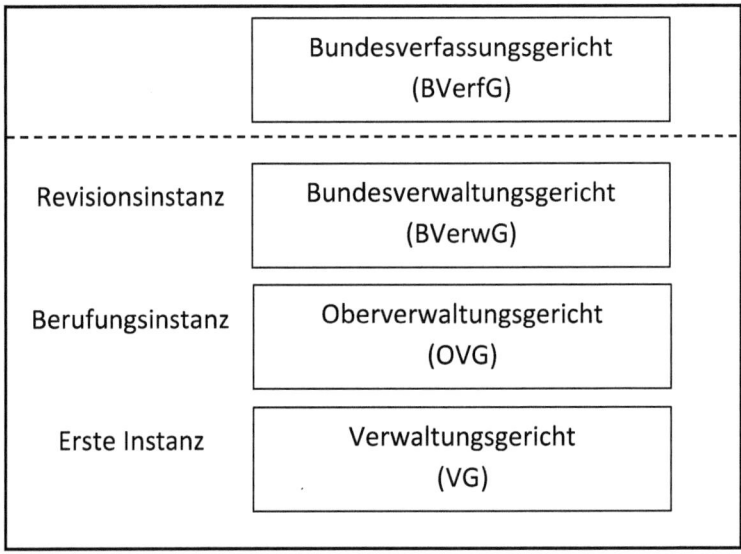

RECHT DER GEFAHRENABWEHR

Die Inhalte der Gefahrenabwehr richten sich vom Grundsatz her nach den Vorschriften des Allgemeinen Verwaltungsrechts. Allerdings sind hier ein paar Unterschiede gegeben, die erläuterungsbedürftig sind. Das AVR befasst sich regelmäßig mit Erlaubnissen. Diese können entweder erteilt oder versagt werden. Der Bürger kann also grundsätzlich auch dort belastet werden. Im Regelfall geht es aber um die Erteilung einer Erlaubnis oder Genehmigung – wenn auch mit Nebenbestimmungen. Beim RdG allerdings wird der Bürger fast ausschließlich belastet. Hier geht es, wie der Name schon sagt, um die Abwehr von Gefahren. Der Bürger kann in diesem Zusammenhang, auch als eigentlich unbeteiligter, so lange und intensiv belastet werden, bis eine drohende Gefahr beseitigt ist. Was die Formulierung der einzelnen Anordnungen angeht, gibt es grundsätzlich keine Beschränkungen. Solange eine Anordnung verhältnismäßig und bestimmt genug ist, kann alles angeordnet werden, was eine drohende Gefahr effektiv beseitigen kann.

AUFBAU DER ORDNUNGSBEHÖRDEN

Der Aufbau der Ordnungsbehörden (**Instanz**) ist in § 3 Ordnungsbehördengesetz NRW (OBG) geregelt.

örtliche Ordnungsbehörden	Gemeinden und Städte (Bürgermeister)
Kreisordnungsbehörden	Kreise (Landrat) und kreisfreie Städte (Oberbürgermeister)
Landesordnungsbehörden	Bezirksregierungen (Regierungspräsident)

Örtlich zuständig ist gemäß § 4 Abs. 1 OBG die Ordnungsbehörde, in deren Bezirk die zu schützenden Interessen verletzt oder gefährdet werden.

Im Unterricht wirst du in erster Linie mit örtlichen Ordnungsbehörden zu tun haben, denn ihnen unterliegt die allgemeine Gefahrenabwehr und die Durchführung von GastG, LHundG NRW und LImSchG NRW.

Die allgemeine **sachliche** Zuständigkeit der örtlichen Ordnungsbehörden ergibt sich aus § 5 Abs. 1 OBG.

Nicht jede Zuständigkeit lässt sich ohne Weiteres aus dem OBG ableiten. Das OBG setzt Rahmenbedingungen, die allgemein für die Ordnungsbehörden gelten. Es ist allerdings der Spezialitätsgrundsatz („lex specialis derogat legi generali") zu beachten.

Die meisten Spezialgesetze enthalten eigene Zuständigkeitsregelungen. Außerdem werden von den Ministerien oft Zuständigkeitsverordnungen erlassen, die speziell die Zuständigkeiten für bestimmte Gesetze regeln, z.B. ZustVO Tierschutz NRW.

Einige der Spezialgesetze enthalten auch eigene Regelungen zur örtlichen Zuständigkeit. In den meisten Fällen wird aber zumindest auf den Terminus des OBG Bezug genommen. So bestimmt z.B. § 13 LHundG NRW, dass für die Durchführung des Landeshundegesetztes NRW die örtliche Ordnungsbehörde zuständig ist, in deren Bezirk der Hund gehalten wird. Hier wird über den § 3 Abs. 1 OBG deutlich, dass der Bürgermeister zuständig ist. Außerdem wird die Regelung des § 4 Abs. 1 OBG insofern eingeschränkt, dass hier der Haltungsort des betreffenden Hundes für die örtliche

Zuständigkeit maßgeblich ist. Wenn du nun sagst, dass es sich doch bei dem Hund um eine Gefahr im Sinne des OBG handelt, so hast du Recht. Im Ergebnis ist hier die örtliche Zuständigkeit beider Normen deckungsgleich. Für den Fall, dass ein Hund aber, z.B. im Urlaub, im Zuständigkeitsbereich einer anderen Kommune, jemanden beißt, so ist nach LHundG NRW die Kommune zuständig, in der der Hund gewöhnlich gehalten wird. Hier wird also die Regelung des § 4 Abs. 1 OBG durch den § 13 LHundG NRW verdrängt.

ERMÄCHTIGUNGSGRUNDLAGE

Bevor die zuständige Ordnungsbehörde tätig werden darf, benötigt sie eine gesetzliche Ermächtigung. Das OBG enthält in § 14 eine Generalklausel, die grundsätzlich für alle Rechtsbereiche gültig ist. Fast alle Spezialgesetze enthalten aber auch eigene Ermächtigungsgrundlagen. Sofern diese nicht abschließend sind, gilt allerdings die Generalklausel des § 14 OBG zur Ergänzung ebenfalls. In der Regel enthält aber bereits das Spezialgesetz eine eigene Generalklausel, die regelmäßig den § 14 OBG von der Anwendung verdrängt.

GENERALKLAUSEL DES OBG

Gemäß § 14 OBG kann die zuständige Ordnungsbehörde die notwendigen Maßnahmen treffen um eine im Einzelfall bestehende Gefahr für die öffentliche Sicherheit oder Ordnung zu beseitigen. Zu klären ist hier also zunächst mal, was mit dem Begriff der öffentlichen Sicherheit und Ordnung zu verbinden ist.

Die **öffentliche Sicherheit** umfasst dabei das gesamte geltende Recht, also alle formellen Gesetze, Ortsrecht, Richterrecht, Gewohnheitsrecht, Anordnungen und auch alle

Individualrechtsgüter (Freiheit, Gesundheit, Körperliche Integrität, Leben, Eigentum), sowie Kollektivrechtsgüter (z.B. Bestand des Staates und seiner Organe und Veranstaltungen, Volksgesundheit).

Zum Bereich der **öffentlichen Ordnung** gehören Sachverhalte, die zwar nicht gesetzlich geregelt, bzw. verboten sind, aber von der Mehrheit der Gesellschaft moralisch oder ethisch abgelehnt werden. Solche Fälle sind verschwindend gering, da in der Regel auch kurzfristig per Gesetz oder Verordnung auf derartige Zustände reagiert wird.

Für die Praxis ist also in der Regel ein Fall der öffentlichen Sicherheit anzunehmen. In beiden Fällen stehen aber der Ordnungsbehörde dieselben Befugnisse zu.

GEFAHR

Eine Gefahr ist nach der herrschenden Definition zunächst ein Zustand, der mit hoher Wahrscheinlichkeit in absehbarer Zeit zu einem Schaden für die öffentliche Sicherheit oder Ordnung führen wird.

Die Gefahr wird aber noch weiter unterteilt:

konkrete Gefahr
Sie liegt vor, wenn damit zu rechnen ist, dass bei fortschreitendem ungehindertem Verlauf mit hinreichender Wahrscheinlichkeit ein Schaden eintritt.

abstrakte Gefahr
Wenn sich nach allgemeiner Lebenserfahrung auf Dauer eine konkrete Gefahr entwickeln kann.

Häufig ein Fall für eine Allgemeinverfügung, da noch keine konkrete Gefahr greifbar ist, aber damit gerechnet werden muss.

latente Gefahr

Eine latente Gefahr besteht dann, wenn grundsätzlich keine Gefahr gegeben ist, jedoch durch hinzukommen weiterer Faktoren von einer Gefahrenlage ausgegangen werden muss.

Der Begriff der latenten Gefahr spielt zwar in deiner Ausbildung eine, wenn auch untergeordnete, Rolle, er ist jedoch in der h.L. stark umstritten, da er im Grunde überflüssig ist. Dies lässt sich folgendermaßen erklären: eine Gefahr ist immer im aktuellen Augenblick zu bewerten. Beim Vorliegen einer latenten Gefahr besteht keine Befugnis der Ordnungsbehörde (oder auch Polizei) einzugreifen, da keine konkrete Gefahr besteht. Kommt nun ein Umstand hinzu, der aus der latenten Gefahr eine konkrete Gefahr macht, hat die Ordnungsbehörde immer die Möglichkeit einzugreifen, da die Gefahr dann ja konkret ist. Eine Unterscheidung in latente und konkrete Gefahr hat daher keinen praktischen Sinn.

gegenwärtige Gefahr

Die gegenwärtige Gefahr ist eine Verschärfung des Begriffs der konkreten Gefahr. Hier hat das schädigende Ereignis bereits eingetreten ist oder in allernächster Zeit mit an Sicherheit grenzender Wahrscheinlichkeit eintreten wird.

Gefahr im Verzug

Bei einer Gefahr im Verzug muss das schädigende Ereignis so kurz bevorstehen, dass ein Zögern die Abwehr der Gefahr behindern oder unmöglich machen würde.

Anscheinsgefahr

Hier liegen subjektiv alle Voraussetzungen für ein Einschreiten der Ordnungsbehörde vor, ohne dass aber tatsächlich (objektiv) eine Gefahr vorliegt. Ein Einschreiten ist in diesem Fall zulässig.

Der Ordnungsbehördenmitarbeiter geht eine Straße entlang. Aus einer Haustür stürmt ein Junge und rennt davon. Im gleichen Moment hört er Schreie und Schüsse. Er tritt die Tür ein und stellt fest, dass im TV ein Krimi läuft. Der Junge wollte zum Spielen und war spät dran.

Putativgefahr (auch Scheingefahr)

Die Putativgefahr ist der Anscheinsgefahr gleichgelagert, mit dem einzigen Unterschied, dass im Nachhinein keine objektiven Gründe für ein Einschreiten zu erkennen sind. Ein Einschreiten ist in diesem Fall unzulässig.

Der Polizist befindet sich in einem Kino und hört aus einem Saal Schreie und Schüsse. Er tritt die Tür zum Saal auf und ruft mit gezogener Dienstpistole: „Hände hoch, Polizei!"

(drohende Gefahr)

Derzeit besteht die Tendenz in einigen Bundesländern, aber auch für den Bereich der Bundespolizei, den Passus der drohenden Gefahr in die Polizeigesetze einzufügen. Der Umfang dieser Gefahr ist noch nicht eindeutig geklärt. In jedem Fall soll hierdurch die Eingriffsschwelle der Polizei gesenkt werden, um z.B. effektiver gegen Terroristen vorgehen zu können. Ähnliche Regelungen finden sich auch in bestimmten Spezialgesetzen, wie z.B. § 16a I 1 Tierschutzgesetz. Dort ist davon die Rede, dass bereits zur Verhütung künftiger Verstöße eingegriffen werden darf – wenn also der der Verstoß noch gar nicht begangen wurde.

Wie sich dieses Thema der Präventiveingriffe und der drohenden Gefahr weiterentwickelt, wird zu beobachten sein. Für dich ist es jedenfalls nicht falsch, hiervon etwas gehört zu haben.

ERMESSEN

Wie auch im AVR besteht grundsätzlich die Pflicht, das Vorliegen eines Ermessens zu prüfen. Bei Maßnahmen nach § 14 OBG hat die Behörde ein Entschließungsermessen. Viele spezialgesetzlichen Ermächtigungsgrundlagen lassen jedoch kein Entschließungsermessen offen, sondern verlangen das Einschreiten der Ordnungsbehörde.

AUSWAHL DES VERANTWORTLICHEN (STÖRERAUSWAHL)

In jedem Fall ist aber eine ermessensfehlerfreie Auswahl des Adressaten der Anordnung vorzunehmen. Eine Anordnung, mit der von jemandem ein Tun, Dulden oder Unterlassen gefordert wird (Ordnungsverfügung) muss ja zwingend einen Empfänger haben. Der „beste" Empfänger ist nun durch Gegenüberstellung der in Frage kommenden Personen zu ermitteln. Grundsätzlich gibt es verschiedene mögliche Adressaten:

§ 17 Abs. 1 OBG	Derjenige, der die Gefahr verursacht hat (Verhaltensverantwortlicher).
§ 17 Abs. 2 OBG	Der Betreuer oder Erziehungsberechtigte (bei unter 14 Jahre alten Kindern) des Verhaltensverantwortlichen.
§ 17 Abs. 3 OBG	Der Auftraggeber, wenn der Verrichtungsgehilfe der Verhaltensverantwortlicher ist.

§ 18 Abs. 1 OBG	Der Eigentümer einer Sache oder eines Tiers, von dem die Gefahr ausgeht (Zustandsverantwortlicher).
§ 18 Abs. 2 OBG	Der Besitzer der Sache oder des Tiers, von dem die Gefahr ausgeht.
§ 18 Abs. 3 OBG	Letzter Eigentümer der Sache oder des Tiers, von dem die Gefahr ausgeht.
§ 19 OBG	Jeder andere.

Allein schon an § 19 OBG kann man sehen, auch wenn die besonderen Voraussetzungen vorliegen müssen, dass es im Ordnungsrecht (ganz im Gegensatz zum Ordnungswidrigkeiten- und Strafrecht) überhaupt nicht auf ein Verschulden des Adressaten ankommt. Man kann letztlich summieren, dass derjenige der „beste" Empfänger einer Verfügung ist, der am ehesten (zeitlich, örtlich und/oder wirtschaftlich) in der Lage ist, eine Gefahr zu beseitigen (Grundsatz der effektiven Gefahrenabwehr).

Beispiel:

Auf der Straße brennt ein geparktes Auto. Vor Ort ist der Eigentümer des Autos, der Brandstifter und ein LKW, der Löschsand transportiert. Vom Grundsatz her wäre zunächst der Brandstifter als Verhaltensstörer i.S.d. § 17 Abs. 1 OBG, danach der Eigentümer als Zustandsstörer i.S.d. § 18 Abs. 1 OBG und erst zuletzt der LKW-Fahrer nach § 19 OBG als Adressat heranzuziehen. Da es jedoch hier um eine schnellstmögliche Beseitigung der Gefahr (= brennendes Fahrzeug = Gefahr für Leib und Leben der Passanten) geht, ist unwesentlich, wer für die Gefahr verantwortlich ist. Am ehesten beseitigen kann der LKW-Fahrer die Gefahr, indem er seinen Löschsand auf den PKW ablässt. Er wäre hier also als Adressat zu wählen.

Auf diese o.ä. Art musst du auch in einer Klausur zunächst alle in Frage kommenden Adressaten aufzählen, einordnen und schließlich durch Abwägung den oder die Adressaten auswählen, die die Gefahr am effektivsten beseitigen können.

VERHÄLTNISMÄßIGKEIT (SIEHE AUCH KAPITEL „GRUNDLAGEN")

Jede Maßnahme / Anordnung ist am Grundsatz der Verhältnismäßigkeit zu messen. Seine Bestandteile, sind in § 15 OBG legaldefiniert:

Geeignetheit
Die Maßnahme muss zum Ziel führen.

Erforderlichkeit
Das angewandte Mittel muss unter mehreren Mitteln dasjenige sein, welches (denselben Erfolg erzielend) am wenigsten in die Rechte des Adressaten eingreift. (Mildestes Mittel)

Angemessenheit / Verhältnismäßigkeit im engeren Sinne
Der Erfolg der Maßnahme und deren Nachteile dürfen nicht völlig außer Verhältnis zueinander stehen.

Wichtig zu wissen ist, dass, wie schon erwähnt, in Bezug auf das mildeste Mittel nur jeweils die Mittel miteinander zu vergleichen sind, die auch denselben Erfolg versprechen. Es ist klar, dass ein Mittel, welches deutlich weniger in die Rechte des Adressaten eingreift als ein anderes, auch in der Regel bei diesem einen geringeren Effekt erzielt. Es muss aber das Mittel gewählt werden, das auch geeignet ist. Das Mittel darf also nicht ins Leere laufen. Es ist daher nicht das grundsätzlich am wenigsten belastende Mittel zu wählen, sondern das, welches relativ sicher zum Erfolg führt und gleichzeitig von den verbleibenden Mitteln das mildeste darstellt.

ZWANGSMITTEL

Die Durchsetzung von Anordnungen erfolgt gemäß § 20 Abs. 1 OBG als Ordnungsverfügung in Schriftform. Bei Gefahr im Verzug können notwendige Anordnungen zwar auch mündlich getroffen werden, der Betroffene kann aber eine nachträgliche Schriftfassung einfordern. In der Praxis macht es auch aus Beweissicherungsaspekten Sinn, unaufgefordert eine schriftliche Verfügung nachzuschieben.

Nach § 57 Abs. 1 VwVG NRW kann eine Ordnungsverfügung mit Zwangsmitteln durchgesetzt werden. Alle Zwangsmittel müssen zunächst angedroht werden. Die Androhung kann in dem zugrunde liegenden Bescheid oder auch separat erfolgen. Erst wenn nach der Androhung erneut eine angemessene Frist verstreicht, darf das Zwangsmittel festgesetzt werden. Es ist dann solange vollstreckbar, bis die Ordnungsverfügung erfüllt wird. Wird die Ordnungsverfügung nicht erfüllt, kann das Zwangsmittel (oder auch ein anderes z.B. im Wechsel) solange wiederholt werden, bis die Ordnungsverfügung erfüllt wird. Jedes Mal muss das neue Zwangsmittel allerdings erst angedroht und dann festgesetzt werden.

> Beispiel:
>
> Herr Meier erhält am 01.03.2012 durch einen Ordnungsdienstmitarbeiter die Anordnung, alte Ölfässer bis zum 14.03.2012 von seinem Grundstück zu entfernen. Am 02.03.2012 erhält er die Anordnung nachträglich auch in Schriftform mit der zusätzlichen Androhung eines Zwangsgeldes in Höhe von 1.000 € für die Nichtbefolgung

der Anordnung. Am 15.03.2012 erfolgt eine Kontrolle, bei der festgestellt wird, dass die Fässer noch auf dem Grundstück stehen. Herrn Meier geht am 16.03.2012 eine Verfügung zu, in der das Zwangsgeld festgesetzt wird und ihm gleichzeitig die Ersatzvornahme angedroht wird, sollten die Fässer nicht bis zum 21.03.2012 beseitigt sein. Bei einer Nachkontrolle am 20.03.2012 wird festgestellt, dass die Fässer entfernt worden sind.

Bewertung:

Die Anordnung vom 01.03.2012 ist formfehlerhaft, da sie mündlich erfolgt ist, aber keine Gefahr im Verzug vorgelegen hat. Dies ist daran zu erkennen, dass es offensichtlich noch möglich war, die Entfernung der Fässer bis zum 14.03.2012 zu befristen. Ein sofortiges Handeln war daher nicht geboten. Zu klären wäre hier, ob die Anordnung lediglich fehlerhaft oder gar nichtig war. Soweit sich der Behördenbedienstete als solcher ausgewiesen hat, führt der Fehler m.E. nicht zu einer Nichtigkeit. Die Klärung dieser Frage ist aber entbehrlich, da dem Betroffenen am nächsten Tag eine schriftliche Ordnungsverfügung vorgelegen hat. Bezüglich der Einbringlichkeit des Zwangsgeldes ist zu prüfen, wann ein Zahlungseingang erfolgt ist. Mit Zustellung der Festsetzung des Zwangsgeldes bestand die Möglichkeit der Vollstreckung. Allerdings darf nicht mit der zwangsweisen Vollstreckung begonnen werden, solange der Schuldner kein angemessenes Zahlungsziel hat verstreichen lassen. Für den Fall, dass Herr Meier das Zwangsgeld bis spätestens zum 20.03.2012 überwiesen hat, kann es von der Behörde einbehalten werden. Geht die Zahlung erst danach ein, also nachdem die Fässer beseitigt worden sind, oder gar nicht, muss das Geld zurückgewährt werden, bzw. darf nicht weiter vollstreckt werden. Hieran sieht man den deutlichen Unterschied zwischen ordnungsbehördlichem Handeln und dem Straf- und Ordnungswidrigkeitenrecht. Im Gegensatz zu Geldstrafen und Geldbußen soll nämlich das Zwangsgeld keine Bestrafung des Adressaten darstellen, sondern lediglich als Druckmittel fungieren, damit die Anordnungen befolgt werden. Sind die Anordnungen letztlich befolgt, hat das Zwangsmittel seinen Zweck verloren und darf nicht mehr vollstreckt werden.

Das Verwaltungsvollstreckungsgesetz NRW kennt folgende Zwangsmittel:

§ 59 - Ersatzvornahme

Eine geforderte Handlung wird durch die Behörde oder durch von der Behörde beauftragte Unternehmen durchgeführt. Die Kosten für die Ersatzvornahme trägt zunächst die Behörde und werden dann vom Betroffenen zurückgefordert. Ist bekannt, dass der Betroffene über keine gute Zahlungsmoral verfügt, können die Kosten geschätzt und im Vorhinein eingezogen werden. Die Beitreibung der Kosten im Vorhinein ist bei großem Widerstand oft nicht zweckführend, da dies lange dauern kann und die Maßnahme solange ruhen muss. Dies kann den Erfolg der Verfügung gefährden. Die Behörde sollte dann doch in Vorleistung gehen, damit die Gefahr beseitigt ist.

Wichtig ist, dass nur Handlungen im Wege der Ersatzvornahme durchgeführt werden können, die vertretbar sind. Vertretbare Handlungen sind solche, die jeder andere durchführen kann, z.B. die Entfernung von Schrott oder das Anbringen eines Schildes. Höchstpersönliche Handlungen, wie z.B. die Abgabe einer Blutprobe aber auch z.B. das Vorlegen bestimmter Dokumente können von der Behörde nicht durchgeführt werden. Die Durchsetzung eines Tun in Form einer nicht vertretbaren Handlung stellt in der Praxis ein sehr großes

Problem dar. Das soll dich aber im Rahmen deiner Ausbildung noch nicht interessieren.

§ 60 - Zwangsgeld

Durch ein Zwangsgeld soll der Betroffene über seine wirtschaftlichen Verhältnisse dazu gebracht werden, die Anordnungen zu befolgen. Nach den Vorschriften des VwVG NRW kann das Zwangsgeld 10 bis 100.000 € betragen. Es kann beliebig wiederholt und dabei auch stetig erhöht werden.

§ 61 - Ersatzzwangshaft

Die Ersatzzwangshaft ist kein echtes Zwangsmittel. Sie ist an das Zwangsgeld geknüpft. Für den Fall, dass ein Zwangsgeld uneinbringlich ist, kann das Verwaltungsgericht auf Antrag der Behörde die Ersatzzwangshaft für 1 Tag bis zu 2 Wochen anordnen. Uneinbringlich ist ein Zwangsgeld in der Regel erst dann, wenn der Betroffene die Versicherung an Eides statt (oder auch eidesstattliche Erklärung) abgelegt hat und Pfändungen fruchtlos geblieben sind.

§§ 62 - Unmittelbarer Zwang

Ist keins der anderen Zwangsmittel Erfolg versprechend, so kann zur Durchsetzung der Maßnahme der unmittelbare (= körperliche) Zwang angewendet werden.

Wie schon erwähnt, können die Zwangsmittel beliebig wiederholt und abgewechselt werden. Eine Reihenfolge besteht grundsätzlich nicht, jedoch ist immer das Zwangsmittel anzuwenden, das verhältnismäßig (hier nach § 58 VwVG NRW, aber gleichbedeutend mit § 15 OBG) ist.

SOFORTVOLLZUG

Nach § 55 II VwVG NRW kann die Androhung und Festsetzung von Zwangsmitteln (insbesondere der Ersatzvornahme) ohne vorherigen Erlass einer Verfügung durchgeführt werden. Dies ist demnach aber nur zulässig, wenn dies zur Abwehr einer gegenwärtigen Gefahr notwendig ist. Entscheidend ist also, ob die Situation es zulässt, dass man eine schriftliche Verfügung abfasst, oder ob ein sofortiges Handeln angezeigt ist.

Beispiel 1:

Der Lebensmittelkontrolleur betritt den Obstladen und stellt fest, dass auf dem Verkaufsschild der Äpfel die Angabe des Herkunftslandes fehlt. Dies ist ein lebensmittelrechtlicher Verstoß. Der Händler weigert sich, die Kennzeichnung zu ergänzen. Darum stellt der Lebensmittelkontrolleur die Äpfel sicher.

Hier ist der Sofortvollzug nicht zulässig, denn es war genug Zeit, dem Händler zunächst eine schriftliche Ordnungsverfügung unter Androhung von Zwangsgeld zuzustellen. Darüber hinaus war die Maßnahme auch nicht verhältnismäßig.

Beispiel 2:

In der Auslage einer Bäckerei findet der Lebensmittelkontrolleur ein schimmeliges Stück Kuchen. Er fordert den Bäcker auf, das Stück zu vernichten. Dieser weigert sich. Gerade greift eine ältere Dame nach dem Stück und möchte es kaufen. Der Lebensmittelkontrolleur nimmt ihr das Stück aus der Hand und wirft es in den Müll.

Hier bestand die gegenwärtige Gefahr, dass die ältere Dame ein Stück verdorbenen Kuchen kauft und konsumiert. Der Bäcker war nicht bereit, das Stück aus dem Verkehr zu nehmen. Der Lebensmittelkontrolleur hat dann den Erlass einer Ordnungsverfügung unter Androhung der Ersatzvornahme (oder des unmittelbaren Zwangs) im Wege des Sofortvollzugs durchgesetzt. Dem Bäcker wäre nun auf Verlangen eine schriftliche Verfügung nachzureichen, gegen die er dann klagen könnte. Bekäme er Recht, wäre für den Verlust des Kuchens und des entgangenen Verkaufserlöses durch die Behörde Schadensersatz zu leisten.

SOFORTIGE VOLLZIEHUNG

Nach § 80 II Nr. 4 VwGO kann die Behörde für eine Ordnungsverfügung die sofortige Vollziehung anordnen, wenn dies im öffentlichen Interesse geboten ist. Die Anordnung der sofortigen Vollziehung bewirkt, dass ein gegen die Verfügung eingelegtes Rechtsmittel, also im Regelfall die Klage vor dem Verwaltungsgericht, keine aufschiebende Wirkung entfaltet. Im Normalfall würde die Vollziehung der Verfügung bei eingereichter Klage solange aufgeschoben, bis, ggfs. nach Jahren, ein Gericht endgültig über die Rechtmäßigkeit der Verfügung entschieden hätte. Erst dann dürfte wieder mit der Vollziehung der Verfügung begonnen werden. In der Regel müssen die Maßnahmen aber kurzfristig umgesetzt werden, damit die Gefahr nachhaltig beseitigt werden kann. In diesen Fällen ist es dann nicht hinzunehmen, dass die Vollziehung bis zum Ende des Rechtsschutzverfahrens aufgeschoben ist. Mit der Anordnung der sofortigen Vollziehung wird dies verhindert. Ist sie angeordnet, ist die Verfügung vom Adressaten umzusetzen, egal ob sie aus seiner Sicht rechtmäßig oder rechtswidrig ist. Sollte sich am Ende des Rechtsschutzverfahrens jedoch herausstellen, dass sie doch rechtswidrig war, macht sich die Behörde gegenüber dem Empfänger unter Umständen schadensersatzpflichtig.

> Beispiel:
>
> Steht ein PKW ohne Kennzeichen (also auch ohne Versicherungsschutz) auf der Straße, so liegt sicherlich kein Fall von Gefahr im Verzug vor. Allerdings erleidet jeder, der mit diesem Fahrzeug kollidiert, einen erheblichen Schaden, da der Halter des Fahrzeugs nicht bekannt ist und somit auch den Schaden nicht ausgleichen kann. Das Fahrzeug muss also aus dem öffentlichen Verkehrsraum verschwinden. Dies muss nicht unverzüglich geschehen, es kann aber auch nicht abgewartet werden, dass ein Gericht entscheidet, dass die Anordnung an den Besitzer (durch Aufkleben auf dem Fahrzeug), das Fahrzeug aus dem öffentlichen Verkehrsraum zu entfernen, rechtmäßig ist. Hier wäre also die sofortige Vollziehung anzuordnen, damit der PKW nach einer kurz bemessenen Frist abgeschleppt werden kann.

VERWALTUNGSGERICHTLICHES EILVERFAHREN

Bei eingelegtem Rechtsmittel gegen die, mit angeordneter sofortiger Vollziehung erlassene, Ordnungsverfügung, kann nach § 80 V VwGO vom Betroffenen das verwaltungsgerichtliche Eilverfahren beantragt werden. Dabei wird in einem Schnellverfahren durch das, auch in der Hauptsache, zuständige Verwaltungsgericht überschlägig geprüft, ob das eingelegte Rechtsmittel Aussicht auf Erfolg hat. Ist dem so, wird das Verwaltungsgericht die Anordnung der sofortigen Vollziehung aufheben und somit die aufschiebende Wirkung des eingelegten Rechtsmittels wiederherstellen.

STANDARDMAßNAHMEN

Für deine Ausbildung eine eher untergeordnete Rolle spielt die Tatsache, dass Ordnungsbehördenbedienstete gemäß § 24 OBG abschließend aufgezählte Befugnisse der Polizei innehaben. Für deine Praxisabschnitte könnte diese Information aber wichtig sein. Folgende sogenannte wichtige Standardmaßnahmen kann der Ordnungsbeamte vor Ort anwenden:

§ 9 PolG NRW	Befragung von Personen und Festhalten dieser Personen zur Durchführung der Befragung, inklusive Fesselung
§ 10 Abs. 1 Nr. 1 PolG NRW	Vorladung von Personen
§ 12 Abs. 1 Nr. 1 PolG NRW	Identitätsfeststellung von Personen
§ 34 PolG NRW	Aussprechen eines Platzverweises

GEFAHRENABWEHR VS. ORDNUNGSWIDRIGKEITEN-RECHT

Im Unterricht wird dir das Ordnungswidrigkeitenrecht sehr wahrscheinlich nicht begegnen, dafür aber in deinen Praxisabschnitten. Außerdem gehört die Fähigkeit zwischen Ordnungswidrigkeiten- und Gefahrenabwehrrecht unterscheiden zu können, m.E. zu den Kernkompetenzen.

ORDNUNGSRECHT / GEFAHRENABWEHR:

Liegt ein Verstoß gegen geltendes Recht vor, so kann dieser Verstoß (als Gefahr für die öffentliche Sicherheit) durch Ordnungsverfügung in Verbindung mit Zwangsmitteln mit Wirkung für die **Zukunft** abgewehrt werden.

Als Adressat kommt jeder in Betracht, der effektiv die Gefahr beseitigen kann.

ORDNUNGSWIDRIGKEITENRECHT:

Ein Verstoß muss ausdrücklich als Ordnungswidrigkeit bestimmt sein. Dann kann der Verstoß als Bestrafung für die **Vergangenheit** mit Verwarnung oder Geldbuße geahndet werden. Adressat ist derjenige, der den Verstoß zu verantworten hat.

Beide Verfahren können grundsätzlich parallel angewendet werden.

Weitere, umfangreichere Informationen erhältst du im Kapitel „Ordnungswidrigkeiten- und Strafrecht".

KOMMUNALRECHT

STELLUNG IM STAATSAUFBAU

Die Kommunen (Gemeinden, Städte, Kreise) stellen den Grundpfeiler unseres demokratischen Staats- und Verwaltungsaufbaus dar. Sie werden durch plebiszitär (d.h. durch Volksabstimmung / Wahl) besetzte Organe vertreten. Dies ist zum einen die Verwaltung einer Kommune und zum anderen das politische Organ mit den dazugehörigen Ausschüssen: Gemeindeverwaltung und Gemeinderat, Stadtverwaltung und Stadtrat, Kreisverwaltung und Kreistag.

So werden bei den Kommunalwahlen einerseits der Bürgermeister, als Chef der Verwaltung und Vorsitzender des Stadtrats, und andererseits die Ratsmitglieder, als Vertreter der Bürger, direkt vom Volk gewählt. Die Vertreter des Bürgermeisters werden dann aus den Reihen des Stadtrates gewählt.

Durch die kommunale Selbstverwaltung werden die Kommunen von Bund und Ländern sozusagen abgekapselt. Eine Kontrolle zwischen Exekutive und Legislative, wie auf Landes- und Bundesebene, findet nicht statt. Dies liegt u.a. daran, dass die Kommune insgesamt ein Exekutivorgan ist und der Stadtrat nicht als Parlament oder Legislativorgan anzusehen ist. Zwar verfügt der Rat über eine Rechtsetzungskompetenz, aber letztlich ist auch der Rat für die Ausführung und Einhaltung des Ortsrechts zuständig. Der Rat kontrolliert die Verwaltung, arbeitet aber auch selbst exekutiv.

Historisch gesehen wurde durch die Ansätze des Freiherrn vom Stein in der Preußischen Städteordnung von 1808 die heutige kommunale Selbstverwaltung etabliert. Der Bürgersinn und der Einfluss des Bürgers auf die kommunale Politik und Verwaltung sollte gestärkt werden. Bis dato war das Leben durch Absolutismus beherrscht, in dem allenfalls der Adel und der Klerus Einfluss auf die politische Richtung geltend machen konnten. Innerhalb kürzester Zeit waren aber auch Gegner des bestehenden politischen Konzeptes von der Bildfläche verschwunden.

So bildeten sich über Dorfgemeinschaften Bürgerzusammenschlüsse heraus, die ihre Forderungen nach mehr Einfluss und Gerechtigkeit durchsetzen wollten. Durch die Preußische Städteordnung erhielten sie eine Bühne hierfür, von der die Kommunen (daher von lat., communis = gemeinschaftlich) regen Gebrauch machten. Zwar wurden im Dritten Reich die Kommunen gleichgeschaltet und alle Politik von Berlin aufdiktiert, nach Ende des Zweiten Weltkrieges erholten sich die Gemeinden und Gemeindeverbände jedoch schnell wieder und wurden durch Artikel 28 des Grundgesetzes verfassungsmäßig institutionalisiert. Dass es sich ursprünglich bei den Kommunen aber nicht um staatliche Zusammenschlüsse handelte, lässt sich u.a. daran erkennen, dass für sie im Grundgesetz die Möglichkeit der Kommunalverfassungsbeschwerde eingerichtet wurde. Diese orientiert sich stark an der (Individual-)Verfassungsbeschwerde als ausgesprochenes Abwehrrecht des Bürgers gegen den Staat. Mittels der Kommunalverfassungsbeschwerde können Kommunen Eingriffe in ihre Selbstverwaltungshoheiten überprüfen lassen.

SELBSTVERWALTUNG / HOHEITEN

Das Bundesverfassungsgericht hat in der Vergangenheit durch ständige Rechtsprechung einen Kernbereich der kommunalen Selbstverwaltung umrissen, der nicht von den Ländern oder dem Bund ohne Weiteres eingeschränkt werden darf. Aus diesem Kernbereich werden sechs Hoheiten abgeleitet:

1.) SATZUNGSHOHEIT / RECHTSETZUNGSHOHEIT

Die Kommunen sind durch die Satzungshoheit berechtigt, ihre eigenen Angelegenheiten, soweit nicht die Vorschriften der Gemeindeordnung dem entgegenstehen, durch Satzung generell-abstrakt zu regeln.

Beispiele für Satzungen sind Abfallsatzungen, Baumschutzsatzungen, Hundesteuersatzungen und Parkgebührensatzungen.

Es gibt aber auch Satzungen, die laut Gemeindeordnung pflichtig zu erlassen sind. Lediglich die Inhalte dieser Satzungen sind variabel. Allerdings gibt es auch Vorschriften, die nicht direkt eine Satzung zur Pflichtsatzung machen, jedoch bestimmen, dass bestimmte Regelungen durch irgendeine Satzung getroffen werden müssen.

Beispiele hierfür sind gemäß § 7 Abs. 3 S. 1 GO NRW die Pflicht zur Hauptsatzung, gemäß § 78 Abs. 1 GO NRW die Pflicht zur Haushaltssatzung und (für eine pflichtige Regelung) durch § 25 Abs. 1 Grundsteuergesetz die Pflicht zur Festsetzung des Hebesatzes für die Grundsteuer (meistens gelöst durch eine spezielle Grundsteuersatzung).

Auch Bebauungspläne und Flächennutzungspläne (siehe hierzu Planungshoheit) sind Satzungen.

2.) PLANUNGSHOHEIT

Die Planungshoheit umfasst das Recht der Kommune, ihre eigenen Flächen den speziellen Wünschen entsprechend zu nutzen und zu bebauen. Hierzu können im Rahmen der sogenannten Bauleitplanung zunächst bestimmte Flächen des Stadtgebietes im Flächennutzungsplan zu einer bestimmten Nutzung freigegeben werden. Solche Nutzungen können sein: Gewerbegebiete, Industriegebiete, Einkaufsmöglichkeiten, Naherholungsgebiete, Wohngebiete, Forst etc. Die eigentliche Bebauung, also die konkrete Anordnung und Größe von Gebäuden oder Strukturen, wird dann im Bebauungsplan festgehalten. Die konkrete Ausgestaltung eines einzelnen Gebäudes oder Gebäudeteils ist dann nicht mehr Bestandteil der Planung, sondern wird als Verwaltungsakt (Baugenehmigung) festgeschrieben.

3.) FINANZHOHEIT

Hierunter versteht man das Recht der Kommunen, eigene kommunale Abgaben zu erheben, um die Handlungsfähigkeit und Kostendeckung sicherzustellen. Die Kommune ist selbst für ihre Finanzen und Haushaltsplanung verantwortlich und kann im Rahmen ihrer wirtschaftlichen Leistungsfähigkeit alle Handlungen vornehmen, die sie wünscht. Auf der anderen Seite ist die Kommune aber auch verpflichtet, eben diese wirtschaftliche Leistungsfähigkeit nicht zu sprengen. Damit hier eine adäquate Kontrolle durch die Aufsichtsbehörde und auch eine Transparenz für den Bürger gegeben ist, besteht die Pflicht der Kommune zur Bekanntmachung der Haushaltssatzung und der Haushaltspläne. Die Finanzhoheit ist insoweit eingeschränkt, als dass die Aufsichtsbehörde z.B. Haushaltssicherungskonzepte von Kommunen ablehnen kann.

4.) STEUERHOHEIT

Die Steuerhoheit gibt den Kommunen das Recht, selbst Steuern ins Leben zu rufen, deren Ertrag der Kommune zu Gute kommt. Gängige kommunen-spezifische Steuern sind z.B. die Hundesteuer oder die Zweitwohnsitzsteuer. Kommunen mit demographischen oder anderen strukturellen Besonderheiten können mittels Steuer darauf reagieren, um z.B. entstehende Mehrkosten auszugleichen oder bestimmte Personenkreise zu reduzieren. So kann mit der Hundesteuer die Stadtreinigung unterstützt und die Anzahl der Hundehalter, bzw. Hunde im Stadtgebiet beeinflusst werden. Mit der Zweitwohnsitzsteuer haben bestimmte Universitätsstädte darauf reagiert, dass Studenten dort einen Zweitwohnsitz angegeben, ihren Lebensmittelpunkt (und damit auch die Unterstützung der örtlichen Wirtschaft) aber in ihrem Herkunftsort belassen haben.

5.) ORGANISATIONSHOHEIT

Dies ist das Recht der Kommunen, den inneren Aufbau der Verwaltung, die Einteilung in Dezernate, die Aufgabenerledigung – sprich Ablauf- und Aufbauorganisation – nach Belieben selbst festzulegen, solange diese Festlegung nicht geltendem Recht widerspricht (z.B. Ausschließungsgründe nach der GO NRW).

6.) PERSONALHOHEIT

Unter der Personalhoheit versteht man das Recht der Kommune, als Dienstherr, eigenständig und eigenverantwortlich Beamte und Beschäftigte einzustellen, zu entlassen und zu befördern.

Alle diese Hoheiten können grundsätzlich durch Gesetze eingeschränkt werden, aber nur bis zu einem gewissen Grad. So gelten zum Beispiel für die Beförderung von Beamten im Rahmen der Personalhoheit spezielle Regelungen in den Landesbeamtengesetzen und Laufbahnverordnungen. Es dürfen auch keine Steuern erhoben werden, die die wirtschaftliche Leistungsfähigkeit der Bürger zu stark belasten oder solche, die sittenwidrig sind. Die Finanzhoheit wird regelmäßig eingeschränkt, wenn eine Kommune nicht mehr über einen ausgeglichenen Haushalt verfügt (siehe Haushaltssicherungskonzept und Nothaushalt).

KOMMUNALE AUFGABEN

Nach dem Dualistischen Aufgabenmodell der Kommunen, welches in der Regel gelehrt wird, unterteilt man die kommunalen Aufgaben in drei verschiedene Kategorien:

1. Selbstverwaltungsaufgaben

1.1 freiwillige Aufgaben
Es liegt im Ermessen der Kommune, ob die Aufgaben durchgeführt werden und auf welche Weise dies geschieht.

Beispiel:
Unterhaltung eines städtischen Schwimmbades oder einer städtischen Bücherei

1.2 pflichtige Aufgaben
Die Kommunen sind dazu verpflichtet, die Aufgaben durchzuführen, ihnen ist es aber freigestellt, auf welche Weise

und teilweise auch mit welcher Intensität sie durchgeführt werden.

Beispiel:
Durchführung geltenden Rechts (z.B. Jugendamt, Veterinäramt, Kämmerei)

2. staatliche Aufgaben

Die Kommunen haben keinen Einfluss auf die Art und Weise der Aufgabenerfüllung und können diese auch nicht ablehnen.

Beispiel:
Ausstellung von Personalausweisen oder Durchführung von Landtags-, Bundestags-, Europawahlen

Es liegt auf der Hand, dass die Kommunen am ehesten in der Lage sind, dringend benötigte Finanzmittel durch die Einstellung von freiwilligen Aufgaben verfügbar zu machen. Darunter leidet selbstverständlich die Bürgerzufriedenheit. Daher versuchen viele Kommunen zumindest ansatzweise, bestimmte öffentliche Einrichtungen weiter zu betreiben, obwohl die Finanzlage sehr schlecht ist. Auch die Intensität, mit der pflichtige Selbstverwaltungsaufgaben ausgeführt werden, wird oft reduziert, um Personal und Finanzmittel anderweitig einsetzen zu können. Dies geht allerdings nur bis zu einem gewissen Grad, da der Kommune ansonsten z.B. Untätigkeit vorgeworfen werden könnte.

EINWOHNER / BÜRGER

Die GO NRW unterscheidet in § 21 zwischen Einwohnern und Bürgern einer Gemeinde. Diese Unterscheidung ist sehr wesentlich, da einen Anspruch auf einige bedeutende Mitwirkungsrechte nur Bürger haben. Nach § 21 Abs. 1 ist

Einwohner jeder, der auf dem Gemeindegebiet seinen festen Wohnsitz hat. Jeder Bürger ist also gleichzeitig auch Einwohner. Bürger ist allerdings nach § 21 Abs. 2 nur derjenige, der zu den Gemeindewahlen berechtigt ist. Das ist gemäß § 7 Kommunalwahlgesetz NRW (KWahlG NRW) wer

- am Wahltag Deutscher im Sinne des Art. 116 I Grundgesetz ist oder Staatsangehöriger eines EU-Staates ist,
- mindestens 16 Jahre alt ist,
- mindestens seit 15 Tagen seinen Hauptwohnsitz im Gemeindegebiet hat und
- nicht nach § 8 KWahlG von der Wahl ausgeschlossen ist.

BÜRGERBEGEHREN / BÜRGERENTSCHEID

Das Verfahren bei einem Bürgerentscheid ist nicht ganz einfach. Da es für dich aber klausurrelevant ist, solltest du dich hiermit eingehend befassen.

Grundsätzlich geht es dabei darum, dass die Bürger anstelle des Rates über eine Angelegenheit entscheiden, über die normalerweise nur der Rat entscheiden kann. Dies ist ein zweistufiges Verfahren.

In der ersten Stufe, dem Bürgerbegehren, wird darüber abgestimmt, ob die Bürger überhaupt anstelle des Rates entscheiden sollen oder nicht (§ 26 Abs. 1 S. 1 GO NRW).

Hieran sind durch § 26 Abs. 2, 3, 4 GO NRW verschiedene Formvorschriften geknüpft:

- Das Begehren muss in Schriftform vorliegen,

- es muss die zur Entscheidung zu bringende Frage enthalten,
- es muss eine Begründung enthalten,
- es muss bis zu drei Bürger (Vertretungsberechtigte) benennen, die die Unterzeichner vertreten können,
- es muss ein Finanzierungskonzept der Verwaltung (Kosten für die Durchführung der gewünschten Maßnahme) enthalten,
- (es muss innerhalb von 6 Wochen oder 3 Monaten nach Beschlussfassung eingereicht werden, wenn durch den Bürgerentscheid ein Beschluss des Rates rückgängig gemacht werden soll) und
- es muss von einer ausreichenden Anzahl von Bürgern unterzeichnet sein:
  - bis 10.000 Einwohner von 10 % der Bürger
  - bis 20.000 Einwohner von 9 % der Bürger
  - bis 30.000 Einwohner von 8 % der Bürger
  - bis 50.000 Einwohner von 7 % der Bürger
  - bis 100.000 Einwohner von 6 % der Bürger
  - bis 200.000 Einwohner von 5 % der Bürger
  - bis 500.000 Einwohner von 4 % der Bürger
  - über 500.000 Einwohner von 3 % der Bürger.

Darüber hinaus sind in § 26 Abs. 5 GO NRW die Angelegenheiten abschließend aufgelistet, über die kein Bürgerbegehren durchgeführt werden darf. Ganz wichtig (da klausurrelevant) ist hier der letzte Satz, der bestimmt, dass ein Bürgerbegehren nur über Angelegenheiten durchgeführt werden darf, über die nicht bereits innerhalb der letzten zwei Jahre ein Bürgerentscheid durchgeführt wurde. In § 26 Abs. 6 GO NRW wird das Verfahren nach dem Bürgerbegehren beschrieben:

Der Rat stellt unverzüglich fest, ob das Bürgerbegehren zulässig ist. (D.h., ob die Formvorschriften nach § 26 Abs. 2-5 GO NRW eingehalten wurden)

- **unzulässig**
  - o Die Vertreter können einen Rechtsbehelf einlegen (Klage vor dem Verwaltungsgericht).
- **zulässig**
  - o Der Rat lehnt das Bürgerbegehren ab. **Bürgerentscheid innerhalb von 3 Monaten.** Eine dem Begehren entgegenstehende Entscheidung darf durch den Rat nicht mehr begonnen oder getroffen werden.
  - o Der Rat entspricht dem Bürgerbegehren, d.h. er entscheidet selbst im Sinne der Bürger. **Kein Bürgerentscheid.**

In der zweiten Phase wird dann, sofern das Bürgerbegehren zulässig und vom Rat abgelehnt worden ist, der Bürgerentscheid durchgeführt.

Auch für den Bürgerentscheid sind konkrete Formerfordernisse aufgestellt worden (§ 26 Abs. 7 GO NRW).

Die Frage muss mit Ja oder Nein zu beantworten sein.
Die Wahlbeteiligung muss bei:
- bis zu 50.000 Einwohnern 20 % der Bürger
- 50.000 – 100.000 Einwohnern 15 % der Bürger und bei
- mehr als 100.000 Einwohnern 10 % der Bürger
betragen.

Die Stimmenmehrheit entscheidet; Stimmengleichheit gilt als „Nein".

> Beispiel:
>
> In der Stadt S mit 200.000 Einwohnern, von denen 80 % Bürger sind, soll ein Bürgerentscheid über die Errichtung eines Schwimmbades durchgeführt werden.
>
> Das Bürgerbegehren liegt in Schriftform vor, enthält eine Begründung und einen Kostendeckungsvorschlag. Es benennt drei Vertreter und stellt die Frage „Sind Sie für die Errichtung eines städtischen Schwimmbads?".

Die Formvorschriften sind soweit eingehalten. Damit das Bürgerbegehren letztlich zulässig ist, muss es nach § 26 Abs. 4 GO NRW bei bis zu 500.000 Einwohnern von 4 % der Bürger unterzeichnet sein. In S leben 160.000 Bürger (= 200.000 x 0,8), es müssen also 6.400 Bürger (= 160.000 x 0,04) unterzeichnet haben.

Wir nehmen nun an, dass 7.000 Bürger das Bürgerbegehren unterschrieben haben. Es ist damit zulässig. Wenn der Rat nun einen Beschluss fasst, der die Errichtung eines Schwimmbads entsprechend den Vorgaben des Bürgerbegehrens vorsieht, ist das Verfahren an dieser Stelle beendet und es wird kein Bürgerentscheid durchgeführt.

Wir unterstellen nun aber, dass der Rat nicht mit der Errichtung eines Schwimmbads einverstanden ist und das Bürgerbegehren ablehnt.

Nach zwei Monaten wird nun ein Bürgerentscheid durchgeführt, der dieselbe Frage enthält, wie das Bürgerbegehren. Gefordert ist nach § 26 Abs. 7 GO NRW, dass mindestens 16.000 Stimmen abgegeben werden (= 160.000 Bürger x 0,1). Wir nehmen an, es werden 150.000 Stimmen abgegeben, davon 120.000 „Ja"-Stimmen.

Die nötige Wahlbeteiligung wurde danach erreicht, und auch die erforderliche Stimmenmehrheit. Der Entscheid gilt jetzt als Ratsbeschluss und die Maßnahme, der Bau des Schwimmbads, muss nach den Vorgaben des Bürgerbegehrens durch den Rat umgesetzt werden. Der Rat hat nach § 26 Abs. 8 GO NRW noch die letzte Möglichkeit, das Vorhaben zu kippen, indem er innerhalb von zwei Jahren einen Ratsbürgerentscheid veranlasst. In diesem Fall hat dieser aber wohl keine große Aussicht auf Erfolg, da eine sehr hohe Beteiligung und eine sehr hohe Befürwortung vorliegt.

RATSBÜRGERENTSCHEID

Der Rat kann gemäß § 26 I 2 GO NRW selbst beschließen, dass ein Bürgerentscheid durchgeführt wird. Dieser Beschluss wird dann Ratsbürgerentscheid genannt. In der Regel geht ein Bürgerentscheid aber von den Bürgern aus. Das Verfahren ist allerdings in beiden Fällen das gleiche.

RAT

Gemäß § 40 GO NRW wird die Verwaltung der Gemeinde ausschließlich durch den Willen der Bürgerschaft bestimmt. Die Bürgerschaft besteht aus dem Rat und dem Bürgermeister. Der Rat wiederum besteht aus den gewählten Ratsmitgliedern und dem Bürgermeister. Der Bürgermeister ist aber ausdrücklich kein Ratsmitglied, sondern er ist Mitglied kraft Gesetzes. Darüber hinaus führt der Bürgermeister den Vorsitz im Rat.

Der § 41 GO NRW ist für dich ein sehr wesentlicher Paragraf, da hier abschließend diejenigen Zuständigkeiten des Rates aufgelistet sind, die der Rat nicht übertragen kann. Die Geschäfte der laufenden Verwaltung sind nämlich üblicherweise nach § 41 Abs. 3 GO NRW auf den Bürgermeister übertragen. Alle nicht genannten Angelegenheiten kann der Rat entweder selbst bestimmen oder auf Ausschüsse oder auf den Bürgermeister übertragen.

Die Wahl der Ratsmitglieder nach Maßgabe des § 42 Abs. 1 GO NRW gestaltet sich meist unproblematisch und ist daher auch in der Regel nicht klausurrelevant. Da jedoch Klausuraufgaben oft wie folgt beginnen: „Der Rat der Stadt S mit 30.000 Einwohnern...", ist es wichtig zu wissen, wie viele Ratsmitglieder existieren, damit bei den folgenden Abstimmungen innerhalb des Rates die Mehrheitsverhältnisse bestimmt werden können. Die Zahl der Ratsmitglieder richtet sich nach der Anzahl der Einwohner und ist in § 3 Abs. 2 KWahlG NRW ersichtlich. Der Bürgermeister muss zu dieser Anzahl selbstverständlich noch hinzugerechnet werden, um zu ermitteln, wie viele Stimmen abgegeben werden können.

Wählbar ist nach § 12 KWahlG NRW jeder Volljährige mit einer seit mindestens 3 Monaten bestehenden Hauptwohnung im Wahlgebiet. Der Rat wird gemäß § 42 Abs. 1 GO NRW für 5 Jahre gewählt.

Wichtig ist in Klausuren auch oft die Frage nach der Inkompatibilität (Unvereinbarkeit) der Ratsmitgliedschaft mit der Ausübung anderer Tätigkeiten. Diese Vorschriften finden sich in § 13 KWahlG. Am wichtigsten ist hier der Umstand zu nennen, dass ein Beschäftigter oder Beamter einer Kommune nicht im Rat derselben Kommune Ratsmitglied sein darf, es sei denn, er beendet vorher sein Dienstverhältnis.

Die Rechte der Ratsmitglieder sind sehr umfassend. So sind sie nach § 43 Abs. 1 GO NRW nur dem Gesetz (also keine Straftaten) und ihrem eigenen Gewissen unterworfen (also nur grob fahrlässiges oder vorsätzliches Handeln kann schuldhaft sein). Sie sind ansonsten nicht weisungsgebunden. Gemäß § 44 GO NRW darf niemand an der Übernahme eines Mandats gehindert werden und ein Ratsmitglied muss für Tätigkeiten, die im Zusammenhang mit dem Mandat stehen, von der Arbeit freigestellt werden.

Gemäß § 47 GO NRW wird der Rat vom Bürgermeister einberufen, wenn dies erforderlich ist. Der Bürgermeister legt der Einladung gemäß § 48 Abs. 1 GO NRW eine Tagesordnung bei, die er selbst festlegt. Auf die Tagesordnung müssen Vorschläge aufgenommen werden, wenn mindestens ein Fünftel der Ratsmitglieder oder mindestens eine Fraktion dies fordern. Gleiches gilt für die Einberufung einer Ratssitzung (§ 47 Abs. 1 S. 4 GO NRW). Eine Fraktion ist gemäß § 56 Abs. 1 GO NRW ein freiwilliger Zusammenschluss von Ratsmitgliedern. Eine Fraktion besteht demnach in kreisangehörigen Kommunen aus mindestens zwei, in kreisfreien Städten aus mindestens drei Ratsmitgliedern. Die Einladung und die Festsetzung der Tagesordnung sind sehr klausurrelevant.

Beachte bitte (analog zum Staatsrecht), dass es im Zusammenhang mit Beschlüssen keinen Fraktionszwang gibt. Jedes Mitglied einer Fraktion kann abstimmen, wie es möchte. Die Partei kann kein bestimmtes Abstimmungsverhalten erzwingen. Allerdings kann die Partei ein Mitglied für ein abweichendes Abstimmverhalten im Innenverhältnis sanktionieren. Dies nennt man Fraktionsdisziplin.

Der Rat gilt gemäß § 49 Abs. 1 S. 2 GO NRW als beschlussfähig, solange seine Beschlussunfähigkeit nicht festgestellt wurde. Ansonsten ist er gemäß § 49 Abs. 1 S. 1 GO NRW beschlussfähig, wenn mehr als die Hälfte der gesetzlichen Mitglieder anwesend ist.

Für Beschlüsse und Wahlen ist immer § 50 Abs. 5 GO NRW zu nennen, der bestimmt, dass Stimmenthaltungen und ungültige Stimmen zwar nicht für die Ermittlung von Mehrheiten mitgezählt werden dürfen, aber sehr wohl in die Feststellung der Beschlussfähigkeit einfließen.

Ansonsten gilt zur Bestimmung der erforderlichen Mehrheit für normale Beschlüsse gemäß § 50 Abs. 1 GO NRW die einfache Mehrheit und für Wahlen gemäß § 50 Abs. 2 GO NRW im ersten Wahlgang und im zweiten Wahlgang, in einer Stichwahl zwischen den beiden Spitzenkandidaten, jeweils die einfache Mehrheit.

AUSSCHÜSSE

Gemäß § 57 Abs. 2 i.V.m. § 59 GO NRW muss ein Rat einen Hauptausschuss, einen Finanzausschuss und einen Rechnungsprüfungsausschuss bilden. Der Hauptausschuss stimmt die Arbeiten aller Ausschüsse aufeinander ab. Der Finanzausschuss bereitet die Haushaltssatzung vor und überwacht und regelt die Einhaltung des Haushaltsplans. Der Rechnungsprüfungsausschuss überwacht den Jahresabschluss der Kommune.

Der Rat kann gemäß § 57 Abs. 1 GO NRW ansonsten nach Belieben Ausschüsse einrichten und diesen entsprechend § 41 Abs. 2 GO NRW Aufgaben zuweisen.

BÜRGERMEISTER

Wie schon dargestellt ist der Bürgermeister Chef der Verwaltung und stimmberechtigter Vorsitzender im Rat. Er bildet außerdem gemäß § 70 Abs. 1 GO NRW mit den Beigeordneten und dem Kämmerer den Verwaltungsvorstand.

Der Bürgermeister wird nach § 65 I GO NRW für fünf Jahre gewählt. Es werden an seine Person keine besonderen Qualifikationen gestellt. Einzige Voraussetzungen sind, dass er Deutscher im Sinne des Art. 116 GG oder EU-Bürger ist, mindestens 23 Jahre alt ist und für die freiheitlich-demokratische Grundordnung einsteht.

Gemäß § 66 GO NRW kann der Bürgermeister sowohl vom Rat, als auch von den Bürgern abgewählt werden.

Der Rat braucht eine absolute Mehrheit für den Antrag auf Abwahl des Bürgermeisters und eine Zwei-Drittel-Mehrheit für die tatsächliche Abwahl, mindestens zwei Wochen danach.
Das Verfahren der Bürger gestaltet sich ähnlich einem Bürgerbegehren:

Es müssen in Gemeinden mit
- bis zu 50.000 Einwohnern 20 % der Bürger
- 50.000 – 100.000 Einwohnern 17,5 % der Bürger
- mehr als 100.000 Einwohnern 15 % der Bürger

beantragen, dass der Bürgermeister abgewählt werden soll.

Für die Abwahl ist dann nochmal eine relative Mehrheit erforderlich, wobei die Anzahl der Stimmen mindestens 25 % der Anzahl der Wahlberechtigten betragen muss.

VERTRETER DES BÜRGERMEISTERS

Die Vertreter des Bürgermeisters zu unterscheiden, ist sehr klausurrelevant:

	Stellvertreter	Allgemeiner Vertreter
Rechts- grundlage	§ 67 GO NRW	§ 68 GO NRW
Wahl	aus der Mitte des Rates	ein Beigeordneter
Aufgaben	Vertretung des Bürgermeisters beim Vorsitz im Rat und bei der Repräsentation der Kommune nach Außen	Vertretung des Bürgermeisters bei den Geschäften der laufenden Verwaltung

BEIGEORDNETE

Auch die Wahl der Beigeordneten kann Thema in einer Klausur sein. Die Wahl ist grundsätzlich nicht kompliziert. Nach § 71 Abs. 1 GO NRW wird die Anzahl der Beigeordneten in der jeweiligen Hauptsatzung festgelegt und die Beigeordneten für die Dauer von 8 Jahren gewählt. Die Wahl an sich richtet sich nach den Vorschriften des § 50 Abs. 2 GO NRW. Für eine Klausur interessanter ist die Auswahl des Kandidaten.

Im Gegensatz zum Bürgermeister müssen die Beigeordneten nach § 71 Abs. 3 GO NRW die für ihr Amt erforderlichen fachlichen Voraussetzungen und eine ausreichende Erfahrung mitbringen. Darüber hinaus muss in kreisfreien oder großen kreisangehörigen Städten mindestens einer der Beigeordneten die Befähigung zum Richteramt oder höheren Verwaltungsdienst besitzen. In den übrigen Kommunen muss mindestens einer der Beigeordneten mindestens die

Befähigung zum gehobenen Verwaltungsdienst haben. In kreisfreien Städten muss außerdem ein Beigeordneter zum Kämmerer berufen werden. Beigeordnete können durch den Rat wieder abberufen werden (§ 71 Abs. 7 GO NRW).

Die Einteilung der Größe der kreisangehörigen Städte ist übrigens nicht willkürlich, sondern ergibt sich aus § 4 GO NRW:

kreisangehörige Gemeinde	bis zu 20.000 - 25.000 Einwohner
mittlere kreisangehörige Stadt	bis zu 50.000 - 60.000 Einwohner
große kreisangehörige Stadt	ab 50.000 - 60.000 Einwohner

ERWEITERTES PRÜFSCHEMA

Sehr wahrscheinlich wirst du im Fach Kommunalrecht einen Ratsbeschluss auf formelle und materielle Rechtmäßigkeit prüfen müssen. Der Ratsbeschluss kann dabei unterschiedliche Aspekte des Kommunalrechts betreffen. So kann es sich zum Beispiel um Beschlüsse von Satzungen, über Bürgerbegehren und/oder um die Wahl von kommunalen Wahlbeamten handeln. Es ist daher entscheidend, bei einer gutachterlichen Prüfung jeden Tagesordnungspunkt einzeln zu prüfen. In der Regel müssen jedoch nur diejenigen Punkte geprüft werden, die bei einem TOP problematisch sind. Wenn also zum Beispiel beim Prüfpunkt „Öffentlichkeit der Sitzung" nur bei TOP 5 ein Problem in dieser Hinsicht zu erkennen ist, weil dieser TOP z.B. nicht-öffentlich behandelt wurde, so ist auch nur der TOP 5 zu prüfen. Sprich das Vorgehen aber bitte mit deinem Dozenten ab.

Hier also nun das Prüfschema für eine Ratssitzung:

A. Formelle Rechtmäßigkeit

I. Zuständigkeit

1. Verbandskompetenz

Nach § 2 GO NRW sind die Gemeinden in ihrem Gebiet, soweit nicht durch Gesetz etwas anderes bestimmt ist, ausschließliche und eigenverantwortliche Träger der öffentlichen Verwaltung. Diese Trägerschaft wird ihnen durch Art. 28 GG und Art. 78 LVerf NRW garantiert.

[...]

2. Organkompetenz

Nach § 41 I 1 GO NRW ist der Rat für alle Angelegenheiten der Gemeindeverwaltung zuständig, soweit die GO NRW nichts anderes bestimmt. Jedoch gelten die Geschäfte der laufenden Verwaltung nach § 41 III GO NRW als auf den Bürgermeister übertragen, solange nicht der Rat diese fiktive Übertragung im Einzelfall oder für einen bestimmten Kreis von Aufgaben aufhebt. Im Übrigen kann der Rat nach § 41 II 1 GO NRW die Entscheidung über bestimmte Angelegenheiten auf Ausschüsse oder den Bürgermeister übertragen. Der Rat ist daher für die Entscheidung über den Grundstückskauf nicht zuständig.

[...]

II. Verfahren

1. Einberufung

Nach § 47 I 1 GO NRW wird der Rat vom Bürgermeister einberufen.

[...]

2. Tagesordnung

Nach § 48 I 1 GO NRW setzt der Bürgermeister die Tagesordnung fest.

[...]

3. Öffentliche Bekanntmachung

Nach § 48 I 4 GO NRW ist die Tagesordnung unter Angabe von Ort und Zeit der Sitzung öffentlich vom Bürgermeister bekannt zu machen.

[...]

Aus dem Veröffentlichungsgebot ergibt sich zudem, dass die bekanntgemachten Tagesordnungspunkte hinreichend bestimmt sein müssen.

[...]

4. Funktionsfähigkeit des Rates

Der Bürgermeister leitet nach § 51 I 1 GO NRW die Verhandlungen, eröffnet und schließt die Sitzungen, handhabt die Ordnung und übt das Hausrecht aus. Nur unter diesen Voraussetzungen ist der Rat funktionsfähig.

[...]

5. Beschlussfähigkeit

Der Rat ist nach § 49 I GO NRW beschlussfähig, wenn mehr als die Hälfte der gesetzlichen Mitgliederzahl anwesend ist. Er gilt zudem als beschlussfähig, solange seine Beschlussunfähigkeit nicht festgestellt ist. Nach § 40 II 2 GO NRW besteht der Rat aus den gewählten Ratsmitgliedern und dem Bürgermeister.

[...]

6. Öffentlichkeit der Sitzung

Nach § 48 II GO NRW sind die Sitzungen des Rates öffentlich. Durch die Geschäftsordnung oder durch Antrag des Bürgermeisters oder eines Ratsmitglieds kann die Öffentlichkeit jedoch ausgeschlossen werden.

[...]

7. Abstimmungsverfahren

Bei der Beschlussfassung wird nach § 50 I 3 GO NRW offen abgestimmt.

[...]

8. Mitwirkung Ausgeschlossener

Nach § 31... GO NRW...

[...]

B. Materielle Rechtmäßigkeit

(Prüfung anhand der jeweiligen Rechtsgrundlage pro Tagesordnungspunkt.)

TOP 1: [...]
TOP 2: [...]

[...]

C. Beschlussmehrheiten

Nach § 50 I 1, 2 GO NRW werden Beschlüsse des Rates mit Stimmenmehrheit gefasst, wobei ein Antrag bei Stimmengleichheit als abgelehnt gilt.

TOP 1: [...]
TOP 2: [...]

[...]

D. Ergebnis

| 189 |
ZIVILRECHT

Das Bürgerliche Recht führt dich in deiner Ausbildung auf ein Gebiet, welches üblicherweise nicht mit dem Handeln von Behörden in Verbindung gebracht wird. Hier liegt nämlich nicht das gewohnte Über- und Unterordnungsverhältnis zwischen Behörde und Bürger vor, sondern die Behörden begegnen hier Bürgern und Unternehmen auf Augenhöhe – als gleichwertige Partner. Nichtsdestotrotz spielen die Vorschriften des BGB in extrem vielen Bereichen einer Behörde eine Rolle, sei es bei der Fristenberechnung, im Rahmen von Beschaffungen und Investitionen, im Umgang mit Arbeitsverträgen, zur Ermittlung von Erbfolgen oder Schadensersatzhöhen etc.. Daher ist die Einbindung des Bürgerlichen Rechts (oder auch Zivilrecht genannt) in deine Ausbildung, zumindest was Grundlagenwissen angeht, mehr als sinnvoll.

Wie schon erwähnt, handeln Gemeinden regelmäßig privatrechtlich. Sie kaufen Büromaterial, stellen Beschäftigte ein oder entlassen sie, vergeben Bauaufträge, leasen Dienstwagen, beschädigen mitunter fremdes Eigentum usw.. Für deine Ausbildung im mittleren Dienst wird in erster Linie ein Zugang zum Zivilrecht geebnet, mit dem du in der Lage sein sollst, ganz grundsätzliche Probleme im Vertrags- und Schuldrecht lösen zu können. Der Umfang der Inhalte ist bei Weitem nicht so groß, wie bei einem Jura-Studium. Dort ist der Anteil des Zivilrechts mit Abstand der Größte. Wenn man dabei aber betrachtet, dass dennoch alle wesentlichen öffentlich-rechtlichen Inhalte, die du im mittleren Dienst erarbeitest, im Jura-Studium abgehandelt werden, kannst du dir vielleicht vorstellen, wie umfangreich zum Einen der Inhalt des zivilrechtlichen Teils sein muss, und zum Anderen, was die Jura-Studenten insgesamt in der Lage sein müssen, zu leisten.

Im gesamten Kapitel „Bürgerliches Recht" sind alle genannten Paragrafen solche des BGB, soweit nichts anderes bestimmt ist.

NATÜRLICHE UND JURISTISCHE PERSONEN

Wie in anderen Bereichen wird auch im Zivilrecht zwischen natürlichen und juristischen Personen unterschieden. Diese Unterscheidung ergibt sich im BGB aus dem Aufbau des Gesetzes. Wenn du ins Inhaltsverzeichnis siehst, dann stellst du fest, dass sich die §§ 1-14 mit natürlichen Personen, Verbrauchern und Unternehmern und die §§ 21-89 mit juristischen Personen befassen.

Demnach sind **natürliche Personen** alle Menschen.

Verbraucher sind gemäß § 13 Menschen, die privat ein Rechtsgeschäft abschließen.

Juristische Personen können Unternehmer, aber auch Vereine, Stiftungen, Anstalten oder Körperschaften sein.

Unternehmer sind nach § 14 Abs. 1 natürliche und juristische Personen oder Personengesellschaften, die geschäftlich, bzw. beruflich Rechtsgeschäfte abschließen.

Die Unterscheidung ist insoweit wichtig, da für Unternehmer oft strengere Vorschriften gelten, wenn sie mit Verbrauchern handeln, andererseits aber mehr Freiheiten in der Vertragsgestaltung haben, wenn sie mit anderen Unternehmern handeln. Dies ergibt sich daraus, dass Unternehmer beruflich mit Rechtsgeschäften zu tun haben und ihnen somit unterstellt wird, dass sie die Konsequenzen ihrer Handlungen besser überblicken können. Verbraucher erfahren dagegen einen besonderen Schutz aus dem BGB, damit diese nicht so schnell Opfer von Täuschungen werden können.

GLIEDERUNG DES BGB

Das BGB ist in fünf Bücher unterteilt, die jeweils bestimmte Rechtsgebiete regeln. Der Allgemeine Teil des ersten Buches ist „vor die Klammer gezogen". D.h., dass dieser Teil allgemeine Regelungen enthält, die für alle anderen Bücher grundsätzlich gelten. Dies soll die Systematik des Gesetzes verdeutlichen und Wiederholungen vermeiden. Das Strafgesetzbuch z.B. verfügt ebenfalls über einen Allgemeinen Teil.

Der zweite Teil befasst sich mit Schuldverhältnissen. Diese können vertraglicher oder gesetzlicher Art sein. Zur weiteren Unterscheidung kommen wir später.

Im dritten Teil wird das Sachenrecht geregelt. Hier geht es insbesondere um die verschiedenen Möglichkeiten, Eigentum oder Besitz an beweglichen oder unbeweglichen Dingen zu erwerben oder zu verlieren. Auch hierzu später mehr.

Der vierte Teil befasst sich mit Familienrecht. Hier geht es in erster Linie um die Ehe, Verwandtschaft und um Vormundschaft. In der Regel wird in deiner Ausbildung dieser Teil weitestgehend ausgelassen. Allenfalls bestimmte Vorschriften zu den Verwandtschaftsgraden werden genannt.

Im fünften Teil zuletzt geht es um das Erbrecht und die gesetzliche Erbfolge. Auch dieser Teil wird zwar oft grob angerissen, aber in der Regel nicht tiefer beleuchtet.

RECHTSFÄHIGKEIT, GESCHÄFTSFÄHIGKEIT

Das BGB unterscheidet ganz grundsätzlich in zwei Fähigkeiten, die auf ihr Vorliegen geprüft werden müssen. Das ist zum Einen die Rechtsfähigkeit, also die Fähigkeit, Träger von Rechten und Pflichten zu sein, und zum Anderen die Geschäftsfähigkeit, d.h. fähig zu sein, wirksame Rechtsgeschäfte abschließen zu können.

Rechtsfähig ist nach § 1 jeder Mensch nach vollendeter Geburt. Hier besteht eine Differenz zwischen den Regelungen des Zivilrechts und z.B. des Strafrechts. Im Strafrecht (z.B. relevant für Fälle von Schwangerschaftsabbruch) hat ein Mensch vom Zeitpunkt der Nidation an Rechte. Die Nidation ist der Zeitpunkt der Einnistung der befruchteten Eizelle in der Gebärmutter. Für das Zivilrecht ist aber ausdrücklich die Vollendung der Geburt maßgeblich. Ein Nasziturus (gezeugter, aber noch nicht geborener Mensch) hat demnach keine zivilrechtlichen Rechte. Als Vollendung der Geburt wird nach h.M. der Moment angesehen, indem der Nasziturus den Mutterleib vollständig verlassen hat und wenigstens für einen kurzen Moment gelebt hat, d.h. Lebenszeichen wie Herzschlag, natürliche Atmung, Schreie, Hirntätigkeit hat erkennen lassen. Nach h.M. ist die Abnabelung und dauerhafte Lebensfähigkeit des Geborenen nicht notwendig. Die Rechtsfähigkeit endet mit dem Tod. Dies ist nach aktuellem medizinischem Stand die Feststellung des Hirntods, also der vollständigen und irreversiblen Einstellung der Hirntätigkeit. Möglich ist auch die Todeserklärung einer Person nach dem Verschollenheitsgesetz (§§ 2-7 VerschG).

Eine juristische Person ist analog mit Eintragung in das Handels- oder Vereinsregister rechtsfähig, bzw. verliert durch Löschung ihre Rechtsfähigkeit.

Wie du siehst, spielt die Rechtsfähigkeit keine herausragende Rolle im Zivilrecht, da jeder rechtsgeschäftlich Handelnde rechtsfähig ist und die Rechtsfähigkeit nicht aberkannt werden kann.

Anders sieht es bei der Geschäftsfähigkeit aus. Hier muss man wie folgt unterscheiden:

Geschäftsunfähige
Kinder unter 7 Jahre und Menschen unter Betreuung oder Vormundschaft aufgrund Einschränkung der Geistestätigkeit
Rechtsgrundlage: § 104

beschränkt Geschäftsfähige
Kinder und Jugendliche zwischen 7 und 18 Jahren
Rechtsgrundlage: § 106 i.V.m. § 2

voll Geschäftsfähige
alle Volljährigen, die nicht unter Betreuung oder Vormundschaft stehen
Rechtsgrundlage: Umkehrschluss

Geschäftsunfähige dürfen gemäß § 105 Abs. 1 grundsätzlich keine Rechtsgeschäfte abschließen (Ausnahme: siehe z.B. § 105a - Geschäfte des täglichen Lebens), bzw. diese sind nichtig.

Beschränkt Geschäftsfähige können mit Zustimmung oder Genehmigung des gesetzlichen Vertreters alle Rechtsgeschäfte abschließen. Außerdem können sie nach § 110 (sogenannter „Taschengeldparagraf") Rechtsgeschäfte abschließen, die sie sofort mit Geld bewirken, das ihnen zur freien Verwendung zur Verfügung gestellt worden ist. Ein

Ratenkauf, auch wenn die Raten durch das laufende Taschengeld zu decken wären, ist nach § 110 nichtig.

Beschränkt Geschäftsfähige können außerdem im Umkehrschluss des § 107 solche Rechtsgeschäfte auch ohne Zustimmung der Erziehungsberechtigten, bzw. Betreuer, abschließen, die ihnen lediglich einen rechtlichen Vorteil bringen. Das sind allerdings nur Geschäfte, die für den nicht voll geschäftsfähigen mit keinen Belastungen verbunden sind.

Beispiel 1:

Der 20-jährige A verkauft dem 12-jährigen B eine Playstation im Wert von 300 € für lediglich 5 €, da der A ganz dringend Geld braucht. Dieses Geschäft wäre nicht wirksam, da der B zur Zahlung von 5 € verpflichtet wird. Auch, wenn es sich um ein „super" Geschäft handelt, stellt der Verkauf keinen lediglich rechtlichen Vorteil für B dar.

Beispiel 2:

Der 86-jährige A liegt im Sterben und schenkt dem 12-jährigen B seine Plattensammlung im Wert von 1.000 €, damit der B diese als Wertanlage nutzen kann. Dem B entsteht hier kein rechtlicher Nachteil, denn er erhält die Sammlung ohne Gegenleistung. Das Geschäft ist demnach wirksam.

Voll Geschäftsfähige unterliegen keinen Beschränkungen und sind voll für ihr Handeln haftbar.

SCHULDVERHÄLTNISSE

Zur Klärung von Beziehungen zwischen Menschen verwendet das BGB den Begriff der Schuldverhältnisse und unterscheidet dabei ganz wesentlich zwischen vertraglichen (= rechtsgeschäftlichen) und gesetzlichen Schuldverhältnissen. Der Begriff „Schuld" ist hierbei nicht im Sinne von „Verschulden" gemeint, sondern als eine Art Pflicht zur Erbringung einer Leistung oder eines Ersatzes. Der ursprüngliche Begriff der Obligation, der heute nicht mehr verwendet wird, war aus meiner Sicht hier treffender gewählt.

Vertragliche Schuldverhältnisse sind solche, die durch (i.d.R.) zwei übereinstimmende Willenserklärungen geschlossen werden. Im Regelfall werden Verträge freiwillig geschlossen. Der Inhalt von Verträgen ist nach dem Prinzip der Privatautonomie (= Jeder hat das Recht, Verträge nach Belieben abzuschließen) grundsätzlich frei, solange kein Wucher, Verstoß gegen geltendes Recht etc. vorliegt. Der Grundsatz „pacta sunt servanda" (= Verträge sind einzuhalten) ist dabei zu beachten.

Im Gegensatz dazu entstehen **gesetzliche Schuldverhältnisse** aus einem Rechtsumstand oder aus einer Handlung, die nicht zwingend auf das Entstehen des Schuldverhältnisses gerichtet ist. Gesetzliche Schuldverhältnisse sind im Regelfall nicht freiwillig. Sie entstehen automatisch - kraft Gesetzes.

Das ist jetzt alles sehr theoretisch, aber dir wird der Unterschied sehr schnell anhand einiger Beispiele deutlich:

VERTRAGLICHE SCHULDVERHÄLTNISSE

KAUFVERTRAG

In den §§ 433 ff. sind die speziellen Vertragsarten aufgeführt, die das BGB kennt. Der für dich mit Abstand wichtigste Vertrag in deiner Ausbildung wird der Kaufvertrag nach §§ 433 – 479 sein. Der § 433 regelt zunächst nur die Pflichten, die aus dem Abschluss eines Kaufvertrages erwachsen. Für den Käufer ist dies die Zahlung des Kaufpreises und die tatsächliche Abnahme des Kaufgegenstands. Der Verkäufer verpflichtet sich dazu, dem Käufer die Sache frei von Sach- und Rechtsmängeln zu übergeben und diesem das Eigentum daran zu übertragen. Die Regelungen, wie ein Vertrag überhaupt zu Stande kommt, sind vor die Klammer gezogen und finden sich in den §§ 145 ff., da diese Regelungen, wie zuvor erläutert, für alle Verträge gelten sollen.

Gemäß § 145 ff. wird ein Vertrag durch Antrag und Annahme geschlossen. Nach h.L. muss der Antrag die sogenannten essentialia negotii (= die wesentlichen Vertragsbestandteile) enthalten. Diese sind: die Identität des Käufers, die Identität des Verkäufers, der Kaufgegenstand und der Kaufpreis. Die Annahme muss unter Anwesenden, also zum Beispiel in einem Geschäft, sofort erfolgen. Die h.L. setzt den Begriff „sofort" mit dem Begriff „ohne schuldhaftes Zögern" gleich. D.h. die Annahme muss so schnell erfolgen, wie der Annehmende dies leisten kann. Verzögert sich die Annahme durch Umstände, die der Annehmende nicht zu verantworten hat, z.B. Herzinfarkt, so ist dieses Zögern nicht schuldhaft. Antrag und Annahme werden auch allgemein als Willenserklärungen bezeichnet. Dies ist der zentrale Begriff des BGB für eine auf den Abschluss eines Rechtsgeschäfts gerichtete Äußerung.

Bezüglich des Antrags (auch Angebot genannt) und der Annahme gibt es mannigfaltige Fallkonstellationen, die dir begegnen können. Diese sind grundsätzlich immer zu lösen, wenn du bestimmte Regeln beachtest:
Fehlt ein wesentlicher Vertragsbestandteil im Antrag, so handelt es sich nicht um einen Antrag.

Wird auf einen Antrag ein Gegenvorschlag unterbreitet, so ist der Antrag nicht angenommen und der Gegenvorschlag stellt selbst einen Antrag dar, der angenommen werden kann.

Ist lediglich der Käufer nicht definiert (unbestimmter Personenkreis, z.B. bei Preisauszeichnungen oder Werbung) liegt kein Antrag vor, sondern eine invitatio ad offerendum – die Einladung, ein Angebot abzugeben.

Die Annahme kann unter Anwesenden nur sofort erfolgen, unter Abwesenden nur innerhalb der regelmäßigen Übertragungszeit der Annahme. Diese Übertragungszeit ist personenabhängig. Von Unternehmern sind z.B. schnellere Antwortzeiten zu erwarten. Auch das Übertragungsmedium ist maßgeblich.

Die Folgen eines geschlossenen Kaufvertrags sind bereits genannt worden. Der Käufer nimmt dem Verkäufer die Sache ab und zahlt den Kaufpreis. Das ist simpel. Der Verkäufer allerdings hat es schwerer. Er muss die Sache ohne Sach- und Rechtsmängel übergeben und übereignen.

RECHTSMÄNGEL UND SACHMÄNGEL

Rechtsmängel (nach § 435) wären dann gegeben, wenn die Sache rechtlich belastet wäre, ohne dass dies dem Käufer bekannt gegeben worden ist, oder wenn der Verkäufer ein

Recht beim Verkauf angegeben hat, welches tatsächlich nicht besteht.

Beispiel 1:

Der A verkauft dem B ein Grundstück, welches wie eine Enklave zwischen zwei anderen Grundstücken eingeschlossen ist. Um das Grundstück zu erreichen, muss zwangsläufig eines der anderen Grundstücke überquert werden. Dies ist nur möglich mit einem Wegerecht. Der A sagt dem B zu, dass ein solches Wegerecht besteht. Tatsächlich besteht es aber nicht. Hier liegt ein Rechtsmangel vor.

Beispiel 2:

Der A verkauft dem B ein Haus. Später stellt sich heraus, dass C, die Mutter von A, ein Nießbrauchrecht für das Haus eingetragen hat. Sie darf das Haus also solange nutzen, wie sie lebt, ohne dass der B hierzu ein Mitbestimmungsrecht hätte. Das Haus ist für den B damit wertlos, da er es nicht nutzen kann und da er es nicht verkaufen kann, denn ein Käufer hätte ebenfalls keinen Nutzen an dem Haus. Es liegt daher hier auch ein Rechtsmangel vor.

Der § 434 definiert insgesamt 7 verschiedene Arten eines **Sachmangels**. Diese solltest du kennen:

§ 434 Abs. 1 S. 1
Eine vereinbarte Beschaffenheit ist nicht gegeben.

Beispiel:
Eine wasserdichte Uhr ist nicht wasserdicht.

§ 434 Abs. 1 S. 2 Nr. 1
Die Sache eignet sich nicht zur vertraglich vorausgesetzten Verwendung.

Beispiel:
Der Käufer will eine Padmaschine, die auch Kakao herstellen kann, aber erhält eine Padmaschine, die nur Kaffee herstellen kann.

§ 434 Abs. 1 S. 2 Nr. 2
Die Sache eignet sich nicht zur gewöhnlichen Verwendung.

Beispiel:
Aus einer Kaffeemaschine kommt nur kaltes Wasser.

§ 434 Abs. 2 S. 1
Die Sache wurde durch den Verkäufer unsachgemäß montiert.

Beispiel:
Bei einem bestellten Kühlschrank wurde die Tür an der falschen Seite angeschlagen.

§ 434 Abs. 2 S. 2
Die Sache muss selbst montiert werden, die Montageanleitung ist aber fehlerhaft.

Beispiel:
Der Bausatz für einen Kleiderschrank enthält die

Bedienungsanleitung des Vorgängermodells, welches anders zusammengebaut werden musste.

§ 434 Abs. 3, 1. Alt.

Es wurde eine andere Sache geliefert, als bestellt wurde.

Beispiel:
Der Käufer will Eier aus Bodenhaltung und erhält solche aus Käfighaltung.

§ 434 Abs. 3, 2. Alt.

Es wurden, bei mehreren bestellten Stücken einer Sache, zu wenig Stücke geliefert.

Beispiel:
Der Käufer will 12 Flaschen Rotwein, erhält aber nur 6.

ÜBERGABE, BESITZ UND EIGENTUM

Die Übergabe erfolgt persönlich oder postalisch. Zur Eigentumsübertragung ist zunächst zu klären, wie das BGB Besitz und Eigentum definiert.

Nach h.L. ist **Besitzer** einer Sache derjenige, der die tatsächliche Sachherrschaft über diese hat. **Eigentümer** ist derjenige, der die rechtliche Verfügungsgewalt über die Sache hat. Im Regelfall fallen diese beiden Voraussetzungen zusammen, bei verliehenen oder gestohlenen Gegenständen oder bei Mietwohnungen z.B. fallen aber Besitz und Eigentum auseinander.

Beispiele:

Der A klaut dem B einen MP3-Player. Vorher war B Besitzer und Eigentümer des MP3-Players. A erwirbt durch den Diebstahl kein Eigentum an dem MP3-Player, aber den Besitz.

Der A vermietet eine Wohnung an den B. A bleibt Eigentümer der Wohnung, B wird durch Einzug deren Besitzer. Hier fallen also ebenfalls Eigentum und Besitz auseinander.

Gemäß § 929 wird das Eigentum an einer beweglichen Sache übertragen, indem der Eigentümer dem Erwerber die Sache übergibt und sich beide darüber einig sind, dass das Eigentum übergehen soll. Dies setzt für den Kaufvertrag voraus, dass der Verkäufer der Sache auch der Eigentümer ist. An gestohlenen Dingen kann gemäß § 935 Abs. 1 kein Eigentum erworben werden. In Fällen der freiwilligen Lockerung (va. Leihe) kann auch vom Nicht-Eigentümer das Eigentum erworben werden, wenn der Erwerber gutgläubig ist (§§ 932 - 934).

Beispiele:

Der A leiht dem B sein Fahrrad. Als der B den C trifft, sagt C, er bräuchte ganz dringend ein Fahrrad - er würde dem B einen guten Preis machen, wenn er ihm sein Fahrrad verkauft. B stimmt zu und verkauft dem C das Fahrrad. Die Eigentumsübertragung ist wirksam, da der A dem B das Fahrrad zuvor geliehen hat. Hier liegt eine freiwillige Lockerung vor. Dennoch bleibt natürlich der B dem A gegenüber verpflichtet, ihm das Fahrrad nach der Leihe zurückzugeben, was er nicht kann, und ihm somit Schadensersatz leisten zu müssen.

Der A klaut dem B das Fahrrad. Er trifft C, der das Fahrrad kaufen möchte. B stimmt zu und verkauft dem C das Fahrrad. Es ist keine Eigentumsübertragung eingetreten, da der B das Fahrrad widerrechtlich von A erhalten hat. Der C muss dem A das Fahrrad zurück geben, kann sich aber auch das Geld von B wieder holen.

Sind sich Verkäufer und Käufer also letztlich über den Kaufpreis und den Kaufgegenstand einig, so ist ein Kaufvertrag zustande gekommen. Durch Übergabe der Sache an den Käufer wird dann das Eigentum übertragen. Dies gilt auch dann, wenn der Kaufpreis zu diesem Zeitpunkt noch nicht gezahlt ist. Die Verpflichtung zur Zahlung des Kaufpreises besteht aber fort. Nach § 449 Abs. 1 besteht die Möglichkeit, einen Eigentumsvorbehalt zu vereinbaren. In diesem Fall geht das Eigentum erst über, wenn die Zahlung des Kaufpreises vollständig abgeschlossen ist, z.B. bei einem echten Ratenkauf. Ich möchte an dieser Stelle nochmals ganz besonders heraus stellen, dass ein vollständiger Kauf einer beweglichen Sache demnach aus **zwei unabhängigen Rechtsgeschäften** besteht. Die Vereinbarung nach § 433, nach der der Kauf unter den vereinbarten Bedingungen stattfinden soll, ist das sogenannte **Verpflichtungsgeschäft**. Hier ist noch kein Eigentum übertragen worden. Der Verkäufer hat sich lediglich (aber bindend) verpflichtet, sein Eigentum an der Sache abzugeben. Erst mit der tatsächlichen Übergabe der Kaufsache (aber nicht durch Bezahlung des Kaufpreises) geht das Eigentum auf den Käufer über. Dies ist das sogenannte **Verfügungsgeschäft**. Selbst wenn der Käufer nun nicht zahlt, ist er Eigentümer der Kaufsache geworden. Der Verkäufer hätte dann letztlich lediglich einen Anspruch auf Rückübereignung.

VERTRAGSTYPEN

Die folgende Tabelle soll dir einen Überblick über die für dich wichtigsten Vertragstypen des BGB geben:

Vertragstyp	Rechts-grundlage	Beziehung	Beschreibung
Kauf	§ 433 ff.	Verkäufer Käufer	Veräußerung von Sachen oder Rechten gegen Kaufpreiszahlung.
Verbrauchs-güterkauf	§ 474 ff.	Unternehmer Verbraucher	Unterform des Kaufvertrages. Besonderer Schutz des Käufers (Verbrauchers).
Schenkung	§ 516 ff.	Schenker Beschenkter	Veräußerung von Sachen oder Rechten ohne Gegenforderung.
Leihe	§ 598 ff.	Verleiher Entleiher	Überlassung von Sachen zum üblichen Gebrauch ohne Gegenforderung.
Miete	§ 535 ff.	Vermieter Mieter	Überlassung von Sachen zum üblichen Gebrauch gegen Zahlung des Mietpreises.

Pacht	§ 581 ff.	Verpächter Pächter	Wie Miete, aber mit dem Recht, die aus der Pachtsache erwachsenen Erträge zu vereinnahmen.
Darlehen	§ 488 ff.	Darlehens- geber Darlehens- nehmer	Überlassung eines Geldbetrages gegen Zinszahlung, mit der Pflicht zur Rückzahlung.
Sach- darlehen	§ 607 ff.	Darlehens- geber Darlehens- nehmer	Überlassung von Sachen gegen Zinszahlung, mit der Pflicht zur Erstattung der Sachen durch andere Sachen gleicher Art, Anzahl und Güte.
Dienst- vertrag	§ 611 ff.	Dienst- berechtigter Dienst- verpflichteter	Leistung von Diensten gegen Zahlung eines Entgelts.
Werkvertrag	§ 631 ff.	Besteller Unternehmer	Leistung von Diensten gegen Zahlung eines Entgelts, wobei das Ergebnis stimmen muss (Erfolgsgarantie).

STELLVERTRETUNG / BOTE

Ein klausurrelevantes Themengebiet ist die Stellvertretung. Hierbei ist allerdings zwischen dem Stellvertreter und dem Boten zu unterscheiden.

Der Bote übermittelt die Willenserklärung des Auftraggebers.

Der Stellvertreter erhält nach § 164 Abs. 1 jedoch eine eigene Vertretungsmacht – er gibt eine eigene Willenserklärung im Namen des Auftraggebers ab. Dieser hat bei der Einräumung der Vertretungsmacht darauf zu achten, dass er den Rahmen richtig steckt. So macht es einen deutlichen Unterschied, ob die Stellvertretung lautet:

Kauf mir ein Auto.

oder

Kauf mir beim Autohaus X ein Auto der Marke Y zu einem Preis von höchstens 10.000 €. Das Fahrzeug muss schwarz lackiert sein und ein Automatikgetriebe besitzen. Es darf nicht mehr als 100.000 km gelaufen sein.

Dem Vertragspartner muss jedoch klar sein, dass es sich um eine Stellvertretung handelt. Eine Ausnahme gilt nur bei sogenannten „Geschäften für den, den es angeht". Das sind Geschäfte des täglichen Lebens, bei denen de, Verkäufer egal ist, mit wem der Vertrag zustande kommt, u.a. weil auch direkt in bar bezahlt wird.

OFFENKUNDIGKEITSPRINZIP

Wenn für jeden ersichtlich ist, dass der Vertreter nicht in eigenem Namen handelt, muss die Vertretung nicht konkret angezeigt werden. Dies ist z.B. der Fall, wenn ein Mitarbeiter in entsprechend beschrifteter Dienstkleidung Besorgungen macht. Hier ist in der Regel davon auszugehen, dass es sich um eine Stellvertretung handelt und der Mitarbeiter nicht für sich persönlich einkauft.

Ist die Vertretung nicht offenkundig, so kann sie dem Geschäftspartner ausdrücklich angezeigt werden. Der Geschäftspartner muss sich, wenn er über die Vertretungsmacht des Vertreters unsicher ist, beim Vertretenen über die Stellvertretung rückversichern.

ÜBERTRAGUNG DER VERTRETUNGSMACHT

Die Vertretungsmacht wird dem Vertreter formfrei übertragen. Sie kann begrenzt oder unbegrenzt gelten. Ansonsten erlischt die Vertretungsmacht mit dem ausdrücklichen Widerruf.

PROBLEMSTELLUNGEN

Schließt jemand, ohne von ihm beauftragt worden zu sein, im Namen eines anderen einen Vertrag, so hängt die Wirksamkeit des Vertrages von dessen Genehmigung ab. Bleibt diese aus, ist der Vertrag nichtig. Der Geschäftspartner kann aber auch, bevor der angeblich vertretene den Vertrag genehmigt hat, den Vertrag widerrufen.

Der Vertreter ist dem Geschäftspartner zum Schadenersatz verpflichtet, wenn die Genehmigung ausbleibt und dieser im

Vertrauen auf den Abschluss des Vertrages bereits Dispositionen getroffen hat.

Darüber hinaus ist es verboten, dass der Vertreter Verträge zwischen dem Vertretenen und sich selbst abschießt (Insichgeschäft), es sei denn, dies ist vom Vertretenen ausdrücklich gewünscht.

GESETZLICHE SCHULDVERHÄLTNISSE

UNERLAUBTE HANDLUNG

Im Falle einer unerlaubten Handlung nach § 823 Abs. 1, als Beispiel für ein gesetzliches Schuldverhältnis, liegt im Regelfall kein Konsens vor. Hier wird, z.B. bei einem Überfall der Körper einer Person vom Angreifer verletzt, indem diesem der Arm gebrochen wird. Selbstverständlich ist hierzu keine Zustimmung des Überfallenen gegeben worden, daher ist die Verletzungshandlung auch widerrechtlich. Der Angreifer ist dem Überfallenen demnach aus § 823 Abs. 1 zum Schadensersatz verpflichtet. Diese Verpflichtung ergibt sich nicht aus einer Vereinbarung der beiden Beteiligten, sondern kraft der Verletzungshandlung direkt aus dem Gesetz.

Ist eine Handlung durch den in seinen Rechtsgütern verletzten oder durch Gesetz legitimiert, handelt es sich nicht um eine widerrechtliche Handlung und es ergibt sich somit auch keine Schadensersatzpflicht aus der Handlung. Dieser Fall liegt regelmäßig bei medizinischen Eingriffen vor. Eine Operation stellt immer eine Körperverletzung dar, die aber im Vorhinein vom Verletzten genehmigt wird.

Die Prüfung von Ansprüchen aus § 823 ist in der Praxis nicht unkompliziert. Im Wege deiner Ausbildung wirst du, wenn überhaupt, mit einfachen Fällen zu tun haben. Deswegen möchte ich dir hier auch nur eine sehr vereinfachte Form des Prüfschemas vorstellen, mit dem du die Fälle in deiner Ausbildung lösen können müsstest:

RECHTSGUTVERLETZUNG

Ist der Anspruchsinhaber in seinen Rechtsgütern verletzt: Leben, Körper, Gesundheit, Freiheit, Eigentum, (sonstiges Recht)?

VERLETZUNGSHANDLUNG

Hat der Anspruchsgegner in irgendeiner Form gehandelt oder hat er etwas unterlassen, zu dem er verpflichtet gewesen wäre?

KAUSALITÄT

Ist die Handlung oder das Unterlassen direkt oder indirekt ursächlich für die Rechtsgutverletzung, bzw. wäre die Rechtsgutverletzung auch eingetreten, wenn die Handlung oder Unterlassung „weggedacht" wird?

RECHTSWIDRIGKEIT

War die Handlung legitimiert? Bestand eine Verpflichtung zum Eingreifen?

VERSCHULDEN

Wusste der Anspruchsgegner, dass er rechtswidrig handelt? Trifft ihn ein Verschulden (Fahrlässigkeit, Vorsatz)?

SCHADEN

Ist aus der Handlung oder Unterlassung ein Schaden entstanden, der bezifferbar ist? Sind Sachen beschädigt worden? Sind Arztkosten entstanden?

> Fall 1:
>
> Der A befindet sich auf dem Heimweg, als er von der Seite aus einem Busch vom B angesprungen wird. Von diesem niedergerissen bleibt er auf dem Boden liegen. Der B fordert Geld, welches der A jedoch nicht hat. Aus Wut schlägt der B dem A noch einmal ins Gesicht und rennt dann davon. Bei der Aktion wurde die Hose (50 €), die Jacke (70 €) und die Brille (150 €) beschädigt und das Nasenbein von A angebrochen, was Behandlungskosten in Höhe von 300 € verursacht hat.

Kurzgutachten:

Es ist zu prüfen, ob der A Anspruch aus § 823 I BGB gegen den B hat.

Dazu müsste eine Rechtsgutverletzung vorliegen.

Dies ist der Fall, denn sowohl sein Eigentum (Jacke, Hose, Brille), als auch sein Körper (Nasenfraktur) wurden verletzt.

Weiter müsste eine Verletzungshandlung vorliegen.

Dies ist der Fall, denn der B greift den A tätlich an und beschädigt so die Sachen und verletzt den A.

Außerdem müsste die Handlung kausal für die erlittenen Verletzungen sein.

Auch dies ist der Fall, da der A sich nicht verletzt hätte und auch seine Sachen nicht beschädigt worden wären, wenn der B den Angriff nicht ausgeführt hätte. Das Niederreißen und der Schlag haben zu den Beschädigungen und der Verletzung geführt. Eine Kausalität ist gegeben.

Die Handlung müsste auch rechtswidrig gewesen sein.

Dies ist der Fall, denn der A hat den Angriff nicht genehmigt. Es handelt sich um ein strafrechtlich relevantes Verhalten des B. Die Rechtswidrigkeit ist gegeben.

Es müsste auch ein Verschulden des B vorliegen.

Der B hat hier die Beschädigung der Sachen zumindest fahrlässig zu verantworten, da er bei einem Niederreißen davon ausgehen muss, dass sich Textilien auf Steinboden abwetzen oder reißen können. Die Fraktur der Nase und die Beschädigung der Brille hat er zumindest billigend in Kauf genommen (also Eventualvorsatz), da man damit rechnen muss, dass durch einen direkten Schlag ins Gesicht, sowohl Frakturen der empfindlichen Gesichtsknochen entstehen und Beschädigungen der Brille bei Brillenträgern verursacht werden können.

Zuletzt muss auch ein Schaden entstanden sein.

Der Schaden besteht in der Form des durch den Angriff mangelhaften Eigentums und der Behandlungskosten für die Körperverletzung. Diese sind genau zu beziffern und belaufen sich in der Summe auf 570 €.

Da alle Tatbestandsmerkmale des § 823 I BGB erfüllt sind, hat der A gegen den B einen Schadensersatzanspruch aus unerlaubter Handlung in Höhe von 570 €.

> Fall 2 (Abwandlung): Wie Fall 1. Nachdem der B den A geschlagen hat, versucht er, den A nach Wertsachen zu durchsuchen. Der B wehrt sich dagegen und schlägt seinerseits dem B ins Gesicht. Dies veranlasst den B, die Flucht zu ergreifen. Dem B wird ebenfalls das Nasenbein gebrochen und die Behandlungskosten betragen hier ebenfalls 300 €. Fraglich ist, ob der B einen Anspruch gegen A auf Ersatz der Behandlungskosten hat.

Kurzgutachten:

Zweifelsohne liegt eine Rechtsgutverletzung vor. Durch den Schlag hat der A dem B das Nasenbein gebrochen und damit seinen Körper verletzt.

Auch liegt eine Verletzungshandlung vor, denn der A hat den B bewusst geschlagen.

Der Schlag war auch kausal für die Verletzung. Ohne den Schlag des A, wäre das Nasenbein des B nicht gebrochen.

Fraglich ist, ob die Handlung des A rechtswidrig war.

Da der B der Körperverletzung durch den A nicht zugestimmt hat, war der Schlag ein rechtwidriger Angriff, der grundsätzlich strafrechtlich relevant ist.

Weiter ist fraglich, ob den A ein Verschulden trifft.

Dies ist nicht der Fall, denn der Schlag ist zur Abwehr eines gegenwärtigen, rechtswidrigen Angriffs im Sinne des § 227 BGB durch Notwehr gedeckt.

Ein Schaden ist entstanden, denn durch die Nasenbeinfraktur wurden Behandlungskosten in Höhe von 300 € ausgelöst.

Im Ergebnis hat der B keinen Anspruch aus § 823 I BGB gegen den A aus unerlaubter Handlung, da den A kein Verschulden trifft.

ORDENTLICHE GERICHTSBARKEIT

Zivilrechtliche Streitigkeiten sind bei den ordentlichen Gerichten anhängig. Wie üblich ist in der ersten Instanz die Berufung zugelassen. In der zweiten Instanz besteht aber die Besonderheit, dass die Berufung an das OLG oder die Revision an den BGH zugelassen werden kann.

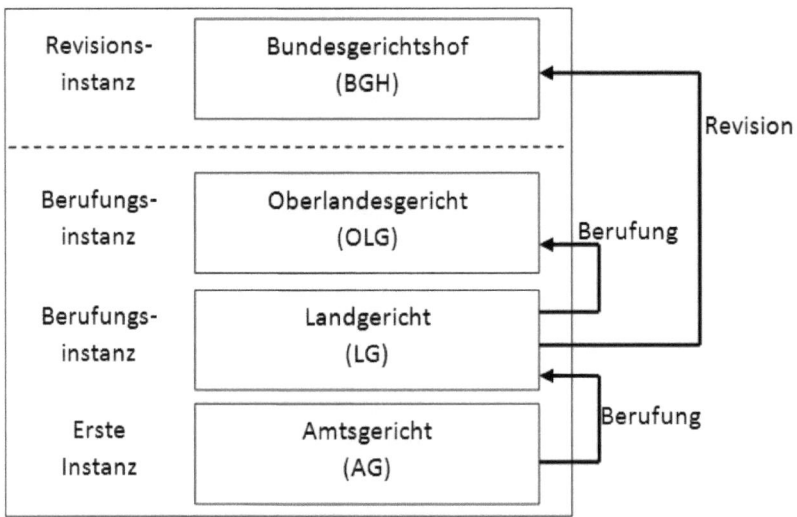

| 213 |
BEAMTENRECHT

Die Rechtsgrundlagen für das Beamtenrecht finden sich in vielen verschiedenen Gesetzen und Verordnungen.

Grundsätzlich liegt bei Beamten kein Arbeitsverhältnis vor. Zwischen dem Beamten und dem Dienstherrn besteht ein sogenanntes „besonderes Dienst- und Treueverhältnis". Aus diesem Grund erhalten Beamte auch keinen Arbeits- oder Ausbildungsvertrag, sondern sie werden (zunächst) zum Beamten auf Widerruf ernannt. Ihr Gehalt ist tatsächlich auch kein Gehalt im arbeitsrechtlichen Sinne, sondern eine Alimentation. Sie haben sich sozusagen dazu verpflichtet, dem Dienstherrn rund um die Uhr mit ihrer Arbeitskraft zur Verfügung zu stehen und erhalten dafür bestimmte Fürsorge- und Daseinsvorsorgeleistungen, wie z.B. eine angemessene Besoldung, Erholungsurlaub, Beihilfe zum medizinischen Bedarf und ggf. eine Dienstwohnung.

Statt einer Unterschrift haben Beamte einen Diensteid abgeleistet, der sie an ihren Dienstherren und der den Dienstherren an sie bindet. Ein Beamtenverhältnis ist grundsätzlich auch nicht darauf angelegt befristet zu werden. Das Dienst- und Treueverhältnis soll lebenslang gelten. Dies gilt sowohl für die Rechte der Beamten, aber auch für deren Pflichten. Zu den Pflichten gehört, dass (im gewerkschaftlich und gerichtlich abgesteckten Rahmen) Beamte ihr Privatleben hinter dem Dienst zurückstehen lassen, alle Aufgaben, die ihnen übertragen werden pflichtbewusst erfüllen, sich auch in ihrer Freizeit eines Beamten würdig verhalten und z.B. auch nicht streiken.

So regelt der Abschnitt 5 des Landesbeamtengesetzes für das Land Nordrhein-Westfalen viele Rechte und Pflichten des Beamten. Hier solltest du dich eingehend informieren, wenn du Beamtin/Beamter bist und anstrebst, dein Leben lang eine solche/ein solcher zu bleiben. Auch die §§ 35 ff. Beamtenrechtsrahmengesetz enthalten wesentliche Aussagen zur Rechtsstellung des Beamten.

So sagt z.B. § 35 Abs. 1 S. 3 BRRG:

[Der Beamte] muss sich durch sein gesamtes Verhalten zu der freiheitlich-demokratischen Grundordnung im Sinne des Grundgesetzes bekennen und für deren Erhaltung eintreten.

Der § 36 BRRG konkretisiert folgendermaßen:

Der Beamte hat sich mit voller Hingabe seinem Beruf zu widmen. Er hat sein Amt uneigennützig nach bestem Gewissen zu verwalten. Sein Verhalten innerhalb und außerhalb des Dienstes muss der Achtung und dem Vertrauen gerecht werden, die sein Beruf erfordert.

Dienstrechtsverletzungen können durch den Dienstherrn im Wege eines förmlichen Disziplinarverfahrens geahndet werden und den Verlust der Beamtenrechte, inklusive der Pensionsansprüche, zur Folge haben.

Der § 24 Abs. 1 S. 1 Nr. 1 Beamtenstatusgesetz bestimmt, dass Beamte, die wegen einer vorsätzlichen Tat zu einer Freiheitsstrafe von mindestens einem (1) Jahr verurteilt werden, kraft des Urteils aus dem Beamtenverhältnis entlassen sind. Schon Straftaten, die vergleichsweise „schnell begangen werden können", wie Verkehrsunfallflucht, Meineid oder

Verletzung von Unterhaltspflichten können im Höchstmaß mit Freiheitsstrafe über einem Jahr geahndet werden.

BEAMTENVERHÄLTNISSE

Grundsätzlich kann man über Beamtenverhältnisse sagen, dass sie mit der Ernennung begründet werden. Die Ernennung erfolgt dann in der Verwaltungslaufbahn zum Beamten auf Widerruf (auch Beamtenanwärter genannt).

Nach § 7 Beamtenstatusgesetz (BeamtStG) darf zum Beamten nur ernannt werden, wer Deutscher oder Staatsangehöriger eines EWG-Mitgliedsstaates oder eines sonstigen durch internationales Vertragsrecht an Deutschland oder die EU gebundenen Staates ist. Zudem muss derjenige die Gewähr dafür bieten, jederzeit für die freiheitlich-demokratische Grundordnung der BRD einzutreten und die landesgesetzlichen Vorgaben erfüllen.

Für NRW gelten im Wesentlichen die Vorgaben des Landesbeamtengesetzes NRW (LBG NRW). Laufbahnbeamte (Beamte mit Vorbereitungsdienst oder mit besonderer Fachrichtung) müssen nach §§ 3, 6 LBG NRW die dort genannte Vorbildung besitzen.

In NRW wurden 2016 im Rahmen der Dienstrechtsmodernisierung zudem die bisher gängigen Laufbahnbezeichnungen einfacher, mittlerer, gehobener und höherer Dienst durch zwei Laufbahngruppen mit jeweils zwei Einstiegsämtern ersetzt. Worin hier der große Wurf in Richtung Modernisierung zu sehen ist, wird wohl für immer ein Geheimnis bleiben. Die Verwaltungspraxis zeigt, dass Stellenausschreibungen auch Jahre nach der Umstellung noch (zusätzlich) auf die alten Laufbahnbezeichnungen hinweisen, weil wohl befürchtet wird, dass sonst kein Bewerber versteht, ob er über die notwendige Befähigung verfügt. Es bleibt zu hoffen, dass diese Änderung irgendwann wieder rückgängig gemacht wird.

Nach erfolgreicher Beendigung der Laufbahnprüfung erfolgt die Ernennung zum Beamten auf Probe, und nach Abschluss der Probezeit entfällt der Zusatz „auf Probe". Der Beamte wird nach § 15 LBG NRW dann auch auf Lebenszeit verbeamtet.

Aufstiegsbeamte werden nicht mehr zu Anwärtern, sondern behalten ihre letzte Amtsbezeichnung und Besoldung.

Das Beamtenverhältnis endet durch Tod, Entlassung, Verlust der Beamtenrechte, Entfernung aus dem Dienst (durch Disziplinarverfahren) oder durch Eintritt in den Ruhestand.

ERNENNUNG

In der Regel sind im Rahmen deiner Ausbildung Ernennungsurkunden zu erstellen oder auf Fehler zu prüfen. Die Formvorschriften zu Ernennungen finden sich im Wesentlichen in § 19 LBG NRW und § 8 BeamtStG.

Beispiel:

Der Stadtinspektor Dieter Müller soll ab dem 01.02.2019 Stadtoberinspektor werden.

Hier liegt die Verleihung eines anderen Amtes mit höherem Endgrundgehalt und anderer Amtsbezeichnung vor.

Der Text der Urkunde müsste nach § 8 Abs. 2 Nr. 1, 3 BeamtStG wie folgt lauten:

Herr Stadtinspektor Dieter Müller wird mit Wirkung vom 01.02.2019 zum Stadtoberinspektor ernannt.

BEAMTE AUF ZEIT, KOMMUNALE WAHLBEAMTE UND POLITISCHE BEAMTE

Das sind Beamte, die nur für eine bestimmte Zeit gewählt werden, wie z.b. Bürgermeister, Beigeordnete, Landräte, Landesräte, Polizeipräsidenten oder Kanzler / Direktoren von Universitäten und Kliniken. Sie erhalten die vollen beamtenstatusrechtlichen Rechte und Pflichten, ihr Beamtenverhältnis wird aber auf eine bestimmte Zeit begrenzt.

FORMELLE UND MATERIELLE RECHTSMÄßIGKEIT EINER BEAMTENERNENNUNG

Die formelle und materielle Prüfung einer Beamtenernennung kann durchaus im Rahmen deiner Ausbildung von dir verlangt werden. Daher will ich dir an dieser Stelle mein Prüfschema für einen solchen Fall vorstellen:

I. Formelle Rechtmäßigkeit

1. Zuständigkeit (§ 16 II LBG NRW)
2. Form und Inhalt (§ 8 II BeamtStG)
3. Wirksamkeit (§ 16 III LBG NRW, § 8 IV BeamtStG)
4. Verfahren
    a. Ausschreibung
    b. Ausnahmen liegen vor Ernennung vor

   c. Ggfs. Beteiligungen:
      PR (§ 72 LPVG), LPA (§ 97 LBG NRW,
      Aufsichtsbehörde (§ 16 II LBG NRW)
   d. Aushändigung der Urkunde (§ 16 III LBG NRW)
   e. Ableisten des Diensteides
      (§ 46 LBG NRW, § 23 BeamtStG)

II. Materielle Rechtmäßigkeit

  1. Sachliche Voraussetzungen
    a. Dienstherrenfähigkeit
       (§ 2 Nr. 1 BeamtStG)
    b. hoheitsrechtliche oder Staatsschutzaufgaben
       (§ 3 II BeamtStG)
  2. Persönliche Voraussetzungen
    a. deutsche oder EU-Staatsangehörigkeit
       (§ 7 I Nr. 1 BeamtStG)
       Ausnahmen beachten: § 7 II, III BeamtStG
    b. Eintreten für die fdGo
       (§ 7 I Nr. 2 BeamtStG)
    c. diskriminierungsfreie Bestenauslese
       (§ 9 BeamtStG)
        i. geistige Eignung:
          Auswahlverfahren, Einstellungstest
       ii. körperliche Eignung:
          amtsärztliche Untersuchung, keine
          Gründe gegen Diensttauglichkeit bis
          Pensionseintritt
       iii. charakterliche Eignung:
          insbesondere keine Vorstrafen und
          keine ungeeigneten öffentlichen
          Äußerungen und Betätigungen
       iv. fachliche Leistung in derselben
          Laufbahn

d. Laufbahnbefähigung
(§ 7 I Nr. 3 BeamtStG i.V.m. §§ 3, 6-8 LBG NRW)
   i. 1. LG, 1. EA: Hauptschule
   ii. 1. LG, 2. EA: FOR oder Hauptschule + Ausbildung
   iii. 2. LG, 1. EA: Abitur oder Bachelor
   iv. 2. LG, 2. EA: Master
   v. in jedem Fall: Vorbereitungsdienst und Laufbahnprüfung
   vi. Art des Beamtenverhältnisses (§ 4 BeamtStG)

e. Amtsfähigkeit (§§ 45, 358 StGB)
keine rechtskräftige Verurteilung wegen eines Verbrechens (>= 1 Jahr Freiheitsstrafe)

f. Amtswürdigkeit (§ 12 I Nr. 2 BeamtStG)
keine rechtskräftige Verurteilung wegen einer Straftat die Unwürdigkeit begründet

g. Höchstalter (§ 14 III-XI LBG NRW)
Lebensalter < 42 Jahre; < 45 Jahre bei Schwerbehinderten
Ausnahmen: Wehrdienst, Wehrersatzdienst, Pflege/Erziehung von Angehörigen
(pro Angehörigem bis zu 3 Jahre, insgesamt maximal 6 Jahre)

h. Inkompatibilität mit anderen Ämtern (Spezialgesetz, z.B. § 5 AbgG)

LAUFBAHNEN UND AMTSBEZEICHNUNGEN

Der einfache Dienst wird i.d.R. nicht mehr besetzt. Eingangsamt des einfachen Dienstes ist nicht mehr A1, sondern A2 - des mittleren Dienstes nicht mehr A5, sondern A6. Der Vollständigkeit halber habe ich jedoch alle Amtsbezeichnungen aufgeführt. Vor die Amtsbezeichnung wird in Bezug auf den Dienstherrn ein entsprechender Vorsatz angefügt, z.B. Stadtsekretär, Kreissekretär, Regierungssekretär etc..

1.Laufbahngruppe, 1.Einstiegsamt (einfacher Dienst)	
(A1)	(Amtsgehilfe / Amtsgehilfin)
A2	Oberamtsgehilfe / Oberamtsgehilfin
A3	Hauptamtsgehilfe / Hauptamtsgehilfin
A4	Amtsmeister / Amtsmeisterin
A5 e.D.	Oberamtsmeister / Oberamtsmeisterin

1.Laufbahngruppe, 2.Einstiegsamt (mittlerer Dienst)	
(A5)	(Assistent / Assistentin)
A6	Sekretär / Sekretärin
A7	Obersekretär / Obersekretärin
A8	Hauptsekretär / Hauptsekretärin
A9 m.D.	Amtsinspektor / Amtsinspektorin

2.Laufbahngruppe, 2.Einstiegsamt (gehobener Dienst)	
A9	Inspektor / Inspektorin
A10	Oberinspektor / Oberinspektorin
A11	Amtmann / Amtfrau
A12	Amtsrat / Amtsrätin
A13 g.D.	Rat / Rätin (früher Oberamtsrat / Oberamtsrätin)

2.Laufbahngruppe, 2.Einstiegsamt (höherer Dienst)	
A13	Rat / Rätin
A14	Oberrat / Oberrätin
A15	Direktor / Direktorin
A16	Leitender Direktor / Leitende Direktorin

Diese Amtsbezeichnungen gelten in dieser Form nur für die Verwaltungsbeamten. Beim Forst, der Bundeswehr und der Polizei z.B. gelten andere Amts- oder Rangbezeichnung. So heißt z.B. eine Stadtinspektorin bei der Schutzpolizei „Polizeikommissarin".

In NRW besteht nach neuester Gesetzeslage kein Unterschied mehr, zwischen dem Amt A13 g.D. und dem Amt A13 h.D.. Es ist davon auszugehen, dass also nunmehr auch derjenige, der A13 g.D. erhält, als (Verwaltungs-)Rat zu bezeichnen ist.

ARBEITSRECHT

Das Arbeitsrecht stellt einen bestimmten Fachbereich des Zivilrechts dar. Es ist letztlich konsequent, Arbeitsrecht auch im mittleren Dienst zu unterrichten, da es das Gegenstück zum Beamtenrecht darstellt. Bedienstete der öffentlichen Verwaltung sind, wie du sicher weißt, entweder Beamte oder Beschäftigte. Die Beschäftigten wurden in der Vergangenheit immer noch unterteilt in Angestellte, Arbeiter, Boten usw.. Aus Gleichbehandlungsgründen wurde diese Unterteilung aber abgeschafft. In jedem Falle gelten für Beschäftigte im Grunde genommen die gleichen zivilrechtlichen Vorschriften.

Leider gibt es kein einheitliches Arbeitsgesetzbuch. D.h. für dich, dass die einschlägigen Vorschriften aus mehreren zivilrechtlichen Gesetzen zusammengetragen werden müssen. Als Grundlage des Arbeitsrechts ist hier selbstverständlich das BGB zu nennen, aber wichtige Gesetze sind auch das Mutterschutz-, Urlaubs-, Entgeltfortzahlungs- und Jugendschutzgesetz, sowie das Allgemeine Gleichbehandlungsgesetz, das Landespersonalvertretungsgesetz das Teilzeit- und Befristungsgesetz und das Sozialgesetzbuch.

Je nach Problemstellung sind andere Vorschriften einschlägig. Hier ist es wichtig, darauf zu achten, welchen Regelungszweck die Gesetze jeweils haben, damit dir bei bestimmten Schlüsselwörtern in der Aufgabenstellung klar ist, welche Gesetze zumindest in Betracht zu ziehen sind.

ARBEITSVERTRAG

Begründet wird ein Arbeitsverhältnis durch einen Arbeitsvertrag. Dies kann z.b. ein Dienst- oder Werkvertrag sein. Für das Kapitel Arbeitsrecht wird der Werkvertrag allerdings keine große Rolle für dich spielen. Du wirst hauptsächlich mit, in der Regel langjährigen, Dienstverträgen zu tun haben. Als Arbeitgeber kommt jede natürliche oder juristische Person in Betracht. Für den Begriff des Arbeitnehmers hat das Bundesarbeitsgericht eine Definition festgelegt.

Demnach ist Arbeitnehmer, wer aufgrund eines privatrechtlichen Vertrages im Dienste eines anderen zur Leistung weisungsgebundener fremdbestimmter Arbeit in persönlicher Abhängigkeit verpflichtet ist.

Die wesentlichen Merkmale sind also, dass ein privatrechtlicher Vertrag (also eine Freiwilligkeit und Übereinstimmung) zugrunde liegt, dass der Arbeitnehmer seine Arbeitskraft zur Verfügung stellt, dass die Arbeit nicht frei gewählt, sondern vom Arbeitgeber vorgegeben wird, und dass die Arbeitsleistung nicht von jemand anderem als dem Arbeitnehmer ausgeführt werden darf.

Arbeitgeber und Arbeitnehmer verpflichten sich demnach gegenseitig. Neben den synallagmatischen (= gegenseitigen) Hauptleistungspflichten gibt es auch Nebenleistungspflichten. Die Hauptleistungspflicht für den Arbeitnehmer ist die Bereitstellung seiner Arbeitskraft zu den festgelegten Arbeitszeiten. Der Arbeitgeber verpflichtet sich zur Zahlung des festgelegten Gehalts. Zu den Nebenpflichten gehören für den Arbeitnehmer z.B. angemessene Kleidung, Motivation, Kundenfreundlichkeit, etc. und für den Arbeitgeber z.B. die

Gewährung von Urlaub und Entgeltfortzahlung, angemessene Ausstattung des Arbeitsplatzes, etc.. Erfüllt einer der Vertragspartner seine Hauptleistungspflicht nicht, so muss üblicherweise auch der andere Partner seine Hauptleistungspflicht nicht erfüllen. Bei Nebenpflichten gilt dies so nicht.

BEENDIGUNG DES ARBEITSVERHÄLTNISSES

Die Beendigung des Arbeitsverhältnisses erfolgt durch ordentliche Kündigung, außerordentliche Kündigung, Zeitablauf, Aufhebungsvertrag, Tod des Arbeitnehmers oder Anfechtung.

Eine ordentliche Kündigung ist bei Wahrung bestimmter Fristen, z.B. aus dem Tarifvertrag oder § 622 BGB, möglich, soweit der Arbeitnehmer nicht den Status der Unkündbarkeit, z.B. auch aus dem Tarifvertrag, erlangt hat. Die Kündigung muss schriftlich erfolgen und ist empfangsbedürftig.

Liegt ein wichtiger Grund vor, der z.B. eine weitere Zusammenarbeit von Arbeitgeber und Arbeitnehmer unzumutbar macht (z.B. Diebstahl aber auch andere Straftaten), kann innerhalb von zwei Wochen, nachdem der Kündigungsberechtigte von diesem Grund Kenntnis erlangt hat die außerordentliche Kündigung ausgesprochen werden (§ 626 BGB).

Ist der Arbeitsvertrag befristet, so erlischt dieser mit Ablauf der genannten Frist automatisch. Ein befristeter Vertrag, der keine Klausel enthält, die ausdrücklich eine ordentliche Kündigung ermöglicht, kann vor Ablauf der Frist nicht ordentlich gekündigt werden. Eine außerordentliche Kündigung bei Vorliegen eines wichtigen Grundes ist aber möglich.

Sind sich Arbeitgeber und Arbeitnehmer darüber einig, dass eine Zusammenarbeit nicht länger zweckmäßig ist, kann ein Aufhebungsvertrag (auch Auflösungsvertrag) geschlossen werden. Darin wird vereinbart, dass das Arbeitsverhältnis einvernehmlich aufgelöst wird. Dies ist für den Arbeitgeber von Vorteil, da er sich hierdurch ein eventuell aufwändiges Kündigungsverfahren spart. Für den Arbeitnehmer ist ein Aufhebungsvertrag von Vorteil, da er nicht selbst die Kündigung ausgesprochen bekommt. Bei einer künftigen Bewerbung kann dann nicht automatisch davon ausgegangen werden, dass Schwierigkeiten bestanden haben, die zur Kündigung geführt haben. Auch ein Aufhebungsvertrag, insbesondere, wenn das Arbeitsverhältnis nicht zum letzten oder ersten Tag eines Monats, sondern mitten im Monat, aufgelöst wird, hat aber mittlerweile einen schlechteren Ruf bei den Arbeitgebern erhalten. Für den Arbeitnehmer ist es daher am besten, wenn er selbst zum Letzten eines Monats kündigt.

Durch Tod des Arbeitnehmers erlischt der Arbeitsvertrag automatisch, da der Arbeitnehmer nicht mehr in der Lage ist, seine Arbeitskraft zur Verfügung zu stellen (Unmöglichkeit der Leistung, § 275 BGB). Beim Tod des Arbeitgebers allerdings besteht das Arbeitsverhältnis fort und geht auf den Erbfolgen des Arbeitgebers über. Will oder kann der Erbfolger den Betrieb nicht weiterführen, so muss er allen Mitarbeitern die Kündigung aussprechen.

Gemäß §§ 123 ff. BGB kann ein Arbeitsvertrag, der z.B. durch Täuschung oder arglistige Drohung zustande gekommen ist, angefochten werden. Die Anfechtung muss schriftlich vorliegen und ist empfangsbedürftig. Die Anfechtung findet dann vor Gericht statt. Im Gegensatz zur Kündigung, bei der das Arbeitsverhältnis ab Wirksamwerden der Kündigung erlischt, ist ein erfolgreich angefochtener Arbeitsvertrag von Beginn an nichtig.

KÜNDIGUNGSSCHUTZGESETZ

Nach § 1 Abs. 1 KSchG gelten die Vorschriften des Kündigungsschutzgesetzes nur für Arbeitnehmer, deren Arbeitsverhältnis in einem Unternehmen ohne Unterbrechung für mehr als 6 Monate besteht. Dieser Aspekt ist also als erstes zu prüfen.

Eine Kündigung kann weiter nach § 1 Abs. 2 KSchG nur ausgesprochen werden, wenn die Gründe für die Kündigung in der Person oder dem Verhalten des Arbeitnehmers liegen oder betriebsbedingt gekündigt werden muss.

Eine **personenbedingte Kündigung** ist möglich, wenn der Arbeitnehmer erhebliche krankheitsbedingte (nicht behinderungsbedingte) Fehlzeiten zu verantworten hat und eine negative Prognose für die Rekonvaleszenz (= Ausheilung) gegeben ist. Eine **Krankheit** liegt bei einer kurzfristigen reversiblen Einschränkung der Arbeitsfähigkeit vor. Eine **Behinderung** ist eine dauerhafte und i.d.R. irreversible Minderung der Arbeitsfähigkeit. Ein Arbeitsnehmer kann folglich nicht wegen seiner (bekannten) Behinderung, sondern nur wegen häufiger, anders begründeter Fehlzeiten personenbedingt gekündigt werden.

Um eine **verhaltensbedingte Kündigung** zu rechtfertigen, muss der Arbeitgeber dem Arbeitnehmer wiederholtes und/oder gravierendes Fehlverhalten nachweisen. Nach geltender Rechtsprechung ist der Arbeitnehmer mindestens einmal für ein solches Fehlverhalten abzumahnen, bevor die Kündigung wirksam ausgesprochen werden kann. Eine wirksame Abmahnung muss drei Punkte enthalten:

Rügefunktion:
Der Arbeitgeber muss ein bestimmtes Verhalten beanstanden.

Aufforderungsfunktion:
Der Arbeitnehmer muss aufgefordert werden, das bezeichnete Verhalten künftig zu unterlassen.

Warnfunktion:
Der Arbeitgeber muss für den Wiederholungsfall arbeitsrechtliche Konsequenzen androhen. Dies ist in der Regel die Kündigung.

Die Abmahnung darf nicht nur pauschale Vorwürfe (z.B. häufiges unpünktlich sein) enthalten, sondern muss die Vertragsverletzung unter Nennung des Zeitpunkts (Tag, Tageszeit, Ort) konkret bezeichnen.

Genügt eine Abmahnung den Anforderungen an eine wirksame Abmahnung nicht, handelt es sich dabei i.d.R. um eine Ermahnung. Dies ist eine Rüge ohne Sanktionsfunktion. Sie ist als Belehrung zu verstehen. Mit der Ermahnung rügt der Arbeitgeber einen (vermeintlichen) Verstoß des Arbeitnehmers gegen dessen Pflichten. Er unterlässt es aber hierbei, auf mögliche rechtliche Konsequenzen bei Wiederholung des Pflichtverstoßes des Arbeitnehmers hinzuweisen. Bei der Ermahnung droht dem Arbeitnehmer auch im Wiederholungsfall deshalb grundsätzlich keine Kündigung, weil diese nicht angedroht wurde.

Für eine **betriebsbedingte Kündigung** muss vom Arbeitgeber eine umfassende ökonomische Stellungnahme abgegeben werden, die nachvollziehbar macht, dass die betriebsbedingte Situation für den Arbeitsplatzabbau kausal ist. Die Betriebssituation oder Änderung des Unternehmensaufbaus darf allerdings keine andere denkbare Möglichkeit offenlassen, als den Abbau des konkreten Arbeitsplatzes. Ist der Arbeitnehmer irgendwie anders im Betrieb einsetzbar, ist eine betriebsbedingte Kündigung nicht zulässig. Das Gericht prüft allerdings nur formell und nicht materiell.

Hinweis:

Das Bundesarbeitsgericht hat mit Urteil vom 25.04.2018 (- 2 AZR 6/18 -) entschieden, dass auch ein unkündbares Arbeitsverhältnis grundsätzlich (außerordentlich) kündbar ist, wenn ein gravierendes Missverhältnis zwischen der erbrachten Arbeitsleistung und der Gegenleistung (Entgeltzahlung) besteht („gravierende Äquivalenzstörung").

Dabei muss die zu erwartende Arbeitsleistung in einem Maß unterschritten sein, dass es dem Arbeitgeber unzumutbar macht, an der anzuwendenden Kündigungsfrist festzuhalten. Als Leitsatz wurde formuliert, dass dies zumindest dann der Fall ist, wenn der Arbeitgeber für mehr als 1/3 der jährlichen Arbeitstage Entgeltfortzahlung leisten muss (Anm.: also bei mehrfachen Kurzzeiterkrankungen).

KOLLEKTIVES ARBEITSRECHT

Art. 9 III 1 Grundgesetz gewährt jedem das Recht auf Gründung von und Beteiligung an Gewerkschaften und zur Durchführung des Arbeitskampfes, um bessere Arbeitsbedingungen durchzusetzen (Koalitionsfreiheit).

Die Gewerkschaften haben das Recht, für ihre Mitglieder Tarifabschlüsse mit den Arbeitgebervertretern auszuhandeln. Hieraus resultiert dann ein Tarifvertrag. Ist dieser Tarifabschluss sehr bedeutend, so kann er als Branchentarifvertrag für alle Arbeitnehmer einer Branche gelten, auch wenn diese keine Gewerkschaftsmitglieder sind. Außerdem können Arbeitgeber entweder bei Vertragsunterzeichnungen einzelner Arbeitnehmer einen bestimmten Tarifvertrag einbinden, der dann für diesen einen Mitarbeiter gelten soll, oder der Arbeitgeber kann auch generell für alle Mitarbeiter einen bestimmten Tarifvertrag gelten lassen, selbst wenn kein einziges Gewerkschaftsmitglied bei ihm arbeitet.

Der einzelne Arbeitnehmer hat das Recht, sich jeder Gewerkschaft anzuschließen und auch aktiv tätig zu werden. Es ist aber auch sein Recht, der Gewerkschaft fern zu bleiben. Maßnahmen des Arbeitgebers, die die Arbeit der Gewerkschaften erschweren oder unmöglich machen, sind verboten. Gewerkschaftler sollen für deren Tätigkeit von der Arbeit freigestellt werden.

JUGENDARBEITSSCHUTZ

Das Jugendarbeitsschutzgesetz gilt gemäß § 1 Abs. 1 JArbSchG für alle Arbeitnehmer und Auszubildenden unter 18 Jahren. Es soll Jugendliche und Kinder in deren Gesundheit und Entwicklung schützen.

Die wichtigsten Regeln lauten wie folgt:

§ 5 Abs. 1 i.V.m. § 2 Abs. 1	Kinder (unter 15 Jahre) dürfen nicht arbeiten.
§ 8 Abs. 1	Jugendliche dürfen nicht mehr als 40 Stunden pro Woche und nicht mehr als 8 Stunden täglich arbeiten.
§ 9 Abs. 1 S. 1	Jugendliche sind für den Besuch der Berufsschule von der Arbeit frei zu stellen.
§ 11 Abs. 1	Jugendlichen muss eine Ruhepause von 30 Minuten (bei bis zu 6 Stunden Arbeitszeit) oder 60 Minuten (bei mehr als 6 Stunden Arbeitszeit) gewährt werden.
§ 14 Abs. 1	Jugendliche dürfen grundsätzlich nur in der Zeit von 6 bis 20 Uhr beschäftigt werden. Der § 14 enthält Ausnahmen.
§ 15 S. 1	Jugendliche dürfen nur an 5 Tagen in der Woche arbeiten.
§ 19 Abs. 2	Jugendliche haben Anspruch auf bezahlten Erholungsurlaub: bis 16 Jahre, 30 Tage bis 17 Jahre, 27 Tage bis 18 Jahre, 25 Tage.
§ 23 Abs. 1	Akkordarbeit ist für Jugendliche verboten.

MUTTERSCHUTZ

Für erwerbstätige Mütter gelten, ähnlich dem Jugendarbeitsschutz, bestimmte Rahmenbedingungen, die die Gesundheit und Entwicklung der Mutter und des Kindes schützen sollen. Wesentlich für das Kapitel Arbeitsrecht in deiner Ausbildung ist aber vor allem der besondere Kündigungsschutz des § 9 MuSchG.

Nach § 9 Abs. 1 MuSchG ist die Kündigung einer Frau während der Schwangerschaft und innerhalb von 4 Monaten nach der Entbindung unzulässig. Hierbei ist darauf zu achten, dass die Schwangere angehalten ist, dem Arbeitgeber die Schwangerschaft anzuzeigen. Die Anzeige kann aber innerhalb von zwei Wochen nach Zugang der Kündigung nachgeholt werden. In diesem Fall ist die Kündigung nichtig.

SCHWERBEHINDERTENSCHUTZ

Auch Menschen mit Behinderungen erhalten im Arbeitsrecht einen besonderen Schutz. Das Sozialgesetzbuch IX befasst sich mit den Vorschriften, die für diesen Personenkreis gelten. Nach dem bekannten abscheulichen Umgang mit behinderten Menschen im dritten Reich und angesichts der nach wie vor äußerst schwierigen Situation für Behinderte auf dem ersten Arbeitsmarkt, kann nicht nachdrücklich genug begrüßt werden, dass nunmehr ein schon sehr effektiver Schutz für behinderte Menschen durch die besonderen Kündigungsschutz-vorschriften des SGB IX erreicht wurde.

Zum einen sieht das Landespersonalvertretungsgesetz NRW die Wahl einer Schwerbehindertenvertretung vor, die sich für die Interessen der behinderten Beschäftigten einsetzten soll und an Einstellungen und Entlassungen von behinderten Beschäftigten beteiligt werden muss, zum anderen hat der Gesetzgeber das Integrationsamt eingerichtet, dass der Kündigung eines behinderten Beschäftigten zustimmen muss.

Nach den §§ 85 ff. SGB IX kann einem Schwerbehinderten oder einem diesen gleichgestellten Menschen ordentlich und außerordentlich nur gekündigt werden, wenn das Integrationsamt dieser Kündigung zustimmt. Dabei soll das Integrationsamt darauf hinwirken, dass nur den Kündigungen zugestimmt wird, die nicht im Zusammenhang mit der Behinderung stehen. Eine Kündigung aufgrund der Behinderung kann nur in ganz seltenen Ausnahmefällen erfolgen, wenn auch trotz erheblicher Bemühungen des Arbeitgebers ein Einsatz des Schwerbehinderten im Betrieb unmöglich ist. Die Messlatte liegt hier in der Praxis sehr hoch.

RANGORDNUNG DER RECHTSQUELLEN

Für den Bereich des Arbeitsrechts gelten im Wesentlichen die allgemeinen Rangordnungsprinzipien. Es muss hier jedoch auch das Individualarbeitsrecht seinen Platz finden, welches in den übrigen Rechtsbereichen nicht als solches auftaucht.

Eine Individualabrede wäre im öffentlichen Recht mit einem Verwaltungsakt gleichzusetzen. Da Verwaltungsakte aber individuell-konkrete Regelungen sind, haben sie keinen Gesetzescharakter. Individualabreden im Arbeitsrecht können jedoch Vorrang vor Gesetzen haben, wenn sie in ihrer Wirkung günstiger für den Arbeitnehmer sind, als die gesetzlichen Regelungen. Die Rangordnung der Rechtsquellen weicht demnach im Arbeitsrecht von denen der anderen Rechtsgebiete in dieser Hinsicht ab.

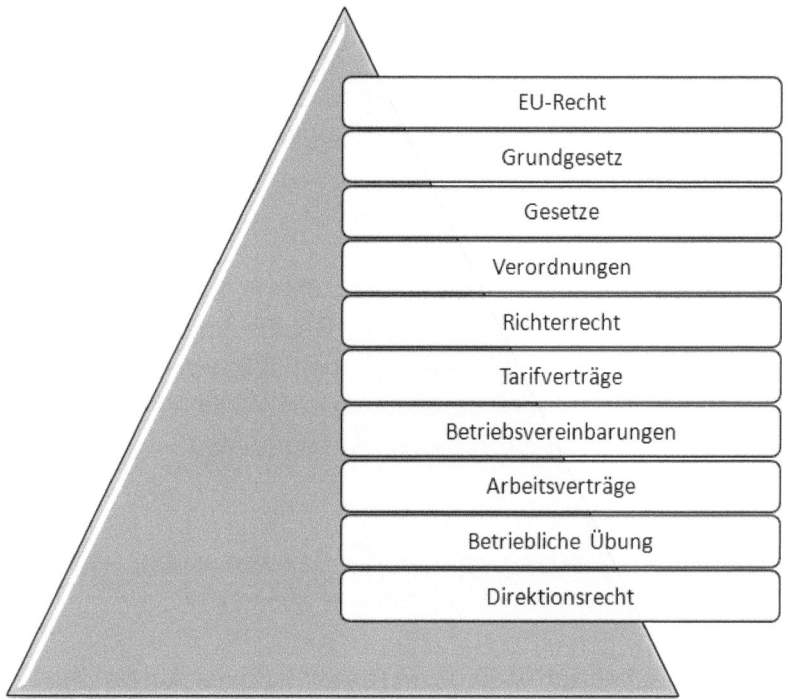

EU-Recht

Grundgesetz

Gesetze

Verordnungen

Richterrecht

Tarifverträge

Betriebsvereinbarungen

Arbeitsverträge

Betriebliche Übung

Direktionsrecht

Zu den Begrifflichkeiten und deren Abgrenzung:

Tarifvertrag
Hier werden durch Verhandlungen zwischen den Arbeitgebervertretern und den Arbeitsnehmervertretern (Gewerkschaften) Rahmenbedingungen festgelegt, die für alle Arbeitsverhältnisse einer Branche oder Berufsgruppe gelten sollen.

Betriebsvereinbarung
Dies ist eine Übereinkunft zwischen der Unternehmensleitung und dem Betriebsrat zu bestimmten Arbeitsbedingungen, z.B. einer speziellen Pausenregelung.

Arbeitsvertrag

Das Ergebnis von Verhandlungen zwischen dem Arbeitgeber und dem Arbeitnehmer. Dort sind z.b. spezielle Regelungen zur Anzahl der Urlaubstage, zur Bezahlung oder zu den Tätigkeiten festgehalten.

Betriebliche Übung

Wenn mehrfach hintereinander, ohne dies konkret festzuhalten, ein bestimmtes Zugeständnis an die Belegschaft gemacht wird, so wird dies mit der Zeit zur betrieblichen Übung. Die bekanntesten Fälle sind die Zahlung von Weihnachtsgeld oder die Freistellung von der Arbeit an Rosenmontag.

Direktionsrecht

Unter das Direktionsrecht fallen Anweisungen, die der Vorgesetzte direkt seinem Mitarbeiter ausspricht.

Sehr wahrscheinlich wirst du im Rahmen deiner Ausbildung mit einer Normenkollision zu tun haben, d.h. du erhältst z.b. einen Arbeitsvertrag mit bestimmten Klauseln, die du auf Wirksamkeit überprüfen musst. Da, z.B. im Falle der Anzahl der Urlaubstage, mannigfaltige widersprüchliche Vorschriften bestehen, ist zu klären, welche von ihnen im konkreten Fall Wirksamkeit entfaltet. Hier sind die bekannten Prinzipien anzuwenden, die ich dir nochmal kurz vorstellen will; aber insbesondere ist das Günstigkeitsprinzip zu beachten:

RANGPRINZIP:

Entsprechend der o.a. Pyramide der Rechtsquellen gilt die ranghöhere vor der rangniedrigeren Rechtsquelle.

GÜNSTIGKEITSPRINZIP:
Es gilt die niedrigere Rechtsquelle, wenn das Ergebnis für den Arbeitnehmer günstiger ist, als das der ranghöheren Rechtsquelle.

ORDNUNGSPRINZIP / ANCIENNITÄTSPRINZIP:
Stehen beide Rechtsquellen auf der gleichen Rangstufe und ist keine der beiden günstiger, so gilt die jüngere Rechtsquelle vor der älteren.

FRAGEN IM BEWERBUNGSGESPRÄCH

Möglicherweise wird in deinem Kapitel Arbeitsrecht das Thema Bewerbungsgespräche behandelt. Hier geht es im Wesentlichen darum, dass nach dem Allgemeinen Gleichbehandlungsgesetz (AGG) Stellenausschreibungen so neutral formuliert sein müssen, dass eine Benachteiligung oder ein Ausschluss von Personen aufgrund des Geschlechts, der Herkunft, der Religion, etc. ausgeschlossen ist. Es werden dann mit Sicherheit auch die Fragen erörtert werden, die im Rahmen eines Vorstellungsgesprächs oder Auswahlverfahrens unzulässig sind.

Du kannst dir merken, dass grundsätzlich die Fragen zulässig sind, die in direktem Zusammenhang mit der künftig auszuübenden Tätigkeit stehen. So kann also ein Kassierer durchaus nach dem Vorliegen von Eigentumsdelikten befragt werden, ein Gärtner aber z.B. nicht unbedingt.

Zu den grundsätzlich erst einmal unzulässigen Fragen gehören solche zu:

- Schwangerschaft, Familienplanung
- Vermögensverhältnisse, Schulden, Pfändungen

- Vorstrafen
- Konfession, Partei- oder Gewerkschaftszugehörigkeit

Wie bereits dargestellt, können hier Ausnahmen gelten. So kann z.b. nach der Konfession gefragt werden, wenn es sich um eine Bewerbung bei einer religiösen Einrichtung handelt, oder es kann nach bestimmten Vorstrafen gefragt werden, wenn ein besonderes Vertrauen und Wohlverhalten wichtig ist, wie z.B. bei einem Fahrer für Geldtransporte.

SOZIALRECHT

„Die Bundesrepublik Deutschland ist ein demokratischer und sozialer Bundesstaat."
(Art. 20 I GG)

In dieser Vorschrift ist das Staatsziel „Sozialstaat" für die Bundesrepublik Deutschland verfassungsmäßig verankert. Diese Verankerung kann aufgrund der Ewigkeitsklausel des Art. 79 III GG nicht mehr aufgehoben werden. Wenn man sich dies verdeutlicht, muss man zu dem Ergebnis kommen, dass die Bundesrepublik, wie wir sie heute kennen, ohne das Sozialstaatsprinzip nicht mehr dieselbe wäre. Und dies ist auch so. Seit Jahrzehnten ist die Welt-, europäische und deutsche Wirtschaft Höhenflügen und Abstürzen unterworfen. Immer hängen an großen wirtschaftlichen Verlusten auch menschliche Schicksale. Menschen sind bedroht durch Arbeitslosigkeit, durch schwere Erkrankungen, durch Unfälle und die Angst, was kommt, wenn man zu alt und zu schwach zum Arbeiten ist.

Bereits in der Weimarer Republik wurde ein erstes, und für damalige Verhältnisse extrem komfortables und fortschrittliches, System von sozialen Sicherungsnetzen etabliert. Leider ging dieses Erbe der ersten deutschen Demokratie in den Unruhen des NS-Regimes und des Zweiten Weltkrieges verloren, doch 1949 wurde es erneut in der Verfassung – dem Grundgesetz – verankert.

Auch heute noch, besonders aufgrund der Angst vor den Auswirkungen der Corona-Krise von 2020, haben viele Menschen keine Arbeit, sie machen sich Sorgen, ob die Rente reicht, sind Pflegefälle oder haben Angst davor, einer zu werden und viele weitere werden jährlich bei Unfällen schwer verletzt. Ohne soziales System wären diese Menschen sich selbst überlassen. Es würden Zustände herrschen wie ehemals im Mittelalter, mit kranken und toten Menschen auf der Straße. Um den Menschen Sicherheit zu geben, wurden fünf Sozialversicherungen ins Leben gerufen – Pflichtversicherungen, die jeden Menschen verpflichten, aber auch jedem Menschen helfen.

ARBEITSLOSENVERSICHERUNG:

Das Arbeitslosengeld soll Menschen unterstützen, die erwerbslos werden und ihren Lebensunterhalt aus eigener Kraft nicht mehr finanzieren können. Der Beitrag wird von Arbeitgeber und Arbeitnehmer zu gleichen Teilen getragen.

KRANKENVERSICHERUNG:

Die gesetzliche Krankenversicherung übernimmt Kosten für notwendige Medikamente und ärztliche Behandlungen. Der Beitrag wird zwischen Arbeitgeber und Arbeitnehmer geteilt.

Kassenspezifische Zusatzbeiträge sind vom Arbeitnehmer selbst zu tragen.

UNFALLVERSICHERUNG:

Die gesetzliche Unfallversicherung wird zu 100 % vom Arbeitgeber getragen und deckt Arbeitsunfälle und deren Folgen und Berufskrankheiten der Arbeitnehmer ab.

PFLEGEVERSICHERUNG:

Die Pflegeversicherung zahlt Pflegegeld für erwerbsunfähige Menschen aus. Den Beitrag teilen sich Arbeitgeber und Arbeitnehmer.

RENTENVERSICHERUNG:

Die gesetzliche Rentenversicherung versichert Menschen, die die Altersgrenze überschritten haben, dauerhaft erwerbsgeminderte und im Todesfall, als Hinterbliebenenrente, die Angehörigen des Verstorbenen. Der Beitragssatz wird von Arbeitgeber und Arbeitnehmer geteilt.

Beachte bitte, dass es sich hier jeweils um die **gesetzliche** Versicherung handelt. Private (Zusatz-)Versicherungen werden grundsätzlich vom Versicherungsnehmer komplett getragen. Ausnahme ist hierbei allerdings z.B. die Beihilfe-Regelung für Beamte oder die freie Heilfürsorge für Polizeivollzugsbeamte und Soldaten.

Im Sozialrecht im mittleren Dienst werden hauptsächlich die gesetzlichen Leistungen für Arbeitslose und Erwerbsgeminderte behandelt. Hier wirst du diverse Sachverhalte erhalten, in denen Bürger in unterschiedlichen Lebenskonstellationen um amtliche Hilfe bitten. Deine Aufgabe wird es sein, die notwendigen Unterlagen anzufordern, diese zu prüfen und dann zu ermitteln, in welchem Umfang eine Hilfeleistung gewährt werden kann. Hierbei kommen Leistungen nach dem SGB II und dem SGB XII in Frage, wobei in der Regel überwiegend Fälle des SGB II behandelt werden.

Um einen ersten Überblick zu erhalten, möchte ich mit ein paar Vorbemerkungen beginnen.

Es bestehen grundsätzlich vier Arten von Leistungen nebeneinander:

- **Arbeitslosengeld nach SGB III**, ugs. auch Arbeitslosengeld I genannt

- **Grundsicherung für Erwerbsfähige nach dem SGB II**, ugs. auch Arbeitslosengeld II, ALG II oder noch <u>un</u>zutreffender Hartz IV genannt

- **Grundsicherung im Alter und bei Erwerbsminderung nach dem SGB XII, 4.Kapitel**, ugs. auch GruSi genannt

- **Hilfe zum Lebensunterhalt nach dem SGB XII, 3.Kapitel**, (HzL)

ARBEITSLOSENGELD NACH SGB III

Das Arbeitslosengeld unterscheidet sich von allen anderen genannten Leistungen ganz elementar dadurch, dass es sich hierbei um eine Versicherungsleistung aus der gesetzlichen Arbeitslosenversicherung handelt. Der Versicherungsnehmer erwirbt, wie bei anderen Versicherungen auch, je nach Dauer und Höhe der Einzahlungsbeiträge Anspruch auf eine Versicherungsleistung. Tritt der Versicherungsfall ein - hier die Arbeitslosigkeit - wird das Arbeitslosengeld in Höhe von ca. 60 % des bisherigen durchschnittlichen Netto-Monatsgehalts an den Versicherungsnehmer ausgezahlt. Die Auszahlungsdauer richtet sich danach, wie alt der Versicherungsnehmer ist und wie lange er in die Arbeitslosenversicherung eingezahlt hat. Das Arbeitslosengeld wird i.d.R. nicht länger als 12 Monate gewährt.

Das Arbeitslosengeld ist üblicherweise nicht Bestandteil einer Sozialrechtsprüfung für Sekretäranwärter oder Verwaltungsfachangestellte.

LEISTUNGEN NACH SGB II UND SGB XII

Bei allen anderen Leistungen liegt keine vorherige Beitragszahlung durch den Arbeitnehmer vor, sie sind steuerfinanziert. Läuft das Arbeitslosengeld aus oder besteht von vorneherein kein Anspruch auf Arbeitslosengeld, so können stattdessen Leistungen nach SGB II oder SGB XII in Anspruch genommen werden. Besteht ein Anspruch auf Arbeitslosengeld, reicht dieses jedoch nicht zur Sicherung des Lebensunterhaltes aus, so kann es durch Leistungen nach dem SGB II aufgestockt werden.

Wichtig für die Prüfung von Ansprüchen ist zunächst zu entscheiden, wem welche Leistungen zustehen und welche nicht. Der Fachbegriff für den Zugang zu Leistungen nennt man „Anspruchsvoraussetzungen".

BÜRGERGELD

Zum 1.Januar 2023 wurde das Arbeitslosengeld II, bzw. die Grundsicherung für Arbeitsuchende durch das Bürgergeld ersetzt. Wie und wie schnell die Studieninstitute auf diese rechtliche Änderung reagieren, bleibt abzuwarten, daher stelle ich hier weiterhin die Berechnung nach dem alten Recht vor. Das Bürgergeld wird aber in den meisten Bereichen ähnlich berechnet, mit Ausnahme von ein paar abweichenden Werten. Ich stelle daher hier nur die Unterschiede zur bisherigen Berechnung dar. Mit diesen Ausführungen, den folgenden Erläuterungen zum Arbeitslosengeld II und den Erläuterungen der Dozenten wirst du das Prinzip verstehen und dich auf die Klausuren / Prüfungen gut vorbereiten können, egal ob das Thema „Arbeitslosengeld II" oder „Bürgergeld" lauten wird.

Folgende Änderungen haben sich durch das Bürgergeld ergeben:

- Bedarfe sollen vorausschauend und nicht mehr rückwirkend an die Inflation angepasst werden,
- im ersten Jahr des Leistungsbezuges gilt eine sogenannte Karenzzeit, in der die Kosten für die Unterkunft in tatsächlicher Höhe und nicht, wie bisher, in angemessener Höhe übernommen werden,
- während der Karenzzeit gilt außerdem eine Freigrenze in Höhe von 40.000 € für das Vermögen der antragstellenden Person, sowie weitere 15.000 € für jede weitere Person der Bedarfsgemeinschaft,
- bei erwerbstätigen steigt der Freibetrag beim Einkommensbereich zwischen 520 € und 1.000 € auf 30 %,
- die Vermittlung in Arbeit ist künftig nachrangig, wenn Weiterbildung oder Zusatzqualifizierung angestrebt wird,
- die größte Änderung ist in der deutlichen Erhöhung der Regelbedarfsstufen zu sehen (hier gilt ab 01.01.2023):
  - RBS 1: 502 €
  - RBS 2: 451 €
  - RBS 3: 402 €
  - RBS 4: 420 €
  - RBS 5: 348 €
  - RBS 6: 318 €.

Hauptgrund für die Änderung des Systems dürfte eine Imagebereinigung sein. Der Ruf des bisherigen Arbeitslosengeldes II war nicht besonders gut und mit der Umbenennung und deutlichen Erhöhung der

Regelbedarfsstufen soll wohl die Akzeptanz dieser Sozialversicherungsleistung gestärkt werden.

GRUNDSICHERUNG FÜR ARBEITSUCHENDE NACH § 7 SGB II

In den Medien ist oft die Rede von „Hartz IV-Leistungen", gemeint ist damit aber das Arbeitslosengeld II oder korrekter die Grundsicherung für erwerbsfähige Arbeitsuchende. Um die Verknüpfung des Begriffs „Hartz IV" mit dem Begriff des ALG II zu erklären, muss näher auf das Gesetzgebungsverfahren für das damals neue Sozialgesetzbuch eingegangen werden.

Unter der Regierung von Bundeskanzler Gerhard Schröder wurde eine Kommission eingerichtet, die ermitteln sollte, wie die Arbeitsmarktpolitik effizienter gestaltet werden konnte. Laut Politik sollte die Zahl der Arbeitslosen auf diesem Wege halbiert werden – ein Ziel, das zunächst nicht mal ansatzweise erreicht wurde. Die Kommission bestand aus führenden Persönlichkeiten aus der Wirtschaft und von Gewerkschaften und wurde von Peter Hartz, damals Vorstandsmitglied der Volkswagen AG, geleitet. In der Folge wurden vier Pakete mit Gesetzen zur Reform des Arbeitsmarktes gebündelt, die zwischen 2003 und 2006 schrittweise in Kraft traten. Als Kurzbezeichnungen für diese Pakete wurden Hartz I, Hartz II, Hartz III und Hartz IV genutzt. Das Paket Hartz IV enthielt dabei die wesentliche Änderung, dass die damalige Arbeitslosenhilfe und die Sozialhilfe zusammengelegt und daraus die verschiedenen Grundsicherungen und das Sozialgeld entwickelt wurden. Außerdem wurde darin die Einrichtung von Arbeitsgemeinschaften (ARGEn) ermöglicht, die zentral für die Gewährung von Leistungen an Hilfebedürftige (davor bei den Kreisen und kreisfreien Städten) und für die Vermittlung an Arbeitsstellen (davor bei der Bundesagentur für Arbeit) zuständig sein sollten, um den Hilfebedürftigen das Verfahren zu erleichtern und einen zentralen Überblick über alle Hilfeempfänger zu erhalten.

Die Kritik an der neuen Gesetzgebung reißt bis heute nicht ab, zu gering seien die ausgezahlten Hilfen, zu drastisch die Einschränkungen in Bezug auf Vermögenswerte und zu konsequent die Kürzungen bei z.b. Ablehnen einer Arbeitstätigkeit. Insgesamt jedoch ist der Großteil der Bevölkerung, der Wirtschaftsfunktionäre und auch die politische Parteienlandschaft mit den Hartz-Paketen zufrieden. Sogar CDU/CSU und FDP, die bei Erlass der Gesetze in der Opposition waren, halten nunmehr die Änderungen für notwendig und sinnvoll.

Nun zum eigentlichen Sinn der Grundsicherung für Arbeitsuchende. Die Anspruchsvoraussetzungen sind in § 7 SGB II genannt. Der Antragsteller muss erwerbsfähig, hilfebedürftig, zwischen 15 und 65 Jahren alt sein und seinen gewöhnlichen Aufenthalt in der Bundesrepublik Deutschland haben. Von der Altersgrenze und dem gewöhnlichen Aufenthalt gibt es Ausnahmeregelungen, die uns hier aber nicht weiter interessieren wollen.

Erwerbsfähig ist jeder, der körperlich und mental in der Lage ist, eine Arbeit aufzunehmen. Hilfebedürftig ist zunächst einmal jeder, der Hilfe beantragt oder für den Hilfe beantragt wird. Ob tatsächlich eine Hilfebedürftigkeit vorliegt, zeigt sich später im Rahmen der Prüfung. Beim Aufenthalt unterscheidet man zwischen gewöhnlichem und tatsächlichem Aufenthalt. Der gewöhnliche Aufenthalt bezeichnet den Ort, an dem der Hilfesuchende seinen Lebensmittelpunkt hat. Der tatsächliche Aufenthaltsort ist da, wo sich der Hilfesuchende im Moment befindet. Für die Leistungen nach dem SGB II ist immer nur der gewöhnliche Aufenthaltsort maßgeblich.

Ich stelle hier die wesentlichen Aspekte einer Prüfung vor, die danach ausgewählt sind, dass sie praxisrelevant sind und an deine Klausuren und Laufbahnabschlussprüfungen angepasst sind. Da viele angesprochene Werte und Absetzungsmöglichkeiten je nach Körperschaft und Region stark variieren können, bitte ich dich, grundsätzlich alle von mir geschilderten Regelungen, die NICHT im Unterricht von dir anzuwenden sind mit einem Bleistift zu streichen, die Werte oder Regelungen, die von denen im Unterricht abweichen, anzupassen und Regelungen, die hier nicht aufgeführt sind (dies sollte die Ausnahme sein) an geeigneter Stelle zu ergänzen, damit du für die Klausur- und Prüfungsvorbereitung eine vollständige Übersicht hast. An den Stellen, an denen Abweichungen sehr wahrscheinlich sind, weise ich hierauf nochmals ausdrücklich hin.

Beginnen wir nun mit den Grundlagen, die für eine sozialrechtliche Prüfung erforderlich sind.

REGELLEISTUNG FÜR ALLE HILFEARTEN (REGELBEDARFSSTUFEN)

Nach Regelbedarfs-Ermittlungsgesetz (RBEG) i.V.m. Regelbedarfsstufen-Fortschreibungsverordnung (RBSFV):

	ab 01.01.2021	ab 01.01.2022	ab 01.01.2023
RBS 1: Alleinstehender	446 €	449 €	502 €
RBS 2: Ehepartner	401 €	404 €	451 €
RBS 3: über 18 Jahre	357 €	360 €	402 €
RBS 4: 14 – 17 Jahre	373 €	376 €	420 €
RBS 5: 6 – 13 Jahre	309 €	311 €	348 €
RBS 6: 0 – 5 Jahre	283 €	285 €	318 €

ZUSTÄNDIGKEIT

Zunächst ist in der Regel zu prüfen, ob die Behörde, bei der der Antrag auf Hilfe gestellt wird, zuständig ist. Dazu müsste sie örtlich und sachlich-instanziell zuständig sein.

SGB II	
Örtliche Zuständigkeit	§ 36 Gewöhnlicher Aufenthalt des Hilfesuchenden
Sachlich-instanzielle Zuständigkeit	§ 6 Abs. 1 Bundesagentur für Arbeit Kreise und kreisfreie Städte § 44b Abs. 1 S. 1, § 6d Bildung von Jobcentern

BEDARFSGEMEINSCHAFTEN

Im SGB II gibt es unterschiedliche Personen, die Leistungen beziehen können, obwohl sie nicht zu den originären Anspruchsberechtigten gehören. Sie werden dadurch anspruchsberechtigt, dass sie in einer bestimmten persönlichen Beziehung zu einer Person stehen, die nach § 7 Abs. 1 SGB II berechtigt ist. So lassen sich diese Gruppierungen zu sogenannten Bedarfsgemeinschaften zusammenfassen. Folgende Personen gehören zu einer Bedarfsgemeinschaft:

§ 7 Abs. 1 SGB II i.V.m. § 7 Abs. 3 Nr. 1 SGB II	Erwerbsfähige Leistungsberechtigte (ELB)
§ 7 Abs. 3 Nr. 2 SGB II	Die Eltern eines unter 25-jährigen erwerbsfähigen Leistungsberechtigten
§ 7 Abs. 3 Nr. 3 SGB II	Der Partner des erwerbsfähigen Leistungsberechtigten
§ 7 Abs. 3 Nr. 4 SGB II	Die Kinder der o.g. unter 25 Jahre

EINSATZ DER ARBEITSKRAFT

Da keine Beiträge für die Leistungen nach dem SGB II gezahlt wurden, es handelt sich ja um steuerfinanzierte Hilfe, ist es nötig, dass der Hilfeempfänger umfassend daran mitarbeitet, dass die Bedürftigkeit beendet wird. Dies erfolgt gemäß §§ 2, 3 SGB II zunächst über die Aufnahme einer Arbeit, bzw. die Unterstützung der Arbeitsagentur bei der Vermittlung von Arbeitsstellen. So müssen angebotene Arbeitsstellen angenommen werden und es muss der Nachweis geführt werden, dass der Hilfeempfänger selbstständig nach Arbeitsstellen gesucht und sich darauf beworben hat. Tut er dies nicht, muss er mit Leistungskürzungen rechnen.

ZUMUTBARKEIT

Zumutbar ist gemäß § 10 Abs. 1 S. 1 1.HS SGB II grundsätzlich jede Arbeit. Die Ausnahmen sind im Katalog des Absatzes 1 abschließend aufgeführt. Dies wäre z.b. der Fall, wenn der Hilfeempfänger für eine bestimmte Tätigkeit seelisch, körperlich oder geistig nicht in der Lage wäre. Hierbei geht es aber nur um diese konkrete Tätigkeit. Ist der Hilfeempfänger insgesamt nicht für Arbeit geeignet, ist er nicht erwerbsfähig und kann deshalb grundsätzlich keine Leistungen nach dem SGB II beziehen. Als Beispiel käme hier der Elektriker in Betracht, der als Arzt arbeiten soll. Er kann grundsätzlich arbeiten, ist von seiner körperlichen und berufsspezifischen Ausbildung aber nicht in der Lage als Arzt zu praktizieren.

Ausgenommen von Arbeit sind außerdem nach § 10 Abs. 1 Nr. 3, 4 SGB II Hilfeempfänger, die minderjährige Kinder oder pflegebedürftige Angehörige zu versorgen haben. Außerdem sind diejenigen von Arbeit ausgenommen, die einen sonstigen wichtigen Grund im Sinne des § 10 Abs. 1 Nr. 5 SGB II nennen können. Ein solcher wäre beispielsweise der Besuch der Schule.

Gemäß § 10 Abs. 1 Nr. 2 SGB II ist auch die Arbeit unzumutbar, die durch bestimmte Tätigkeiten die Fertigkeiten der originären Berufsausbildung gefährden würde. Das wäre zum Beispiel der Fall bei einem professionellen Konzertpianisten, der momentan ohne Engagement ist und als Maurer arbeiten soll. Diese Arbeit könnte er zwar machen (kein Fall des § 10 Abs. 1 Nr. 1 SGB II), aber dadurch würde er seine Fingerfertigkeit verlieren und könnte im Anschluss nicht mehr als Konzertpianist tätig werden.

VORRANGIGE LEISTUNGEN

Bevor Leistungen nach dem SGB II in Anspruch genommen werden können, ist außerdem zu prüfen, ob andere Leistungen vorgehen. Dies ist in §§ 5, 12a SGB II geregelt. Andere Leistungen können Ansprüche aus anderen gesetzlichen Sozialversicherungen sein, aber auch ausstehende private Forderungen.

BEDARF

Liegen die Anspruchsvoraussetzungen für Grundsicherung für Arbeitsuchende nach dem SGB II vor, so ist der Bedarf der Hilfebedürftigen zu ermitteln. Dieser setzt sich zusammen aus der sogenannten Regelleistung (§§ 20, 23 SGB II) - einem Sockelbetrag, der regelmäßig in seiner Höhe angepasst wird - einem möglichen Mehrbedarf (§ 21 SGB II) für besondere Kosten, sowie den Kosten der Unterkunft und den Heizkosten (§ 22 SGB II). Das Ergebnis steht für den Bedarf, den der einzelne Hilfebedürftige grundsätzlich hat.

EINSATZ DES EINKOMMENS

Jedoch ist möglicherweise ein Einkommen vorhanden, das den Betrag des Bedarfs übersteigt. Um dies zu ermitteln, werden vom Brutto-Einkommen gemäß § 11b SGB II diverse Beträge in Abzug gebracht um das sogenannte einzusetzende Einkommen zu ermitteln. Abzugsfähig sind zum Beispiel Steuern, Beiträge zu Pflichtversicherungen und angemessenen privaten Versicherungen, für die mit der Erzielung des Einkommens verbundenen Ausgaben und auch Freibeträge. Welche Beträge in welcher Höhe absetzbar sind, ergibt sich aus den Verordnungen zum SGB II (v.a. AlgII-V) und den Arbeitsanweisungen der jeweiligen Kommunen.

Hier eine Übersicht über die für die Ausbildung wesentlichen Absetzungsmöglichkeiten:

§ 11b Abs. 1 Nr. 1	Steuern in voller Höhe
§ 11b Abs. 1 Nr. 2	Beiträge zur gesetzlichen Sozialversicherung
§ 11b Abs. 1 Nr. 3	angemessene Beiträge für private Zusatzversicherungen in der tatsächlichen Höhe
	Zusätzlich für jeden eine Versicherungspauschale in Höhe von 30,00 €
§ 11b Abs. 1 Nr. 5	Eine Wegkostenpauschale für alle erwerbstätigen: 0,20 € x km (einfache Wegstrecke) oder tatsächliche Kosten einer Fahrkarte für den ÖPNV
	Werbungskostenpauschale in Höhe von 15,33 € für alle erwerbstätigen
§ 11b Abs. 1 Nr. 6 i.V.m. § 11b Abs. 3	Ein Grundfreibetrag nach § 30. Berechnung im nächsten Abschnitt.
§ 11b Abs. 1 Nr. 7	Unterhaltsverbindlichkeiten in tatsächlicher Höhe
§ 11b Abs. 2 S. 1	Beträgt bei erwerbstätigen die Summe der Beträge von Nr. 3-5 weniger als 100,00 €, so sind 100,00 € abzusetzen.
	Liegt das Einkommen bei mindestens 400,00 € und sind die Beträge von Nr. 3-5 höher als 100,00 €, so ist der tatsächliche Betrag abzusetzen.

GRUNDFREIBETRAG NACH § 11B ABS. 1 NR. I.V.M. § 11B ABS. 3 SGB II

Vom Brutto-Einkommen wird der Betrag zwischen 100 € und 1.000 € mit 20 % abgesetzt, für das 1.000 € übersteigende Einkommen bis 1.200 € werden weitere 10 % abgesetzt. Man kann sich dies sehr gut an einem Säulendiagramm veranschaulichen. Die Anfertigung eines ganz simplen Säulendiagramms in der Klausur wird von mir besonders empfohlen. Dies geht sehr schnell und man verliert nicht den Überblick:

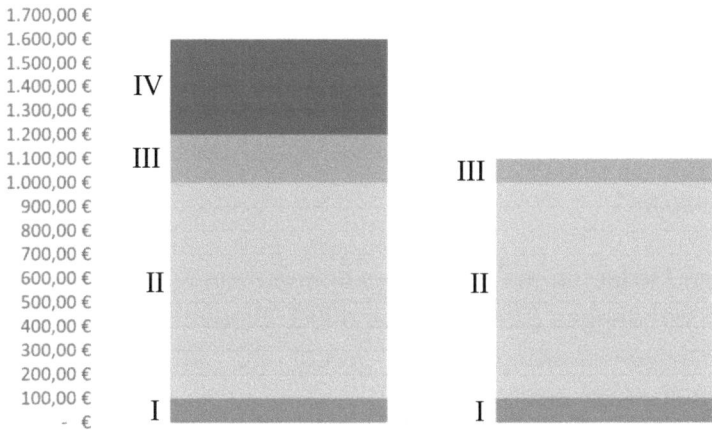

Im ersten Diagramm sehen wir ein Brutto-Einkommen in Höhe von 1.600 €. 100 € (I) fallen weg. Von 900 € (II; Betrag von 100 € bis 1.000 €) werden 20 % (= 180 €) abgesetzt. Vom Betrag zwischen 1.000 € und 1.200 € (III) werden 10 % (20 €) abgesetzt. Das darüber liegende Einkommen (IV) fällt weg. Insgesamt werden also 200 € (0 € + 180 € + 20 € + 0 €) abgesetzt.

Im zweiten Diagramm liegt ein Brutto-Einkommen in Höhe von 1.100 € vor. 100 € fallen weg, 180 € (II) werden abgesetzt, 10 € (III) werden abgesetzt. Insgesamt werden somit 190 € abgesetzt.

Wichtig ist noch § 11b Abs. 3 S. 3 SGB II, wonach bei erwerbstätigen Hilfebedürftigen, die ein minderjähriges Kind haben oder mit einem minderjährigen Kind in Bedarfsgemeinschaft leben, die Kappgrenze von 1.200 € auf 1.500 € angehoben wird. Folglich wird der Betrag von 1.000 € bis 1.500 € mit 10 % abgesetzt. Dies entspricht bei einem Einkommen von z.B. 1.700 € einem Betrag von 500 € x 0,1 = 50 €.

Es sollen nun zwei Beispiele für die Berechnung eines einzusetzenden Einkommens folgen:

Beispiel 1:

Herr Müller hat ein Brutto-Einkommen von 2.300 € und ein minderjähriges Kind. Er zahlt 400 € Steuern, 100 € in die Sozialversicherungen und wohnt 20 km von seiner Arbeitsstätte entfernt.

Brutto-Einkommen		2.300,00 €
§ 11b Abs. 1 Nr. 1	./.	400,00 €
§ 11b Abs. 1 Nr. 2	./.	100,00 €
§ 11b Abs. 1 Nr. 3 – Pauschale	./.	30,00 €
§ 11b Abs. 1 Nr. 5	./.	20 km x 0,2 € = 4,00 €
§ 11b Abs. 1 Nr. 5	./.	15,33 €
§ 11b Abs. 1 Nr. 6 i.V.m.	./.	180 € + 50 € = 230,00 €
§ 11b Abs. 3		
§ 11 Abs. 2 S. 2	./.	(- 49,33 €) + 100,00 €
einzusetzendes Einkommen	=	1.470,00 €

> Beispiel 2:
>
> Frau Schneider verdient brutto 800 €; netto 500 €. Sie hat ein ÖPNV-Ticket für 70 €/Monat. Für eine private Zahnzusatzversicherung zahlt sie 140 €. Laut Gerichtsbeschluss zahlt sie 150 € an Unterhalt für ihre 18-jährige Tochter.

Brutto-Einkommen		800,00 €
§ 11b Abs. 1 Nr. 1	./.	300,00 €
§ 11b Abs. 1 Nr. 3 – Pauschale	./.	30,00 €
§ 11b Abs. 1 Nr. 3	./.	140,00 €
§ 11b Abs. 1 Nr. 5	./.	70,00 €
§ 11b Abs. 1 Nr. 5	./.	15,33 €
§ 11b Abs. 1 Nr. 6 i.V.m. § 11b Abs. 3	./.	140,00 €
§ 11b Abs. 1 Nr. 7	./.	150,00 €
einzusetzendes Einkommen	=	- 45,33 €

Wir haben hier zwei sehr unterschiedliche Beispiele vorliegen. Die Frage ist nun, was bedeutet das ermittelte Ergebnis. Im ersten Beispiel bleibt vom Einkommen des Herrn Müller noch ein stolzer Betrag von 1.470 € übrig. Dieser Betrag wird im Folgenden mit dem ermittelten Bedarf in Abzug gebracht. Herr Müller würde also so viel Leistung erhalten, wie ihm über 1.470 € hinaus noch zusteht. Dass ein solcher Bedarf gegeben ist erscheint angesichts des hohen Einkommens als sehr unwahrscheinlich, daher ist davon auszugehen, dass Herr Müller keine Leistungen erhalten wird, da sein eigenes Einkommen zur Sicherung seines Lebensunterhaltes deutlich ausreicht.

Bei Frau Schneider hingegen sieht es anders aus. Sie hat ein einzusetzendes Einkommen von -45,33 €. Das heißt, dass ihr Einkommen so niedrig ist, dass sie es komplett für sich behalten darf. Bei der Bedarfsermittlung wird daher kein Betrag vom Bedarf abgezogen, sondern (zunächst) der komplette Bedarf wird auch durch Leistungen der Grundsicherung gedeckt werden.

EINSATZ DES VERMÖGENS

Neben dem Einkommen, welches die während des Bedarfszeitraums zufließende Geldmenge darstellt, ist auch das Vermögen, also alle geldwerten Güter, die vor Antragsstellung vorhanden sind und auch verwertbar sind, einzusetzen, bevor Leistungen der Grundsicherung gewährt werden können. Die „Beiseiteschaffung" von Vermögen durch nicht notwendige Investitionen oder durch Verschenken ist verboten. Die Kommune kann bei Bekanntwerden von solchen Vorgängen die Rechtsgeschäfte rückgängig machen und das Geld zurückfordern. Allerdings ist, wie beim Einkommen, nicht das gesamte Vermögen einzusetzen. Nicht in die Vermögensrechnung einbezogen werden:

§ 12 Abs. 3 Nr. 1	Angemessene(r) Hausrat / Wohnungseinrichtung
§ 12 Abs. 3 Nr. 2	Ein Kfz für jeden erwerbsfähigen Hilfebedürftigen im Wert bis zu 7.500 €. Kfz eines höheren Wertes können im Einzelfall als angemessen anerkannt werden, wenn eine Veräußerung unwirtschaftlich wäre.
§ 12 Abs. 3 Nr. 4	Angemessene(s) Hausgrundstück oder Eigentumswohnung, welche selbst genutzt wird.
§ 12 Abs. 3 Nr. 6	abzusetzen sind auch verwertbare Vermögensgegenstände, deren Verwertung für den Hilfebedürftigen eine besondere Härte darstellen würde, z.B. im Falle von Erbgegenständen

Bei der Ermittlung des einzusetzenden Vermögens werden bei Klausuren in der Regel oben genannte Absetzungen nicht vom Vermögen in Abzug gebracht. Im Sachverhalt wird normalerweise nach Gütern und Geldvermögen aufgeschlüsselt, so dass die Vermögensgüter nicht aus dem geldwerten Vermögen herauszurechnen, bzw. davon abzusetzen sind.

Vielmehr werden bezüglich des Geldvermögens die maßgeblichen Freibeträge errechnet, und ermittelt, ob das Geldvermögen diese Freibeträge übersteigt. Die übersteigenden Differenzbeträge sind dann als Vermögen einzusetzen. Bei Ehepartnern kann aber zum Beispiel auch eine Verteilung des übersteigenden Vermögens erfolgen, so dass im Ergebnis das einzusetzende Vermögen reduziert oder sogar eliminiert wird.

Folgende Freibeträge kommen in Betracht:

§ 12 Abs. 2 Nr. 1	Ein Grundfreibetrag für jeden volljährigen Hilfebedürftigen: Lebensalter x 150 €, bzw. mindestens 3.100 € und maximal der maßgebende Betrag nach § 12 Abs. 2 S. 2
§ 12 Abs. 2 Nr. 1a	Ein Grundfreibetrag für jedes minderjährige Kind: 3.100 €
§ 12 Abs. 2 Nr. 4	Ein Freibetrag für notwendige Anschaffungen für jeden Hilfebedürftigen, falls der Grundfreibetrag nicht ausreicht: 750 €

Beispiel 1:

Herr Meier ist 45 Jahre alt und hat ein Sparbuch mit 3.000 €. Er hat außerdem einen PKW im Wert von 4.000 € und eine Eigentumswohnung von 100 m², in der er alleine wohnt.

Das Kfz ist nach § 12 Abs. 3 Nr. 2 angemessen.

Die Wohnung ist nach § 12 Abs. 3 Nr. 3 angemessen.

Geldvermögen		3.000 €
Grundfreibetrag nach § 12 Abs. 2 Nr. 1	=	150 € x 45 Jahre = 6.750 €
Einzusetzendes Vermögen	=	0 €

Beispiel 2:

Herr Schulz ist 30 Jahre alt und hat ein Sparbuch mit 10.000 €. Er hat außerdem einen PKW im Wert von

10.000 € und eine Eigentumswohnung von 200 m², in der er mit seiner Frau zusammenwohnt. Diese ist 18 Jahre alt, verfügt über kein Sparvermögen, aber über einen PKW im Wert von 400 €.

Das Kfz von Herrn Schulz ist nach § 12 Abs. 3 Nr. 2 nicht angemessen. Es ist zu veräußern und gegen ein günstigeres Modell zu ersetzen. Das Kfz von Frau Schulz ist angemessen.

Die Wohnung ist nach § 12 Abs. 3 Nr. 3 nicht angemessen. Angemessen wäre eine Wohnung bis zu 150 m². Eine Verwertung der Wohnung kann in der Praxis nicht erfolgen.

Geldvermögen Herr Schulz	10.000 €
Grundfreibetrag nach § 12 Abs. 2 Nr. 1	150 € x 30 Jahre = 4.500 €
Freibetrag nach § 12 Abs. 2 Nr. 4	750 €
Einzusetzendes Vermögen	10.000 € - 4.500 € - 750 € = 4.750 €

Geldvermögen Frau Schulz	0 €
Grundfreibetrag nach § 12 Abs. 2 Nr. 1	150 € x 18 Jahre = 2.700 €
Mindestbetrag von 3.100 €	3.100 € (Mindestbetrag ist höher, also 3.100 € statt 2.700 €)
Freibetrag nach § 12 Abs. 2 Nr. 4	750 €
Einzusetzendes Vermögen	0 €
Anrechnung von Herrn Schulz	3.850 €
übrigbleibendes einzusetzendes Vermögen	4.750 € - 3.100 € - 750 € = 900 €

Wie du sicherlich nachvollziehen kannst, wurde zunächst das den Freibetrag übersteigende Vermögen des Herrn Schulz ermittelt, welches bei seiner Frau angerechnet wurde. Jedoch übersteigt dieser Betrag auch deren Freibetrag, so dass 900 € an Vermögen übrigbleiben, die bei der Bedarfsermittlung einzusetzen sind.

MEHRBEDARF

In bestimmten Fallkonstellationen bestehen Ansprüche auf Mehrbedarf. Diese sind in § 21 SGB II aufgeführt. Praxisrelevant sind hier folgende Mehrbedarfe:

§ 21 Abs. 2	Werdende Mütter, die erwerbsfähig und hilfebedürftig sind, erhalten nach der 12. Schwangerschaftswoche einen Mehrbedarf von 17 % der maßgebenden Regelleistung.
§ 21 Abs. 3 Nr. 1	Alleinerziehende Personen erhalten, wenn sie mit einem Kind unter 7 Jahren oder mit zwei oder drei Kindern unter 16 Jahren zusammen leben 36 % der maßgebenden Regelleistung.
§ 21 Abs. 3 Nr. 2	Oder 12 % für jedes Kind, wenn sich dadurch ein höherer Prozentsatz als nach Nr. 1 ergibt; höchstens jedoch 60 % der maßgebenden Regelleistung.
§ 21 Abs. 4	Behinderte erhalten 35 % der maßgebenden Regelleistung. Die Behinderung ist durch Bescheid oder Schwerbehindertenausweis nachzuweisen.
§ 21 Abs. 5	Medizinisch benötigte kostenaufwändige Ernährung in der tatsächlichen Höhe.
§ 21 Abs. 8	Ist die Summe der Mehrbedarfe höher als die maßgebende Regelleistung, so ist nur der Betrag der maßgebenden Regelleistung als Mehrbedarf anzusetzen.

Beispiel:

Herr Schmidt ist alleinerziehender Vater von 5 Kindern (7, 8, 9, 16 und 17 Jahre), benötigt aufgrund einer Magenerkrankung spezielle Nahrungsmittel im Wert von 150 € pro Monat und hat einen anerkannten Grad der Behinderung von 70 %. Seine Regelleistung beträgt 364 €.

§ 21 Abs. 3 Nr. 1	36 % (364 €)
	= 131,04 €
§ 21 Abs. 3 Nr. 2	5 x 12 % (364 €)
	= 218,40 €
§ 21 Abs. 3 Nr. 2	60 % (364 €)
2.HS	= 218,40 €
Es können 218,40 € nach § 21 Abs. 3 angesetzt werden.	
§ 21 Abs. 4	35 % (364 €)
	= 127,40 €
§ 21 Abs. 5	150,00 €
Mehrbedarf insgesamt	131,04 € + 218,40 € + 127,40 € + 150,00 €
	= 626,84 €
aber nach § 21 Abs. 8 nur	364,00 €

Wie du siehst, ist bei dem Mehrbedarf nach § 21 Abs. 3 SGB II zunächst zu ermitteln, welche absoluten Beträge je nach Berechnungsmodus konkret zu zahlen wären. Dann ist zu prüfen, ob der höhere Betrag den Wert von 60 % der maßgebenden Regelleistung übersteigt. Dies ist hier nicht der Fall. Wäre dies so, wären 60 % von der maßgebenden Regelleistung anzusetzen.

Hier ergibt sich insgesamt ein Mehrbedarf, der die maßgebende Regelleistung übersteigt. Es ist daher nicht dieser Betrag anzusetzen, sondern nach § 21 Abs. 8 SGB II nur die maßgebende Regelleistung.

KOSTEN DER UNTERKUNFT (KDU)

Jeder Hilfebedürftige erhält gemäß § 22 SGB II eine Erstattung der angemessenen Heiz- und Mietkosten in tatsächlicher Höhe. Die angemessenen Kosten unterscheiden sich regional massiv. In der Ausbildung wird häufig von 5 €/m² für Miete, 2 €/m² für Nebenkosten und 1 €/m² für Heizkosten ausgegangen. Angemessen sind dabei 45 m² für die erste und 15 m² für jede weitere Person. Lebt ein Rollstuhlfahrer in der Bedarfsgemeinschaft, so sind für diesen nochmals 15 m² (also insgesamt 30 m²) angemessen. Da aber die Differenzen zum Teil sehr groß sind, frage bitte deinen Dozenten nach folgenden Werten:

- angemessene Wohnfläche für die 1. Person
- angemessene Wohnfläche für jede weitere Person
- Zuschlag für Gehbehinderte/Rollstuhlfahrer
- angemessene Miete
- angemessene Nebenkosten
- angemessene Heizkosten

Sind die Kosten angemessen, so werden diese in der tatsächlichen Höhe, also auch weniger, erstattet. Dies ist auch der Fall, wenn die Wohnung nach der Vermögensbemessung zu groß ist. Sind die Kosten nicht angemessen, so wird der angemessene Betrag erstattet; der Differenzbetrag wird beim Bedarf angerechnet, solange es dem Hilfebedürftigen nicht möglich ist, in eine angemessene Wohnung umzuziehen – längstens jedoch für 6 Monate. Zieht der Hilfebedürftige nicht aus, so hat er nach Ablauf der 6 Monate den Differenzbetrag aus seiner Regelleistung zu entrichten, was auf Dauer nicht möglich sein wird. Er ist somit praktisch früher oder später zum Wohnungswechsel gezwungen. Die Kosten für einen notwendigen Umzug werden in angemessener Höhe übernommen; die Kaution wird in der Regel als Darlehen gewährt, d.h. sie muss nach Beendigung des Leistungsbezugs an das Sozialamt zurückgezahlt werden.

REGELLEISTUNG (RL)

Die Regelleistung ist sozusagen die grundlegende Sicherung des Lebensunterhalts. Sie ist nach den durchschnittlich lebensnotwendigen Kosten berechnet. Da sich die Lebensumstände und -standards stetig ändern, wird auch die Regelleistung regelmäßig angepasst. Ab dem Jahr 2013 entsprechen die Regelleistungen und Sozialgeldsätze den Regelbedarfsstufen des SGB XII, die ich bereits zu Beginn dieses Abschnitts aufgeführt hatte.

SOZIALGELD

Kinder unter 15 Jahren erhalten keine Grundsicherung für Arbeitsuchende, da man in Deutschland erst mit 15 Jahren erwerbsfähig ist. Stattdessen erhalten sie Sozialgeld, wenn sie mit mindestens einem Bezieher von Grundsicherung für Arbeitsuchende in einer Bedarfsgemeinschaft wohnen. Die Regelungen zum Sozialgeld entsprechen denen, der Grundsicherung.

ANTRAGSERFORDERNIS

Gemäß § 37 Abs. 1 SGB II werden Leistungen nach SGB II nur auf Antrag gewährt. Das Antragsdatum ist darüber hinaus auch wichtig im Sinne des § 37 Abs. 2 SGB II, da Leistungen nicht für Zeiten vor Antragsstellung gewährt werden. Leistungen werden nach § 41 Abs. 1 SGB II anteilig erbracht und auf den Tag der Antragstellung herunter gebrochen. Der Monat wird dabei immer mit 30 Tagen berechnet.

ART DER LEISTUNG

In der Regel werden die Leistungen gemäß § 4 Abs. 1 Nr. 2 SGB II in Form einer laufenden Geldleistung gewährt.

BEDARFSERMITTLUNG

Wenn geklärt ist, welche Leistungen jede Person im Sinne der jeweiligen Anspruchsvoraussetzungen erhalten kann und die Zuordnung zu Bedarfsgemeinschaften erfolgt ist, kann mit der Ermittlung des Bedarfs begonnen werden, welche letztlich zur Berechnung des monatlich auszuzahlenden Betrags führt.

Es macht Sinn, zunächst das einzusetzende Einkommen und Vermögen zu ermitteln und dann mit der Bedarfsermittlung zu beginnen.

Ich empfehle die Lösung von sozialrechtlichen Fällen in Form einer Tabelle. Es kann aber auch sein, dass dein Dozent die Lösung in Gutachtenform wünscht. Auch dann würde ich dir aber empfehlen, erstmal eine Tabelle nach dem folgenden Schema anzulegen und deine Ergebnisse dann in Form eines Gutachtens zu formulieren.

Zunächst möchte ich die das allgemeine Prüfschema vorstellen:

PRÜFSCHEMA

I. Zuständigkeit
II. Einzusetzendes Einkommen
III. Einzusetzendes Vermögen
IV. Vorrangige Leistungen
V. Einsatz der Arbeitskraft
VI. Kosten der Unterkunft
VII. Bedarfsermittlung
   1. ELB (§ 7 I)
   2. Bedarfsgemeinschaft (§ 7 II, III)
   3. Ausschlussgründe (§ 7 IV, IVa)
   4. Art der Leistung (§ 19)
   5. Regelleistung (§§ 20, 23 i.V.m. RBSFV)
   6. Mehrbedarf (§ 21)
   7. Kosten der Unterkunft (§ 22)
   8. Abzug des einzusetzenden Einkommens, Vermögens und des Kindergeldes
VIII. Anspruch

Übungsfall

Die Eheleute Helmut (45 Jahre) und Petra (40 Jahre) sprechen bei dir, als örtlich und sachlich zuständigem Sachbearbeiter vor und beantragen Leistungen nach dem SGB II.

Beide sind erwerbsfähig. Helmut erzielt aus Erwerbstätigkeit einen Brutto-Lohn in Höhe von 1.700 €. Darauf entrichtet er 500 € Steuern und es fallen Fahrtkosten in angemessener Höhe von 100 € pro Monat an. Petra hat keinen Job, ist aber derzeit im 4. Monat schwanger. Zur Familie gehört auch die 17-jährige Tochter Vanessa, die noch die Schule besucht, aber aufgrund einer körperlichen Behinderung auf einen Rollstuhl angewiesen ist.

Helmut und Petra verfügen über ein gemeinsames Sparbuch mit einem Guthaben von 12.000 €. Alle drei wohnen in einer 100 m² großen Mietwohnung und zahlen pro Monat 600 € Warmmiete. Für die Fahrten zur Arbeit und um Vanessa zur Schule und zu Freizeitaktivitäten bringen zu können, besitzt Helmut einen rollstuhlgerechten Van im Wert von 9.000 €.

Berechne den Anspruch auf Leistungen nach dem SGB II der Familie.

Zuständigkeit:
Laut Sachverhalt handelt die zuständige Behörde.

Einzusetzendes Einkommen:

Helmut		
Einkommen	1.700,00	
§ 11b I Nr. 1	-500,00	Steuern
§ 11b I Nr. 3	-30,00	Versicherungs-pauschale
§ 11b I Nr. 5	-15,33	Werbungskosten-pauschale
§ 11b I Nr. 5	-100,00	Fahrtkosten
§ 11b II 2	-	Nr. 3-5 > 100 €
§ 11b I Nr. 6, III Nr. 1	-180,00	= 900 € X 0,2
§ 11b I Nr. 6, III Nr. 2	-50,00	= 500 X 0,1
Einzusetzendes Einkommen	824,67	

Einzusetzendes Vermögen:

Helmut		
§ 12 II Nr. 1	6.750	= 45 J. X 150 €
§ 12 III Nr. 2	9.000	Kfz überschreitet den Grenzwert von 7.500 €, jedoch ist dies gerechtfertigt, da es sich um ein rollstuhlgerechtes Kfz handelt, welches für Vanessa benötigt wird.

Petra		
§ 12 II Nr. 1	6.000	= 40 J. X 150 €

Die Freibeträge dürfen addiert werden. Es steht der Bedarfsgemeinschaft daher ein Freibetrag in Höhe von 12.750 € zu. Das Sparguthaben beträgt 12.000 € und ist damit angemessen.

Vorrangige Leistungen:
Solche sind dem Sachverhalt nicht zu entnehmen.

Einsatz der Arbeitskraft:
Helmut geht einer Erwerbstätigkeit nach, Petra steht dem Arbeitsmarkt zur Verfügung. Vanessa ist durch den Schulbesuch von der Arbeitspflicht befreit (§ 10 I Nr. 5).

Kosten der Unterkunft:
Der Familie steht eine Wohnfläche von 90 m² (45 m² für Helmut, 15 m² für Petra und 30 m² für Vanessa) zu. Die derzeitig genutzte Wohnung ist mit 100 m² zu groß. Jedoch darf eine flächenmäßig unangemessene Wohnung genutzt werden, wenn die Wohnkosten angemessen sind. Für die Familie wären Wohnkosten in Höhe von 630 € (90 m² X 7 €/m²) angemessen.

Die Familie zahlt 600 € im Monat. Damit sind die Kosten der Unterkunft angemessen.

Bedarfsermittlung:

	Helmut	Petra	Vanessa
§ 7 I	✓	✓	✓
§ 7 II, III	Nr. 1 ELB	Nr. 3 Partner	Nr. 4 Kind
§ 7 IV, IVa	-	-	-
§ 19	ALG II	ALG II	SozG
§§ 20, 23	389,00	389,00	328,00
§ 21 II	-	66,13	-
§ 21 IV	-	-	114,80
§ 22	200,00	200,00	200,00
Abzug KG	-	-	-204,00
Bedarf (= 1.682,93)	589,00 (= 35 %)	655,13 (= 39 %)	438,80 (= 26 %)
einz. Eink.	288,64	321,62	214,41
Anspruch	300,36	333,51	224,39

LEISTUNGEN NACH DEM SGB XII

Bei Leistungen nach dem SGB XII, die je nach Anspruchsvoraussetzungen anstelle der Leistungen nach SGB II gewährt werden, läuft die eigentliche Berechnung genauso ab, wie beim SGB II. Schwierig ist in diesem Zusammenhang eigentlich nur, zu ermitteln, wer welche Hilfeart erhält und wie sich die Bedarfsgemeinschaften zusammensetzen.

ZUSTÄNDIGKEIT

Für Leistungen der Sozialhilfe (Oberbegriff für Leistungen nach dem SGB XII) ist gemäß § 3 Abs. 1 SGB XII der örtliche und der überörtliche Träger zuständig. Die örtlichen Träger sind gemäß § 3 Abs. 2 S. 1 SGB XII die Kreise und die kreisfreien Städte. Der überörtliche Träger wird gemäß § 3 Abs. 3 SGB XII von den Ländern bestimmt. In NRW sind überörtliche Träger die beiden Landschaftsverbände (LVR und LWL).

Örtliche Zuständigkeit	
SGB XII, 3. Kapitel **Hilfe zum Lebensunterhalt**	§ 98 Abs. 1 S. 1 SGB XII tatsächlicher Aufenthalt des Hilfesuchenden
SGB XII, 4. Kapitel **Grundsicherung im Alter und bei Erwerbsminderung**	§ 98 Abs. 1 S. 2 SGB XII gewöhnlicher Aufenthalt des Hilfesuchenden

Sachliche Zuständigkeit	
Für die Leistungen nach den Kapiteln 3 und 4 des SGB XII ist der örtliche Träger zuständig, soweit nicht nach Landesrecht der überörtliche Träger zuständig ist. Da keine derartige Regelung vorliegt ist zuständig für:	
SGB XII, 3. Kapitel **Hilfe zum Lebensunterhalt**	Der örtliche Träger der Sozialhilfe, d.h. Kreise und kreisfreie Städte
SGB XII, 4. Kapitel **Grundsicherung im Alter und bei Erwerbsminderung**	

ANSPRUCHSVORAUSSETZUNGEN

In § 8 SGB XII sind alle Leistungen, die nach dem SGB XII gewährt werden können, aufgelistet. Von Interesse für die Ausbildung sind hier nur die Leistungen nach dem 3. und 4. Kapitel. Die Anspruchsvoraussetzungen sind wie folgt geregelt:

SGB XII, 4. Kapitel Grundsicherung im Alter und bei Erwerbsminderung § 41 Abs. 1 SGB XII	Altersgrenze (§ 41 Abs. 2 SGB XII) ist erreicht oder dauerhafte Erwerbsminderung liegt vor und gewöhnlicher Aufenthalt in der BRD
SGB XII, 3. Kapitel Hilfe zum Lebensunterhalt § 19 Abs. 1 S. 1 SGB XII	praktisch alle Personen, die keinen Anspruch auf Leistungen nach dem SGB II oder dem 4. Kapitel, SGB XII haben

RANGFOLGE DER LEISTUNGEN

In der Praxis ergibt sich eine Rangfolge der Hilfearten.

1. Grundsicherung für Arbeitsuchende
2. Sozialgeld
3. Grundsicherung im Alter und bei Erwerbsminderung
4. Hilfe zum Lebensunterhalt

Die Prüfung nach den Anspruchsvoraussetzungen hat in dieser Reihenfolge stattzufinden.

EINSATZ VON EINKOMMEN

Die Absetzung vom Einkommen erfolgt bei beiden Hilfearten nach den Vorschriften des § 82 SGB XII. Die wesentlichen Absetzungspunkte sind wie folgt geregelt:

§ 82 Abs. 2 Nr. 1	Steuern in voller Höhe
§ 82 Abs. 2 Nr. 2	Beiträge zur gesetzlichen Sozialversicherung
§ 82 Abs. 2 Nr. 3	angemessene Beiträge für private Zusatzversicherungen in der tatsächlichen Höhe Kfz-Haftpflichtversicherung nur bei Erwerbstätigkeit
§ 82 Abs. 3 S. 1	bei Erwerbstätigen: 30 % vom Brutto-Einkommen, aber maximal 50 % des Eckregelsatzes

EINSATZ VON VERMÖGEN

Gemäß § 90 Abs. 1 SGB XII ist grundsätzlich das gesamte verwertbare Vermögen einzusetzen. Nach § 1 DVO zu § 90 SGB XII gilt die Ausnahme, dass gemäß § 90 Abs. 2 Nr. 9 SGB XII für den Haushaltsvorstand 5.000 € und für den Ehepartner 500 € anrechnungsfrei bleiben.

UMFANG DER LEISTUNG

Der Umfang der Leistungen ist für die Grundsicherung im Alter und bei Erwerbsminderung und bei der Hilfe zum Lebensunterhalt in § 42 SGB XII geregelt und setzt sich bei beiden Hilfearten wie folgt zusammen:

§ 28 SGB XII **Maßgebender** **Regelsatz**	Der Eckregelsatz (RS) richtet sich nach dem Warenkorb im Regelbedarfsermittlungsgesetz (RBEG). Es wurden 6 Regelbedarfsstufen geschaffen, die sich regelmäßig erhöhen.
§ 35 Abs. 1 **S. 1 SGB XII**	Kosten der Unterkunft soweit angemessen. Die Angemessenheit ist so geregelt, wie bei Leistungen nach dem SGB II.
§ 30 Abs. 1 **SGB XII**	Mehrbedarf i. H. v. 17 % des maßgebenden RS, wenn voll erwerbsgemindert oder Altersgrenze erreicht und Schwerbehindertenausweis mit Merkzeichen „G"
§ 30 Abs. 2 **SGB XII**	Mehrbedarf i. H. v. 17 % des maßgebenden RS, bei Schwangeren ab dem 4. Schwangerschaftsmonat
§ 30 Abs. 3 **SGB XII**	Mehrbedarf für Alleinerziehende i. H. v. 36 % des RS für ein Kind unter 7 Jahren oder zwei oder drei Kinder unter 16 Jahren oder 12 % des RS für jedes Kind, höchstens jedoch 60 % des RS
§ 30 Abs. 5 **SGB XII**	Medizinisch notwendige kostenaufwändige Ernährung in tatsächlicher Höhe
§ 30 Abs. 6 **SGB XII**	Die Summe der Mehrbedarfe darf den Betrag des maßgebenden RS nicht übersteigen.
§ 31 Abs. 1 Nr. **1 SGB XII**	Einmaliger Mehrbedarf für Erstausstattung einer Wohnung.
§ 31 Abs. 1 Nr. **2 SGB XII**	Einmaliger Mehrbedarf für Schwangerschafts- und Neugeborenenausstattung.

BERECHNUNG UND AUSZAHLUNG

Auch hier erfolgt dann zunächst die Bedarfsermittlung, in deren Anschluss das einzusetzende Einkommen und Vermögen in Abzug gebracht wird, um den Auszahlungsbetrag zu ermitteln. Die Leistungserbringung erfolgt gemäß § 10 Abs. 1 i.V.m. Abs. 3 S. 1 SGB XII als Geldleistung. Gemäß § 18 Abs. 1 SGB XII setzt die Hilfe zum Lebensunterhalt ein, sobald der örtliche Träger von der Hilfebedürftigkeit Kenntnis erlangt hat. Für die Grundsicherung im Alter und bei Erwerbsminderung besteht nach § 44 Abs. 1 S. 1 SGB XII ein Antragserfordernis. Eine zeitliche Begrenzung der Leistungen nach dem SGB XII besteht zunächst nicht.

ORDNUNGSWIDRIGKEITEN- UND STRAFRECHT

GEMEINSAMKEITEN

Das Ordnungswidrigkeitenrecht befasst sich mit der Ahndung von Verstößen gegen geltendes Recht, die in der Vergangenheit begangen worden sind. Es ist verwandt mit dem Strafrecht und wird daher mitunter auch als „kleines Strafrecht" bezeichnet. Wie für Strafsachen, ist auch für Ordnungswidrigkeitenverfahren die ordentliche Gerichtsbarkeit zuständig.

Das Straf- und Ordnungswidrigkeitenrecht unterliegt in Deutschland dem „Grundsatz der Repression und Prävention". Repression heißt hier, dass Verstöße durch Strafausspruch im Nachhinein sanktioniert werden. Das präventive Element sorgt dafür, dass auch die Begehung künftiger Straftaten und Ordnungswidrigkeiten verhütet wird. Dies geschieht durch den „nulla poena"-Grundsatz, bzw. den Grundsatz des Vorbehaltes des Gesetzes. Demnach darf eine Tat nur dann bestraft werden, wenn die Handlung vor Begehung der Tat unter Strafe gestellt worden ist. Hierbei sind auch die Art und Höhe der Strafe zu nennen. Das bedeutet in der Praxis, dass der Gesetzgeber eine definierte Handlung mit einem Strafmaß zu verknüpfen hat.

So definiert, als Beispiel für eine Straftat, § 172 Strafgesetzbuch (StGB):

„Wer eine Ehe schließt, obwohl er verheiratet ist, oder wer mit einem Verheirateten die Ehe schließt, wird mit Freiheitsstrafe bis zu drei Jahren oder mit Geldstrafe bestraft."

oder, als Beispiel für eine Ordnungswidrigkeit, § 118 Ordnungswidrigkeitengesetz (OWiG):

„(1) Ordnungswidrig handelt, wer eine grob ungehörige Handlung vornimmt, die geeignet ist, die Allgemeinheit zu belästigen oder zu gefährden und die öffentliche Ordnung zu beeinträchtigen.

(2) Die Ordnungswidrigkeit kann mit einer Geldbuße geahndet werden, wenn die Handlung nicht nach anderen Vorschriften geahndet werden kann. "

KENNTNISNAHME VON VERBOTEN

In unserem Rechtssystem ist es weitgehend unerheblich, ob der Täter tatsächlich von der Strafbarkeit seiner Handlung wusste. Ausschlaggebend für eine Bestrafung ist lediglich die Möglichkeit der Kenntnisnahme der gesetzlichen Regelungen im Vorfeld der Tatbegehung. Nahezu jede Norm ist heutzutage im Internet kostenlos zu finden. Darüber hinaus stehen viele Themen des täglichen Lebens regelmäßig in den Nachrichten, Talkshows und sogenannten Wissensmagazinen zur Diskussion, wie z.B. die „Hartz IV"-Gesetze, Verbrechen gegen die sexuelle Selbstbestimmung oder Betrugsfälle. Somit hat jeder Bürger die Möglichkeit, Kenntnis der Rechtsordnung zu erlangen, bevor er eine Handlung durchführt. Nun mag es – in Deutschland vielleicht in deutlich geringerem Maße, als z.B. in der anglo-amerikanischen Rechtssphäre – Strafvorschriften geben, die nicht jedermann geläufig sind. Dass ein Betrug oder ein Mord in Deutschland unter Strafe steht, dürfte wohl jedem bekannt sein. Wusstest du aber z.B., dass du dich bereits strafbar machst, wenn du auch nur den Versuch unternimmst, das nichtöffentlich gesprochene Wort von jemandem auf Tonband aufzunehmen (§ 201 I Nr. 1, IV StGB) oder eine

Ordnungswidrigkeit begehst, wenn du das Schweizer Wappen unbefugt verwendest (§ 125 II OWiG)?

Für diese Fälle wurden im Straf- und Ordnungswidrigkeitenrecht die Institute des Tatbestandsirrtums (§ 11 I OWiG, § 16 StGB) und des Verbotsirrtums (§ 11 II OWiG, § 17 StGB) geschaffen. Dies führt dazu, dass bei individuell vorliegenden Unklarheiten über den Umfang, bzw. die einzelnen Merkmale eines verwirklichten Tatbestandes, zumindest nicht von einer vorsätzlichen Handlung ausgegangen werden darf. Fehlt dem Täter unverschuldet bei Begehung der Tat die Einsicht, Unrecht zu tun, so kann er straffrei bleiben. Dies muss der Täter selbstverständlich gegenüber dem Richter oder der Behörde durch Gutachten nachweisen oder zumindest glaubhaft machen. Dies wird in den meisten Fällen nicht gelingen.

DELIKTSFÄHIGKEIT / DEFEKTZUSTAND

In Deutschland kann für eine Tat nur bestraft werden, wer diese im Zustand der (zumindest teilweisen) Einsichts- und Steuerungsfähigkeit begangen hat. Es gibt zwei Gruppen von Personen, bei denen von vorneherein angenommen wird, dass diese hierüber nicht verfügen. Das sind Personen unter 14 Jahren (§ 12 I OWiG, § 19 StGB) und Personen mit erheblichen psychischen Krankheiten (§ 12 II OWiG, § 20 StGB). Bei Letzteren muss immer im Einzelfall festgestellt werden, ob die psychische Störung so stark ist, dass tatsächlich die Einsichts- oder Steuerungsfähigkeit betroffen ist.

VERSCHULDEN DES TÄTERS

Für das Straf- und Ordnungswidrigkeitenrecht ist es erheblich, ob bei Begehung einer Tat ein persönliches Verschulden des

Täters vorliegt. Hier wird grundsätzlich in Fahrlässigkeit und Vorsatz unterschieden. Grundsätzlich versteht man unter Fahrlässigkeit das außer Acht lassen der im Verkehr erforderlichen Sorgfalt. Umgangssprachlich könnte man sagen: „es ist einfach passiert", möglicherweise auch wegen Unachtsamkeit des Täters. Vorsätzlich ist eine Tathandlung, wenn der Täter den Erfolg, also die Erfüllung des Tatbestandes, wünscht. Hier könnte man umgangssprachlich sagen: „der Täter hat es extra / absichtlich gemacht." Strafbar ist in Deutschland grundsätzlich nur vorsätzliches Handeln – es sei denn, die konkrete Tathandlung wird im Gesetz ausdrücklich auch bei fahrlässiger Begehung unter Strafe gestellt. Dies ist in der weit überwiegenden Mehrzahl der Gesetze der Fall. Der Versuch einer Tatbegehung ist bei Verbrechen strafbar, bei Vergehen nur, wenn dies in der Vorschrift ausdrücklich bestimmt ist. Ein Verbrechen ist nach § 12 I StGB eine Tat, die mit mindestens einem (1) Jahr Freiheitsstrafe bedroht ist. Vergehen sind alle anderen Taten.

Im Ordnungswidrigkeitenrecht ist der Versuch in der Regel nicht strafbewehrt. Liegt vom Grundsatz her ein Verschulden des Täters vor, so ist dann noch zu prüfen, ob der Täter zum Zeitpunkt der Tatbegehung auch deliktsfähig war. Außerdem kann ein das Verschulden ausschließender Rechtfertigungsgrund vorliegen. Solche Gründe sind Notwehr, Notstand und Selbsthilfe. Diese unterscheiden sich nochmals in Unterarten und es ist recht kompliziert, diese juristisch korrekt in wenigen Worten darzustellen, weswegen die folgenden einfachen Worte ausreichen sollen:

Notwehr liegt vor, wenn der Täter die Tat begeht, um einen gegenwärtigen, rechtswidrigen Angriff durch einen anderen Menschen abzuwehren, und die Tat dabei im Verhältnis zum Angriff als ausgewogen anzusehen ist. Ist letzteres nicht der

Fall, spricht man von einem Notwehr-Exzess, der den sich übermäßig wehrenden zumindest schadensersatzpflichtig macht, in der Regel aber auch strafrechtliche Konsequenzen nach sich zieht.

Beispiel:

Der Täter wird überfallen und von dem Räuber in eine Häuserecke gedrängt. Der Räuber hat eine Pistole in der Hand, richtet diese auf den Täter und fordert die Herausgabe von allen Wertgegenständen, andernfalls würde er den Täter erschießen. Der Täter bekommt eine Eisenstange zu fassen und schlägt damit dem Räuber gegen den Kopf. Dies ermöglicht dem Täter die Flucht. Hier liegt eine (sogar gefährliche) Körperverletzung beim Räuber durch den Täter vor. Diese ist jedoch durch Notwehr gerechtfertigt, weil er sich aus Angst um Leib und Leben zur Vornahme der Körperverletzung gezwungen gefühlt hat, und dies auch objektiv erforderlich gewesen ist. Der Täter geht in diesem Fall straffrei aus.

Abwandlung:
Nachdem der Täter den Räuber mit der Eisenstange zu Boden gestreckt hat, schlägt er noch zweimal auf den am Boden liegenden und orientierungslosen Räuber ein, bevor er flüchtet. Hier ist der erste Schlag mit der Eisenstange, wie im vorigen Fall, durch Notwehr gedeckt. Die beiden weiteren Schläge waren nicht erforderlich und stellen, soweit er nicht nach § 33 StGB eine Überreaktion aus Furcht nachweisen kann, eine Überschreitung der Notwehr dar, die dem Täter wohl eine Schadensersatzforderung (nach § 823 BGB) und eine Freiheitsstrafe wegen

gefährlicher Körperverletzung (nach § 224 I Nr. 2 StGB) einbringen wird.

Notstand liegt vor, wenn der Täter die Tat begeht, um eine Gefahr, die von einer Sache ausgeht, abzuwenden.

Beispiel:

Ein Kind spielt unbeaufsichtigt an einem auf dem Bürgersteig abgestellten Fahrrad vor dem Eingang eines Blumengeschäftes. Dabei klemmt es sich die Hand unübersichtlich irgendwo zwischen der Radgabel und den Speichen ein. Das Kind beginnt zu weinen und zu schreien und wird dabei immer panischer. Der Täter, der Verkäufer im Blumengeschäft, wird auf das Kind aufmerksam und eilt ihm zur Hilfe. Mit einer Drahtschere aus seinem Geschäft durchtrennt er die Speichen und kann das Kind befreien. Der Täter hat eine Sachbeschädigung begangen. Er kann diese Tat jedoch aufgrund Notstandslage legitimieren, da eine schnelle Befreiung der empfindlichen Kinderhände zur Abwendung dauerhafter gesundheitlicher Schäden notwendig war. Seine Handlung bleibt demnach straffrei.

TATKOMPLEXE

In Bezug auf die Höhe einer Strafe wird neben den grundsätzlichen Bestimmungen zu deren Bemessung auch einbezogen, ob eine Tateinheit oder eine Tatmehrheit vorliegt. Bei einer Tateinheit werden mehrere Verstöße mit ein und derselben Handlung begangen. Die Strafe richtet sich dann nach demjenigen dieser Verstöße, der mit der höchsten Strafe bedroht ist.

Bei einer Tatmehrheit werden mehrere unabhängige Verstöße gemeinsam sanktioniert. Hier ist dann im Strafrecht auf eine Gesamtstrafe zu entscheiden, die die Summe der jeweiligen Einzelstrafen nicht erreichen darf. Im Ordnungswidrigkeitenrecht wird bei einer Tatmehrheit für jeden Verstoß ein separates Bußgeld festgesetzt. Diese Bußgelder werden dann in einem (1) Bußgeldbescheid, allerdings einzeln aufgeführt, dem Betroffenen zugestellt.

VERFAHREN IM ORDNUNGSWIDRIGKEITENRECHT

Im Bereich der Ordnungswidrigkeiten werden aufgrund von einer Anzeige oder durch Erlangung eigener Erkenntnisse durch die Verwaltungsbehörde oder die Polizei Ermittlungen aufgenommen. Erhärtet sich der Verdacht, dass eine Ordnungswidrigkeit begangen wurde, so wird der Betroffene angehört. Ihm wird dabei dargelegt, welche konkreten Vorwürfe gegen ihn erhoben werden, und er wird dazu aufgefordert, Stellung zu nehmen. Er ist hierzu jedoch nicht verpflichtet. Strafmildernde und strafverschärfende Aussagen des Betroffenen werden in die Entscheidung mit einbezogen. Zwischenzeitlich können durch die Ermittlungsbehörde auch Zeugen befragt und Gutachten eingeholt werden. Nach Abschluss des Ermittlungsverfahrens stellt die Behörde den Verstoß und das Verschulden des Täters fest, oder sie stellt fest, dass kein Verstoß vorliegt. In den Fällen geringfügiger Ordnungswidrigkeiten kann die Behörde dem Betroffenen eine Verwarnung aussprechen. Diese kann mit einem Verwarngeld in Höhe von 5 € bis 55 € verbunden werden. Die Verwarnung mit Verwarngeld ist mitwirkungsbedürftig, d.h. der Betroffene muss mit ihr einverstanden sein. Nimmt er die Verwarnung an, ist der Fall abgeschlossen und eine Verfolgung der Tat ist nicht mehr weiter zulässig. Lehnt er jedoch die Verwarnung ab – dies ist auch der Fall, wenn der Betroffene überhaupt nicht reagiert, insbesondere das Verwarngeld nicht innerhalb von zwei Wochen bezahlt – wird im Regelfall ohne weitere Anhörung ein Bußgeldbescheid gegen den Betroffenen erlassen, der, über die Geldbuße hinaus, auch noch die Zahlung von Gebühren (für die Arbeitszeit der Verwaltungsmitarbeiter) und Auslagen (i.d.R. Portokosten für die förmliche Zustellung) fordert. Die eigentliche Bußgeldhöhe wird durch das Gesetz limitiert. Grundsätzlich besteht aus dem OWiG ein Bußgeldrahmen zwischen 5 € und 1.000 €. Jedoch wird dieser Rahmen in den meisten Fällen durch Spezialgesetze auf Geldbußen in Höhe von mehreren 10.000 €, in Ausnahmefällen sogar über 100.000 €, ausgeweitet. Zusätzlich zu der Geldbuße kann auch eine Gewinnabschöpfung vorgenommen werden, wenn dem Betroffenen nachgewiesen werden kann, dass er durch die Begehung der Tat einen wirtschaftlichen Gewinn erzielt hat. Innerhalb des maßgeblichen Bußgeldrahmens ist die Höhe der konkreten Geldbuße an der Bedeutung der Ordnungswidrigkeit, dem Vorwurf, der den Täter trifft (Verschulden) und an dessen wirtschaftlichen Verhältnissen zu bemessen. Hier hat die Ermittlungsbehörde in der Regel einen umfassenden Ermessensspielraum, soweit nicht ein Bußgeldkatalog besteht, wie dies z.B. im Straßenverkehrsrecht ganz exemplarisch der Fall ist.

Ist der Bußgeldbescheid gegen den Betroffenen ergangen, so kann er dagegen Einspruch einlegen. Der Einspruch geht im Regelfall an die Behörde, die den Bußgeldbescheid auch erlassen hat. Diese hat nun die Möglichkeit, dem Einspruch abzuhelfen, oder nicht. Hier sind drei Varianten denkbar:

Die Behörde gibt dem Einspruch vollumfänglich statt und hebt den Bußgeldbescheid auf.

Die Behörde hilft dem Einspruch teilweise ab und ändert z.B. die Bußgeldhöhe nach unten (aber auch nach oben ist möglich) ab.

Die Behörde hilft dem Einspruch nicht ab und gibt das Verfahren an die Staatsanwaltschaft ab.

Nach Abgabe des Verfahrens an die Staatsanwaltschaft wird in der Regel ein Termin zur Hauptverhandlung angesetzt, an dem beide Seiten vor dem Richter erscheinen und ihre jeweilige Sichtweise vortragen müssen und Anträge stellen können. Der Richter kann dann den Bußgeldbescheid aufheben, abändern oder bestehen lassen. Als letztes Rechtsmittel besteht dann die Revision (Überprüfung des vorinstanzlichen Urteils auf formelle Fehler) vor dem Oberlandesgericht.

VERFAHREN IM STRAFRECHT

Im Strafverfahren werden die Ermittlungen ebenfalls nach Eingang einer Strafanzeige oder nach Bekanntwerden von hinreichenden verdachtsbegründenden Tatsachen bei der Polizei oder Staatsanwaltschaft aufgenommen. Die betroffene Person wird bis zur Aufnahme eines Ermittlungsverfahrens „Verdächtiger" genannt, anschließend „Beschuldigter". Die Ermittlungsbehörde hört auch hier den Beschuldigten an und kann Zeugen befragen und Beweismittel erheben. Mangelt es an einem hinreichenden Tatverdacht oder ist die Tat geringfügig, so kann die Staatsanwaltschaft das Verfahren einstellen. Gegebenenfalls erfolgt die Einstellung unter Zahlung einer Geldauflage. Hat sich der Tatverdacht jedoch hinreichend erhärtet, erhebt die Staatsanwaltschaft Anklage und der Beschuldigte wird zum „Angeschuldigten". Bei schweren Verbrechen oder bei Verdunkelungsgefahr kann die Staatsanwaltschaft außerdem den Erlass eines Haftbefehls beantragen. Der Angeschuldigte muss dann gegebenenfalls, auf Anordnung des Gerichts, in Untersuchungshaft.

Im gerichtlichen Zwischenverfahren wird vom Gericht überprüft, ob der Tatverdacht tatsächlich zur Zulassung der Klage ausreichend ist. Es kann außerdem weitere Zeugen bestellen, Gutachten anordnen und weitere Beweismittel erheben. Ist der Tatverdacht am Ende des Zwischenverfahrens nicht hinreichend, so lehnt das Gericht die Klage ab. Das Gericht lehnt die Klage im Regelfall auch ab und leitet den Vorgang an die zuständige Verwaltungsbehörde weiter, wenn es zu der Ansicht gekommen ist, dass keine Straftat, wohl aber eine Ordnungswidrigkeit vorliegt. Reicht der Tatverdacht allerdings aus, so lässt das Gericht die Klage zu und es kommt zum Hauptverfahren, in dem der Angeschuldigte als „Angeklagter" bezeichnet wird. Im Hauptverfahren werden der Angeklagte, die Zeugen und Gutachter, die Staatsanwaltschaft und eventuelle Nebenkläger gehört und die Beweise in Augenschein genommen. Das Hauptverfahren endet mit der Urteilsverkündung durch Freispruch oder Verurteilung, bzw. Schuldspruch.

Mögliche Strafen sind Geldstrafen und Freiheitsstrafen. Werden die Geldstrafen nicht gezahlt, so können diese in Freiheitsstrafen umgewandelt werden. Geldstrafen werden immer in sogenannten Tagessätzen ausgesprochen. Ein Tagessatz entspricht immer 1/30 des monatlichen Nettoeinkommens des Angeklagten. Dies berücksichtigt die wirtschaftlichen Verhältnisse des Angeklagten und macht die Urteile untereinander vergleichbar.

Freiheitsstrafen unter 2 Jahren können auf Bewährung ausgesetzt werden, d.h. dass die Freiheitsstrafe nicht vollzogen wird. Sobald jedoch der sich auf freiem Fuß befindliche

Verurteilte weitere Straftaten begeht oder gegen seine Bewährungsauflagen (z.B. tägliche Meldepflicht bei einer Polizeiwache) verstößt, kann die Bewährung aufgehoben werden und die Freiheitsstrafe wird vollzogen.

Zeitige Freiheitsstrafen sind Freiheitsstrafen, die nach Zeit bemessen sind. Also solche, die nicht lebenslang verhängt werden. Bei einer zeitigen Freiheitsstrafe kann die Verbüßung des restlichen Strafmaßes ausgesetzt werden, wenn bereits 2/3 der Strafe verbüßt sind, eine günstige Sozialprognose vorliegt und der Inhaftierte einverstanden ist. Alle drei Merkmale müssen gleichzeitig vorliegen.

Wird eine lebenslange Freiheitsstrafe ausgesprochen, so bedeutet dies grundsätzlich eine Haftunterbringung bis zum Lebensende. Allerdings kann eine Freilassung auf Bewährung von einem Verurteilten beantragt werden. Dies kommt dann in Betracht, wenn mindestens 15 Jahre der lebenslangen Haftstrafe verbüßt sind, bei der Verurteilung nicht die besondere Schwere der Tat festgestellt worden ist und eine günstige Sozialprognose gutachtlich festgestellt wird. Auch diese drei Merkmale müssen zugleich vorliegen.

Als zusätzliche Nebenstrafe im Bedarfsfall ist die Verhängung eines Fahrverbotes bei Straftaten im Zusammenhang mit Kraftfahrzeugnutzung gegeben. Als Nebenfolge eines Urteils können dem Verurteilten die Amtsfähigkeit, die Wählbarkeit und das Stimmrecht entzogen werden.

Darüber hinaus kommen sogenannte Maßregeln der Besserung und Sicherung für denjenigen Angeklagten in Betracht, bei denen eine Freiheits- oder Geldstrafe nicht zweckmäßig erscheint. Diese können dann stattdessen in einem psychiatrischen Krankenhaus oder einer

Entziehungsanstalt untergebracht werden. Auch die anschließende Sicherungsverwahrung nach Verbüßen der Freiheitsstrafe ist eine solche Maßregel der Besserung und Sicherung. Zuletzt kann das Gericht auch die Fahrerlaubnis vollständig entziehen und eine Sperre für die Wiedererteilung festsetzen oder auch ein Berufsverbot aussprechen.

Als Rechtsmittel sind die Berufung (Überprüfung des vorinstanzlichen Urteils auf inhaltliche und formelle Fehler) vor dem Landgericht und die Revision vor dem Oberlandesgericht möglich.

Zum Schluss soll nicht unerwähnt bleiben, dass diejenigen Personen, die wegen Straftaten verurteilt wurden und ihre Strafen verbüßt haben, damit vollständig rehabilitiert sind und grundsätzlich keine Einschränkungen aufgrund der Verurteilung erfahren dürfen. Allerdings darf es hiervon in begründeten Fällen Ausnahmen geben. Eine solche Ausnahme könnte im Bereich des Arbeitsrechts vorliegen, wenn z.B. ein wegen Unterschlagung Verurteilter für eine Arbeitsstelle als Kassierer vorspricht. Er muss dann die Fragen zu seiner Verurteilung beantworten und kann aus diesem Grund auch abgelehnt werden.

BESCHAFFUNG UND VERGABE

Behörden sind, genau wie private Haushalte und Unternehmen darauf angewiesen, Mittel und Gebrauchsgüter zu beschaffen, bzw. Aufträge für Dienstleistungen zu vergeben. Sie sind in Deutschland aber an bestimmte Vorschriften gebunden, die dabei zu beachten sind. Gleichzeitig wird auch der Einfluss des Rechts der Europäischen Union immer größer.

Grundsätzlich kann man sagen, dass je nach Größenordnung der in Betracht gezogenen Ausgaben unterschiedliche Verfahren anzuwenden sind.

Auf der niedrigsten Ebene befindet sich in der Regel die Beschaffung. Hier werden Verbrauchs- und Gebrauchsmaterialien des täglichen Geschäfts eingekauft. Sofern der Warenwert einen bestimmten Betrag, der üblicherweise in internen Regelungen der Behörde festgelegt ist, nicht übersteigt, können diese Dinge und geringfügige Reparatur- und Wartungsarbeiten freihändig, also vom einzelnen Sachbearbeiter, eingekauft, bzw. in Auftrag gegeben werden.

Bei größeren Anschaffungen, Baumaßnahmen und Investitionen muss eine, gemessen am Wert, immer höher gehende Beteiligung der Vorgesetzten erfolgen. Ab einem ebenfalls in internen Regelungen festgelegten Betrag ist dann jedoch die freihändige Vergabe erschöpft und es muss eine öffentliche Vergabe erfolgen. Bei vergleichsweise geringen Beschaffungen, wie z.B. Dienst-PKW, kann es ausreichend sein, dass von z.B. drei verschiedenen Anbietern Angebote eingeholt werden. Diese werden dann nach bestimmten

Kriterien miteinander verglichen. Im Falle des Dienst-PKW könnten z.B. Eigenschaften wie der Anschaffungspreis, die Unterhaltungskosten, der Verbrauch, die CO^2-Emissionen, die Geländetauglichkeit oder die Firmenpolitik des Herstellers einbezogen werden. Der Unternehmer mit dem besten (wirtschaftlichsten) Angebot erhält dann den Auftrag.

Bei mittleren bis hohen Investitionssummen muss eine öffentliche Ausschreibung innerhalb Deutschlands erfolgen. Hier haben grundsätzlich alle Unternehmer die Möglichkeit, bis zu einem bestimmten Stichtag ein Angebot für die exakt umrissene Tätigkeit oder das Produkt abzugeben. Bis zu diesem Stichtag bleiben alle Angebote verschlossen. Sie werden erst am Stichtag (bzw. am Eröffnungstermin) geöffnet und gesichtet. Die Angebote werden dann ebenfalls nach bestimmten Kriterien verglichen, und das am besten passende Angebot erhält den Zuschlag. Werden die Angebote vor dem Stichtag gesichtet und sogar Informationen an Konkurrenten herausgegeben, handelt es sich hierbei um „Wettbewerbsbeschränkende Absprache bei Ausschreibungen" (Straftat nach § 298 StGB) oder um „Submissionsbetrug" (Straftat nach § 263 StGB, welche beide mit hoher Geldstrafe oder Freiheitsstrafe bis zu 5, bzw. 10 Jahren, geahndet werden können.

Bei sehr hohen Investitionssummen muss die öffentliche Ausschreibung europaweit erfolgen. Dies ist eine der Regelungen, die die Europäische Union mit sich gebracht hat. Zusammenfassend sind vor allem folgende Rechtsvorschriften bei der Vergabe zu beachten: Gesetz gegen Wettbewerbsbeschränkungen, Vergabeverordnung, Tariftreue- und Vergabegesetz, Unterschwellenvergabeordnung und (teilweise) die Vergabeordnungen VOB, VOL und VOF.

TARIFTREUE- UND VERGABEGESETZ DES LANDES NORDRHEIN-WESTFALEN

Am 01.05.2012 ist das Tariftreue- und Vergabegesetz des Landes Nordrhein-Westfalen in Kraft getreten. Dieses schrieb weitere Bedingungen für die öffentliche Vergabe vor. So sind insbesondere Ausschreibungen so zu formulieren gewesen, dass Aspekte von Klimaschutz, Umweltschutz und Energieeffizienz Berücksichtigung finden. Die eingehenden Angebote waren darauf zu prüfen, ob der betreffende Unternehmer die geltenden Arbeitsschutz- und Mindestlohnvorschriften einhält. Unternehmer, die Frauenförderung betrieben sollten positiv berücksichtigt werden.

Bereits vor Erlass des Tariftreue- und Vergabegesetzes NRW wurde es von vielen Seiten kritisiert, weil die wesentlichen Regelungen (mit Ausnahme der Frauenförderung) bereits bei vergleichsweise geringwertigen Aufträgen ab 0 €, bzw. 20.000 €, Auftragswert gelten. Dies mache die Vergabe unnötig kompliziert. Bereits in mehreren anderen Bundesländern bestehen ähnliche Gesetze.

Da insbesondere im Bereich des Umweltschutzes (Gütesiegel) auch Europarecht tangiert ist, habe ich dem TVgG NRW in der damaligen Form bereits 2013 keine große Zukunft zugesprochen. Tatsächlich wurden im Jahr 2018 dann im Rahmen des nordrhein-westfälischen Entfesselungspaktes die Regelungen des TVgG NRW a.F. verschlankt um im Wesentlichen durch Verweise auf die bereits geltenden Regelungen des Arbeitsrechts ersetzt. Auch die recht umfassenden Erklärungspflichten des TVgG NRW a.F. wurden vereinfacht.

Nach meiner Auffassung wird die EU über kurz oder lang eine für alle Staaten verbindliche Verordnung zum Thema öffentliche Vergabe erarbeiten, die die Länderregelungen dann ersetzten wird.

WETTBEWERB ALS TRAGENDER GRUNDSATZ DER VERGABE

Als Grundlage einer fairen Vergabepraxis gilt in Deutschland der ungehinderte Wettbewerb. Sowohl § 1 Gesetz gegen Wettbewerbsbeschränkungen, als auch § 1 Tariftreue- und Vergabegesetz NRW, postulieren, dass nur ein fairer Wettbewerb ohne Einschränkung oder Verfälschung im Ergebnis zu dem wirtschaftlichsten Angebot führt. Lediglich eine Bindung an sozialverträgliche Arbeits- und Vertragsbedingungen und die Einhaltung von Vorgaben zum Umweltschutz und zur Energieeffizienz werden als zulässige Beschränkungen ausdrücklich genannt. Diese Beschränkung hat aber in der Praxis nur einen gewissen Gewichtungseffekt bei der Zuschlagserteilung, da ein Angebot, das geltendem Recht widerspricht, per se nicht in Frage kommen kann. Wie du an meinen vorherigen Ausführungen zum Tariftreue- und Vergabegesetz NRW erkennen kannst, wird das Rechtsfeld, welches Einschränkungen in den Wettbewerb manifestiert, stetig breiter. Der Staat sollte anfänglich nur so viel in die Marktwirtschaft und damit den Wettbewerb eingreifen, wie es unbedingt nötig ist. Die Gesetzgebungspraxis scheint sich in den letzten Jahren deutlich von dieser Zielsetzung zu entfernen. Insgesamt stellt sich daher die Frage, in wie weit der Wettbewerb als tragender Grundsatz der Vergabe noch aktuell ist, da der Regelungswille des Staates auf immer mehr Rechtsbereiche durchschlägt und dessen Eingriffsintensität zu wachsen scheint. Sicherlich ist dies nicht allein auf den Willen unserer Bundes- und Landesregierungen zurück zu führen, sondern findet einen Großteil der „Anregungen" im europäischen Recht. Dennoch kann dahingestellt bleiben, ob es uns langfristig nutzt, jede europäische Tendenz und jede aktuelle Befindlichkeit in geltendes Recht umzusetzen.

VERWALTUNGSORGANISATION

Kenntnisse der Organisationslehre sind elementar für deine berufliche Zukunft im öffentlichen Dienst. Der Beamte wird in der Öffentlichkeit oft als überorganisiert und kleinlich angesehen, viele der verwaltungsorganisatorischen Regeln sind aber zweckmäßig.

Die Inhalte des Fachs können sich deutlich unterscheiden, jedoch sind gewisse Grundlagen, die ich dir hier vermitteln möchte, universell und können dann im Zweifel von dir weiterentwickelt werden.

ALLGEMEINES

Eine Verwaltung ist ein System, welches mit gegebenen Mitteln bestimmte Zwecke zu verfolgen hat. Dies ist ganz ähnlich dem Aufbau eines privatwirtschaftlichen Unternehmens, mit dem Unterschied, dass eine Verwaltung keine Gewinnerzielung beabsichtigt. Eine Verwaltung möchte möglichst wirtschaftlich die vom Gesetzgeber (auch Stadtrat, Dienstanweisungen etc.) gegebenen Aufgaben erfüllen. Wendet man das ökonomische Prinzip auf die Verwaltung an, so verfolgt diese das Minimalprinzip, bzw. das Prinzip der Kostendeckung: der Bürger sollte so wenig wie möglich belastet werden, wobei jedoch die Kosten, die der Verwaltung durch die Erfüllung der gesetzlichen Aufgaben entstehen, durch dessen Abgaben gedeckt sind. Auf dieses Prinzip wirst du auch im Fach Abgabenrecht wieder stoßen. Kommunale Abgaben sind Steuern, Beiträge und Gebühren. Im Falle der Gebühren, ist deren Höhe so zu bemessen, dass die tatsächlichen Kosten gedeckt werden.

INPUT-OUTPUT-MODELL DER VERWALTUNG

Die Verwaltung hat nun für ihre Aufgabenerfüllung mehrere Elemente zu berücksichtigen. Um überhaupt eine Legitimation zum Handeln zu haben, müssen Menschen vorhanden sein, deren Interessen zu verwalten sind, es müssen Aufgaben da sein, die der Mensch auf die Verwaltung (durch den Gesetzgeber) übertragen hat und es müssen Sachmittel vorhanden sein, mit denen die Aufgaben erfüllt werden können. Darüber hinaus besteht ein Input in Form von gesetzlichen Vorgaben, die die Rahmenbedingungen für die Aufgabenerledigung vorgeben. Begleitet von einem ständigen Informationsfluss führt die Arbeit der Verwaltung dann zu einem Output für den Bürger. Dieser Output kann sachlicher Natur sein, also z.B. in Form von ausgestellten Personalausweisen oder Führerscheinen, aber auch informativer Natur, z.B. als rechtliche Auskunft.

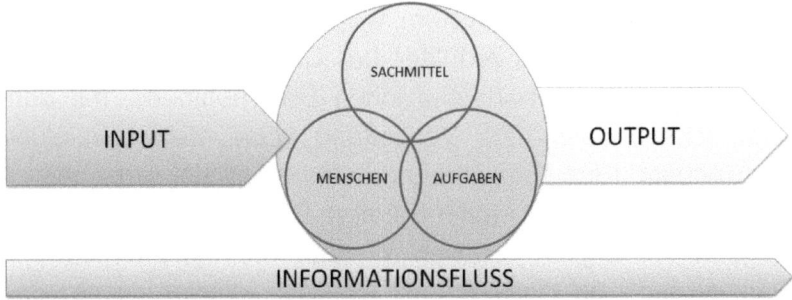

ZIELE DER VERWALTUNG

1.) Sachziele

Unter den Sachzielen versteht man die Aufgaben, die der Verwaltung übertragen wurden (Pflichtaufgaben, Auftragsangelegenheiten) oder die sie sich selbst gesetzt hat (freiwillige Aufgaben).

Die Aufgaben müssen erfüllt werden, damit die Verwaltung ihre Legitimation durch die Bevölkerung behält. Werden die Aufgaben nicht in einem mindestens ausreichenden Maße erfüllt, droht die Absetzung der Verwaltungsspitze oder im Extremfall eine Revolte der Bevölkerung (z.b. bei gravierenden Vernachlässigungen bei der Müllabholung oder im Gesundheitssystem).

2.) Formalziele

Die Formalziele geben nicht zwingend an, wie die Verwaltung die Sachziele zu erreichen hat, dies wird regulär durch die Gesetze geregelt. Unter Formalzielen sind eher Nebenziele zu verstehen, die sich die Verwaltung selbst setzt (oder durch Stadtrat / Kreistag auferlegt bekommt), und die Rahmenbedingungen für die grundsätzliche Arbeitssituation in der Verwaltung schaffen.

Zum Beispiel kann ein besonderes Augenmerk auf die Wirtschaftlichkeit oder Sparsamkeit der Verwaltung gelegt werden, um langfristig Ressourcen für mehr freiwillige Aufgaben zu schaffen. Dies käme dann dem Bürger zu Gute und würde das Image der Verwaltung verbessern.
Es kann auch auf eine hohe Arbeitszufriedenheit gesetzt worden, indem die Arbeitszeiten arbeitnehmerfreundlich gestaltet werden und kostenlose Fortbildungen oder Betriebssport angeboten werden, damit die Mitarbeiter ihre Arbeit motiviert machen, sich langfristig an den Dienstherren binden und weniger Krankheitszeiten verursachen.

Während die Sachziele, zumindest in Hinblick auf die Pflichtaufgaben, erfüllt werden müssen, stellen Formalziele sozusagen den Soll-Zustand dar. Über die Aufgabenerfüllung, zu der die Verwaltung verpflichtet ist, hinaus, soll der soziale Faktor (Sozialstaatsprinzip, Art. 20 I GG) nicht zu kurz kommen.

Die Formalziele müssen demnach nicht erfüllt werden – dies sollte aber versucht werden, damit Bürger und Bedienstete zufrieden sind.

OUTSOURCING / PRIVATISIERUNG

1.) Echtes Outsourcing

Echtes Outsourcing liegt vor, wenn eine Verwaltung ihre Aufgaben an privatwirtschaftliche Unternehmen abgibt. So wird zum Beispiel vielerorts die Müllabholung nicht mehr städtisch durchgeführt, sondern auf private Müllunternehmen übertragen. Die Stadt nimmt weiterhin die Entsorgungsgebühren ein, zahlt dafür aber einen festgelegten Preis an das Müllunternehmen.

2.) Unechtes Outsourcing

Unter unechtem Outsourcing wird die Gründung von Eigenunternehmen oder das Einkaufen in Firmen verstanden. Beispielsweise werden Schwimmbäder oder Theater oftmals zu Eigenbetrieben umgewandelt. Die Stadt bleibt dann Eigentümer des Betriebs, der Betrieb verhält sich dann aber privatwirtschaftlich und darf Erlöse erzielen. Diese können dann entweder für Investitionen gespart oder von der Stadt entnommen werden und für das laufende Geschäft verwendet werden. Das gleiche gilt für das Einkaufen in bestehende Unternehmen, z.B. in Flughäfen. Hierbei muss allerdings bedacht werden, dass die Stadt in der Regel nicht mehr als 50 % der Anteile besitzt und daher auch nur eingeschränkt auf das Unternehmen einwirken und Erlöse aus dem Unternehmen herausziehen kann.

VORTEILE UND NACHTEILE

Insgesamt ist der Vorteil des Outsourcings, dass insbesondere spezielle Aufgaben, die entsprechend geschultes Personal und Spezialmaschinen und -werkzeuge erfordern, an Fachunternehmen abgegeben werden können, die bereits über das erforderliche Knowhow und die nötigen Ressourcen verfügen. Die Körperschaft kann dadurch ihre Mitarbeiter alternativ in der Verwaltung einbinden und muss auch keine speziellen Maschinen anschaffen, unterbringen und warten. Das kann deutlich billiger für die Verwaltung werden, als wenn die Aufgabe selbst wahrgenommen wird.

Als Nachteil ist zu sehen, dass die Mitarbeiter der Privatunternehmen nicht durch die Körperschaft weisungsgebunden sind. Das heißt, dass bei Problemen mit der Aufgabenerledigung immer zunächst der Umweg über die Geschäftsleitung des beauftragten Unternehmens genommen werden muss. Ob das Unternehmen die Kritik dann auch umsetzt und an die Mitarbeiter weitergibt, ist ihr selbst überlassen. Letztlich kann das Unternehmen sich auch komplett stur stellen und es auf einen zivilrechtlichen Streit ankommen lassen. Wird die Aufgabenerfüllung von dem Unternehmen vernachlässigt, fällt dies zudem auf die Körperschaft selbst zurück, da der Bürger in der Praxis kaum unterscheiden kann, ob die Müllabholung durch städtisches Personal, durch Eigenbetriebsmitarbeiter oder ein Privatunternehmen durchgeführt wird. Entsorgungspflichtig bleibt in diesem Fall immer die Stadtverwaltung, und diese muss sich auch Beschwerden der Bürger anhören und gefallen lassen.

STELLENBEDARFSBERECHNUNG

Kernelement der Organisationslehre sind auch immer Grundzüge der Stellenbedarfsermittlung. Hierbei geht es darum, ausgehend von einer bestimmten Menge an Arbeit die Anzahl der benötigten Stellen zu ermitteln.

Ausgangspunkt ist zunächst der Brutto-JAM (Brutto-Jahresarbeitsminuten). Dies sind die Minuten pro Jahr, die ein Vollzeitmitarbeiter grundsätzlich arbeiten kann. Hiervon abgezogen werden üblicherweise die Urlaubstage, die durchschnittlichen Krankheitstage und 10 % persönlich bedingte Ausfallzeiten (z.b. Raucherpause, Toilettengang, „schlechter Tag") pro Tag. Dies führt zum Netto-JAM in Höhe von ca. 85.000 Minuten/Jahr.

Sprich in diesem Zusammenhang bitte mit deinem Dozenten, wie er den Brutto-JAM ansetzt und welche Abzugsmöglichkeiten er für zwingend hält.

Grundsätzlich wird zunächst eine bestimmte Arbeitsmenge in Form eines Antragsaufkommens angegeben:

6000 Anträge à 45 Minuten pro Jahr
1.500 Anträge à 160 Minuten pro Jahr

Man berechnet nun einfach die nötige Arbeitszeit:

6.000 x 45 + 1.500 x 160 = 270.000 + 240.000
= 510.000 Minuten/Jahr

Dann wird diese Arbeitszeit durch den Netto-JAM geteilt:

510.000 / 85.000 = 6,0 MJ

Für die Bearbeitung der o.g. Anträge werden folglich 6,0 MJ (Vollzeitmitarbeiter) benötigt.

Diese Berechnung ist zunächst sehr einfach. Zu deinem Repertoire soll aber auch die Berechnung saisonabhängiger Stellenbedarfe gehören. Hierbei liegt die Hauptleistung nicht direkt in der Berechnung, sondern eher in der anschließenden Interpretation des Ergebnisses, bzw. der Begründung, wie viele Stellen tatsächlich geschaffen werden sollen.

Wichtig für die Berechnung ist zunächst, dass du versuchst, Schwankungen so zu gruppieren, dass du den Jahresverlauf in Abschnitte unterteilen kannst, die jeweils ca. den gleichen Stellenbedarf nötig machen.

Teile dann den Netto-JAM durch 12 Monate und rechne anschließend auf die Abschnitte hoch, bevor du den Stellenbedarf durch Division ermittelst.

BEISPIEL:

Monat	Antrag A	Antrag B	Antrag C
Jan.	20	100	50
Feb.	20	100	50
März	20	100	50
Apr.	20	100	50
Mai	20	10	50
Juni	20	10	50
Juli	20	10	50
Aug.	20	10	50
Sep.	20	10	50
Okt.	20	10	50
Nov.	20	50	10
Dez.	20	50	10

Aufwand:
Antrag A ~ 60 Minuten
Antrag B ~ 30 Minuten
Antrag C ~ 120 Minuten,
Netto-JAM = 85.000 Minuten p.a.

LÖSUNG:

1.) Berechnung des Zeitaufwands

$Zeit[Jan]$ = 20 x 60 + 100 x 30 + 50 x 120 = 1.200 + 3.000 + 6.000 = 10.200 Min.

$Zeit[Feb]$ = 20 x 60 + 100 x 30 + 50 x 120 = ... = 10.200 Min.

$Zeit[Mär]$ = 20 x 60 + 100 x 30 + 50 x 120 = ... = 10.200 Min.

$Zeit[Apr]$ = 20 x 60 + 100 x 30 + 50 x 120 = ... = 10.200 Min.

$Zeit[Mai]$ = 20 x 60 + 10 x 30 + 50 x 120 = 1.200 + 300 + 6.000 = 7.500 Min.

$Zeit[Jun]$ = 20 x 60 + 10 x 30 + 50 x 120 = ... = 7.500 Min.

$Zeit[Jul]$ = 20 x 60 + 10 x 30 + 50 x 120 = ... = 7.500 Min.

$Zeit[Aug]$ = 20 x 60 + 10 x 30 + 50 x 120 = ... = 7.500 Min.

$Zeit[Sep]$ = 20 x 60 + 10 x 30 + 50 x 120 = ... = 7.500 Min.

$Zeit[Okt]$ = 20 x 60 + 10 x 30 + 50 x 120 = ... = 7.500 Min.

$Zeit[Nov]$ = 20 x 60 + 50 x 30 + 10 x 120 = 1.200 + 1.500 + 1.200 = 3.900 Min.

$Zeit[Dez]$ = 20 x 60 + 50 x 30 + 10 x 120 = ... = 3.900 Min.

2.) Einteilung in Abschnitte und Berechnung des Stellenbedarfs

Zeit[Jan-Apr]
= (4 Mon. x 10.200 Min.) / (85.000 Min. / (12 Mon. x 4 Mon.))
= 40.800 Min. / 28.333,32 Min. = 1,44 MJ

Zeit[Mai-Okt]
= (6 Mon. x 7.500 Min.) / (85.000 Min. / (12 Mon. x 6 Mon.))
= 45.000 Min. / 42.500 Min. = 1,06 MJ

Zeit[Nov-Dez]
= (2 Mon. x 3.900 Min.) / (85.000 Min. / (12 Mon. x 2 Mon.))
= 7.800 Min. / 14.166,67 Min. = 0,55 MJ

3.) Interpretation

Handelt es sich um Anträge, die nicht termin- oder fristgebunden sind, so kann mit 1,25 bis 1,5 Stellen geplant werden. Die sich von Januar bis Oktober anstauenden Anträge können dann im November und Dezember abgearbeitet werden. Sind die Anträge jedoch termin- oder fristgebunden, so macht die Einstellung von 1,0 festen Mitarbeitern und 0,5 MJ Aushilfskräften am meisten Sinn. Eine Aushilfskraft schafft vermutlich weniger Anträge als ein fester Mitarbeiter, kann diesen aber bei der Überbelastung von Januar bis April unterstützen. Von Mai bis Dezember wird er dann nicht gebraucht, da die 0,6 MJ Mehrarbeit durch den festen Mitarbeiter zu kompensieren sind und für November und Dezember eine Unterbelastung vorliegt.

Du siehst also, dass es bei der Stellenbedarfsermittlung nicht mit der Berechnung getan ist, sondern dass diese Berechnung auch praktisch bewertet und in „echte" Mitarbeiter umgesetzt werden muss. Hierbei ist zeitweise auch eine Über- oder

Unterbelastung von festen Mitarbeitern möglich. In wie weit zusätzlich der Einsatz von Zeitarbeits- und Aushilfskräften (die natürlich regulär über eine geringere Qualifikation verfügen) sinnvoll ist, muss konkret erörtert werden. Hierbei gibt es nicht zwingend richtige und falsche Antworten – allenfalls die Begründung der Entscheidung muss nachvollziehbar und vertretbar sein.

AUFBAUORGANISATION

Unter der Aufbauorganisation versteht man die Grundstrukturierung der Behörde: die Aufteilung in Bereiche / Dezernate und Ämter. Auch die Verteilung von Aufgaben auf die Ämter gehört hierzu. Eine Stelle ist dabei die kleinste Einheit, die in der Aufbauorganisation dargestellt wird. Die Zuordnung von Stellen zu Mitarbeitern gehört nicht zur Aufbauorganisation.

Die Darstellung der Aufbauorganisation erfolgt visuell in Form eines Organigramms. So sind sowohl die Hierarchie, als auch die Dienstwege erkennbar. Hierarchisch ist eine Behörde in Form einer Linienorganisation aufgebaut. Das heißt die Entscheidungswege verlaufen in vertikaler Richtung, also von der jeweils oberen Stelle oder Instanz zur darunter liegenden.

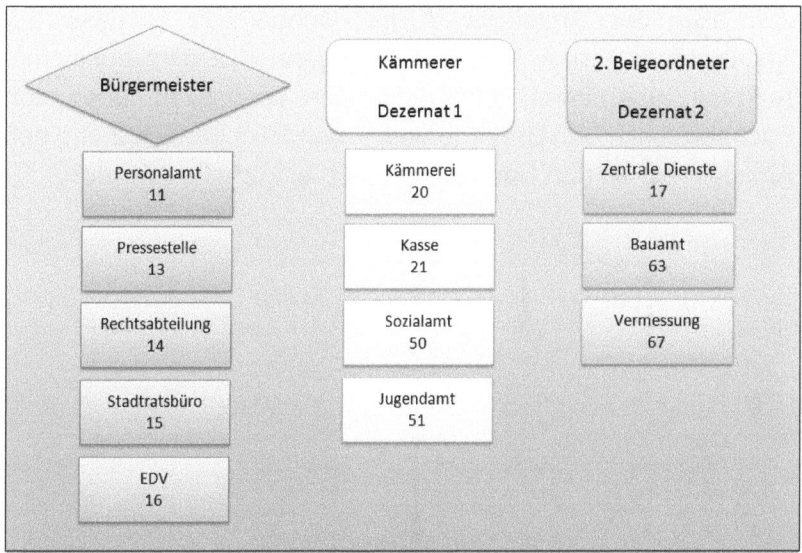

Ein Beispiel für ein Organigramm.

Es gibt allerdings insgesamt drei anerkannte Organisationsformen, die in Unternehmen und Verwaltungen Anwendung finden können.

Das **Einliniensystem** eignet sich insbesondere für Unternehmen, die ihre Maxime auf die absolute Dokumentation des Handelns und ein starres und eindeutiges Direktionsrecht legen. Es findet somit zumeist Anwendung in der öffentlichen Verwaltung. In größeren Verwaltungen findet man hingegen in der Regel eine Mischform – ein Einliniensystem kombiniert mit, mehr oder weniger vielen, Stäben (siehe weiter „Stablinienorganisation"). Bei einem Einliniensystem wird der Dienstweg stets vertikal durch alle hierarchisch vorgeschalteten Stellen geleitet. Jede und jeder Vorgesetzte ist somit über den Verfahrensstand informiert und kann entsprechend seiner Funktion reagieren. Anweisungen innerhalb eines Fachbereiches werden immer von oben nach unten gegeben.

Will also der Amtsleiter A in Fachbereich 1, dass der Sachbearbeiter b in Amt B in Fachbereich 2 eine bestimmte Aufgabe übernimmt, so muss der Dienstweg über den Fachbereich 1, den Behördenleiter, den Fachbereich 2 und den Amtsleiter B an den Sachbearbeiter b eingehalten werden.

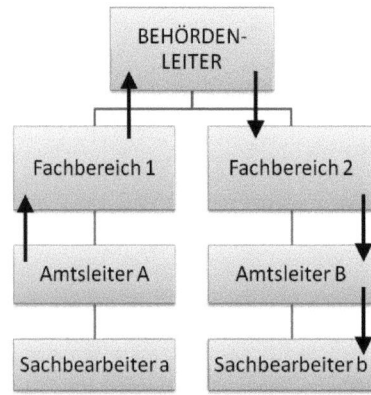

Ein Beispiel für ein Einliniensystem.

Die Vorteile dieses System sind darin zu sehen, dass alle beteiligten Instanzen jeweils aktuell Kenntnis von den Verfahren ihres Funktionsbereiches erhalten. Darüber hinaus ist ganz klar definiert, wer wem Anweisungen erteilen darf und auch Fehler lassen sich relativ einfach zuordnen. Ein Nachteil liegt darin, dass der Informationsfluss gestört werden kann, z.B. können Verfahren ins Stocken geraten, weil ein Beteiligter erkrankt oder urlaubsbedingt abwesend ist. Dies sollte durch einen Vertreter aufgefangen werden, dies kann aber in der Praxis nicht immer gewährleistet werden, insbesondere wenn es sich um elementare Entscheidungen handelt. Grundsätzlich könnte eine Entscheidung schneller getroffen werden, wenn der Dienstweg nicht eingehalten würde, jedoch erhöht sich dadurch auch das Risiko, das Fehler gemacht werden – „viele Augen sehen mehr". Auch in Bezug auf rechtsstaatliche Amtsausübung und

Korruptionsprävention ist die Beteiligung mehrerer Stellen als positiv zu bewerten.

In einem **Mehrliniensystem** besteht der Aufbau eines Einliniensystems, jedoch mit zusätzlichen Weisungsrichtungen der Fachbereiche auf die Ämter der anderen Fachbereiche. Übersetzt heißt das, dass der Fachbereich 2 direkt Anweisungen an den Amtsleiter B des Fachbereiches 1 geben kann.

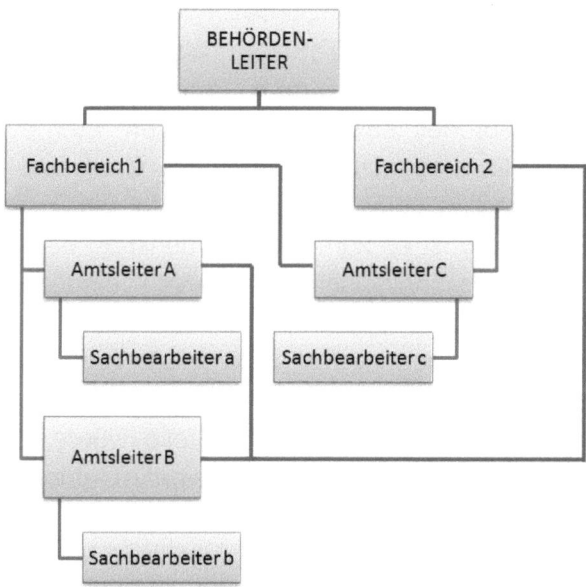

Ein Beispiel für ein Mehrliniensystem.

Diese Organisationsform findet man üblicherweise nicht in Verwaltungen, sondern ausschließlich in, meist technisch ausgerichteten, Unternehmen der Privatwirtschaft. Der Vorteil ist der direkte Informationsaustausch jeweils mit dem fachlichen Experten. Dies führt theoretisch zu besseren Arbeitsergebnissen. Ein Nachteil besteht darin, dass durch den direkten Weg möglicherweise Ämter nicht beteiligt werden, die ihrerseits zum Verfahren beizutragen hätten – einfach, weil sie vergessen werden. Hinzu kommt, dass kein klarer Direktionsweg definiert ist, sodass es zu widersprüchlichen Arbeitsanweisungen und „Kompetenzgerangel" kommen kann. Auch im Wege einer Fehlersuche bleibt dann oft die Frage offen, wo der organisatorische oder prozessuale Mangel sein könnte.

Zuletzt folgt die Einlinienorganisation im **Stabliniensystem**. Hier wird das Einliniensystem um Stäbe erweitert, die in der Regel einer bestimmten (Linien-)Stelle, also einem Amt, zugeordnet sind. Sie können aber auch direkt dem Behördenleiter zugeordnet sein. Stäbe können aus allen erdenklichen Gründen eingerichtet werden, im Gros sind es jedoch Kompetenzstellen, die die zugeordnete Linienstelle fachlich beraten soll. So ist es zum Beispiel denkbar, dass für ein Jugendamt eine „psychologische Stabsstelle" eingerichtet wird, die das Jugendamt bei der Wahrnehmung seiner Aufgaben mit psychologischem Rat unterstützt. Dies macht dann Sinn, wenn das Jugendamt selbst keine eigenen Psychologen besitzt. Der Wert der Stabsstelle würde noch erhöht, indem sie von jedem Amt angefragt werden könnte, so z.B. auch von der Ausländerbehörde, dem Veterinäramt, dem Sozialamt, dem Ordnungsamt, etc.. Die Stabsstelle hat in der Regel nur beratenden Charakter und darf selbst keine Anweisungen erteilen.

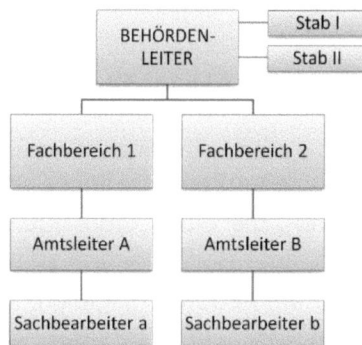

Ein Beispiel für ein Stabliniensystem.

Der Vorteil ist, dass bestimmte generell angefragte Kompetenzen aus Fachämtern ausgelagert und somit allen Mitarbeitern der Verwaltung nutzbar gemacht werden können. Ein Nachteil besteht in höheren Kosten durch die Verwaltung der Stabsstelle – die Verwaltung würde ansonsten ja im Rahmen der Verwaltung des Fachamtes erfolgen – und dadurch, dass kein spezielles Fachwissen der Linienstelle mehr vorhanden ist. Ich will dies erklären: ein Psychologe, der direkt im Jugendamt eingesetzt ist, kennt sich mit den Gesetzen und der Rechtsprechung, sowie mit den besonderen psychologischen „Problemen" der Kunden aus und kann dies bei seiner Arbeit berücksichtigen und im Zweifel bessere Ergebnisse erzielen. Wird der Psychologe jedoch als Stabsstelle ausgelagert, muss er sich um eine Vielzahl von unterschiedlichen Fachbereichen kümmern. Ein Asylant hat ganz andere psychologische „Probleme", als eine Mutter, der ihre Kinder entzogen werden sollen, oder ein Landwirt, der seinen Lebensunterhalt durch ein Tierhalteverbot bedroht sieht. Typische Stabsstellen sind der Datenschutzbeauftragte, der Arbeitsschutzbeauftragte, die Gleichstellungsbeauftragte und die Rechtsabteilung, aber auch Schulräte oder technische/medizinische Leiter des Rettungsdienstes oder der Kreisbrandmeister.

ORGANISATIONSEINHEITEN

Eine Verwaltung ist in Organisationseinheiten aufgeteilt. Diese bilden eine gewisse Struktur, die insgesamt das Einliniensystem (mit oder ohne Stabsstellen) ergibt. Hierzu sind verschiedene Begriffe geprägt worden, die einen einschätzen lassen, mit welcher Instanz innerhalb einer Behörde man zu tun hat. Teilweise sind verschiedene Begriffe bedeutungsgleich. Ich stelle hier den gängigen Aufbau dar, im Rahmen der Organisationshoheit kann aber letztlich jeder Behördenleiter nach eigenem Gusto seine Verwaltung strukturieren.

Behördenleiter
- Landrat, Oberbürgermeister, (Kreisdirektor),
- Bürgermeister (Chef der Verwaltung, Vorsitzender des Kreistages / Stadtrates)

Fachbereich, Dezernat, Bereich, Abteilung
- (Beigeordneter), Fachbereichsleiter, (Kämmerer), (Kreisdirektor), Dezernent, Bereichsleiter, Abteilungsleiter
- Zusammenfassung mehrerer (u.U. thematisch unzusammenhängender) Ämter, z.B. Fachbereich Finanzen (mit Kasse, Kämmerei, Vollstreckung) oder Fachbereich Ordnung (mit allg. Ordnungsamt, Verkehrsraumüberwachung, Schwarzarbeit)

Amt, Organisationseinheit (OE), Abteilung
- Amtsleiter, OE-Leiter, Abteilungsleiter
- Organisationseinheit, die i.d.R. einen Themenbereich umfasst, z.B. Ordnungsamt, Standesamt, Rettungswesen, aber auch Amt für Jugend und Soziales

Sachgebiet
- Sachgebietsleiter
- Unterthema eines Amtes, welches groß genug ist, um eine eigene Leitung zu erfordern
z.b. Sachgebiet Landeshundegesetz NRW im Ordnungsamt, Sachgebiet Schornsteinfegergebühren im Amt für Feuerschutz und Rettungswesen, Sachgebiet Außenbereichsvorhaben im Bauamt

Gruppen, Projekte
- Gruppenleiter, Projektleiter, Leitung von Kleinstgruppen und Projekten
- in manchen Behörden ist „Gruppenleiter" eine Schlüsseltätigkeit
z.b. Wahlleiter, Leiter des Zensus
aber auch mit Vorarbeitercharakter: Leitender Lebensmittelkontrolleur, Leiter der Buchstaben A-K (SGB II) im Sozialamt

Zu erwähnen ist in diesem Zusammenhang noch die Existenz von Servicestellen oder Servicebüros, mit denen du eventuell im Rahmen deiner praktischen Ausbildung Bekanntschaft machen wirst. Hierbei handelt es sich um (oft nur örtlich) ausgelagerte Mitarbeiter eines Amtes oder Sachgebietes. Diese sind oftmals in den Gebäuden anderer Verwaltungen untergebracht, zusammen mit den Mitarbeitern der dortigen Verwaltung. Dies soll die Behörde dezentralisieren und es den Bürgern leichter machen, ihre Behördengänge zu erledigen. Ein weit verbreitetes Beispiel ist die Einrichtung von örtlichen Straßenverkehrsämtern (bzw. Zulassungsstellen) der Kreise in den Ordnungsämtern der angehörigen Städte und Gemeinden. Auch die Gesundheitsämter sind oftmals mit einer Außenstelle bei einer angehörigen Kommune vertreten.

STELLENBESCHREIBUNG

Die Stellenbeschreibung und -bewertung gehört zur Aufbauorganisation. Jeder Arbeitsplatz in der Verwaltung wird in Form einer Stelle beschrieben und in den Stellenplan (der Anhang des Haushaltsplans ist) aufgenommen. Damit eine Stelle ausgeschrieben und bewertet werden kann, muss eine Stellenbeschreibung erstellt werden. Diese enthält mindestens die Bezeichnung der Stelle, den Tätigkeitsbereich, die Verantwortungen und Kompetenzen, die Anforderungen, die Aufgaben und die Lage der Stelle innerhalb der Organisation. Hilfreich ist auch die Angabe des Vorgesetzten. Aufgrund der Stellenbeschreibung und der konkreten Fallzahlen, die auf der Stelle anfallen, kann dann überprüft werden, wie viel MJ die Stelle ausmacht (Vollzeit, Teilzeit) und anhand der Qualität der auszuführenden Tätigkeiten und der Anforderungen an die Stelle kann eine Bewertung, d.h. Einordnung in Besoldungs- und/oder Entgeltgruppen, erfolgen.

ABLAUFORGANISATION

Zur Ablauforganisation gehören die Elemente, die Einfluss auf die Prozessabläufe haben und regeln, wie die Arbeit erledigt wird. Es geht darum, die Arbeitsabläufe möglichst effizient zu gestalten und, entsprechend möglicher Formalziele, z.B. gleichzeitig für eine hohe Arbeitsmotivation zu sorgen.

LIEGEZEITEN

Ein entscheidender Punkt, der im Rahmen der Ablauforganisation reduziert werden soll, ist die Häufigkeit und Dauer der sogenannten Liegezeiten. Damit sind die Zeiten gemeint, in denen Vorgänge unbearbeitet in Warteschlange liegen. Aber auch Transportzeiten können hier berücksichtigt werden. Liegezeiten können z.B. originär durch eine niedrige Personaldecke, lange Krankheitszeiten oder sehr hohe Anforderungen an die Erfüllung von Aufgaben entstehen. Diese Faktoren lassen sich oft nicht beeinflussen. Sind lange Liegezeiten jedoch im Arbeitsablauf begründet, so können sie durch Umgliederung der Arbeitsstrukturen reguliert werden.

VERRICHTUNGS- UND OBJEKTGLIEDERUNG

Um eine sinnvolle Gliederung ganz grob festzulegen, eignet sich die Unterteilung in Verrichtungs- und Objektgliederung.

Bei der Verrichtungsgliederung wird ein Arbeitsprozess in mehrere Teilprozesse unterteilt. Jeder Teilprozess wird dann von einem Mitarbeiter durchgeführt, der auf diesen jeweiligen Teilprozess spezialisiert ist. Eine Verrichtungsgliederung ist üblicherweise z.B. geeignet für Fließbandarbeiten oder Großprojekte, die Spezialisten erfordern, z.B. im Flugzeugbau.

Im Rahmen der Objektgliederung sind alle mit einem Arbeitsprozess befassten Mitarbeiter gleich qualifiziert. Die Menge der Einzelprozesse wird dann gleichmäßig auf die Mitarbeiter verteilt.

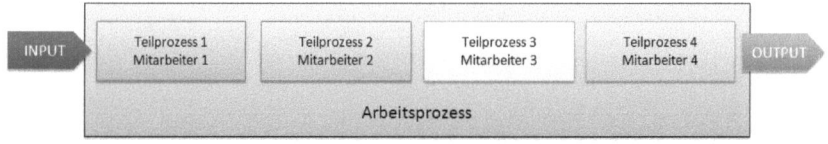

Ein Beispiel für eine Verrichtungsgliederung.

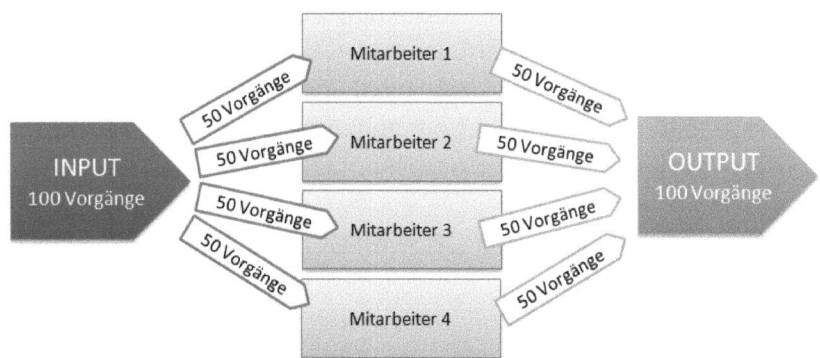

Ein Beispiel für eine Objektgliederung.

DIENSTWEGPRINZIP, LINIENHIERARCHIE

Der Organisationsaufbau im öffentlichen Dienst ist nach wie vor stark geprägt durch eine hierarchische Aufgabenteilung. Beim Verteilen von Arbeitsaufträgen, Informationen oder beim Einholen von Auskünften etc. ist daher immer der Dienstweg einzuhalten. Dies hat den Zweck, dass alle direkt oder indirekt Betroffenen über alle Vorgänge und Angelegenheiten ihres Zuständigkeitsbereichs informiert sind. Im Folgenden findest du zwei Beispiele zur Einhaltung des Dienstwegs (nächste Seite).

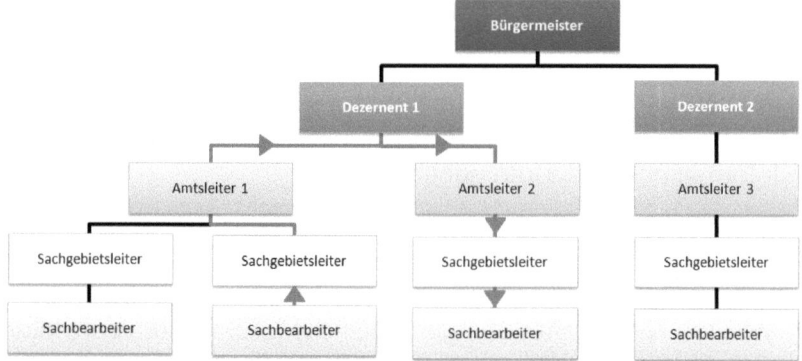

Einhaltung des Dienstweges bei der Kommunikation zwischen zwei Sachbearbeitern. Die Information fließt über den Sachgebietsleiter, den Amtsleiter 1, den Dezernenten 1, den Amtsleiter 2, den Sachgebietsleiter an den Sachbearbeiter. Auf diese Weise ist jeder in der Kette informiert.

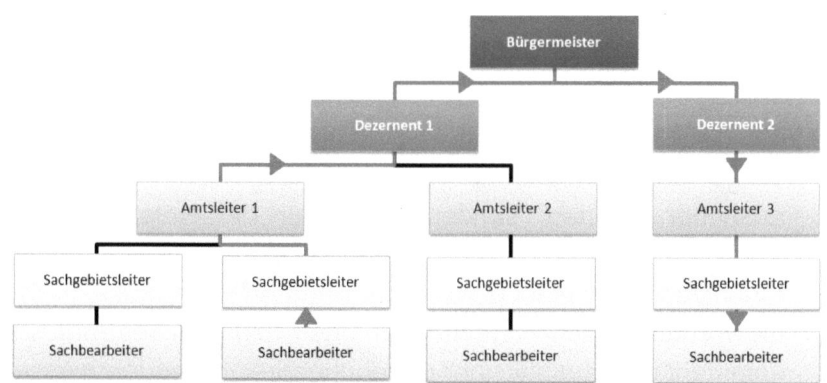

Einhaltung des Dienstweges beim dezernatsübergreifenden Informationsfluss.

DER KURZE DIENSTWEG

Unter dem kurzen Dienstweg versteht man das Übergehen von Vorgesetzten, damit eine Information schneller bei dem endgültigen Empfänger ankommt. Rechtlich gesehen ist das nicht zulässig. Zumindest offizielle Schriftstücke (d.h. Post, Anträge, Bescheide, Verwaltungsakte, etc.) sollten auf dem regulären Dienstweg übermittelt werden, damit keine Informationen verloren gehen.

NEUES STEUERUNGSMODELL

Mit dem Neuen Steuerungsmodell der öffentlichen Verwaltung sollten insbesondere die Kommunalverwaltungen zu einem „betriebswirtschaftlicheren" Umgang mit ihren Finanzmitteln gezwungen werden. Dies sah vor allem vier elementare Veränderungen vor:

- Outputorientierung
- Dezentrale Ressourcenverantwortung
- Kontraktmanagement
- Ablösung der Kameralistik durch die Doppik (NKF).

Mit der Outputorientierung ist gemeint, dass Ämter nicht im Wege der Aufgabenerfüllung „unbegrenzt" Finanzmittel ausgeben können, sondern dass vor der Aufstellung und Verabschiedung des Haushaltsplanes eine Finanzmittelanmeldung von jedem Amt erfolgen muss, in dem die voraussichtlichen Einnahmen und Ausgaben des Amtes im kommenden Haushaltsjahr gegenübergestellt werden müssen. Das Amt muss also grob überschlagen, wie viele (gebührenpflichtige) Verwaltungsakte voraussichtlich erlassen werden und welche Kosten voraussichtlich zu tragen sein werden. Damit dies überhaupt möglich ist, muss in der Finanzbuchhaltung auf Produkte gebucht werden. Ein ausgestellter Jagdschein ist also z.B. ein Produkt. Diesem Produkt wird mittels Kosten- und Leistungsrechnung ein bestimmter Wert zugewiesen. Mit diesem Wert kann dann im Haushaltsplan gerechnet werden.

Mittels der dezentralen Ressourcenverantwortung soll das Amt in die Verpflichtung genommen werden, sich für die Verwendung von Finanzmitteln zu rechtfertigen. Werden die geschätzten Gesamtausgaben eines Amtes überschritten, so muss das Amt darlegen (im besten Fall schon bevor es zur Überschreitung kommt) warum es zu diesen Mehrausgaben gekommen ist und wie damit zukünftig umzugehen ist (Können die Mehrausgaben abgestellt oder kompensiert werden oder ist auch weiterhin mit einer erhöhten Belastung zu rechnen ?). Die dezentrale Ressourcenverantwortung geht mit der Einrichtung von Budgets einher. Ein Amt erhält demnach aufgrund seiner Schätzung ein Budget zugewiesen, innerhalb dessen es Transaktionen durchführen kann.

Das Kontraktmanagement stellt ein System aus Pseudo-Rahmenverträgen zwischen dem Dienstherrn und den einzelnen Ämtern oder Fachbereichen dar. Es werden sozusagen die Regeln festgelegt, nach denen das Amt oder der Fachbereich wirtschaften kann. Das Konstitut des „Kontraktes" soll den Schein einer Verpflichtung für das Amt generieren, die Wirtschaftlichkeit seines Handelns stetig zu überprüfen.

Die logische Konsequenz aus den genannten Grundsätzen ist die Ablösung der Kameralistik durch die Doppik (doppelte Buchführung in Konten). Damit ein effizientes Controlling erfolgen kann, Budgets zugewiesen und nachgehalten werden können und auch die Gebühren für die Produkte berechnet werden können, musste die Kameralistik, die nur Einzahlungen und Auszahlungen misst, durch die komplexere Doppik abgelöst werden. Die Doppik misst nicht nur Veränderungen des Geldvermögens, sondern auch des Anlagevermögens und des Kapitals (inklusive Aufwand).

Aus meiner Sicht hat das Neue Steuerungsmodell einer wahren Flut an Kritikpunkten zu widerstehen. Der Grundgedanke, ein transparenteres und wirtschaftlicheres Behördenhandeln zu erreichen, ist sicherlich gut und richtig. Die Art, wie dies versucht wurde zu realisieren hingegen, hat m.E. keine spürbare Verbesserung geschaffen. Die Einführung der doppischen Finanzbuchhaltung und von Controlling-Instrumenten wie der Kosten- und Leistungsrechnung zur Gebührenermittlung waren sinnvolle Schritte. Auch die Einführung von Budgets kann nicht grundsätzlich kritisiert werden – soweit dezentrale Ressourcenverantwortung in diesem Sinne nicht nur die Delegation von Verpflichtungen zum wirtschaftlichen Handeln auf die Ämter bedeutet. Auch müssen besonders wirtschaftliche Leistungen der Ämter – z.B. Unterschreitung der Budgets – honoriert werden. Und zwar direkt bei den Ämtern, nicht betriebszweckfremd in den Gemeinerträgen. Kein Amt sucht sich seine Aufgaben aus. Fast alle Aufgaben sind mittlerweile Pflichtaufgaben oder Auftragsangelegenheiten. Kaum ein Amt hat Personal im Überfluss, sodass hinterfragt werden müsste, ob nicht dort Einsparungen getroffen werden könnten. Wenn ein fairer Umgang zwischen den Budgetgebern und den Budgetverantwortlichen, mit beiderseitigem Geben und Nehmen, besteht, dann erübrigt sich das Kontraktmanagement, denn nur ein Budgetverantwortlicher, der auch etwas davon hat, wenn er sein Budget unterschreitet (bei voller Aufgabenerfüllung), der wird dies auch in Zukunft wieder anstreben – ganz aus eigener Motivation, nicht wegen eines Kontraktmanagements.

Zuletzt ist es meines Erachtens unmöglich, das Konzept der Outputorientierung auf die öffentliche Verwaltung zu übertragen. Dieser Versuch hinkt, denn die Orientierung nach dem Output macht nur Sinn, wenn der Output auch steuerbar ist. Im Großteil der Fälle öffentlicher Aufgaben ist der Output jedoch nicht steuerbar, sondern wird von vielen Faktoren bestimmt, wie demographischer Entwicklung oder wirtschaftlicher Entwicklung.

STELLENPLAN

Wenn du dir einmal den Haushaltsplan deiner Kommune angesehen hast – möglicherweise auch im Rahmen des Kapitels „Kommunales Finanzmanagement" – dann hast du eventuell auch den Anhang „Stellenplan" bemerkt. Der Stellenplan führt alle Stellen der Verwaltung, meist getrennt nach Beschäftigten und Beamten und geordnet nach Entgelt- und Besoldungsgruppen, auf. Daraus ist also ersichtlich, wie viele Stellen z.B. in der Zahlungsvollstreckung bestehen und wie diese vergütet/besoldet sind. Die Namen der Stelleninhaber werden nicht aufgeführt. Nun stellt sich die Frage, wie eine Stelle geschaffen wird. Dies folgt drei Stufen.

Im Wege der Stellenbildung wird die Stelle erstmals eingerichtet. Eine solche Stellenbildung kann aus verschiedenen Gründen erfolgen. Zunächst ist denkbar, dass die Stelle durch Gesetz vorgeschrieben ist. Dies gilt z.B. für den Datenschutzbeauftragten und den Arbeitsschutzbeauftragten. Von diesen Stellen gibt es jedoch nicht sehr viele. Nach der Theorie kann eine Stelle auch inhaberbezogen bzw. aufgabenträgerbezogen eingerichtet werden, dies wird in der Verwaltung jedoch nicht in nennenswertem Umfang der Fall sein. Hierbei würde, um die Fertigkeiten eines Mitarbeiters optimal auszunutzen, eine Stelle extra für ihn geschaffen. In der

Praxis ist es demnach so, dass die Aufgaben, die die Verwaltung zu erfüllen hat, bekannt sind und dergestalt gebündelt werden, dass daraus ein Arbeitsplatz entsteht. Aus dem Arbeitsplatz wird über die folgenden zwei Stufen eine Stelle generiert, so dass am Ende, wenn alle Aufgaben der Verwaltung verteilt sind, ein Stellenplan existiert. Nun besteht üblicherweise schon seit Jahren und Jahrzehnten ein Stellenplan in deiner Verwaltung. Durch Auflösung von Stellen und durch das Hinzukommen von neuen Aufgaben für die Verwaltung wird jedoch immer auch die Schaffung neuer Stellen oder die Zusammenlegung oder Spaltung von bestehenden Stellen notwendig.

Hinweis:
In der Regel ist nicht jeder Mitarbeiter einer Verwaltung auch Stelleninhaber. Du selbst bist ein ganz konkreter Fall in diesem Sinne. Im Moment bist du Auszubildende/r oder Anwärter/in und tauchst damit im Stellenplan unter dem Oberbegriff „Nachwuchskräfte" auf. Deine Anwesenheit ist sozusagen für die Zeit deiner Ausbildung „eingeplant". Wenn du jedoch deine Ausbildung abgeschlossen hast, so kann es sein – oder ist auch oft so üblich -, dass nicht umgehend eine Stelle frei ist, auf die du passt. Du wirst also zunächst in einem Amt (oftmals dem letzten Ausbildungsamt) beschäftigt – und zwar „überplanmäßig", weil du auf keiner Stelle im Stellenplan sitzt. Du bist also quasi ein Mitarbeiter „zu viel". Erst wenn dein Dienstherr eine Stelle für dich findet oder eine neue Stelle für dich bildet, wirst du dieser Stelle zugewiesen und bist ab diesem Moment nicht mehr überplanmäßig beschäftigt. Es ist noch wichtig zu erwähnen, dass in der Zeit der überplanmäßigen Beschäftigung keine Beförderung oder Höhergruppierung erfolgen kann, da die Tätigkeiten, die du während dieser Zeit durchführen, nicht bewertet sind. Erst wenn die Stelle gebildet und (siehe Stufen 2 und 3) beschrieben und bewertet sind, kann

ggf. eine Beförderung oder Höhergruppierung auf dieser Grundlage erfolgen.

Sind die Voraussetzungen für die Bildung der Stelle geschaffen – hierzu zählt auch der politische Aspekt, denn da die Bildung einer Stelle einen finanziellen Aufwand für die Verwaltung bedeutet, muss der Stadtrat / Kreistag der Bildung zustimmen – und der Aufgabenbereich bekannt, so werden im Rahmen der Stellenbeschreibung die konkreten Tätigkeiten aufgelistet, die vom künftigen Stelleninhaber durchgeführt werden müssen.

In der letzten Stufe werden die einzelnen Tätigkeiten bewertet, um die Gesamtwertigkeit einer Stelle zu ermitteln. Dies ist dann der Wert, nach dem der Stelleninhaber bezahlt wird. So entsprechen z.B. einfache Sekretariatsaufgaben dem Bereich EG5-6/A6, leichte Sachbearbeitung dem Bereich EG7-8/A7-8 und schwierigere selbstständige Sachbearbeitung dem Bereich EG9/A9. Je nach Anteil der Tätigkeiten wird also der Gesamtstellenwert ermittelt. Teilweise legen Personalverwaltungen auch sogenannte Funktionstätigkeiten oder Schlüsseltätigkeiten fest, die zwingend erfüllt werden müssen, um z.B. eine Stelle nach EG9/A9 zu bewerten.

Beispiel (der Rechenweg ist je Verwaltung unterschiedlich – dies ist nur ein vereinfachtes Beispiel):

Es wird eine Stelle 50.124 geschaffen. Diese ist dem Sozialamt zugeordnet.

Der umfasste Aufgabenbereich bezieht sich auf die Pflichtaufgaben nach dem SGB IX (Stellenbildung).

Die der Stelle zugewiesenen Tätigkeiten sind:

(1) allgemeine Verwaltungstätigkeiten und

(2) das selbstständige Bearbeiten von leichten Fällen der Ausstellung von Schwerbehindertenausweisen und

(3) das Bearbeiten von mittel-schwierigen Fällen der Ausstellung von Schwerbehindertenausweisen unter Anleitung des unmittelbaren Vorgesetzten (Stellenbeschreibung).

Die Tätigkeit (1) „allgemeine Verwaltungstätigkeit" wird nach EG5/A6 bewertet, Tätigkeit (2) „leichte Fälle" nach EG6-7/A6-7 und die Tätigkeit (3) mittel-schwierige Fälle nach EG7/A7.

Das Tätigkeitsverhältnis entspricht (1):(2):(3) = 20:40:40.

Dies wiederum entspricht einer Wertigkeit von
$6 \times 0{,}2 + 6{,}5 \times 0{,}4 + 7 \times 0{,}4 = 1{,}2 + 2{,}6 + 2{,}8 = 6{,}6$ -> EG7/A7.

Wie dir sicherlich bekannt ist, läuft die Beförderung dann wie folgt ab:

Beschäftigte:
Du wirst nach Abschluss deiner Ausbildung überplanmäßig eingesetzt. Während dieser Zeit erhältst du eine Bezahlung nach EG5 oder EG6. Ein Jahr später erhältst du z.B. eine Stelle nach EG8. Für 3-6 Monate erhältst du die alte Bezahlung weiter und wirst anschließend direkt nach EG8 bezahlt.

Beamte:
Du wirst nach Abschluss des Vorbereitungsdienstes überplanmäßig eingesetzt und dafür nach A6 - Sekretär besoldet. Nach einem Jahr erhältst auch du z.B. eine nach A8 bewertete Stelle, wirst aber weiterhin nach A6 besoldet. Nach Ablauf von drei Jahren Probezeit und einem weiteren Jahr

erhältst du eine ausreichend gute Beurteilung und wirst nach A7 – Obersekretär befördert. Ein weiteres Jahr später erhältst du erneut eine ausreichend gute Beurteilung und wirst nach A8 – Hauptsekretär befördert.

ORGANISATIONSTECHNIKEN

Bestandteil der Verwaltungsorganisation ist auch der Prozess der Findung von Lösungen und neuen Arbeitskonzepten und -strategien.

Um sich dies zu vereinfachen bedient man sich optimalerweise bildlicher Darstellungsformen, die einen Überblick über bestimmte Beziehungen und Argumente gewähren. Hier sollen zunächst nur das Mind-Map und das Blockdiagramm dargestellt werden, da diese etabliert und effektiv sind. Natürlich gibt es viele unterschiedliche andere Systeme, die dir in deiner Ausbildung begegnen können. Diese alle darzustellen würde aber den Rahmen dieses Kapitels sprengen.

MIND-MAP

Eine Mind-Map (von engl. sinngemäß „Landkarte des Verstands") soll einen Überblick mehrerer Perspektiven oder Aspekte eines zentralen Begriffs liefern. Dabei steht dieser zentrale Begriff im Mittelpunkt der Darstellung. Die zugehörigen Aspekte werden dann um den zentralen Begriff herum angeordnet. Je unwesentlicher ein Aspekt ist, desto weiter steht er vom zentralen Begriff entfernt.

Ich versuche das Prinzip einmal am Thema „Recht" darzustellen:

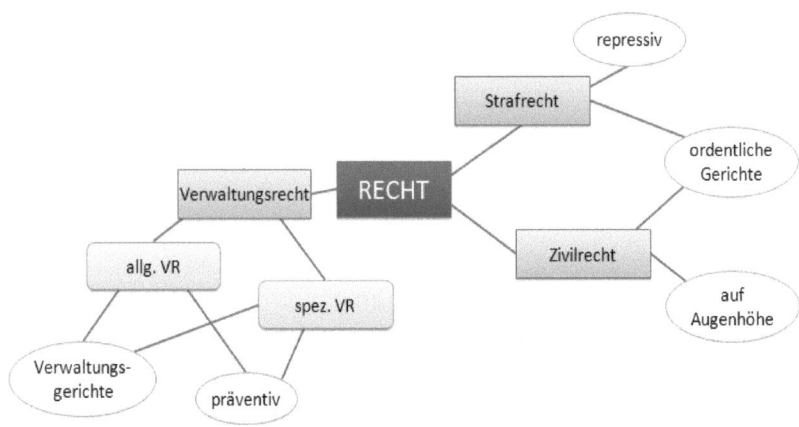

Du solltest hier erkennen, dass sich der Begriff Recht in die drei Unterkategorien „öffentliches Recht", „Zivilrecht" und „Strafrecht" unterteilt. Diese Begriffe unterteilen sich ebenfalls z.b. in „allgemeines Verwaltungsrecht" und „spezielles Verwaltungsrecht" (Kategorien) oder in einzelne Eigenschaften des Begriffs „Zivilrecht", wie „auf Augenhöhe" (Aspekte). Man sollte hier durchaus farbig oder durch andere Formen differenzieren, welche Punkte Aspekte oder Eigenschaften und welche Punkte einen Oberbegriff oder eine Kategorie darstellen. Wie im Fall der „ordentlichen Gerichte" können auch Kreuzverweisungen erstellt werden, aber nur, wenn dies auch sinnvoll ist. Die Verbindungslinien können hervorgehoben werden, aber man sollte beachten, dass zu viele Hervorhebungen oder Formatierungen zu Unübersichtlichkeiten führen können. Außerdem sollten sich die Verbindungslinien nicht überkreuzen. Manchmal ist dies nicht möglich, aber z.B. im obigen Beispiel kann der Bereich des öffentlichen Rechts „entzerrt" werden, wenn die beiden Eigenschaften „präventiv" und „Verwaltungsgerichte" nicht den einzelnen Unterkategorien zugeordnet werden, sondern direkt dem „öffentlichen Recht". Dies ist hier möglich, weil diese Eigenschaften für den gesamten Bereich des öffentlichen

Rechts gelten. Gilt eine Eigenschaft für einen (genannten) Teil des öffentlichen Rechts nicht, so darf diese Eigenschaft nicht dem gesamten Bereich zugeordnet werden. In dem Fall würde es eventuell Sinn machen, eine Eigenschaft mehrmals aufzuzählen.

Das Mind-Map hat klare Vorteile in der Übersichtlichkeit und vor allem in der Anfertigungszeit. Sehr komplexe Sachverhalte sind extrem schwierig in einem Mind-Map darzustellen.

BLOCKDIAGRAMM

Das Blockdiagramm ist m.E. das Mittel der Wahl zur Darstellung eines (Arbeits-) Ablaufs. Es liest sich von oben nach unten, kann aber auch Verzweigungen enthalten. Die einzelnen Arbeitsschritte werden durch Rechtecke gekennzeichnet, die Verzweigungen durch Rauten. Diese Formen werden durch Pfeile verbunden. Die Pfeile können z.B. mit Zeitabgaben beschriftet werden. Bestimmte Schlüsselarbeitsschritte können hervorgehoben werden (nächste Seite).

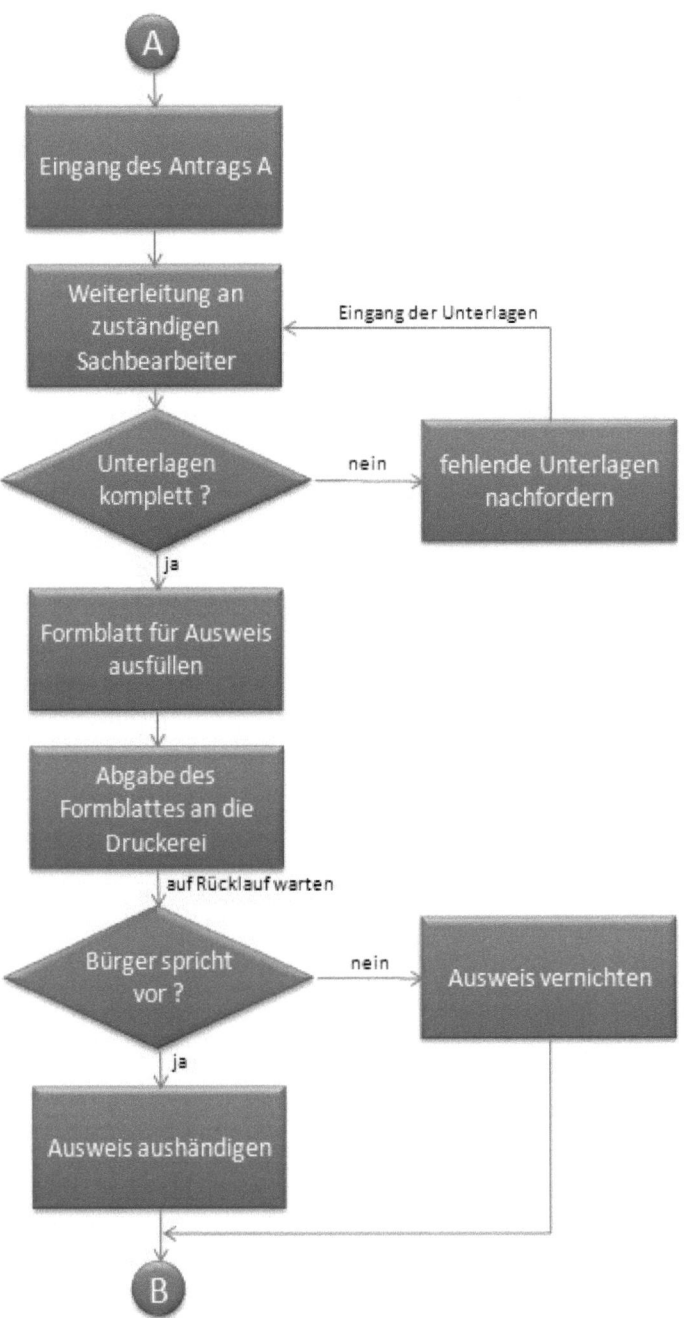

UMGANG MIT VERÄNDERUNG

Wesentlich, wenngleich schwierig, ist der Umgang mit Veränderung in der Verwaltung. Grundsätzlich ist es zu begrüßen, wenn neue Denkansätze und Methoden in der Verwaltung zum Einsatz kommen. Mitunter wird dem aber mit dem bekannten Totschlag-Argument: „Das wurde immer schon so gemacht", begegnet.

Da m.E. der Weg der Verwaltung in der Zukunft nur über eine Verbesserung der Arbeitsabläufe und den Einsatz moderner Methodik und Technik führen kann, kann ich dich nur ermutigen, mit frischen Ideen an deine Arbeit zu gehen. Behalte ein Gespür dafür, welche Kollegen negativ auf deine Vorstöße reagieren könnten und verhalte dich diesen gegenüber mit einer gewissen Zurückhaltung, aber verliere nie den Blick für wesentliche Verbesserungsansätze und –potentiale. Irgendwann wirst du vielleicht nach solchen gefragt, und dann ist es gut, wenn du vorbereitet bist.

KORRUPTION / PERSONALROTATION

Im Rahmen der Korruptionsbekämpfung wird in Verwaltungsbereichen, die einer besonderen Gefährdung unterliegen, häufig eine Personalrotation durchgeführt. Nach Ablauf bestimmter Fristen (meistens nach 2 oder 5 Jahren) wird der Stelleninhaber umgesetzt, um zu verhindern, dass sich ein persönliches Verhältnis zwischen Bediensteten und Bürger entwickelt, welches dann später zu einem Interessenskonflikt führen könnte. Dies ist für die Gemeinden und Gemeindeverbände in § 21 I Korruptionsbekämpfungsgesetz NRW normiert. Sensible Bereiche im Sinne dieser Vorschrift sind z.B. Waffenrechtsstellen, Baugenehmigungsbehörden und die Lebensmittelaufsicht. Ist laut Stellenplan für die Erledigung der korruptionsgefährdeten Tätigkeit nur 1,0 MJ vorgesehen, so ist der Mitarbeiter nach Ablauf der Frist in einen anderen Bereich umzusetzen. Auf das persönliche Interesse des Stelleninhabers an einer weiteren Wahrnehmung dieser Tätigkeiten kann hier keine Rücksicht genommen werden. Im Bereich der Lebensmittelüberwachung, in der speziell ausgebildete Lebensmittelkontrolleure tätig sind, für die in der Regel innerhalb der Verwaltung keine andere Verwendungsmöglichkeit besteht, kann es ausreichend sein, in regelmäßigen Abständen die Kontrollbezirke (Stadtteile oder kreisangehörige Kommunen) untereinander auszutauschen.

VOLKSWIRTSCHAFTSLEHRE

Die Volkswirtschaftslehre befasst sich mit der Untersuchung gesamtwirtschaftlicher Zusammenhänge. Sie wird unterteilt in die Unterzweige Wirtschaftstheorie, Wirtschaftspolitik und Finanzwissenschaften.

Die Wirtschaftstheorie, dein Hauptbetätigungsfeld während der Ausbildung, beschäftigt sich mit der Mikro- und der Makroökonomie. Hierbei geht es um das Wirtschaftsverhalten innerhalb von Haushalten (Mikroökonomie) und um die wirtschaftliche Interaktion zwischen den privaten Haushalten, dem Staat, den Banken, den Unternehmen und dem Ausland (Makroökonomie).

Bei der Wirtschaftspolitik dreht sich alles um die Frage, wie die aus der Wirtschaftstheorie gewonnenen Erkenntnisse in der Praxis umgesetzt werden sollten und können. Hierzu gehören insbesondere die Geldpolitik, Wettbewerbspolitik und Sozialpolitik. Die Ziele dieser Gebiete sind die Stabilisierung des Geldwertes innerhalb der Volkswirtschaft, das Aufrechterhalten einer kontrollierten, aber freien Marktwirtschaft und die Förderung von sozial benachteiligten oder schwachen Bevölkerungsgruppen.

Die Finanzwissenschaften befassen sich mit der Frage, wie sich der Staat innerhalb der Volkswirtschaft verhalten soll. Er soll z.B. zwar Rahmenbedingungen für die Marktwirtschaft vorgeben, damit schwächere Wirtschaftsteilnehmer nicht getäuscht werden, aber er soll auch nicht den Markt aktiv steuern.

WIRTSCHAFTLICHE GRUNDLAGEN

In den Bereichen Volkwirtschaftslehre und Betriebswirtschaftslehre ist es von wesentlicher Bedeutung, dass du die in großer Anzahl vorkommenden Definitionen nicht nur verstanden hast, sondern auch auswendig kennst. Die Abfrage von Definitionen und Formeln ist häufig Bestandteil der Klausuren. Eine Formel, die du nicht kennst, kannst du außerdem nicht anwenden. Am besten erstellst du dir Karteikarten, mit Hilfe derer du die Begriffe und Formeln wie Vokabeln lernst.

BEDÜRFNISSE

Bedürfnisse sind Mangelerscheinungen, die bei einem Menschen das Bestreben auslösen, diesen Mangel zu beseitigen (Bedürfnisbefriedigung).

Bedürfnisse sind einem ständigen Wandel unterlegen und sind grundsätzlich unbegrenzt. Sie sind von Mensch zu Mensch und von Altersgruppe zu Altersgruppe unterschiedlich. Man unterscheidet in Grundbedürfnisse (z.B. Essen, Trinken, Schlafen, Sicherheit), Kulturbedürfnisse (z.B. Literatur, Konzertbesuch) und Luxusbedürfnisse (z.B. genereller Reichtum, Luxusauto). Bedürfnisse sind zunächst nicht von Interesse für die Volkswirtschaftslehre.

BEDARF

Nur Bedürfnisse, die auch ein Bedarf sind, sind volkswirtschaftlich relevant.

GÜTER

Ein Bedarf wird durch Güter verkörpert. Güter können auf unterschiedliche Weise kategorisiert werden. So ist zum Beispiel eine Einteilung in materielle und immaterielle Güter oder in existenzielle und Luxusgüter möglich. Güter können auch mobil oder immobil sein. Im Folgenden nenne ich einige Beispiele für die unterschiedlichen Kategorien. Im Regelfall sind Güter einfach Produkte, die gegen Bezahlung auf dem Markt erworben werden. Sie werden sowohl von den privaten Haushalten, als auch von Unternehmen der Privatwirtschaft und dem öffentlichen Sektor nachgefragt. Durch Erwerb (oder Mehrung) von Gütern wird Bedarfsbefriedigung erreicht.

Materielle Güter	z.B. Brot, PKW, Haus
Immaterielle Güter	z.B. Sicherheit, Dienstleistungen
Existenzielle Güter	z.B. Brot, Wasser
Luxusgüter	z.B. Alkohol, Tabak, Yacht
Knappe Güter	z.B. Holz, Erdöl
Freie Güter	z.B. Atemluft, Meerwasser
Konsumgüter	z.B. Nahrungsmittel, Wohnraum
Produktionsgüter	z.B. Rohstoffe, Maschinen
Investitionsgüter	z.B. PKW, Maschinen, Immobilien
Ge- / Verbrauchsgüter	z.B. Nahrungsmittel, Schmierstoffe

Es gibt außerdem die Unterscheidung in Substitutions- und Komplementärgüter. Substitutionsgüter sind solche, die durch andere Güter, ähnlicher Zweckbestimmung oder Verwendung, ersetzt werden können, z.B. kann Butter bei wirtschaftlichen Engpässen des Privathaushalts durch Margarine ersetzt werden.

Komplementärgüter ergänzen sich gegenseitig. Sinkt die Nachfrage nach einem Gut, so sinkt auch die Nachfrage nach den zugehörigen Komplementärgütern. Als Beispiel kann ein Kfz-Zulieferbetrieb dienen. Sinkt die Nachfrage nach dem PKW-Modell, so sinkt auch die Nachfrage nach den Ersatzteilen. Ebenso ist dies im Fall von Computerausstattung zu sehen. Sinkt die Nachfrage nach Computern an sich, so sinkt auch die Nachfrage an Monitoren, Druckern, Scannern etc..

ÖKONOMISCHES PRINZIP

Nach dem ökonomischen Prinzip bestimmt sich die wirtschaftliche Ausrichtung eines Wirtschaftssubjekts. Man unterscheidet hier in das Minimalprinzip und das Maximalprinzip. Das so oft im Volksmund verwendete Mini-Max-Prinzip ist aus wirtschaftstheoretischer Sicht nicht existent. Das Minimalprinzip wird vom öffentlichen Sektor (zumindest bei wirtschaftlicher Normallage) eingesetzt und besagt, dass mit dem minimalen Einsatz an Produktionsmitteln ein bestimmtes Ergebnis (i.S.v. Output) erzielt werden soll. Dies kannst du dir am ehesten verdeutlichen, wenn du die öffentliche Verwaltung outputorientiert betrachtest. Ziel der öffentlichen Verwaltung kann es nicht sein, z.B. besonders viele Personalausweise auszugeben. Es wird eine bestimmte Menge an Personalausweisen nachgefragt, nämlich genau so viele, wie in der Betrachtungsperiode ihre Gültigkeit verlieren. Ziel der öffentlichen Verwaltung ist daher, 100 % der nachgefragten Personalausweise auszugeben, und dabei möglichst wenig Ressourcen (z.B. Geld, Personal, Material, ...) dafür aufzuwenden.

Das Maximalprinzip verfolgt einen anderen Zweck. Mit einem gegebenen Input soll ein möglichst großer Ertrag erzielt werden. Dies ist unstrittig das Prinzip, das von privaten Unternehmen, teilweise auch von privaten Haushalten, verfolgt wird. Natürlich wird auch ein Privatunternehmen versuchen, an der Input-Seite Veränderungen vorzunehmen, die Kosten einsparen und dabei das Unternehmensergebnis verbessern, betrachtet man allerdings den Unternehmensverlauf nur für eine Periode, so kann man sich vorstellen, dass mit dem zu Beginn der Periode verfügbaren Kapital und Personal das bestmögliche Ergebnis zum Ende der Periode erreicht werden soll. In der Regel fallen Entscheidungen, die die Input-Seite betreffen, zum Jahresabschluss, wenn ersichtlich ist, welche Produktgruppen effektiv arbeiten. Natürlich wird dies im Zeitalter von softwaregestützten Buchhaltungs- und Analysesystemen aufgeweicht, letztlich kann ein Ergebnis aber immer nur dann mit einem anderen effektiv verglichen werden, wenn in beiden Fällen auch der Input absolut bekannt ist.

WIRTSCHAFTSSUBJEKTE

Wirtschaftssubjekte, oder auch Wirtschaftseinheiten genannt, stellen sozusagen die Institutionen dar, die wirtschaftlich handeln können. Nach dem Fünf-Sektoren-Modell sind dies: Private Haushalte, Unternehmen, Behörden, Banken und Ausland. Nach dem, für dich wohl im Rahmen deiner Ausbildung wesentlicheren, Drei-Sektoren-Modell sind es: Private Haushalte, Unternehmen und Behörden. Diese Wirtschaftssubjekte haben ein unterschiedliches Konsumverhalten. Während die Unternehmen vorrangig an einer maximalen Gewinnerzielung bei gleichzeitiger Kostenreduktion interessiert sind, fragen die privaten Haushalte regelmäßig die existenziellen Güter, und soweit das Einkommen dies zulässt, Luxusgüter nach. Die Behörden fragen ebenfalls existenzielle Güter (aber eher im Sinne von Büromaterialien und Betriebsstoffen) nach, verhalten sich bei Investitionen aber azyklisch (von anti-zyklisch), d.h. sie fragen größere Baumaßnahmen bei den privaten Unternehmen verstärkt bei einer wirtschaftlichen Depression nach, um die

Marktwirtschaft zu stärken, und sparen eher in Zeiten eines wirtschaftlichen Booms, um den Wettbewerb nicht zu verzerren.

Es muss hier erwähnt werden, dass es sowohl das **Drei-Sektoren-Modell** gibt, welches aber, terminologisch nicht korrekt, das Verhalten der drei Wirtschafts**subjekte** (Haushalt, Unternehmen, Behörden) darstellt, aber auch die sogenannte **Drei-Sektoren-Hypothese**, welche sich auf die Wirtschafts**sektoren** (Primärer, Sekundärer und Tertiärer Sektor) bezieht. Diese Unterscheidung ist wichtig.

PRODUKTIONSFAKTOREN

Produktionsfaktoren sind laut h. M. u. L. die Faktoren, die notwendig sind, um ein Unternehmen zu betreiben. Einige Faktoren sind nach der h. M. gesetzt, andere sind umstritten. Meines Erachtens sind folgende Produktionsfaktoren existent:

Arbeit	Wird verkörpert durch den einzelnen Arbeiter, der seine (körperliche oder geistige) Kraft für das Unternehmen einsetzt.
Boden	Ackerboden, aber auch Bodenschätze und, in Zeiten zunehmender Verknappung des Grundstückangebots in Ballungszentren, auch das Grundstück an sich.
Kapital	Das zunächst vor Beginn der Unternehmung (später dann auch währenddessen) angehäufte Kapital, um die Unternehmung durchführen zu können.
Geldkapital	Notwendiges Geldvermögen zur Beschaffung von Maschinen, Personal, Roh- und Betriebsstoffen.
Humankapital	Knowhow der Mitarbeiter, welches über das Normalmaß an Wissen aufgrund einer Ausbildung hinaus geht. (Dieser Produktionsfaktor ist umstritten - m.E. gehört er dazu.)
Sachkapital	Produktionsanlagen und -maschinen. Auch der Fuhrpark gehört hierzu.

Weiterhin werden die Faktoren Energie (für die aus biologischen, chemischen, elektrischen Prozessen gewonnene Arbeitsenergie), Umwelt (für die knappen Güter Luft, Wasser und Bodenschätze) und Disposition (für die dispositiven Fähigkeiten der Unternehmensführung) diskutiert. M. E. sind diese in den oben aufgelisteten Faktoren inhärent, sodass eine Erweiterung nicht notwendig ist.

VOLKSWIRTSCHAFTLICHE KENNZAHLEN

In der Volkswirtschaftslehre gibt es einige Kennzahlen, die du zwingend kennen musst, die Aussagen über ein Unternehmen treffen können. Diese Kennzahlen sind sehr klausurrelevant.

Produktivität $= \frac{Output}{Input}$

Die Produktivität gibt die Leistungsfähigkeit eines Unternehmens an. Das Ergebnis ist das Verhältnis von ausgebrachten zu eingebrachten Leistungen.

Rentabilität i.S.v. Produktivität $= \frac{Gewinn}{Kapitaleinsatz}$

Die Rentabilität gibt das Verhältnis einer Output-Größe zum eingesetzten Kapital an. Man unterscheidet in drei verschiedene Arten der Rentabilität.

Eigenkapitalrentabilität $= \frac{Gewinn}{Eigenkapital}$

Fremdkapitalrentabilität $= \frac{Fremdkapitalzinsen}{Fremdkapital}$

Umsatzrentabilität $= \frac{Gewinn}{Umsatz}$

Wirtschaftlichkeit / Effizienz $= \frac{Ertrag}{Aufwand}$

Die Wirtschaftlichkeit gibt im Grunde genommen an, wie gut das ökonomische Prinzip eingehalten wurde, nämlich das Verhältnis zwischen dem Ertrag und dem Mitteleinsatz.

WIRTSCHAFTSSEKTOREN

In der Volkswirtschaft erfolgt eine Einteilung von Industrie und Gewerbe je Staat in Sektoren. Diese Aufteilung soll einen Hinweis darauf geben, wo die industriellen Schwerpunkte eines Staates zu sehen sind. Auch aus subventionspolitischer oder arbeitsmarktpolitischer Sicht kann die Heranziehung der Wirtschaftssektorenverteilung sinnvoll sein.

Im Rahmen deiner Ausbildung wird es in der Regel ausreichen, wenn du die Drei-Sektoren-Hypothese (Primärer, Sekundärer und Tertiärer Sektor) kennst. Ich will dir dennoch auch die weiteren zwei Sektoren nennen, die von der Wirtschaftswissenschaft weitgehend anerkannt sind:

Primärer Sektor *(Urproduktion)*
Hierzu gehört die Rohstoffgewinnung, also z.b. Bergbau, Rodung, Fischerei, Jagd, Landwirtschaft, Wasserkraft.

Sekundärer Sektor *(Industrie)*
Dies sind die Bereiche der Rohstoffverarbeitung, wie z.B. Handwerk (Schreiner, Steinmetze, ...), Baugewerbe und Energieversorgung.

Tertiärer Sektor *(Dienstleistung)*
Hier finden sich die Dienstleistungsunternehmen, wie z.B. Versicherungen, Handel, Logistik, Körperschaften, Privathaushalte, Tourismus, etc.

Quartärer Sektor *(Informationssektor)*
Unternehmen, die sich mit Hochtechnologie (High Tech), Informations- und Kommunikationstechnik befassen, gehören in diesen Sektor. Nach manchen Meinungen gehören auch Beraterberufe, wie Anwälte oder Steuerberater, hierzu. Nach

anderer Meinung stellt der quartäre Sektor das staatliche Betätigungs- und Regulierungsfeld dar.

Quintärer Sektor *(Freizeit)*
Nach überwiegender Meinung gehören hierzu Unternehmen der Freizeitgestaltung und Unterhaltung. Nach anderer Meinung finden sich hier ausschließlich Unternehmen der Entsorgungswirtschaft.

Betrachtet man jeden einzelnen Sektor eines Staates (hier ausgehend von der Drei-Sektoren-Hypothese), so lässt sich abbilden, wo der Schwerpunkt der inländischen Wirtschaft liegt. Nach leicht angepassten Daten des statistischen Bundesamtes stellt sich die Verteilung im Jahr 2007 in Deutschland wie folgt dar:

	Primärer Sektor	Sekundärer Sektor	Tertiärer Sektor
39,8 M. Erwerbstätige	0,9 M.	10,1 M.	28,8 M.
in Prozent	2,3 %	25,4 %	72,4 %

Du siehst also, dass in Deutschland der Anteil der Rohstoffgewinnung nahezu verschwindend gering im Vergleich zum Sekundären und Tertiären Sektor ist. Der Tertiäre Sektor bildet dabei eindeutig den Schwerpunkt.

WIRTSCHAFTSKREISLAUFMODELL

Anhand des Wirtschaftskreislaufmodells lässt sich der Geldfluss innerhalb einer Volkswirtschaft (hier beschränkt auf das Drei-Sektoren-Modell zuzüglich der Banken) sehr gut darstellen. Möglicherweise wird es auch in einer Klausur oder in deiner mündlichen Laufbahnabschlussprüfung deine Aufgabe sein, den Geldfluss zu erläutern. Wenn du dir das

Wirtschaftskreislaufmodell verinnerlichst, wird dies kein großes Problem für dich sein.

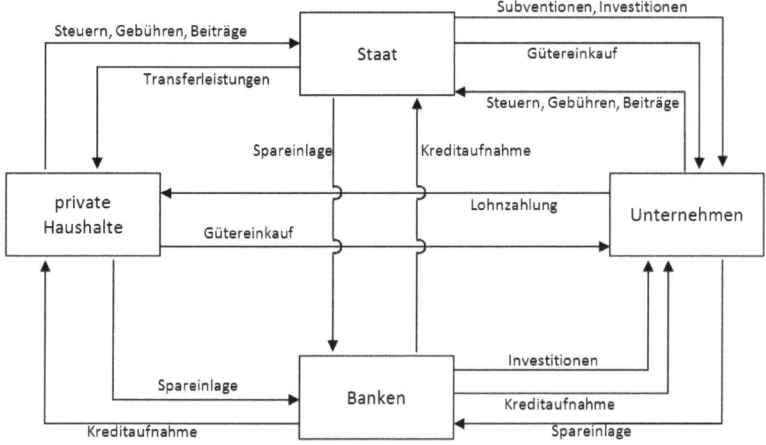

BIP, BSP, WERTSCHÖPFUNG

Du wirst dich im Rahmen deiner Ausbildung sicherlich mit dem Bruttoinlandsprodukt und dem Bruttosozialprodukt (= Bruttonationaleinkommen) beschäftigen müssen. Diesen beiden Kennzahlen für die nationale wirtschaftliche Leistungsfähigkeit unterliegen unterschiedliche Prinzipien, nämlich das Inlandsprinzip (bei BIP) und das Inländerprinzip (bei BSP/BNE).

Beim Inlandsprinzip werden alle wirtschaftlichen Leistungen, die im betrachteten Land erbracht werden, einbezogen, egal, ob sie von Inländern oder Ausländern erbracht werden. Beim Inländerprinzip werden nur die Leistungen der Inländer einbezogen, hierzu zählen aber auch die Leistungen, die ein im Inland wohnender im Ausland erbracht hat. Es ist hierbei egal, ob derjenige auch über die inländische Staatsangehörigkeit verfügt.

> Beispiel:
>
> Herr Müller und Frau Schulz sind beide deutsche Staatsangehörige. Herr Müller betreibt eine Spedition in München und wohnt auch dort. Frau Schulz wohnt ebenfalls in München, betreibt aber eine Modeboutique in Wien.

BIP Deutschland: Herr Müller, weil er in Deutschland arbeitet.

BIP Österreich: Frau Schulz, weil sie in Österreich arbeitet.

BNE Deutschland: Herr Müller und Frau Schulz, weil beide in Deutschland wohnen.

BNE Österreich: Keiner.

BIP und BSP/BNE lassen sich auf drei verschiedene Weisen berechnen, je nachdem, von welcher Betrachtungsweise auszugehen ist. Du wirst wahrscheinlich in Klausuren vorwiegend anhand der Verteilungsrechnung arbeiten.

ENTSTEHUNGSRECHNUNG:

+	Produktionswert (Summe der im Inland produzierten Güter zum Endverbrauch)
-	Vorleistungen (im Produktionsprozess verbrauchte Güter)
=	Bruttowertschöpfung (bereinigter Wert der produzierten Güter)
+	Steuern auf Güter (öffentliche Abgaben aufgrund z.B. Mehrwert)
-	Subventionen (staatliche Förderung an Branchen)
=	Bruttoinlandsprodukt

VERWENDUNGSRECHNUNG:

+	Bruttoinvestitionsausgaben (Kapitalinvestition in Produktion)
+	Güterverbrauch des Staates (fiskalisches Handeln des Staates)
+	Güterverbrauch der privaten Haushalte (Konsum- / Luxusgüter)
+	Außenbeitrag (Zufluss ausländischen Kapitals ins Inland = Exporte - Importe)
=	Bruttoinlandsprodukt

VERTEILUNGSRECHNUNG:

+	Löhne der Arbeitnehmer (Summe aller Gehälter und Löhne)
+	Einkommen der Unternehmen (Kapitalmehrung aufgrund wirtschaftlicher Tätigkeit)
+	Einkommen auf Vermögen (Kapitalmehrung aufgrund Zinserträge)
=	Volkseinkommen
+	Abgaben für Produktion und Import (Standortpflege, Zoll)
-	Subventionen (z.B. Gewerbeansiedlung)
=	Nettonationaleinkommen
+	Abschreibungen (Wertminderung oder Verlust, Wagniskosten)
=	Bruttonationaleinkommen
+	Primäreinkommen der Ausländer im Inland
-	Primäreinkommen der Inländer im Ausland
=	Bruttoinlandsprodukt

MARKT UND PREIS

In Deutschland haben wir eine soziale Marktwirtschaft. Das heißt, dass zwar grundsätzlich eine freie Marktwirtschaft besteht, diese jedoch gesetzlichen Rahmenbedingungen unterliegt, die eine Ausnutzung der wirtschaftlich schwachen

Teilnehmer ausschließen und diese teilweise sogar fördern soll. Die Frage, inwieweit der Staat regelnd eingreifen sollte, ist teilweise sehr umstritten. Einerseits darf es nicht zu einer Ausbeutung von bestimmten Personengruppen kommen, andererseits darf auch keine Marktverzerrung eintreten.

Die Lehre geht davon aus, dass sich in einer freien Marktwirtschaft Preis und Nachfrage gegenseitig regulieren. Beides würde sich in Folge dessen auf einem moderaten Level einpendeln. Würde der Preis erhöht, so würden bestimmte Bevölkerungsgruppen, z.b. mit geringerem Einkommen, nicht mehr angesprochen und die Nachfrage nach dem Produkt würde sinken. Würde der Preis gesenkt, so würden auch mehr Personen Interesse an dem Produkt haben und die Nachfrage würde steigen.

Der Preis hat aber auch Funktionen, die eine volkswirtschaftliche Analyse ermöglichen:

ALLOKATIONSFUNKTION:
Durch die Änderung eines Preises können Produktionsfaktoren in andere Wirtschaftsbereiche verschoben werden. Werden mit einem Produkt nur geringe Preise erzielt, so werden Unternehmer versuchen in andere Bereiche mit höheren Preisen auszuweichen um den Umsatzerlös zu erhöhen.

> Beispiel:
> Ein Computerhersteller stellt fest, dass der Markt für Computer gesättigt ist und immer mehr mobile Geräte (Notebooks und Smartphones) abgesetzt werden. Der Preis für Computer sinkt. Der Hersteller verlässt also die Computer-Sparte und versucht in der Kommunikationssparte Produkte zu platzieren, die gegenüber der Konkurrenz einen höheren Absatz versprechen.

INDIKATORFUNKTION (AUCH SIGNALFUNKTION):

Der Preis kann als Indikator in Bezug auf die Knappheit eines Produktes angesehen werden. Steigt der Preis für ein Produkt, so signalisiert dies, dass das Produkt knapper wird. Ein stark sinkender Preis kann darauf hinweisen, dass ein Produkt im Überfluss produziert oder angeboten wird.

Beispiel:
Der Benzinpreis richtet sich u.a. nach dem Preis für Erdöl. Wird viel Erdöl gefördert, sinkt dessen Preis und zugleich der Preis an den Zapfsäulen. Wird das Erdöl knapp, steigt der Rohstoff-Preis und das Benzin wird teurer.

KOORDINIERUNGSFUNKTION (AUCH AUSGLEICHSFUNKTION):

Bei guter Nachfrage und steigendem Preis wird die Produktpalette erweitert um auf die Nachfrage zu reagieren. Dadurch entsteht ein Angebotsüberschuss. Der Markt wird nun nicht mehr geräumt, d.h. die Waren werden überwiegend eingelagert, und der Preis muss sinken, damit die Lagerbestände abverkauft werden können.

Beispiel:
Aufgrund der rasanten technischen Entwicklung kommt es zu immer schnelleren Neuentwicklungen auf dem Markt für Smartphones. Neue Modelle werden auf den Markt geworfen, bevor die Vorgänger abverkauft wurden, um den Konkurrenten zuvor zu kommen.

SELEKTIONSFUNKTION:

Sinkt die Nachfrage zu einem Produkt stark und stetig, ist dies ein Indiz dafür, dass das Produkt auch mittel- bis langfristig nicht mehr nachgefragt werden wird. Dadurch gehen Unternehmen in die Insolvenz, was den Markt bereinigt, oder es führt sogar zu einer Strukturkrise einer ganzen Branche.

Beispiel 1:

Schaffen es Unternehmen nicht rechtzeitig, sich auf sich ändernde Technologien einzustellen oder verpassen sie den Anschluss an die Entwicklung, verlieren sie massiv an Marktsegment. So verlieren zum Beispiel Autohersteller an Umsatz, denen es nicht gelingt, ihre Technik an die neuen Regularien zum Umweltschutz (Feinstaubfilter, Abgaswerte) anzupassen.

Beispiel 2:

Dies kann aber auch Dienstleistungen betreffen: bestimmte Branchen, die in früheren Zeiten sehr gefragt waren, sind es nun, durch die weitere Entwicklung, nicht mehr - entweder, weil die Produkte nicht mehr gefragt sind, oder die Dienstleistung nicht mehr in Anspruch genommen wird.

Beispiele hierfür sind: Fassbinder, Haderlumpe, Türmer, Nagelschmiede oder auch Bandwirker

FUNKTIONEN DES GELDES

Viele hundert Jahre vor Entwicklung der Wirtschaftswissenschaften gab es kein Geld. Handel wurde dennoch, mittels Naturalrestitution, betrieben. D.h., ein Handwerker wurde z.B. vom Landwirt für seine Arbeit mit Lebensmitteln entlohnt. Nun konnte aber nicht jeder immer die

Leistungen des Nachfragenden gebrauchen, die Verrechnung war umstritten (weil der Wert einer Leistung nicht objektiv festzulegen war) und es konnte kein „Vermögen" angespart werden. Aus diesen Gründen wurde Geld als Tauschmittel eingeführt. Das Geld an sich muss weitgehend fälschungssicher, staatlich reguliert, genormt, lagerfähig und allgemein akzeptiert sein.

Sind diese Voraussetzungen erfüllt, so verfügt das Geld über folgende Funktionen:

WERTAUFBEWAHRUNGSFUNKTION:
Geld muss nicht direkt wieder eingetauscht werden, sondern es kann gesammelt werden, um größere Anschaffungen zu finanzieren, ohne dass es dabei an Wert verliert. (Die Inflation als **Währungs**problem sei hier ausgeklammert)

WERTMESSFUNKTION:
Durch Geld ist ein normierter Wertmaßstab gegeben, der es ermöglicht, Produkte und Leistungen in Geldeswert miteinander zu vergleichen.

ZAHLUNGSMITTELFUNKTION:
Gegen das Geld können Produkte oder Leistungen eingetauscht werden, auch wenn beide Tauschpartner nicht dieselben Bedürfnisse haben.

GELDANGEBOT UND –NACHFRAGE

Die Verteilung von Geld an die Bevölkerung (Geldschöpfung) geschieht durch Prägung und Druck von Bargeld durch die Zentralbank und durch Überweisung von Giralgeld gegen Verpfändung von Wertgegenständen und Immobilien durch die

Kreditinstitute. Der Geldwert des Giralgeldes entspricht dem des Bargeldes.

Das Ziel der Zentralbank ist in erster Linie die Aufrechterhaltung der Preisstabilität, indem sie der Inflation (aber auch Deflation) entgegenwirkt. Die Zentralbank bemüht sich dabei, die umlaufende Geldmenge im Gleichgewicht mit der Wirtschaftsentwicklung zu halten, damit nicht mehr Geld in Umlauf ist, als die Wirtschaft tatsächlich „wert" ist. Zur Steuerung nutzt sie den Leitzins. Dies ist der Zins, zu dem sich Kreditinstitute Geldwert, in Form von Anleihen, beschaffen können. Steigt die Inflation zu stark, so setzt die Zentralbank den Leitzins hoch, so dass Kreditinstitute weniger Anleihen nachfragen und somit auch weniger Kredite an die Bevölkerung vergeben können. Ebbt die Inflation dann ab, wird der Leitzins wieder gesenkt, und die Kreditinstitute fragen wieder mehr Anleihen nach.

Beim Leitzins (hier genauer „Einlagefazilität") handelt es sich also im Prinzip um einen Preis, zu dem die Zentralbank das von ihr ausgegebene Geld verkauft oder ankauft. Die Bank, die Geld bei der Zentralbank anlegt oder von dieser anfordert zahlt, bzw. erhält hierfür diesen Leitzins und gibt ihn auch an die eigenen Kunden im Rahmen von Kreditgeschäften und Vermögensanlagen weiter. Normalerweise werden dann auch noch eigene Zinsen angeboten oder gefordert, die für den Arbeitsaufwand und die Marge der Bank stehen. So kann es also sein, dass die Bank bei der Zentralbank Geld für 2 % Zinsen pro Jahr anlegt, dem Kunden aber nur 1 % Zinsen pro Jahr für die Anlage seines Geldes anbietet. Wie bereits dargestellt, kann die Zentralbank durch das Anheben und Senken des Leitzinses das Spar- und Konsumverhalten der Unternehmen und Haushalte beeinflussen.

Besondere Bekanntheit erreichte der Präsident der Europäischen Zentralbank (EZB), Mario Draghi, der die im Rahmen der u.a. geplatzten Immobilien-/Spekulationsblase ab 2007 eingeleitete Niedrigzinspolitik der EZB weiter fortführte. So lag die Einlagefazilität nach einigen vorherigen Schwankungen im Herbst 2008 noch bei 3,25 % und sank dann bis 2016 kontinuierlich auf -0,4 % ab. Das bedeutete, dass Geschäftsbanken der EZB für die kurzfristige Einlage von Geld sogar Zinsen an die EZB zahlen mussten. Die EZB verfolgt damit den Zweck, das Sparen von Geld unattraktiv zu machen und den Konsum anzutreiben, um die innereuropäische Wirtschaft nach dem Crash zu stabilisieren. Während in Ländern wie Spanien oder Italien, deren Bürger seit jeher wenig sparten, diese Politik gerne angenommen wird und eine (zumindest teilweise) Stabilisierung der Wirtschaft eingetreten ist, fühlen sich insbesondere die sehr konservativen Sparer in Deutschland benachteiligt. Derzeit ist nicht abzusehen, ob und wann die Niedrigzinspolitik der EZB wieder eine rückläufige Tendenz erreichen wird und ob jemals wieder eine annähernd hohe Einlagefazilität erreicht wird, wie dies vor dem Crash der Fall gewesen ist. Für die deutschen Sparer bedeutet das, dass ein Vertrauen auf konservative, langfristige und renditeschwache Anlageformen auf absehbare Zeit nicht mehr interessant sein kann. Zur Kompensierung der Inflation kann daher nur ein Ausweichen auf Investitionen in knappe Güter oder zumindest mittelgradig riskante Aktien in Frage kommen.

Die Inflationsrate beträgt in Deutschland im Jahr 2019 laut Internationalem Währungsfonds 1,8 % pro Jahr.

STÖRUNGEN DES GELDWERTES

Die wesentlichen Störungen des Geldwertes sind, wie schon erwähnt, die Inflation und die Deflation. Beides sind Störungen des Austauschgleichgewichtes von verfügbarer Geldmenge und angebotener Gütermenge.

Im Falle der Inflation existiert mehr Geld, als Güter auf den Markt drängen, so dass der Preis für die Güter massiv ansteigt, ohne dass dabei der Wert der Güter ansteigt. Eine ungebremste Inflation führt zu Umständen, die das Leben der Menschen lahmlegen. Wie im Falle der Deutschen Inflation von 1914 bis 1923 muss der Bürger dann das Geld mit Schubkarren in die Läden schaffen, um sich dafür ein Laib Brot kaufen zu können. Auf dem Höhepunkt dieser Inflation, 1923, kostete der Standardversand eines Briefes im Inland 10 Milliarden Mark (15 Pfennig im Jahr 1918).

Die Deflation stellt den umgekehrten Fall dar. Es stehen mehr Güter zur Verfügung als Geld. Dies führt zunächst dazu, dass die Kaufkraft steigt und Besitzer von Geldkapital reicher werden. Die Güter verlieren an Wert. Dies führt dann dazu, dass Kreditnehmer weiterhin die gleichen Konditionen zu zahlen haben, der Kreditgegenstand aber immer mehr an Wert verliert. Es kommt dann zu Insolvenzen und einer Konsumreduzierung, da sich Existenzängste breit machen. Da sich die Löhne nicht in demselben Maße nach unten korrigieren lassen, wie es die Güterpreise automatisch tun, werden Arbeitnehmer entlassen. Durch den Verdienstausfall wird weniger konsumiert. Bei den verbleibenden Arbeitnehmern wird die Existenzangst und somit auch der Verzicht auf Konsum stärker. Dies führt wieder zu geringerer Nachfrage, einem geringeren Preis, geringerem Umsatz, geringerem Erlös und zu weiteren Entlassungen...

Beide Phänomene haben also immense negative Effekte auf sämtliche Bereiche des sozialen Lebens in einem Land und müssen daher unter allen Umständen in einem akzeptablen Rahmen gehalten werden.

BETRIEBSWIRTSCHAFTSLEHRE

UNTERSCHIEDE ZWISCHEN PRIVATWIRTSCHAFT UND ÖFFENTLICHER VERWALTUNG

Die Betriebswirtschaftslehre ergänzt die Volkswirtschaftslehre, indem sie sich mit den internen (Betriebs-)Abläufen in einem privaten Haushalt, einem Unternehmen oder einer Behörde befasst.

Wie im Kapitel Volkswirtschaftslehre dargestellt, unterscheidet sich das Konsumverhalten dieser drei Wirtschaftssubjekte elementar. Privatrechtliche Unternehmen verfolgen das Prinzip der Gewinnmaximierung. Private Haushalte versuchen sich im Spagat zwischen Sparen und der Bedarfsbefriedigung durch den Konsum von Luxusgütern.

Eine Behörde verfolgt andere Ziele. Erträge dürfen von ihr nicht so ohne weiteres erwirtschaftet werden. Grundsätzlich wird die Bürgernutzenmaximierung angestrebt, also eine Steigerung der Lebensqualität, Sicherheit, Zufriedenheit und Selbstständigkeit der Bürger. Diese Bestrebungen unterliegen jedoch, gerade im Moment, den Maßgaben der Kostendeckung. Die Behörde hat insgesamt dafür zu sorgen, dass ihr Haushalt stets ausgeglichen ist. Dies führt dazu, dass viele Behörden ihre rein freiwilligen Aufgaben die direkt der Steigerung der Bürgerzufriedenheit dienen, aufgeben, da selbst bei der Ausführung ausschließlich pflichtiger Aufgaben ein Haushaltsausgleich oft nicht zu erreichen ist.

BEDARFSDECKUNGSPRINZIP

Wie jedes Unternehmen und jeder Privathaushalt, hat auch die Behörde Bedarf an bestimmten Gütern und Leistungen, die der Instandhaltung von Mobilien und Immobilien dienen oder die Aufgabenerfüllung sicherstellen oder optimieren können.

Diese Bedarfe können grundsätzlich auch durch fiskalisches Handeln gedeckt werden, soweit das Kostendeckungsprinzip eingehalten wird.

KOSTENDECKUNGSPRINZIP

Das Kostendeckungsprinzip ist ein ganz zentrales Prinzip für die öffentliche Verwaltung und ist insbesondere für die Gebührenkalkulation ausschlaggebend. Es besagt letztlich, dass die Behörde so arbeiten muss, dass die Kosten durch deren Erträge gedeckt werden. Im Umkehrschluss bedeutet dies aber auch, dass die Behörde keine Erträge einnehmen darf, die über die Kostendeckung hinaus gehen.

SUBVENTIONSPRINZIP

Der Staat ist angehalten, wenn auch in eng umgrenztem Rahmen und nur in Fällen eines besonderen öffentlichen Interesses, Subventionen an Branchen oder Unternehmen zu verteilen. Das sind entweder aktive Geldleistungen, die der Staat auszahlt, oder es handelt sich um Steuer- oder Wettbewerbserleichterungen. Diese dürfen jedoch nicht unverhältnismäßig hoch sein, damit keine Monopolisierung stattfindet, und sie müssen ohne marktwirtschaftliche Gegenleistung erfolgen. Subventionen können eingesetzt werden, um bestimmte Branchen zu erhalten oder um neue Branchen anzusiedeln. Ein Beispiel sind die

Unterstützungszahlungen für die verbliebenen Kohleabbauregionen, aber auch Investitionen in erneuerbare Energien, wie die Bezuschussung von Windkraftanlagen. Weit mehr Freiheiten hat der Staat bei der Subventionierung der privaten Haushalte, bzw. von bestimmten Personengruppen. Diese Subventionen nennt man Transferleistungen. Sie sollen entweder wirtschaftlich schwache Personengruppen von Abgaben entlasten oder deren Konsumverhalten in vorübergehenden Phasen gesunkenen Einkommens aufrecht erhalten. Hierzu gehören Leistungen wie Kindergeld, Wohngeld, Leistungen nach dem BAFöG, aber auch Arbeitslosengeld II.

PRINZIP DER LIMITIERTEN GEWINNERZIELUNG

Wie schon erwähnt, darf die Behörde grundsätzlich keinen Gewinn erzielen. Leider macht der Gesamtbetrag von Steuern und Beiträgen oft nicht so viel aus, dass damit alle Kosten gedeckt werden können. Die Behörde hat daher die Möglichkeit, privatrechtliche Eigengesellschaften oder -betriebe zu gründen, die für sich gesehen Erträge erwirtschaften können, die letztlich in den Gesamthaushalt der Behörde einfließen. Solche Eigenunternehmen finden sich häufig in Form von Verkehrsbetrieben, Theatergesellschaften oder Schwimm- und Badeeinrichtungen.

BETRIEBLICHE ZIELE UND KENNZAHLEN ALS STEUERUNGSGRUNDLAGE

Zur Beurteilung von unternehmerischen Entscheidungen und zur aktiven Steuerung der betriebswirtschaftlichen Entwicklung lassen sich Kennzahlen erstellen. Kennzahlen sind grundsätzlich zunächst nicht genormt oder reguliert. Jedes Unternehmen und jede Behörde kann Kennzahlen erstellen, die im Einzelfall die besten Aussagen ermöglichen. Es kann sich hierbei um eine einfache Gegenüberstellung von Gewinnen oder Verlusten einer bestimmten Periode oder auch um die Anzahl z.B. von bearbeiteten Anträgen handeln. Wichtig ist nur, dass die Kennzahlen periodengerecht verglichen werden können, damit eine Entwicklung deutlich wird. Die Kommunalverwaltung arbeitet derzeit verstärkt mit der Einrichtung von Kennzahlen, um ein transparentes Bild der Effizienz der einzelnen Organisationseinheiten erzeugen zu können. Eine Kennzahl kann indes als absolute Zahl vorliegen oder auch als Ratio oder Quote, also eine prozentuale Entwicklung (z.B. Eigenkapitalquote). Kennzahlen werden üblicherweise in den Teilergebnisplänen des Haushaltsplanes für jede einzelne Organisationseinheit fest- und offengelegt. Hier ist es sinnvoll, auch die (Ergebnisse für die) Kennzahlen der Vorjahre auszuweisen, damit die Entwicklung für den Bürger transparent wird.

S.M.A.R.T.

Kennzahlen sollen SMART sein. Sie sollen also folgende Attribute aufweisen:

Spezifisch (specific)	Die Ziele müssen so präzise wie möglich definiert werden.
Messbar (measurable)	Die Ziele müssen auch mit wissenschaftlichen Methoden messbar sein.
Akzeptiert (accepted)	Die Ziele müssen akzeptiert sein. Diejenigen, die sich an die Ziele halten sollen, müssen also die Sinnhaftigkeit der Zielfestsetzung einsehen.
Realistisch (realistic)	Die Zielerreichung muss (nicht nur theoretisch) möglich sein.
Terminiert (time bound)	Das Ziel muss bis zu einem konkret definierten Zeitpunkt (oder innerhalb einer konkreten Frist) umgesetzt werden

Kennzahlen aus Zielen, die die SMART-Kriterien nicht erfüllen, sind wenig belastbar und sollten daher nicht verwendet werden. Dennoch werden in der Praxis oft schwache Kennzahlen verwendet, da das Finden von SMARTen Kennzahlen/Zielen sehr schwierig oder unmöglich ist.

Insgesamt sind Kennzahlen allerdings immer genau zu hinterfragen, denn sie könne oft in verschiedene Richtungen interpretiert werden. Zudem ist es wichtig, darauf zu achten, dass Ziel und Kennzahl zueinander passen. In einer Klausur kann es sein, dass du dazu aufgefordert bist, zu bewerten, ob eine Kennzahl zum Nachweis der Zielerreichung überhaupt tauglich ist.

Wenn z.B. als Ziel ausgegeben wird: „Förderung der hausinternen Ausbildung" und als Kennzahl wird hierzu angegeben: „erfolgreich abgeschlossene Ausbildungen: 98%", dann stellen sich hierzu mehrere Fragen. Zunächst sagt die Quote der erfolgreich abgeschlossenen Ausbildungen nichts darüber aus, mit welchen konkreten Maßnahmen die Ausbildung gefördert worden ist. Eine mögliche Kennzahl könnte hier sein: „durchgeführte In-House-Schulungen mit Bezug zum Stoffverteilungsplan". Außerdem kann hinterfragt werden, ob es sich bei der Quote von 98% um eine „gute" Quote handelt, insbesondere, wenn dieser Wert auch als Soll-Ziel für die nächsten Jahre ausgegeben wird. Wieso wird nicht versucht, diesen Wert in Richtung 100% zu steigern?

Solche Fragen musst du dir in diesem Zusammenhang stellen, um beurteilen zu können, ob eine Kennzahl geeignet ist, oder nicht.

MARKETING

Im Kapitel Betriebswirtschaftslehre wird häufig das Thema Marketing behandelt. Du wirst an mehreren Stellen merken, dass auch dieses Thema nicht vollständig mit der Arbeitsweise der öffentlichen Verwaltung kompatibel ist. Jedoch kann es nicht schaden, einige Kenntnisse über das Marketing zu haben, da die grundsätzliche Tendenz im öffentlichen Dienst hin zu mehr Bürgerservice, einem breiteren Angebot an Dienstleistungen und Komfort geht.

Beim Marketing geht es im Wesentlichen immer um den Absatz von Produkten. Für den Bereich der Privatwirtschaft ist es relativ klar, was ein Produkt ist. Das kann z.B. ein Auto sein, eine Tafel Schokolade, ein Bausparvertrag oder eine Rechtsschutzversicherung. Im öffentlichen Dienst ist die Definition nicht so einfach, denn streng genommen, werden keine Waren hergestellt. In der Regel werden hoheitliche Tätigkeiten vorgenommen, die auch nicht unbedingt immer vom Bürger gewünscht sind. So ist die Erstellung eines Bußgeldbescheides ein Produkt der Behörde, es macht aber sicherlich keinen Sinn, die Bürger dazu aufzufordern, mehr Tempoverstöße zu begehen, weil die Bearbeitung der Bußgeldsachen bei der Stadt X so bürgerfreundlich oder die Tarife so günstig sind. Viele der Dienstleistungen und Produkte der öffentlichen Verwaltung sind auch gar nicht beeinflussbar, denn sie sind gesetzlich vorgeschrieben. Ein Personalausweis kann nur von der für den Wohnsitz zuständigen Behörde erteilt werden. Die Gebühr hierfür ist gesetzlich vorgegeben. Die Nachbarkommune kann also nicht damit werben, dass Herr Meier seinen neuen Personalausweis dort günstiger bekommen könnte. Außerdem ist ein Personalausweis kein Konsumgut. Herr Meier freut sich sicherlich nicht darüber, dass er endlich, nach Ablauf des alten, einen neuen Personalausweis beantragen darf. Er wird zähneknirschend den Gang zum Meldeamt antreten und sich darüber empören, dass die Gebühren beim letzten Mal niedriger waren. Ob das wirklich stimmt, weiß keiner, und Herr Meier würde es sicher auch nicht hören wollen, wenn die Gebühren gleich geblieben wären.

Wo kann also Marketing in der öffentlichen Verwaltung ansetzen?

Einerseits bei den Rahmenbedingungen. Wenn Herr Meier schon sein Geld für einen neuen Personalausweis ausgeben muss, dann soll er sich wenigstens wohl fühlen. In einem schönen aufgeräumten Wartebereich mit einem großen Flachbildschirm, auf dem das Frühstücksfernsehen läuft und der Bürger freundlich durch Einblendung der Wartenummer und des Büros aufgerufen wird, kann die schlechte Stimmung von Herrn Meier vielleicht auch noch positiv beeinflusst werden. Möglicherweise braucht Herr Meier nicht nur einen neuen Personalausweis, sondern möchte auch sein neues Auto zulassen. Wenn es die Möglichkeit gäbe, beide Dienstleistungen vom selben Sachbearbeiter erbringen zu lassen, oder zumindest dafür zu sorgen, dass Herr Meier seinen Personalausweis und seine Kennzeichen zur selben Zeit am selben Schalter abholen könnte, wäre das sicherlich auch eine gelungene Marketing-Maßnahme.

Andererseits werden, gerade von den Kommunalverwaltungen, noch mit Mühe und Not freiwillige Produkte und Dienstleistungen angeboten, wie z.B. der Betrieb eines städtischen Schwimmbades, einer Volkshochschule oder eines städtischen Kindergartens. Hier kann es durchaus Sinn machen, über das Angebot der Produkte und Dienstleistungen nachzudenken, um sich gegenüber den Nachbarkommunen attraktiv zu machen. Ideen gibt es hierzu immer genug. Das praktische Problem wird, angesichts leerer Stadtkassen, immer die Finanzierung sein. Es wird in der Praxis also darum gehen, mit möglichst wenig Mitteleinsatz, eine besonders tolle Attraktion zu bieten. Einfach kann ja jeder.

Worauf ist aber beim Marketing zu achten?

Zunächst müssen wir den Begriff „Produkt" für den öffentlichen Sektor definieren.

> Produkte sind Leistungen, die von internen oder externen Kunden freiwillig oder gezwungenermaßen nachgefragt werden.

Leistungen sind hierbei nicht nur Tätigkeiten, sondern auch hergestellte Dinge, wie z.b. der o.g. Personalausweis. Wichtig ist es, zu beachten, dass nicht nur Kunden solche Dienstleistungen und Waren nachfragen, sondern auch andere Abteilungen. Das gilt insbesondere für die sogenannten Querschnittsämter. Wenn die Beschaffungsstelle für das Veterinäramt eine Ausschreibung über ein neues Dienstfahrzeug erstellt und das Ausschreibungs- und Beschaffungsverfahren durchführt, handelt es sich hierbei um eine von der Beschaffungsstelle für das Veterinäramt erbrachte Leistung. Weitere Beispiele sind die Zurverfügungstellung der Technik durch die IT-Abteilung oder die Erstellung von Druckerzeugnissen durch die hausinterne Druckerei. Spätestens im Rahmen einer Kosten- und Leistungsrechnung sind solche internen Leistungsbeziehungen interessant.

Wie ich bereits eingangs erläutert habe, dreht sich beim Marketing alles um die Förderung des Absatzes der Produkte. Die Lehre hat verschiedene sogenannte Marketing-Instrumente entwickelt, mit denen dieses Ziel erreicht werden kann.

Marketing ist der Einsatz aller Marketing-Instrumente zur Beeinflussung des Marktes, mit dem Ziel der Absatzoptimierung.

Die optimale Koordination und Kombination der Marketing-Instrumente nennt sich Marketing-Mix.

Schauen wir uns nun der Reihe nach die wichtigsten Marketing-Instrumente an. Diese Auflistung ist nicht abschließend, aber für einen ersten Überblick über den Bereich des Marketings ist sie ausreichend.

PRODUKTPOLITIK

Bei der Produktpolitik dreht sich alles um die Frage, wie das zu vermarktende Produkt qualitativ optimiert werden kann. Man muss hier jedoch in drei große Bereiche unterscheiden.

Der erste Bereich ist die Qualitätssicherung und -verbesserung. Hiermit sind Maßnahmen gemeint, die dazu dienen, die Qualität des Produkts zu erhalten oder zu verbessern. Wenn zum Beispiel aus Kostengründen billigere Materialien zur Herstellung eines Produkts verwendet werden und dies dazu führt, dass die Haltbarkeit oder Sicherheit des Produkts leidet, wäre es eine Maßnahme der Produktpolitik, diese Änderung wieder rückgängig zu machen oder eventuell noch bessere Materialien zu verwenden.

Im zweiten Bereich geht es um die Gestaltung (Produktdesign) und Servicemaßnahmen. Hierzu zählen Dinge wie Garantieleistungen und Kundendienst, sowie auch eine an der Erwartung des Kunden ausgerichtete Gestaltung des Produkts. Alle diese Maßnahmen dienen letztlich dazu, dass das Produkt vom Kunden richtig angewendet werden kann und Mängel am Produkt möglichst schnell behoben werden.

Zuletzt ist es immer wieder erforderlich, Neuentwicklungen auf den Markt zu bringen und Produkte, die unwirtschaftlich sind, vom Markt zu nehmen. Hierdurch kommt es zu einem permanenten (teilweisen) Wechsel des Sortiments, so dass das Angebot für den Kunden spannend bleibt.

Produktpolitik umfasst alle Maßnahmen, die der Produktoptimierung oder Produktgestaltung dienen, alle Service- und Kundendienstmaßnahmen und die optimale Sortimentsgestaltung durch Entwicklung neuer Produkte (Produktinnovationen) und Herausnahme von Produkten.

Denkt man im Bereich der Kommunalverwaltung z.B. an die Unterhaltung eines städtischen Theaters, so wären der Betrieb einer Beschwerdestelle, eine attraktive Auswahl von Bühnenstücken, aufwändig gestaltete Kostüme oder Bühnenbilder und die Nutzung des Theaters für alternative Projekte, z.B. Experimentalkunst oder die Vermietung des Theaters für Hochzeiten, denkbare Maßnahmen.

PREISPOLITIK / ENTGELTPOLITIK

Die Preispolitik baut auf dem Prinzip von Angebot und Nachfrage auf einem freien Kapitalmarkt auf. Wie bereits dargestellt, richten sich die „Preis" der öffentlichen Verwaltung weit überwiegend nach Gesetzen und Gebührenordnungen oder -satzungen. Man spricht deshalb für den Bereich der öffentlichen Verwaltung von Entgeltpolitik.

Die Möglichkeiten der Behörden sind daher in diesem Bereich erheblich eingeschränkt. In den allermeisten Fällen besteht für sie keine Möglichkeit der Einflussnahme auf die Preisstruktur. Für den öffentlichen Bereich spielt die Entgeltpolitik daher keine nennenswerte Rolle. Dennoch solltest du die Definition kennen:

> Preispolitik / Entgeltpolitik befasst sich mit der Gestaltung der Preise und der inneren Preisstruktur auf Grundlage von Marktforschungsmaßnahmen mit dem Ziel der Absatzoptimierung unter Reduzierung der Beschaffungs- und Herstellungskosten.

KOMMUNIKATIONSPOLITIK

> Kommunikationspolitik umfasst alle Maßnahmen der Werbung, Verkaufsförderung und Öffentlichkeitsarbeit.

Es geht also um die Darstellung des Unternehmens und der Produkte in der Öffentlichkeit. Hierunter fallen Bereiche wie corporate design und public relations, genauso wie die Unterhaltung von Außendienstmitarbeitern und Handelsvertretern (soweit sie nicht selbst verkaufen, sonst Distributionspolitik) und alle Aktionen, die der Werbung dienen, wie z.B. Anzeigen, Präsenz in social media, Werbespots, Sponsoring oder Tag der offenen Tür.

Da im Bereich der öffentlichen Verwaltung wenig Wettbewerb herrscht, spielt die Werbung im engeren Sinne keine bedeutende Rolle. Vielmehr geht es den Behördenleitern und Pressestellen darum, das Bild der Behörde als solche zu verbessern. Die Behörde soll in der Öffentlichkeit gut dastehen und Seriosität und Modernität ausstrahlen. In Bereichen der freiwilligen Aufgaben, wie z.B. beim Betrieb von öffentlichen Schwimmbädern oder Theatern können Werbemaßnahmen sinnvoll sein, wenn Konkurrenzeinrichtungen (privater oder öffentlicher Träger) in der Nähe existieren. Wenn solche Einrichtungen aber zu weit weg sind, um Kunden abzuwerben, kann es sein, dass Werbemaßnahmen unwirtschaftlich sind.

Der größte Faktor für Werbung im öffentlichen Dienst dürfte wohl zunehmend der Bereich der Nachwuchsgewinnung sein. Viel zu spät und zaghaft ist den meisten öffentlichen Verwaltungen klar geworden, dass Maßnahmen zur Gewinnung von Auszubildenden, Studenten und Fachkräften in immer größerem Rahmen ergriffen werden müssen, damit der öffentliche Dienst nicht abgehängt wird. Insbesondere in Zeiten der wirtschaftlichen Stabilität ist die Verwaltung für viele Nachwuchskräfte keine attraktive Option. Vielen Verwaltungen fällt es jedoch immer noch schwer, hier Zugeständnisse zu machen und dafür zu sorgen, dass die sogenannte Work-Life-Balance erreicht wird. Natürlich ist das finanzielle und rechtliche Korsett der öffentlichen Arbeitgeber sehr eng, aber es bedarf gerade hier viel Engagement und Kreativität der für die Öffentlichkeitsarbeit und Personalentwicklung zuständigen Mitarbeiter und vor allen Dingen deren Vorgesetzten, damit das Potential, das der öffentliche Dienst zweifellos als Arbeitgeber hat, effektiv ausgeschöpft werden kann. Der Hinweis auf Unkündbarkeit, ein Jobticket und familienfreundliche Arbeitsbedingungen durch Mutterschutz und Teilzeitarbeit reichen in der heutigen Zeit nicht mehr aus. Hier muss sich die öffentliche Verwaltung viel stärker an der Privatwirtschaft orientieren und Konzepte wie Home Office, flexiblere Arbeitszeiten, Video Conferencing, eGovernment, realistische Angebote für Pendler, umweltfreundliche Arbeitsbedingungen und vernünftige und attraktive Angebote zur Gesunderhaltung, Stressbekämpfung und sportlichen Aktivität der Bediensteten während der Dienstzeiten erarbeiten. Die Synergie-Effekte, zum Beispiel durch ein verpflichtendes Sportprogramm (z.B. 2 x 90 Minuten pro Woche während der Dienstzeit, im Stile des

Schulsports) für alle Bediensteten, hinsichtlich der Arbeitszufriedenheit, Gesundheit und somit Leistungsfähigkeit, werden aus meiner Sicht von den öffentlichen Arbeitgebern derzeit noch massiv unterschätzt. Große Konzerne der Privatwirtschaft sind längst soweit. Viele mittelständische Unternehmen beginnen damit. Der öffentliche Dienst darf hier nicht vollends den Anschluss verpassen.

DISTRIBUTIONSPOLITIK

> Distributionspolitik umfasst alle Maßnahmen, die dazu dienen, das Produktsortiment an den Kunden zu bringen und dabei Absatzhindernisse zu verringern.

Es geht hier also darum, dem Bürger die Inanspruchnahme der Dienstleistungen und Produkte zu ermöglichen oder zu vereinfachen. Man unterscheidet hier grundsätzlich in den indirekten und den direkten Absatz.

Beim indirekten Absatz bedient sich der Anbieter der Produkte anderer Firmen oder Einrichtungen als Vertriebspartner. Man könnte den TÜV als einen solchen indirekten Absatz betrachten, denn die Aufgabe der Untersuchung von Fahrzeugen auf Verkehrstauglichkeit und -sicherheit ist eine hoheitliche Aufgabe. Verwaltungsrechtlich ist u.a. der TÜV als Beliehener für die Behörde tätig, da die Behörde selbst nur unter enormem Verwaltungsaufwand eine flächendeckende Versorgung der Bürger mit Überprüfungsstellen sicherstellen könnte. Die eigentlich behördliche Aufgabe der Haupt- und Abgasuntersuchung wird also indirekt, durch den jeweiligen externen Sachverständigen, erbracht. Insgesamt kann man aber sagen, dass der indirekte Absatz eine ganz große Ausnahme im Bereich der öffentlichen Verwaltung ist.

Der Standardfall dürfte, allein schon aus Wirtschaftlichkeitsgründen, der direkte Absatz sein. Die Behörde erbringt die Dienstleistung also selbst, direkt gegenüber dem Bürger.

Maßnahmen der Distributionspolitik dürften in der Praxis eher schwierig umzusetzen sein, da sie in der Regel mit Kosten und Aufwand für die Behörden verbunden sind, die im Zweifel nicht ohne weiteres über Gebühren vom Bürger ersetzt werden können. Dies hat mehrere Gründe.

Einerseits sind, wie schon erläutert, viele Gebühren bereits rechtlich festgelegt und werden nicht im Rahmen einer Kosten- und Leistungsrechnung ermittelt. Ein erhöhter Aufwand für die Leistungserbringung kann daher eventuell nicht durch die Gebühr kompensiert werden.

Ich möchte das an einem Beispiel erläutern:

Stell dir vor, dass für die Ausstellung einer bestimmten Bescheinigung nach der Allgemeinen Verwaltungsgebührenordnung NRW eine feste Gebühr in Höhe von 5 € zu fordern ist. Die Stadtverwaltung S, deren Rathaus sich mitten im Stadtzentrum befindet, hat einen Aufwand für die Ausstellung der Bescheinigung in Höhe von 4 €. Bei 1.000 Bescheinigungen pro Jahr, erwirtschaftet die Stadt S demnach 1.000 € (1.000 Bescheinigungen x (5 € - 4 €)). Angenommen, das Stadtgebiet ist in die Länge gezogen, wie eine Salatgurke. Die Bürger, die an den beiden Enden der Stadt wohnen, sind, hinsichtlich der Erreichbarkeit der Dienstleistung, denjenigen gegenüber stark benachteiligt, die im Stadtzentrum wohnen. Es wäre also definitiv eine Maßnahme der Distributionspolitik, das Rathaus in zwei neue Gebäude aufzuteilen, wobei Rathaus I zum einen Ende der Stadt, Rathaus II zum anderen Ende orientiert ist. Das zentrale Rathaus wird aufgelöst. Es ist anzunehmen, dass die Miet- und Energiekosten für die beiden neuen, kleineren Gebäude etwas höher sind, als die für das bisherige Zentralgebäude. Auch ist davon auszugehen, dass insgesamt mehr Personal benötigt wird, um zwei Gebäude zu bewirtschaften. Gehen wir außerdem mal davon aus, dass nun statt bisher einem Sachbearbeiter, insgesamt zwei erforderlich sind, um an beiden Standorten die Bescheinigungen ausstellen zu können. Damit sind die Kosten für die Leistungserbringung gestiegen. Gehen wir also davon aus, dass die Ausstellung der Bescheinigung nun 6 € an Kosten für die Stadt verursacht. Dann würde die Stadt pro Jahr bei 1.000 Bescheinigungen 1.000 € Verlust machen (1.000 Bescheinigungen x (5 € - 6 €)). Dieses Argument würde also einer Aufteilung des Rathauses in zwei kleinere Rathäuser aus wirtschaftlichen Gründen entgegenstehen. Die Bereitschaft, dem Bürger die Inanspruchnahme der städtischen Dienstleistung im Rahmen der Distributionspolitik zu erleichtern, wäre also wohl nicht besonders hoch.

Andererseits kann es aber auch an einer Akzeptanz der Maßnahme durch die Bürger fehlen. Auch dies möchte ich anhand eines Beispiels erklären:

Wir nehmen das Beispiel von eben, aber wir gehen davon aus, dass keine feste Gebühr nach der Allgemeinen Verwaltungsgebührenordnung NRW für die Ausstellung der Bescheinigung vorgesehen ist. Die Gebühr wird von der Stadtverwaltung selbst festgelegt, und zwar auf Grundlage einer Kosten- und Leistungsrechnung.

Kleiner Ausflug in die Fächer Kommunales Abgabenrecht und Kommunales Finanzmanagement: der Haushalt einer Gemeinde hat nach § 75 I, II Gemeindeordnung NRW ausgeglichen zu sein. Das heißt, dass der Gesamtbetrag der Erträge den Gesamtbetrag der Aufwendungen erreichen oder übersteigen soll. Zudem soll die Gemeinde die notwendigen Finanzmittel nach § 77 I, II Nr. 1 Gemeindeordnung NRW in Verbindung mit u.a. § 5, 6 Kommunalabgabengesetz NRW vorrangig aus Gebühren beschaffen.

Für unseren Fall bedeutet das, dass die zu erhebenden Gebühren mindestens den entstehenden Aufwand decken müssen. Dann hätte die Gebühr für jede ausgestellte Bescheinigung vor der Aufteilung des Rathauses 4 € betragen. Nach der Einrichtung der beiden neuen Rathäuser I und II wäre der Aufwand pro Bescheinigung auf 6 € gestiegen. Demnach müsste auch die Gebühr auf 6 € pro Bescheinigung angehoben werden, um ein Haushaltsdefizit an dieser Stelle zu verhindern. Gebührenrechtlich wäre gegen diese Vorgehensweise also nichts einzuwenden und die Aufteilung des Rathauses auf die neuen Standorte wäre eine sinnvolle Maßnahme im Rahmen der Distributionspolitik. Das Problem an dieser Lösung könnte nun aber das bereits angesprochene Akzeptanzdefizit sein. Diejenigen Bürger, die zentrumsnah wohnen und eine sehr kurze Anfahrt zum zentralen Rathaus hatten, mussten bisher 4 € pro Bescheinigung zahlen. Nun müssen sie 2 € mehr bezahlen und haben eine längere Anfahrt. Es liegt auf der Hand, dass diese Personen die neue Regelung als negativ ansehen. Ob diese Maßnahme also auch tatsächlich sinnvoll im Hinblick auf die Distributionspolitik ist, lässt sich z.B. dadurch ermitteln, wie viele Personen jeweils betroffen sind. Wenn also z.B. von den 1.000 Antragstellern pro Jahr 800 aus den jeweiligen Randbezirken der Stadt kommen und nur 200 aus dem Zentrum, kann die Maßnahme insgesamt trotzdem sinnvoll sein. Bei umgekehrter Lage würde man wohl eher davon Abstand nehmen.

Ich möchte an dieser Stelle nur kurz den Hinweis anbringen, dass die in einer Stadtverwaltung in diesem Rahmen zu treffenden Entscheidungen selbstverständlich in der Praxis sehr viel komplizierter und vielschichtiger sind, als mein Beispiel. Das macht es gerade so schwierig, mögliche Maßnahmen zu identifizieren, die dem Bürger einen echten Nutzen bringen. Wenn in der Realität Maßnahmen der Distributionspolitik getroffen werden, sind diese oftmals politisch motiviert und nur vordergründig bürgerfreundlich. Es kommt aber auch bei bürgerfreundlichen Lösungen vor, dass diese mit einer unverhältnismäßig hohen Belastung für die Bediensteten der Verwaltung verbunden sind, so dass diese unter dem Aspekt der Mitarbeiterzufriedenheit ebenfalls abzulehnen wären.

Generell sollten schon im Vorfeld von solchen Entscheidungen, nach Möglichkeit, Alpha- und Beta-Phasen durchgeführt werden, die eine Aussage darüber treffen können, ob eine Entscheidung sinnvoll sein kann. Außerdem sollten, die Umsetzungsphase begleitend und im Anschluss an die Umsetzung der Entscheidung, Evaluationsprogramme und, falls das möglich ist, Benchmarks durchgeführt werden, die dann ein tatsächliches Ergebnis über den Nutzen der Maßnahme geben können.

LAGERHALTUNG UND OPTIMALE BESTELLMENGE

Lagerhaltung ist ein Thema, das alle Firmen und öffentliche Verwaltungen gleichermaßen betrifft. Es geht darum, stets ausreichend Arbeitsmaterialien vorrätig zu haben, um ungehindert arbeiten zu können, und dabei gleichzeitig die durchschnittliche Lagermenge und die Bezugskosten (Kosten aus Bestellung und Lieferung) möglichst gering zu halten. Hierbei musst du bedenken, dass für Großbestellungen oft Rabatte auf den Stückpreis eingeräumt werden und

Lieferkosten pro Stück gesenkt werden können. Außerdem sind für Lagerfläche Miete und Energiekosten zu zahlen, die der Unternehmer oder Behördenleiter gerne einsparen möchte, wenn so viel Lagerfläche gar nicht benötigt wird. Auch kann Lagerfläche eventuell anderweitig genutzt werden, z.B. als Arbeitsplatz. Darüber hinaus gibt es Materialien, die sich gut oder schlecht lagern lassen. Büroklammern können ohne weiteres für mehrere Jahre gelagert werden, bei Briefumschlägen sieht das z.b. schon wieder anders aus, wenn sich z.b. das aufgedruckte Behördendesign ändert oder der Verschluss schlichtweg nicht mehr klebt. Zuletzt ist im gelagerten Material im Zweifel auch viel Kapital gebunden, das anderweitig verwendet werden könnte.

Für die Ermittlung der optimalen Bestellmenge haben sich in der Theorie zwei Varianten etabliert, die dir eventuell in einer Klausur begegnen werden. Daher möchte ich sie dir vorstellen.

Beispiel:

Es werden pro Jahr 750 kg von einem speziellen Papier benötigt. Die Kosten pro Bestellung betragen 40 €. Ein Kilogramm Papier kostet 75 €. Die Kosten für die Lagerhaltung liegen bei 12 %.

Tabellarische Ermittlung

Du legst eine Tabelle an, mit den folgenden Spalten: Anzahl der Bestellungen, Bestellmenge, Bestellkosten, durchschnittlicher Lagerbestand, Lagerhaltungskosten und Gesamtkosten.

Die einzelnen Positionen errechnen sich wie folgt:

$$durchschnittlicher\ Lagerbestand = \frac{Bestellmenge}{2}$$

$$\begin{aligned} Lagerhaltungskosten \\ = durchschnittlicher\ Lagerbestand \\ \times St\ddot{u}ckkosten \times Lagerhaltungskostensatz \end{aligned}$$

$$Gesamtkosten = Lagerhaltungskosten + Bestellkosten$$

Du erstellst nun einfach eine Tabelle mit einer ansteigenden Anzahl von Bestellungen und vergleichst die Gesamtkosten. Diejenige Bestellmenge mit den niedrigsten Gesamtkosten ist dann die optimale Bestellmenge.

Die Tabelle sieht dann wie folgt aus:

	Bestell-menge [kg]	Bestell-kosten	Ø Lager-bestand	Lager-haltungs-kosten	Gesamtkosten
1	750	40 €	375	3.375 €	3.415 €
2	375	80 €	188	1.692 €	1.772 €
3	250	120 €	125	1.125 €	1.245 €
4	188	160 €	94	846 €	1.006 €
5	150	200 €	75	675 €	875 €
6	125	240 €	63	567 €	807 €
7	107	280 €	54	486 €	766 €
8	94	320 €	47	423 €	743 €
9	**83**	**360 €**	**42**	**378 €**	**738 €**
10	75	400 €	38	342 €	742 €

Anhand der Tabelle ist nun also ersichtlich, dass die Gesamtkosten bei 9 Bestellungen am niedrigsten sind. Die optimale Bestellmenge ist demnach 83 kg Papier. Damit die Berechnung nachvollziehbar ist, stelle ich die einzelnen Schritte nochmal anhand der optimalen Bestellmenge dar:

$$Bestellmenge = \frac{750\,kg}{Anzahl\,d.\,Bestellungen} = \frac{750\,kg}{9} \approx 83\,kg$$

$$Bestellkosten = Kosten\,pro\,Bestellung$$
$$\times\,Anzahl\,d.\,Bestellungen = 40\,€ \times 9 = 360\,€$$

$$Ø\,Lagerbestand = \frac{Bestellmenge}{2} = \frac{83\,kg}{2} \approx 42\,kg$$

$$Lagerhaltungskosten$$
$$= Ø\,Lagerbestand \times Stückkosten$$
$$\times\,Lagerhaltungskostensatz$$
$$= 42\,kg \times 75\,€ \times 0{,}12 = 378\,€$$

$$Gesamtkosten = Lagerhaltungskosten + Bestellkosten$$
$$= 378\,€ + 360\,€ = 738\,€$$

Allerdings hat diese tabellarische Lösung auch einen Haken: ihre Ungenauigkeit. Rechnet man den ermittelten Wert nämlich nun zurück (9 Bestellungen x 83 kg Papier = 747 kg Papier), stellt man fest, dass am Jahresende 3 kg Papier fehlen. Dies mag tolerierbar sein. Alternativ können bei einer der Bestellungen auch diese 3 kg mitbestellt werden.

Ermittlung durch die Andlersche Formel (auch „Klassische Losformel")

Da die tabellarische Lösung aufwändig und relativ ungenau ist, kann die optimale Bestellmenge auch sehr einfach durch die Andlersche Formel ermitteln werden:

optimale Bestellmenge

$$= \sqrt{\frac{200 \times Jahresbedarf \times Bestellkosten}{Stückkosten \times Lagerhaltungskostensatz \, [als \, Prozentsatz]}}$$

$$= \sqrt{\frac{200 \times 750 \, kg \times 40 \, €}{75 \, € \times 12}} = \sqrt{\frac{6.000.000}{900}} = \sqrt{6.666,67} \approx 81,65$$

Die optimale Bestellmenge liegt also bei ungefähr 81,65 kg. Du siehst, dass dieser Wert also noch etwas von demjenigen Wert abweicht, den wir per Tabelle ermittelt haben. Zudem ist auch klar, dass dieser Wert noch keine Aussage darüber trifft, mit wie vielen Bestellungen der Jahresbedarf erreicht werden kann. Man kann sich hier an der Tabelle orientieren und würde wieder bei 9 Bestellungen landen. Alternativ kann man die optimale Anzahl an Bestellungen errechnen (Jahresbedarf / optimale Bestellmenge = 750 kg / 81,65 kg = 9,19 Bestellungen) und landet dann ebenfalls wieder bei ungefähr 9 Bestellungen.

Du siehst also, dass beide Methoden zwar grundsätzlich geeignet sind, um eine optimale Bestellmenge, bzw. die optimale Anzahl an Bestellungen zu ermitteln, dass diese jedoch recht ungenau und im Zweifel in der Praxis nicht tauglich sind, weil z.B. auch Mengenrabatte hier gar nicht berücksichtigt werden. Auch Synergie-Effekte bei der gleichzeitigen Bestellung noch anderer Waren werden hier nicht abgebildet. In der Praxis kann man sich daher diese Methoden als Hilfestellung zur groben Einschätzung heranziehen, wird aber um eine manuelle Berechnung verschiedener Szenarien nicht umhin kommen.

ABC-Analyse

Es liegt auf der Hand, dass der Aufwand, der betrieben wird, um optimale Bestellmengen, gute Lieferkonditionen, günstige Einkaufspreise, etc. zu ermitteln und zu verhandeln, im Verhältnis zu dem Einsparpotential stehen muss. Natürlich bieten diejenigen Waren, die das größte finanzielle Volumen ausmachen, die also im Jahr am meisten Kapital binden, auch das größte Einsparpotential. Mit der ABC-Analyse ist es möglich, anhand der jeweiligen Bestellmengen und Einkaufspreise, diejenigen Waren zu identifizieren, bei denen sich ein hoher dispositiver Aufwand lohnen kann, sowie diejenigen, die in dieser Hinsicht vernachlässigt werden können. Üblich ist es, die Waren, die insgesamt 70 % des Gesamtvolumens ausmachen, als A-Güter, diejenigen, die 20 % ausmachen, als B-Güter und die übrigen als C-Güter einzuteilen. A-Güter sind am interessantesten für mögliche Verhandlungen mit den Lieferanten oder Spediteuren, B-Güter sind schon eher uninteressant und C-Güter sind zu vernachlässigen.

Um es für eine mögliche Klausuraufgabe nicht zu einfach zu machen, werden die Güter oft als Mengen mit einem bestimmten Einkaufspreis angegeben, sodass das Gesamtvolumen und die einzelnen Volumina pro Gut zunächst ermittelt werden müssen.

Beispiel:

Die Stadt S hat für ihr Schwimmbad im Jahr Bedarf an folgenden Gütern:

250 Badehandtücher, 4 € / Stück

350 kleine Handtücher, 2,75 € / Stück

5.000 l Wasser, 0,25 € / l

Chlortabletten für 250 Betriebstage, 35 € / Packung (reicht für 25 Tage)

Ersatzfliesen (50 x 50 cm) für 30 m², 5 € / Stück

150 Paar Schwimmflügel, 3 € / Paar

Lösung:

Zunächst müssen die Volumina der einzelnen Güter ausgerechnet werden. Hierbei ist darauf zu achten, dass die Umrechnung der Mengeneinheiten richtig vorgenommen wird:

Badetücher:
250 Stück X 4 € = 1.000 €

Handtücher:
350 Stück X 2,75 € = 962,50 €

Wasser:
5.000 l X 0,25 € = 1.250 €

Chlortabletten:
250 Tage / 25 Tage = 10 Packungen X 35 € = 350 €

Ersatzfliesen:
4 Ersatzfliesen (= 1 m²) X 5 € = 20 € / m² X 30 m² = 600 €

Schwimmflügel:
150 Paare X 3 € = 450 €

Nun werden die Einzelvolumen addiert, und man erhält das Gesamtvolumen des Schwimmbads:

$$1.000 € + 962,50 € + 1.250 € + 350 € + 600 € + 450 €$$
$$= 4.612,50 €.$$

Im nächsten Schritt werden die Güter in einer Tabelle nach dem Wert ihrer Einzelvolumina absteigend sortiert und dann der prozentuale Anteil des Einzelvolumens am Gesamtvolumen errechnet:

Wasser	1.250,00 €	1.250 € X 100 / 4.612,50 € = 27 %
Badetücher	1.000,00 €	22 %
Handtücher	962,50 €	21 %
Ersatzfliesen	600,00 €	13 %
Schwimmflügel	450,00 €	10 %
Chlortabletten	350,00 €	(abgerundet) 7 %
	4.612,50 €	100 %

Zuletzt werden nun die Prozentsätze von oben nach unten addiert, bis die jeweiligen Schwellenwerte (70 %, 20 %) erreicht oder erstmals überschritten sind.

Danach erfolgt dann die Einteilung in die Güterklassen A, B und C:

Wasser	1.250,00 €	27 %	27 %	A
Badetücher	1.000,00 €	22 %	(27 % + 22%) = 49 %	A
Handtücher	962,50 €	21 %	(49 % + 21 %) = 70 %	A
Ersatzfliesen	600,00 €	13 %	13 %	B
Schwimmflügel	450,00 €	10 %	(13 % + 10 %) = 23 %	B
Chlortabletten	350,00 €	7 %	7 %	C
	4.612,50 €	100 %		

Als Ergebnis kannst du nun festhalten, dass es sich bei den A-Gütern „Wasser" und „Bade- und Handtüchern" lohnt, mit dem Lieferanten über günstigere Lieferkonditionen zu verhandeln, bzw. nach besseren Angeboten auf dem Markt zu suchen. Für die B-Güter kann sich eine überschlägige Prüfung lohnen. Die Chlortabletten können einfach zu den bisherigen Konditionen weiterbezogen werden, da das Einsparpotential im Verhältnis zum nötigen Aufwand zu gering ist.

INVESTITIONSRECHNUNG

Möglicherweise wirst du im Kapitel Betriebswirtschaftslehre eine Investitionsrechnung durchführen müssen. Diese dient dazu, sich vor Tätigung der Investitionen einen Überblick darüber zu verschaffen, ob sich die Investition lohnt und mit welchen Kosten zu rechnen ist. Hierzu gibt es verschiedene Rechnungen und Ansätze, von denen die Kostenvergleichsrechnung diejenige ist, mit der du am ehesten zu tun haben wirst.

KOSTENVERGLEICHSRECHNUNG

Steht fest, dass eine Investition getätigt werden soll, sind aber verschiedene Investitionsalternativen gegeben, die miteinander verglichen werden müssen, hilft die Kostenvergleichsrechnung. Hierbei wird die kostengünstigste Alternative ermittelt.

$$K_{gesamt} = K_{fix} + k_{var} \times x + \frac{K_0 - L_T}{n} + \frac{K_0 + L_T}{2} \times i$$

K_{gesamt}	Gesamtkosten der Investition
K_{fix}	fixe Gesamtkosten
k_{var}	variable Stückkosten (im Durchschnitt)
x	abgesetzte oder produzierte Menge (im Durchschnitt)
K_0	Anschaffungskosten
L_T	Liquidationserlös (Restwert bei Verkauf alter Anlagen)
n	voraussichtliche Nutzungsdauer
i	Kalkulationszinssatz

Beispiel:

Daten	Anlage 1	Anlage 2
Anschaffungskosten	10.000 €	8.000 €
Fixkosten / Jahr	500 €	450 €
Kapazität / Jahr	250 Stück	250 Stück
Auslastung / Jahr	80 %	100 %
Nutzungsdauer	20 Jahre	16 Jahre
Kalkulationszinssatz	8 %	8 %
Lohn / Stück	5 €	5 €
Betriebsstoffe / Stück	1 €	1 €
sonstiges / Stück	0 €	1 €

Anlage 1:

$$K_{gesamt} = 500\,€ + 6\,€ \times 250\,Stück + \frac{10.000\,€ - 0\,€}{20\,Jahre}$$
$$+ \frac{10.000\,€ - 0\,€}{2} \times 0{,}08$$

$$= 500\,€/Jahr + 1.500\,€/Jahr + 500\,€/Jahr + 400\,€/Jahr$$
$$= 2.900\,€/Jahr$$

Anlage 2:

$$K_{gesamt} = 450\,€ + 7\,€ \times 250\,Stück + \frac{8.000\,€ - 0\,€}{16\,Jahre}$$
$$+ \frac{8.000\,€ - 0\,€}{2} \times 0{,}08$$

$$= 450\,€/Jahr + 1.750\,€/Jahr + 500\,€/Jahr + 320\,€/Jahr$$
$$= 3.020\,€/Jahr$$

Gemessen an der Kostenvergleichsrechnung stellt sich dar, dass Anlage 1, obwohl sie in der Anschaffung deutlich teurer ist, einen jährlichen Kostenvorteil in Höhe von 120 € gegenüber Anlage 2 hat. Hinzu kommt, dass die Anlage 1 erst zu 80% ausgelastet ist. Sollte sich die Produktionsmenge also erhöhen, ist zunächst keine neue Investition nötig und bei einer nicht vollständigen Auslastung ist unter Umständen auch von einem geringeren Verschleiß und damit einer längeren Haltbarkeit auszugehen.

GESAMTKOSTENRECHNUNG

Eine vereinfachte Variante der Kostenvergleichsrechnung ist die Gesamtkostenfunktion, die die kalkulatorische Abschreibung und den kalkulatorischen Zins außer Acht lässt:

$$K_{gesamt} = K_{fix} + K_{var} \times x$$

Hier werden zunächst die fixen und variablen Gesamtkosten errechnet und dann die Gesamtkosten pro Jahr insgesamt ermittelt.

Beispiel von oben:

Anlage 1:

$$K_{fix} = 500 \text{ €}$$
$$K_{var} = 5 \text{ €} + 1 \text{ €} = 6 \text{ €}$$
$$K_{gesamt} = 500 \text{ €} + 6 \text{ €} \times 250 \text{ } Stück = 500 \text{ €} + 1.500 \text{ €}$$
$$= 2.000 \frac{€}{Jahr}$$

Anlage 2:

$$K_{fix} = 450 \text{ €}$$
$$K_{var} = 5 \text{ €} + 1 \text{ €} + 1 \text{ €} = 7 \text{ €}$$
$$K_{gesamt} = 450 \text{ €} + 7 \text{ €} \times 250 \text{ } Stück = 450 \text{ €} + 1.750 \text{ €}$$
$$= 2.200 \frac{€}{Jahr}$$

Wir kommen also zu demselben Ergebnis, wie bei der Kostenvergleichsrechnung, wobei die Variante der Gesamtkostenrechnung offensichtlich ungenauer ist.

Ein weiteres Beispiel zur Gesamtkostenfunktion findest du im Kapitel „Kosten- und Leistungsrechnung".

KOMMUNALE BUCHFÜHRUNG

Mit dem Neuen Kommunalen Finanzmanagement (NKF) wurde für die kommunalen Haushalte auch die Doppik („Doppelte Buchführung in Konten") als Buchhaltungsmethode zwingend eingeführt. Hierdurch sollten die kommunale Haushaltsführung modernisiert und eine Annäherung an die privatwirtschaftliche Buchführung erreicht werden.

Da von den Studieninstituten in der Regel der Schwerpunkt darauf gelegt wird, dass du Geschäftsvorfälle verbuchen und den Jahresabschluss aufstellen kannst, will ich mich in diesem Kapitel ebenfalls nur auf diese Punkte fokussieren. Zu den Vor- und Nachteilen, die ich in der Einführung der kaufmännischen Buchführung in den kommunalen Haushalten sehe, verweise ich auf meine einleitenden Worte im Kapitel „Kommunales Finanzmanagement".

Aufgabe der Buchführung ist es, die Geld- und Vermögensströme innerhalb eines Haushaltsjahres (= i.d.R. Kalenderjahr) für die Öffentlichkeit und externe Stellen zu dokumentieren. Daher wird die Buchführung auch „externe Rechnungswesen" genannt. Die Daten der Buchführung bilden zudem die Grundlage für die meisten anderen haushaltstechnischen Instrumente, wie z.B. die Kosten- und Leistungsrechnung. Weitere Ausführung zu den Funktionen und Unterschieden zwischen dem internen und externen Rechnungswesen findest du im Abschnitt „Grundsätze" im Kapitel „Kosten- und Leistungsrechnung".

Wichtig ist es für dich, dass dir klar ist, dass das Hauptziel der Erfassung von Geschäftsvorfällen der Aufstellung eines

Jahresabschlusses und damit eines wirtschaftlichen Jahresergebnisses dient. Dieses Jahresergebnis soll nicht zwangsläufig realistisch sein, sondern vorrangig den rechtlichen Vorgaben entsprechen und ggfs. einen zu niedrigen Gewinn ausweisen, sodass eventuell zu zahlende Steuern oder sonstige Abgaben gedrückt werden können. Für ein realistisches Abbild und als Grundlage für Controlling-Maßnahmen werden zwar die Daten der Buchführung verwendet, diese werden aber in der Kosten- und Leistungsrechnung (auch „internes Rechnungswesen") auf andere Art und Weise verarbeitet und ausgewertet.

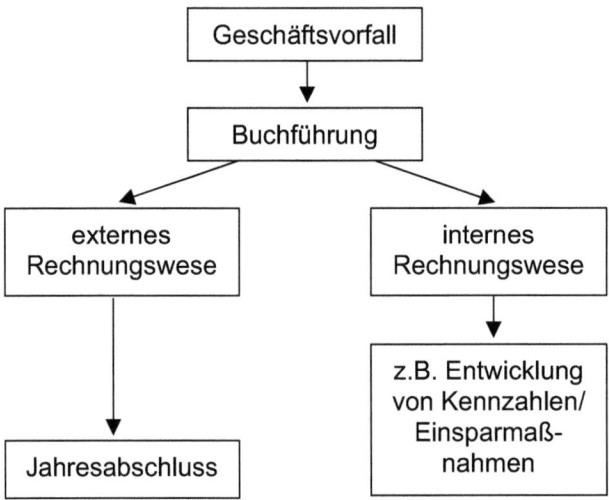

Deine Hauptaufgabe in diesem Fach wird es sein, Lebenssachverhalte („**Geschäftsvorfälle**") in sogenannte „**Buchungssätze**" umzuwandeln. Diese Buchungssätze haben einen bestimmten Aufbau, der die Erfassung / Eingabe der Geschäftsvorfälle in das bestehende Buchhaltungssystem erleichtert.

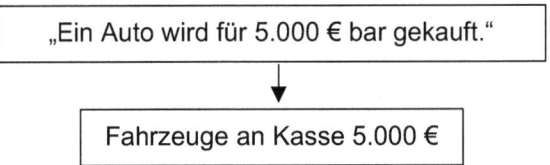

Die Erfassung der Buchungssätze erfolgt auf themenspezifische Konten („**T-Konten**", weil sie wie der Buchstabe T aussehen). Diese unterscheiden sich nochmal in „Bestandskonten" und „Aufwandskonten". Die beiden Seiten des Kontos sind immer mit „S" und „H" für „**Soll**" und „**Haben**" überschrieben. Diese Begriffe musst du dir einfach nur merken – Sie beinhalten leider überhaupt keinen Sinn. Außerdem steht der Name des Kontos oben in der Mitte (hier „Kasse").

Bestandskonten sind vergleichbar mit einer Bargeldkasse. Dort wird Geld ein- und ausgezahlt und es kann dort auch Geld über den Jahreswechsel verbleiben. Das Geld taucht dann im nächsten Haushaltsjahr als sogenannter „Anfangsbestand" (AB) wieder in dem Konto auf.

S(OLL)	Kasse	H(ABEN)
AB	500 €	

Bestandskonten unterteilen sich in „Aktivkonten" und „Passivkonten". Welche Konten für dich wichtig sind, wirst du von deinem Dozenten erfahren.

Ganz grundsätzlich kann man sagen, dass **Aktivkonten** anzeigen, in welche Dinge Geld investiert wurde, bzw. wo Geld liegt oder gebunden ist. Klassische Aktivkonten sind:

Immobilien, Forderungen, Betriebs- und Geschäftsausstattung, Roh-, Hilfs- und Betriebsstoffe, Fahrzeuge, Bank, Kasse.

Passivkonten lassen erkennen, woher das in den Aktivkonten gebundene Geld stammt, also vor allen Dingen, ob es sich um eigenes Geld oder um Schulden handelt. Typische Passivkonten sind: Eigenkapital, Verbindlichkeiten aus Krediten, Verbindlichkeiten aus Lieferungen und Leistungen, Rückstellungen.

Der Anfangsbestand steht immer auf der Seite, auf der sich das Konto in der Bilanz befindet, also bei Aktivkonten i.d.R. auf der Aktivseite und bei Passivkonten i.d.R. auf der Passivseite.

Dazu gleich mehr…

Erfolgskonten sind eher vergleichbar mit einem Haushaltsbuch. Dort trägst du z.B. Geldbeträge ein, die dem Haushalt verloren gehen, wie z.B. die Krankenkassenbeiträge. Hierfür muss Geld ausgegeben werden und man erhält als Gegenleistung zwar den Versicherungsschutz, aber das Geld ist verbraucht und man kann den Wert des Versicherungsschutzes nicht geldmäßig erfassen.

In Erfolgskonten gibt es nie einen Anfangsbestand. Diese Konten werden immer nur eröffnet, wenn sie gebraucht werden, und zum Jahresabschluss wieder aufgelöst. Man vergibt dann diesen Konten immer einen zum Thema passenden Namen, der mit „-aufwand" oder „-ertrag" endet.

Wie kleinteilig du hier vorgehst, ist dir selbst überlassen. Du kannst also ein spezielles Konto „Krankenkassenaufwand" eröffnen, kannst aber auch den Krankenkassenbeitrag mit anderen Versicherungen unter „Versicherungsaufwand" verbuchen. Bei der ersten Variante musst du viele Konten eröffnen und auch wieder abschließen und hast dementsprechend viel Arbeit, kannst dafür hinterher aber auch genauer auswerten, wo das Geld geblieben ist. Bei der zweiten Variante bist du schneller, kannst aber eben auch nicht mehr nach den verschiedenen Versicherungen differenzieren. Es gibt hier also kein „richtig" oder „falsch". Du musst für dich im Einzelfall entscheiden, was sinnvoller ist.

S	Krankenkassenaufwand		H
Bank	145,66 €		

Die Erfolgskonten unterteilen sich in „**Aufwandskonten**" und „**Ertragskonten**".

In Aufwandskonten werden Geldbewegungen gebucht, bei denen Geld verbraucht wird, also z.B. unsere Versicherungsbeiträge oder die Auszahlung von Gehältern oder Kosten für Reparaturen. In Erfolgskonten wird verbucht, wenn wir Geld erwirtschaften oder sonst ohne (wertmäßige) Gegenleistung erhalten, z.B. Umsatzerlöse, Eingang von Landeszuweisungen, Zinserträge.

Stopp! Bevor wir weitermachen, eine kurze Wiederholung:

- Wir haben **Geschäftsvorfälle**, die sich auf unseren Geldfluss und/oder unser Vermögen auswirken, und wandeln diese in **Buchungssätze** um.
- Durch die Buchungen werden Konten betroffen:
  - **Bestandskonten**:
    Können einen Geldbestand haben.
    - Aktivkonten:
      Zeigen an, wo das Geld verwendet wird.
    - Passivkonten:
      Zeigen an, wo das verwendete Geld herkommt.
  - **Erfolgskonten**:
    Dienen der Erfassung von Geldverbrauch.
    - Aufwandskonten:
      Hier werden Verluste erfasst.
    - Ertragskonten:
      Hier werden Erlöse erfasst.

Soweit alles klar? Dann weiter…

Die Bestandskonten fließen in die sogenannte „**Bilanz**" ein. Die Bilanz ist ein großes T-Konto. Auf der linken Seite stehen die Aktivkonten, auf der rechten Seite die Passivkonten.

Die Passivseite zeigt an, wie viel Geld im Haushalt steckt und, wo das Geld herkommt, also ob es eigenes Geld ist (**Eigenkapital**) oder ob es sich um geliehenes Geld handelt (**Fremdkapital**). Deswegen wird die Passivseite auch „**Finanzmittelherkunft**" genannt.

Die Aktivseite zeigt an, wie sich dieses Geld im Haushalt verteilt, also wie viel davon in der Barkasse oder auf dem Bankkonto liegt, und wie viel Geld z.B. in Fahrzeugen oder

Gebäuden steckt. Die Aktivseite wird deshalb auch **„Finanzmittelverteilung/-verwendung"** genannt.

Wenn man für jede Seite der Bilanz eine Summe bildet, müssen diese beiden Summen genau gleich sein. So weiß man, wo jeder einzelne Cent herkommt und wo er sich im Haushalt befindet.

A		BILANZ	P
Immobilien	0 €	Eigenkapital	4.000 €
Fahrzeuge	5.000 €	Fremdkapital	2.000 €
Bank	800 €		
Kasse	200 €		
	6.000 €		6.000 €

Man weiß jetzt also, dass insgesamt 6.000 € im Haushalt stecken. 4.000 € sind eigenes Geld, was z.B. durch Steuern erwirtschaftet wurde. 2.000 € sind von irgendwem geliehen.

Wir wissen aber auch, wo das Geld gebunden ist. 5.000 € stecken in einem oder mehreren Fahrzeugen, 800 € liegen auf der Bank und 200 € sind in der Barkasse. Immobilien sind entweder nicht vorhanden oder sie sind wertlos.

In der Gewinn- und Verlustrechnung (GuV), die in der Kommunalverwaltung „**Ergebnisrechnung**" (ER) genannt wird, werden nach demselben Prinzip die ganzen Erfolgskonten zusammengefasst, wobei die Aufwandskonten auf der linken Seite und die Ertragskonten auf der rechten Seite stehen.

S	ER		H
Gehälter	50.000 €	Umsatzerlöse	80.000 €
Strom	1.000 €	Zinserträge	2.000 €
Miete	15.000 €	Zuweisungen	8.000 €
Material	4.000 €		

Du stellst jetzt eventuell fest, dass die Summen der beiden Seiten nicht gleich sind. Das hat einen wichtigen Grund. An dieser Stelle wollen wir nämlich ermitteln, ob wir in dem Haushaltsjahr insgesamt Gewinn oder Verlust gemacht haben. Man ermittelt also die höhere der beiden Summen, trägt diese auf beiden Seiten ein und ermittelt dann den Betrag, der auf der entsprechenden Seite noch fehlt. Das ist unser Gewinn oder Verlust. Diesen buchen wir an das Eigenkapital. Steht der Betrag auf der Aufwandsseite, handelt es sich um Gewinn, steht er auf der Ertragsseite, handelt es sich um einen Verlust. Probieren wir es aus…

Die Summe der Ertragsseite ist 90.000 €. Die Summe der Aufwandsseite ist 70.000 €. Wir tragen daher die höhere Summe, also 90.000 € auf beiden Seiten ein und rechnen aus, wie viel Geld auf der Aufwandsseite fehlt: 90.000 € - 70.000 € = 20.000 €. Also erstellen wir einen neuen Eintrag auf der Aufwandsseite mit der Bezeichnung „Eigenkapital" und tragen dort die fehlenden 20.000 € ein. Jetzt stimmen unsere Summen wieder und die Ergebnisrechnung ist fertig:

S		ER	H
Gehälter	50.000 €	Umsatzerlöse	80.000 €
Strom	1.000 €	Zinserträge	2.000 €
Miete	15.000 €	Zuweisungen	8.000 €
Material	4.000 €		
Eigenkapital	20.000 €		
	90.000 €		90.000 €

Ich möchte dir erklären, was da jetzt passiert ist...

Dazu müssen wir uns erstmal fragen, was eigentlich ein Gewinn oder Verlust ist.

Angenommen, wir würden eine neue Firma gründen und mit einem Kapital von 2.000 € beginnen. Als Geschäftsmodell wählen wir eine Würstchen-Bude. Bei uns gibt es nur ein Produkt, die klassische Bratwurst im Brötchen mit Senf. Wir kaufen für 1.000 € einen alten Wurstwagen und für 500 € das nötige Material und die Lebensmittel ein. Wir haben in unserer Kosten- und Leistungsrechnung ermittelt, dass uns die Herstellung einer Bratwurst 2 € kostet. Wir haben also (500 € / 2 € =) 250 Bratwürste auf Lager, die wir verkaufen können. Der Preis soll 3 € pro Bratwurst betragen. Die übrigen 500 € haben wir als Wechselgeld in unsere Kasse gelegt.

Schauen wir uns die (Eröffnungs-)Bilanz mal an:

A	Eröffnungsbilanz		P
Wurststand	1.000 €	Eigenkapital	2.000 €
Material	500 €		
Kasse	500 €		
	2.000 €		2.000 €

Um das Ganze zu vereinfachen, stellen wir uns vor, wir würden alle 250 Bratwürste zu dem von uns aufgerufenen Preis abverkaufen können. Dann würde sich unser Material auf 0 € verringern, weil kein Warenbestand mehr vorhanden ist. Gleichzeitig würden wir 250 Bratwürste à 3 € = 750 € einnehmen und damit unseren Kassenbestand auf 1.250 € steigern. Richtig?

Wie sähe unsere Bilanz dann am Ende des Jahres aus?

A	Schlussbilanz		P
Wurststand	1.000 €	Eigenkapital	2.000 €
Material	0 €		
Kasse	1.250 €		
	2.250 €		2.000 €

Ups… Wir stellen fest, dass da was nicht stimmen kann. Die Summen der Aktiv- und der Passivseite sind nicht gleich.

Du kannst dir sicherlich schon denken, woran das liegt: wir haben Material im Wert von 500 € verbraucht, dafür aber 750 € eingenommen. Wir haben also einen Gewinn in Höhe von 250 € erzielt. Wir müssen diese 250 € also irgendwie auf die Passivseite bringen. Wie das geht, kann man jetzt auf zwei verschiedene Weisen argumentieren – das Ergebnis ist jedoch dasselbe.

Da keine Schulden in Höhe von 250 € aufgenommen worden sind und ansonsten nur das Konto „Eigenkapital" existiert, muss dieses um 250 € erhöht werden, um die Salden auszugleichen. Diese Variante ist richtig, aber sie erklärt nicht, warum es zu der Erhöhung kommt. Ich schlage daher folgende Begründung vor: Zu Beginn hatten wir 2.000 €, die sich auf den Wagen, das Material und die Kasse verteilt haben. Jetzt haben wir durch Umsatzerlöse insgesamt 2.250 €, die sich noch auf den Wagen und die Kasse verteilen. Wir haben also mehr Geld, als zuvor. Das Geld, das uns gehört, findet sich immer im Konto „Eigenkapital". Also muss sich unser Eigenkapital erhöht haben. Das Eigenkapital errechnet sich also immer wie folgt:

$$Eigenkapital = Vermögen - Fremdkapital,$$

wobei das Vermögen des Saldos der Aktivkonten entspricht und das Fremdkapital dem Saldo der Passivkonten.

Drehen wir nun den Spieß um… Wir wollen gerade die Schlussbilanz ausdrucken und Feierabend machen, da schlägt ein Blitz in unseren Verkaufswagen ein und zerstört diesen vollständig. Er hat jetzt einen Wert von 0 €. Wir müssen uns also jetzt nochmal an die Schlussbilanz setzen und diesen Geschäftsvorfall verbuchen:

A	Schlussbilanz		P
Wurststand	0 €	Eigenkapital	? €
Material	0 €		
Kasse	1.250 €		
	1.250 €		1.250 €

Da es sich bei der Zerstörung des Wurstwagens auch wieder um einen echten Werteverzehr handelt, muss auch jetzt wieder das Eigenkapital um den entsprechenden Betrag korrigiert werden. Wir müssen also hinnehmen, dass wir zwar tolle Umsatzerlöse erzielt haben, aber in der Summe mit einem Jahresverlust in Höhe von 750 € schließen, weil wir nun statt 2.000 € nur noch 1.250 € in unserem Unternehmen haben.

$$Eigenkapital = Vermögen - Fremdkapital$$
$$= 1.250 € - 0 € = 1.250 €$$

A	Schlussbilanz		P
Wurststand	0 €	Eigenkapital	1.250 €
Material	0 €		
Kasse	1.250 €		
	1.250 €		1.250 €

Oje... Was für ein ernüchterndes erstes Geschäftsjahr. Zum Glück haben wir einen guten Freund, der Mitleid mit uns hat. Rein von den Verkaufszahlen lief das Jahr gut, nur mit dem Blitzeinschlag hatten wir Pech. Der Freund leiht uns daher 750 € in bar, damit wir neu anfangen können. Dieses Geld ist Fremdkapital (Schulden) und muss daher als solches auf der Passivseite der Bilanz ausgewiesen werden. Die endgültige Schlussbilanz würde dann wie folgt aussehen:

A	Schlussbilanz		P
Wurststand	0 €	Eigenkapital	1.250 €
Material	0 €	Fremdkapital	750 €
Kasse	2.000 €		
	2.000 €		2.000 €

Von dem Geld können wir nun wieder einen gebrauchten Wurststand und die nötigen Materialien kaufen, um nochmal von vorne anzufangen. Allerdings haben wir nun die Verpflichtung, die Schulden gegenüber dem Freund abzutragen. Nur die Gewinne über 750 € können wieder unser angeschlagenes Eigenkapital aufbauen.

Ich hoffe, du hast jetzt verstanden, wie eine Bilanz aufgestellt wird und wie es zu Korrekturen des Eigenkapitals kommt.

Wir haben jetzt in diesem Fall direkt in der Bilanz gerechnet und haben dabei die GuV / Ergebnisrechnung außer Acht gelassen. Das holen wir jetzt nach...

Wir wissen, dass wir durch den Wurstverkauf 250 € Umsatzerlöse erwirtschaftet und durch den Blitzeinschlag 1.000 € Verlust erlitten haben. Wir sind so auf das negative Jahresergebnis von 750 € gekommen.

Ich hatte ja erklärt, dass Gewinne und Verluste nicht in die Bestandskonten gebucht werden, die in der Bilanz auftauchen, sondern in die Erfolgskonten, die in die Ergebnisrechnung einfließen. Auch habe ich erklärt, dass diese Erfolgskonten anlassbezogen, also immer nur dann, wenn sie gebraucht werden, eröffnet werden.

In unserem Fall brauchen wir also ein Konto für die erzielten Erlöse und eines für den Verlust an dem Verkaufsstand. Nennen wir sie, zum besseren Verständnis, einfach „(Gewinne aus) Wurstverkauf" und „(Verluste aus) Blitzeinschlag".

Wenn wir uns diese beiden Konten in der Ergebnisrechnung vorstellen, müsste das dann so aussehen:

S	ER		H
Blitzeinschlag	1.000 €	Wurstverkauf	250 €
	1.000 €		1.000 €

Bei der Aufstellung der Ergebnisrechnung lassen wir eine Zeile frei, die für das Eigenkapital reserviert ist. Wie bereits erklärt, bilden wir die beiden Salden und tragen dasjenige Saldo ein, welches höher ist. Hier haben wir einen Aufwand von 1.000 € und einen Ertrag von 250 €. Also tragen wir 1.000 € auf beiden Seiten ein, weil dieser Betrag höher ist. Nun wissen wir auch, auf welcher Seite das Eigenkapital eingetragen werden muss, nämlich auf der Ertragsseite. Du weißt aber auch noch, dass es sich immer um einen Verlust handelt, wenn das Eigenkapital auf der Ertragsseite steht, und um einen Gewinn, wenn es auf der Aufwandsseite steht. Wir bilden also unsere Differenz aus Saldo und der Summe der Erträge und ermitteln so unseren Korrekturbetrag für das Eigenkapital:

$$1.000 € - 250 € = 750 €$$

Hierbei handelt es sich wohl bemerkt nicht um das Eigenkapital selbst, sondern nur um den Betrag, um den das Eigenkapital korrigiert werden muss!

Die Ergebnisrechnung sieht nun so aus:

S	ER		H
Blitzeinschlag	1.000 €	Wurstverkauf	250 €
		Eigenkapital	750 €
	1.000 €		1.000 €

Das Eigenkapital wird nun korrigiert, indem von der Ergebnisrechnung in das Eigenkapital gebucht wird. Das Eigenkapitalkonto sieht dann so aus:

S	Eigenkapital		H
ER	750 €	AB	2.000 €
EB	1.250 €		
	2.000 €		2.000 €

Da es sich um ein Passivkonto handelt, wird der Anfangsbestand in Höhe von 2.000 € auf der Haben-Seite eingetragen. Auf der Soll-Seiten wird der Korrekturbetrag aus der Ergebnisrechnung (ER) in Höhe von 750 € gebucht. Wir stellen fest, dass die Haben-Seite das höhere Saldo aufweist, also übertragen wir das Saldo von 2.000 € auf die Soll-Seite. Die Differenz aus Saldo und dem Korrekturbetrag aus der

Ergebnisrechnung ergibt den Endbestand (EB). Der Endbestand ist der Betrag, der für das Konto Eigenkapital in der Schlussbilanz ausgewiesen wird.

Wir stellen also fest, dass wir zuvor richtig gerechnet haben, denn auch hier kommen wir zu dem Ergebnis, dass sich das Eigenkapital auf 1.250 € reduziert hat.

Du hast jetzt hoffentlich einen Überblick darüber erhalten,
- welche Konten es gibt,
- wie diese sich bei Geschäftsvorfällen verhalten,
- wie das Eigenkapital erhöht und reduziert wird,
- was eine Eigenkapitalveränderung bedeutet und
- wie sich Bilanz und Ergebnisrechnung zusammensetzen.

Das ist doch schon eine ganze Menge!

Nun müssen wir uns aber noch mit der zentralen Frage beschäftigen, wie aus Geschäftsvorfällen Buchungssätze formuliert werden, und wie diese Buchungssätze dann auf die entsprechenden Konten gebucht werden. Das machen wir jetzt step by step mit einem großen Beispielsfall, der am Ende im Jahresabschluss gipfeln wird. Währenddessen werde ich dir einige buchhalterische Besonderheiten erklären.

BUCHUNGSSÄTZE

Für unser Beispiel stellen wir uns einen kleinen Handwerksbetrieb vor, der sich darauf spezialisiert hat, besonders rückenschonende Holzstühle zu bauen und zu verkaufen.

In einer Klausur kann es vorkommen, dass dir bereits eine vollständige Eröffnungsbilanz vorgegeben wird. Da mitunter aber auch nur die jeweiligen Anfangsbestände angegeben werden, will ich dir zeigen, wie du in so einem Fall die Bilanz selbst aufstellst. Bei den angegebenen Konten stellst du dir immer die Frage, ob es sich um ein Konto handelt, dass eine Aussage über die Mittelherkunft oder über die Mittelverteilung zulässt. Wenn du dir unsicher bist, kannst du auch in den entsprechenden Mustern und Übersichten des Nachschlagewerks nachsehen, welches du mit hoher Wahrscheinlichkeit für deine Ausbildung erworben hast. Hast du ein solches Nachschlagewerk nicht, kannst du auch einfach mal in die Haushaltssatzung deiner Einstellungsbehörde schauen, welche Konten dort aufgeführt sind, und wo sich diese jeweils befinden und in welcher Reihenfolge diese aufgelistet sind.

Gehen wir jetzt mal davon aus, dass uns folgende Anfangsbestände vorgegeben sind:

- Eigenkapital: 100.000 €
- Verbindlichkeiten a.L.L.: 100.000 €
- Verbindlichkeiten a.Kr.: 500.000 €
- Fuhrpark: 35.400 €
- Maschinen: 76.800 €
- Forderungen a.L.L.: 12.500 €
- RHB: 34.203 €
- Kasse: 21.466 €
- BGA: 26.700 €
- Bank: 42.931 €

Nun musst du erkennen, dass die ersten drei Positionen eine Aussage darüber zulassen, woher das verwendete Geld stammt, nämlich aus Eigenkapital und Verbindlichkeiten aus Lieferungen und Leistungen, sowie aus Kreditverbindlichkeiten. Hierbei handelt es sich demnach um Passivkonten. Die anderen Konten müssen demnach Aktivkonten sein. Jetzt musst du die Konten noch nach ihrer Liquidierbarkeit sortieren, also danach, wie schnell die gebundenen Gelder verfügbar gemacht werden können – beginnend mit den am wenigsten liquidierbaren Konten.

Du kannst jetzt, wenn du möchtest, auf die €-Zeichen verzichten. Frage bitte deinen Dozenten, ob er damit einverstanden ist. Aus Gründen der Arbeitsgeschwindigkeit und der Lesbarkeit halte ich die Darstellung ohne €-Zeichen für besser und werde diese daher auch ab jetzt weglassen.

Die Eröffnungsbilanz sieht dann so oder so ähnlich aus:

A	Eröffnungsbilanz		P
Maschinen	76.800	Eigenkapital	100.000
Fuhrpark	35.400	V.a.Kr.	50.000
BGA	26.700	V.a.L.L.	100.000
RHB	34.203		
F.a.L.L.	12.500		
Bank	42.931		
Kasse	21.466		
	250.000		250.000

Beginnen wir nun mit dem ersten Geschäftsvorfall:

Der Inhaber des Betriebes geht zum Baumarkt und kauft dort Holzdübel für insgesamt 75,00 €, die er bar bezahlt.

Es geht nun darum, die wesentlichen von den unwesentlichen Informationen zu trennen. Im Ergebnis möchtest du genau zwei Konten haben, die durch diesen Geschäftsvorfall betroffen sind. Wer hier einkauft, wo er einkauft und wie er dorthin kommt, sind offensichtlich unwichtige Informationen. Entscheidend ist, was er kauft, wie und ob er bezahlt, und wie hoch der Preis ist.

Hier werden Holzdübel gekauft. Wir gehen in unserem Beispiel einfach mal davon aus, dass diese nicht sofort verbraucht, sondern auf Lager gelegt werden. Dann fallen diese Dübel, weil sie zur Herstellung der Stühle nötig sind, unter Roh-, Hilfs- und Betriebsstoffe (RHB).

Der nächste Hinweis ist der, dass die Dübel bar bezahlt werden. Immer wenn etwas bar bezahlt wird, ist hierdurch die (Bar-) Kasse betroffen.

Zuletzt wissen wir, dass der Kaufpreis 75 € beträgt.

Um nun aus diesen Informationen einen Buchungssatz zu erstellen, musst du dir folgende Fragen stellen:

- Welche Konten sind betroffen?
- Erhöht oder verringert sich das Konto?
- Auf welcher Seite findet diese Veränderung statt?

Betroffen sind die Konten: RHB (Aktivkonto) und Kasse (Aktivkonto).

Wir entnehmen 75 € aus der Kasse, diese verringert sich also. Und wir lagern Waren im Wert von 75 € ein, der Bestand an RHB erhöht sich also um 75 €.

Ein Konto erhöht sich immer auf der Seite, auf der sich der Anfangsbestand befindet. Der Anfangsbestand befindet sich immer auf der Seite, auf der das Konto in der Bilanz steht...

Das Konto RHB ist ein Aktivkonto. Es steht in der Bilanz auf der linken Seite. Daher muss der Anfangsbestand im Konto RHB auch auf der linken Seite (Soll) stehen. Ein Zugang muss also ins Soll gebucht werden.

Die Kasse ist auch ein Aktivkonto, steht also in der Bilanz ebenfalls auf der linken Seite. Also steht auch hier der Anfangsbestand auf der linken Seite (Soll). Ein Abgang muss daher auf der anderen Seite, der Haben-Seite, erfolgen.
Du musst dir an dieser Stelle nun die Reihenfolge der Konten im Buchungssatz merken. Wie du das machst, ist dir selbst überlassen.

Der gängige Merksatz lautet:

SOLL an HABEN und AUFWAND an ERTRAG

Du kannst dir aber auch einfach Eselsbrücken bauen, um die die Reihenfolge einzuprägen, z.B. **S**chleswig-**H**olstein, **S**chu**H**, **A** kommt (im Alphabet) vor **E**, **A**ff**E**, ...

Wir haben nun also festgestellt, dass die beiden Aktivkonten **Kasse** und **RHB** betroffen sind, und sich RHB um **75 €** erhöht und sich die Kasse gleichzeitig um denselben Betrag verringert. Wir wissen, dass sich das Aktivkonto RHB auf der Soll-Seite erhöht und die Kasse sich auf der Haben-Seite verringert. Der Merksatz lautet Soll an Haben.

In diesen Merksatz setzen wir jetzt einfach unsere Informationen ein:

RHB 75 € an Kasse 75 €
(alternative Schreibweise: RHB / Kasse 75 €)

Herzlichen Glückwunsch, du hast gerade deinen ersten Buchungssatz aufgestellt!

Wir vergeben diesem Buchungssatz nun eine fortlaufende Nummer, deren Bedeutung ich später noch erklären werde:

(1) RHB 75 € an Kasse 75 €

Machen wir also weiter...

> Die Firma erhält aus einer Spende einen Ertrag von 5.000 €. Die betroffenen Konten wären hier die Bank und das Erfolgskonto „Spendenerträge", das wir neu erstellen müssen.

Wieder fragen wir uns, welches Konto steigt oder sinkt. Das Bankguthaben erhöht sich um 5.000 €. Die Bank ist ein Aktivkonto, sie erhöht sich also auf der Soll-Seite.

Das Konto Spendenerträge ist ein Ertragskonto, es steht in der Ergebnisrechnung auf der rechten Seite, der Haben-Seite. Also erhöht es sich auch auf der Haben-Seite.

Wenden wir also wieder unseren Merksatz „Soll an Haben" an:

(2) Bank 5.000 € an Spendenerträge 5.000 €

Die Firma kauft nun noch zwei Maschinen für jeweils 1.500 € auf Ziel ein.

Hier ist offensichtlich das Konto Maschinen betroffen. Wenn von einem „Kauf auf Ziel" die Rede ist, ist damit ein Kauf auf Rechnung gemeint. Für uns entstehen also mit dem Kauf Schulden in der Höhe des Kaufpreises, aber wir wissen jetzt noch nicht, ob und wie wir die Rechnung bezahlen werden. Da es sich um Schulden aus einer Lieferung/Leistung handelt, ist das Konto „Verbindlichkeiten aus Lieferungen und Leistungen" zu verwenden.

Das Konto Maschinen ist ein Aktivkonto. Es erhöht sich. Aktivkonten erhöhen sich auf der Soll-Seite.

Das Konto V.a.L.L. ist ein Passivkonto, weil das Geld für die Maschinen aus Schulden gegenüber dem Lieferanten stammt (Mittelherkunft). Durch den Kauf steigen unsere Schulden an, das Konto erhöht sich also. Passivkonten erhöhen sich auf der rechten Seite, der Haben-Seite.

Der Buchungssatz lautet dann:

(3) Maschinen 3.000 € an V.a.L.L. 3.000 €

Beim Aufstellen der Maschinen in der Werkhalle passiert dem hauseigenen Monteur ein Missgeschick und das Getriebe einer Maschine wird irreparabel beschädigt. Die Maschine verliert dadurch 1.300 € an Wert.

Hier sind die Konten Maschinen und außerordentlicher Aufwand betroffen.

Maschinen verringert sich um 1.300 €. Es ist ein Aktivkonto, verringert sich also auf der Haben-Seite.

Außerordentlicher Aufwand erhöht sich um 1.300 € (wir haben zwar weniger Wert, dadurch aber mehr Aufwand). Aufwand steht in der Ergebnisrechnung auf der Soll-Seite, erhöht sich daher also auch auf der Soll-Seite.

(4) außerordentlicher Aufwand 1.300 € an Maschinen 1.300 €

Wenn du das System bis hierhin verstanden hast und es künftig anhand von Beispielen einübst, bist du schon sehr weit auf dem richtigen Weg. Als zusätzliche Schwierigkeit, um dich für den Unterricht vollends fit zu machen, will ich nun noch die Rechnungsabgrenzung ins Spiel bringen.

RECHNUNGSABGRENZUNG

Die Rechnungsabgrenzung ist immer dann von Bedeutung, wenn Einnahme und Ertrag bzw. Ausgabe und Aufwand (sieh dir hierzu das Kapitel „Kosten- und Leistungsrechnung" an) in zwei verschiedene Haushaltsjahre fallen.

altes Jahr	neues Jahr	Beispiel
Aktiver Rechnungsabgrenzungsposten (ARAP)		
Ausgabe	Aufwand	Vorauszahlung von Versicherungsbeiträgen.
Passiver Rechnungsabgrenzungsposten (PRAP)		
Einnahme	Ertrag	Vereinnahmung von Miete im Voraus.
Sonstige Verbindlichkeit		
Aufwand	Ausgabe	Die Miete für das alte Jahr wird erst im neuen Jahr nachträglich beglichen.
Sonstige Forderungen		
Ertrag	Einnahme	Die Zinserträge für das vergangene Jahr werden ausgezahlt.

Stellen wir uns nun also vor, dass die Firma am 30.06. die Pacht für die Werkshalle in Höhe von 150 € / Monat vom 01.07. bis 28.02. überweist. Hier liegt ein Fall von aktiver Rechnungsabgrenzung vor, da der Aufwand teilweise erst im neuen Jahr verursacht wird.

Wir müssen also die Monate Juli bis Dezember (6 x 150 €) im aktuellen Jahr verbuchen und die Monate Januar und Februar über die Rechnungsabgrenzung ins neue Jahr bekommen. Das geht so, indem wir diesen Geschäftsvorfall aufteilen.

Betroffen sind hier die Konten Pachtaufwand, Bank und ARAP. Bank ist in beiden Fällen betroffen und verringert sich. Es ist ein Aktivkonto, verringert sich also auf der Haben-Seite.

Zunächst buchen wir das aktuelle Jahr:

(5) Pachtaufwand 900 € an Bank 900 €

und dann das Folgejahr:

(6) ARAP 300 € an Bank 300 €

Man kann diesen Buchungssatz auch kombiniert formulieren:

Pachtaufwand 900 € und ARAP 300 € an Bank 1.200 €

BUCHUNGEN ÜBER UND UNTER BUCHWERT

Es kann vorkommen, dass ein Unternehmer seine Vermögensgegenstände bestenfalls über, im schlechtesten Fall unter, dem Wert veräußert, den diese Gegenstände in der Buchhaltung haben. Hier liegt dann ein außerordentlicher Ertrag / Aufwand in der Höhe der Differenz zum Buchwert vor.

Die Firma kauft eine weitere Maschine neuwertig ein und bezahlt 500 € per Banküberweisung:

(7) Maschinen 500 € an Bank 500 €

Ein Freund des Geschäftsführers benötigt dringend eine solche Maschine und bezahlt der Firma bar 800 €:

(8) Kasse 500 € an Maschinen 500 €

(9) Kasse 300 € an außerordentlicher Ertrag 300 €

ABSCHREIBUNGEN FÜR ABNUTZUNG

Alle Gebrauchs- und Verbrauchsgüter verlieren mit der Zeit, bzw. dem Gebrauch, an Wert. Dieser Wertverlust soll in der Buchhaltung erfasst werden, damit der tatsächliche Wert der Vermögensgegenstände ersichtlich ist. Aus diesem Grund wird regelmäßig (meist jährlich) jeder dieser Gegenstände teilweise abgeschrieben. Es gibt hierfür drei wesentliche Abschreibungsmethoden:

1. LINEARE ABSCHREIBUNG

Bei dieser Form wird bei der Anschaffung ein fester Abschreibungsbetrag berechnet, der jährlich angewendet wird.

Von den beiden Maschinen soll eine linear abgeschrieben werden. Der Anschaffungspreis lag am 01.07. bei 1.500 €. Die durchschnittliche Nutzungsdauer der Maschine beträgt 5 Jahre.

Abschreibungsbetrag = Anschaffungspreis / Nutzungsdauer
= 1.500 € / 5 Jahre = 300 €/Jahr

Im Anschaffungsjahr wird der jährliche Abschreibungsbetrag zu 1/12 für jeden Monat angesetzt, in dem die Anschaffung besteht. Hier ist dies von Juli bis Dezember. Die Abschreibung im Anschaffungsjahr ist also

$$300 \, € \, / \, 12 \times 6 = 150 \, €$$

Abschreibungsplan:

Jahr	Abschreibungsbetrag	Restbuchwert
0	150 €	1.350 €
1	300 €	1.050 €
2	300 €	750 €
3	300 €	450 €
4	300 €	150 €
5	150 €	0 €

Der Buchungssatz zum Jahresabschluss (Anschaffungsjahr) lautet danach:

(10) AfA 150 € an Maschinen 150 €

„AfA" ist die gängige Abkürzung für das Konto „Abschreibungen für Abnutzung".

2. DEGRESSIVE ABSCHREIBUNG

Die degressive Abschreibung erfolgt, indem ein unveränderlicher Prozentsatz auf den Restbuchwert über die durchschnittliche Nutzungsdauer angewendet wird. Dies führt dazu, dass zu Beginn der Nutzung größere Beträge abgeschrieben werden. Der Prozentsatz darf 25 % und den 2,5-fachen Prozentsatz des maßgeblichen Betrags der linearen Abschreibung nicht überschreiten.

Gemäß der linearen Abschreibungsmethode wäre hier ein Abschreibungsbetrag von 300 € / Jahr maßgeblich. Der 2,5-fache Wert stellt eine Abschreibung in Höhe von 50 % dar (300 € / 1.500 € x 100 x 2,5 = 50 %). Hier darf also nicht mit einem höheren Prozentsatz als 25 % abgeschrieben werden. Die degressive Abschreibungsmethode ist für Vermögensgüter, die nach dem 01.01.2011 angeschafft wurden nicht mehr zulässig, da diese Methode aber dennoch klausurrelevant ist, möchte ich sie im Folgenden vorstellen:

> Die zweite Maschine wird degressiv zu 25 % abgeschrieben:

Auch hier muss eine monatsgenaue Anpassung des Abschreibungsbetrages erfolgen:

Jahr	Abschreibungsbetrag	Restbuchwert
0	187,50 €	1.312,50 €
1	328,13 €	984,37 €
2	246,09 €	738,28 €
3	184,57 €	553,71 €
4	138,43 €	415,28 €
5	103,82 €	311,46 €

3. DEGRESSIV-LINEARE ABSCHREIBUNG / KOMBINIERTE ABSCHREIBUNG

Da die rein degressive Abschreibung nicht zu einer Nullung des Restbuchwertes führt, dies aber aus buchhalterischer Sicht gewünscht ist, darf ein (1) Wechsel von der degressiven zur linearen Abschreibung erfolgen. Dies ist in dem Jahr anzuraten, in dem der Abschreibungsbetrag der linearen Abschreibung erstmals höher ist, als der der degressiven Abschreibung. Dies wäre hier im zweiten Jahr der Fall:

Jahr	Abschreibungsbetrag	Restbuchwert
0	187,50 €	1.312,50 €
1	328,13 €	984,37 €
2	300,00 €	684,37 €
3	300,00 €	384,37 €
4	300,00 €	84,37 €
5	84,37 €	0,00 €

Der Buchungssatz zum Jahresabschluss lautet:

(11) AfA 187,50 € an Maschinen 187,50 €

Immobilien, also Grundstücke und Gebäude, werden in der Buchführung NICHT abgeschrieben!

BILANZIELLE ABSCHREIBUNG VS. KALKULATORISCHE ABSCHREIBUNG

Die Bilanz soll ein Abbild der wirtschaftlichen Situation einer Firma sein. Es bestehen allerdings viele Ermessensspielräume, welche Vermögensflüsse in der Bilanz auftauchen müssen, und in welcher Höhe.

Dies soll den Unternehmern die Buchführung erleichtern, da diese in den meisten Fällen eigentlich nichts mit dem Betriebszweck zu tun hat und eine Pflichtaufgabe darstellt, die vom Staat verlangt wird.

Die Bilanz ist (zusammen mit der GuV) die Grundlage für die Besteuerung der Firmenerträge. Der Unternehmer ist also daran interessiert, seine Erträge für die Meldung beim Finanzamt soweit wie möglich zu drücken. Er wird bei der Berechnung der Abschreibungen daher so vorgehen, dass ein möglichst hoher Aufwand ausgewiesen werden kann. So bestehen also für die bilanzielle Abschreibung offizielle Nutzungsdauern für die unterschiedlichen Güter, damit die Werte in einem realistischen Rahmen bleiben.

Die tatsächlichen Vermögenswerte zieht der Unternehmer aus der Kosten- und Leistungsrechnung, die zwar auf den Daten der Buchhaltung aufbaut, jedoch grundsätzlich nicht mit den für die Bilanz vorgeschriebenen Werten, sondern mit den tatsächlichen Werten arbeitet.

DURCHFÜHRUNG DES JAHRESABSCHLUSSES

Wir haben nun alle wesentlichen Buchungen vorgenommen, die dir in der Ausbildung begegnen werden. Schließen wir nun das Haushaltsjahr ab.

Dazu müssen wir zunächst die Buchungssätze auf die einzelnen Konten buchen und diese Konten dann abschließen. Hier kommen jetzt auch unsere fortlaufenden Nummern, die Belegnummern, ins Spiel, die uns dabei helfen, die Einträge in den Konten den Geschäftsvorfällen zuordnen zu können.

Wir eröffnen also zunächst die einzelnen Konten und tragen bei den Bestandskonten die Anfangsbestände ein (bei Aktivkonten im Soll, bei Passivkonten im Haben). Dann tragen wir einfach Buchungssatz für Buchungssatz in die Konten ein und nennen dabei immer die Belegnummer, das Gegenkonto und den Buchungsbetrag.

Zum Schluss wird wieder, wie bei der Bilanz und der Ergebnisrechnung, saldiert und die Differenz einer der beiden Seiten als „Endbestand" (EB) eingetragen.

Wir machen das einfach mal anhand des Kontos Kasse:

Laut Aufgabenstellung war der Anfangsbestand der Kasse 21.466 €. Wir eröffnen nun also ein T-Konto und tragen diesen Betrag als AB auf der Soll-Seite (weil Kasse ein Aktivkonto ist) ein:

S	Kasse		H
AB	21.466		

So machst du das bei allen Konten und trägst dann die Buchungssätze der Reihe nach ein. Das Konto Kasse sollte dann so aussehen:

S		Kasse			H
AB		21.466	1	RHB	75
8	Maschinen	500			
9	auß. Ertrag	300			

Hier ist nun offensichtlich, dass das Saldo auf der Soll-Seite höher ist. Du bildest jetzt also dort das Saldo, überträgst es auf die Haben-Seite und bildest die Differenz als Endbestand (22.266 € - 75 € = 22.191 €):

S		Kasse			H
AB		21.466	1	RHB	75
8	Maschinen	500	EB		22.191
9	auß. Ertrag	300			
		22.266			22.266

Diesen Endbestand trägst du dann zum Schluss, mit allen anderen Endbeständen der Bestandskonten, außer dem Eigenkapital, in die Bilanz ein.

Dasselbe machst du bei den Erfolgskonten. Da es sich aber nicht um „Bestandskonten" handelt, verwendest du dort nicht die Bezeichnung „EB", sondern „ER" für Ergebnisrechnung.

Du trägst dann alle Erfolgskonten auf dieselbe Weise in die Ergebnisrechnung ein und schließt die Ergebnisrechnung ins Eigenkapital ab, so wie wir das zu Beginn des Kapitels bereits gemacht haben.

Zuletzt ermittelst du dann noch den Endbestand des Eigenkapitals, trägst diesen in die Bilanz ein und schließt die Bilanz ab.

Und wieder darf ich dich beglückwünschen – du hast deinen ersten Jahresabschluss durchgeführt und dabei einiges über Kommunale Buchführung gelernt. Letzte Wissenslücken wird nun dein Dozent im Unterricht schließen, aber in jedem Fall solltest du dafür nun gut vorbereitet sein. Der Rest ist nur Übung…

Zuletzt zeige ich dir noch den kompletten Jahresabschluss, wie er in einer Klausur aussehen müsste:

A	Eröffnungsbilanz		P
Maschinen	76.800	Eigenkapital	100.000
Fuhrpark	35.400	V.a.Kr.	50.000
BGA	26.700	V.a.L.L.	100.000
RHB	34.203		
F.a.L.L.	12.500		
Bank	42.931		
Kasse	21.466		
	250.000		250.000

S		Kasse			H
AB		21.466	1	RHB	75
8	Maschinen	500	EB		22.191
9	auß. Ertrag	300			
		22.266			22.266

S		RHB			H
AB		34.203	EB		34.278
1	Kasse	75			
		34.278			34.278

S		Bank			H
AB		42.931	5	Pachtaufwand	900
2	Spendenertr.	5.000	6	ARAP	300
			7	Maschinen	500
			EB		46.231
		47.931			47.931

S		Maschinen			H
AB		76.800,00	4	auß.	1.300,00
3	V.a.L.L.	3.000,00	8	Aufw.	500,00
7	Bank	500,00	10	Kasse	150,00
			11	AfA	187,50
			EB	AfA	78.162,50
		80.300,00			80.300,00

S		V.a.L.L.			H
EB		103.000	AB		100.000
			3	Maschinen	3.000
		103.000			103.000

S		ARAP		H
AB		0	EB	300
6	Bank	300		
		300		300

S	Spendenerträge			H
ER	5.000	2	Bank	5.000
	5.000			5.000

S	außerord. Ertrag			H
ER	300	9	Kasse	300
	300			300

S	Pachtaufwand		H
5 Bank	900	ER	900
	900		900

S	AfA		H
10 Maschinen	150,00	ER	337,50
11 Maschinen	187,50		
	337,50		337,50

S	außerord. Aufwand		H
4 Maschinen	1.300	ER	1.300
	1.300		1.300

S	Ergebnisrechnung		H
Pachtaufwand	900,00	Spendenertr.	5.000,00
AfA	337,50	auß. Ertrag	300,00
auß. Aufwand	1.300,00		
Eigenkapital	2.762,50		
	5.300,00		5.300,00

S	Eigenkapital		H
EB	102.762,50	AB	100.000,00
		ER	2.762,50
	102.762,50		102.762,50

A	Schlussbilanz		P
Maschinen	78.162,50	Eigenkapital	102.762,50
Fuhrpark	35.400,00	V.a.Kr.	50.000,00
BGA	26.700,00	V.a.L.L.	103.000,00
RHB	34.278,00		
F.a.L.L.	12.500,00		
ARAP	300,00		
Bank	46.231,00		
Kasse	22.191,00		
	255.762,50		255.762,50

Wenn die beiden Salden der Aktiv- und Passiv-Seite miteinander übereinstimmen, kannst du beruhigt sein, denn dann hast du alles richtig gemacht. Hast du hier eine Differenz, hast du dich entweder verrechnet oder du hast ein Konto vergessen, z.B. ARAP.

KOSTEN- UND LEISTUNGSRECHNUNG

GRUNDSÄTZE

Die Kosten- und Leistungsrechnung (KLR) bildet zusammen mit der kaufmännischen/kommunalen Buchführung die betriebswirtschaftliche Grundlage für Unternehmensentscheidungen. Die KLR wird auch internes Rechnungswesen genannt, während die Buchführung externes Rechnungswesen genannt wird.

Ziel beider Instrumente ist es, eine Aussage darüber zu treffen, ob ein Unternehmen (oder eine Behörde) wirtschaftlich arbeitet, sprich ob schwarze Zahlen geschrieben werden.

Die Datengrundlage bilden für beide Instrumente das Grundbuch und das Hauptbuch der Buchführung. Darin sind alle Geschäftsvorfälle erfasst und bilden am Ende in der Buchführung die Bilanz und die Gewinn- und Verlustrechnung (in der Behörde: Ergebnisrechnung).

Die Bilanz enthält Informationen darüber, woher die verwendeten Finanzmittel stammen (Eigenkapital, Fremdkapital) und wie sich diese Finanzmittel innerhalb des Unternehmens verteilen (Immobilien, Roh-, Hilfs- und Betriebsstoffe, Fahrzeuge, Bankguthaben, Bargeld).

In der GuV/Ergebnisrechnung wird der Verbrauch, bzw. Zuwachs von Finanzmitteln erfasst (z.B. Schäden, Lohnzahlungen, Verkaufserlöse).

Diese Daten sind sowohl für die Erstellung der Bilanz und GuV/Ergebnisrechnung, als auch für die Verwendung in der KLR die wesentliche Basis. Die Verwendung der Daten erfolgt jedoch in beiden Instrumenten mit unterschiedlichen Zielen.

Während der Jahresabschluss der Buchführung (Bilanz und GuV) dem Unternehmer im Wesentlichen dazu dient, dem Finanzamt das Jahresergebnis mitzuteilen, damit dieses als Besteuerungsgrundlage dienen kann, will der Unternehmer mittels der KLR realistisch ermitteln, wie wirtschaftlich/produktiv sein Unternehmen arbeitet.

Er wird daher, natürlich innerhalb der rechtlichen Rahmenbedingungen, versuchen, den Gewinn, der sich aus der GuV ergibt, möglichst niedrig auszuweisen, damit auch die darauf zu entrichtenden Steuern möglichst gering ausfallen. Dies kann er z.B. durch Abschreibung von Vermögenswerten tun.

Innerhalb der KLR möchte der Unternehmer aber möglichst genau wissen, wo Optimierungsmöglichkeiten bestehen, er also die Wirtschaftlichkeit des Unternehmens positiv beeinflussen kann, um im Folgejahr höhere Gewinne erzielen zu können.

Aus diesem Grund sind die Daten der Buchführung zwar Grundlage für die KLR, jedoch werden diese Daten nicht 1:1 verwendet. Es gibt bestimmte Geschäftsvorfälle, die gar nicht oder in anderer Höhe (Anderskosten) in die KLR übernommen werden, und es gibt sogenannte Zusatzkosten, die überhaupt nicht in der Buchführung auftauchen, jedoch in der KLR verwendet werden.

Ganz vereinfacht kann man also sagen, dass die Buchführung der Repräsentation des Unternehmensergebnisses nach außen dient, und die KLR ein internes Steuerungsinstrument ist, welches der Optimierung der Betriebsabläufe dient.

ABGRENZUNGSRECHNUNG

Eine grundsätzlich vorzunehmende Kategorisierung der Zahlungen und Verpflichtungen ist zwingend erforderlich, um sowohl in der Buchführung, als auch in der KLR, eine genaue Abgrenzung zwischen Bilanz und Ergebnisrechnung zu erreichen. Da die KLR eine Übersicht über die Wirtschaftlichkeit geben soll, fließen hier nämlich nur Gewinne und Verluste, aber keine reinen Vertauschungen zwischen Aktiv- und Passiv-Konten ein.

Folgende Definitionen solltest du auf jeden Fall auswendig können, da die richtige Abgrenzung elementar für spätere Aufgabenlösungen ist. Außerdem kann dir in den Klausuren durchaus eine Aufgabe begegnen, bei der bestimmte Buchungssätze den jeweiligen Kategorien zugeordnet werden müssen.

Zunächst will ich aber einige Vorbemerkungen anbringen, die es dir eventuell leichter machen, die Definitionen zu verstehen: **Liquide Mittel** sind die Konten des Bar- und des leicht zu liquidierenden Umlaufvermögens. Liquidierbar heißt, dass das Umlaufvermögen in Zahlungsmittel umgewandelt werden kann. Zu den liquiden Mitteln gehören also die Kasse, die Bank und eventuelle Sparkonten (liquide Mittel erster Ordnung, da es sich bereits um Zahlungsmittel handelt), Schecks, Wechsel, Wertpapiere (liquide Mittel zweiter Ordnung, da sie kurzfristig in Zahlungsmittel einzulösen sind), Roh-, Hilfs- und Betriebsstoffe und halbfertige Erzeugnisse (liquide Mittel dritter Ordnung, weil sie nur schwierig in Zahlungsmittel einzulösen sind).

Geldvermögen meint alle liquiden Mittel zzgl. Forderungen abzgl. Verbindlichkeiten. Mit der gleichlautenden Formel:

$$Geldvermögen \\ = liquide\ Mittel + Forderungen \\ - Verbindlichkeiten$$

lässt sich ganz einfach ermitteln, ob eine Ausgabe vorliegt. Berechne das Geldvermögen vor der Buchung und nach der Buchung. Ergibt sich eine Differenz, so liegt eine Einnahme oder Ausgabe vor. Eine Ausgabe liegt dann nicht vor, wenn z.B. einer Einzahlung eine gleichwertige buchhalterische Verbindlichkeit entgegen steht.

Hierzu ein Beispiel:

Gegeben sei folgende Bilanz:

A			P
Kasse	200 €	Eigenkapital	700 €
Bank	500 €	Verbindlichkeiten	150 €
Forderungen	150 €		
	850 €		850 €

1. Fall:

Frau Franzke kauft bei uns einen Bürostuhl für 150 € und zahlt bar.

$$Geldvermögen_{vorher} \\ = (Kasse + Bank) + Forderugen \\ - Verbindlichkeiten \\ = (200 + 500) + 150 - 150 = 700\ €$$

$$Geldvermögen_{nachher} = (350 + 500) + 150 - 150 = 850 \text{ €}$$

Frau Franzke gibt uns die 150 € in bar. Das Geld taucht daher im Konto Kasse auf. Es liegt eine Einnahme vor, da sich das Geldvermögen um 150 € erhöht hat.

> 2. Fall:
>
> Frau Franzke **bezahlt** den vor zwei Wochen bei uns für 150 € auf Ziel gekauften Bürostuhl mit der EC-Karte.

Bei Zahlungen auf Ziel handelt es sich um verbindliche Bestellungen, bei denen es jedoch noch nicht zu einer (vollständigen) Zahlung kommt. Man könnte es also als Rechnungskauf bezeichnen. Hier ist immer das Verbindlichkeiten-, bzw. Forderungenkonto betroffen.

Hier ist der Stuhl zum Zeitpunkt der Bezahlung also schon in den Forderungen enthalten!

Der Betrag von 150 € „rutscht" vom Konto Forderungen ins Konto Kasse.

$$Geldvermögen_{vorher} = (200 + 500) + 150 - 150 = 700 \text{ €}$$

$$Geldvermögen_{nachher} = (200 + 650) + 0 - 150 = 700 \text{ €}$$

Es liegt keine Einnahme vor, da der Verkauf des Stuhls bereits bei der Auftragserteilung vor zwei Wochen als Einnahme auf das Forderungenkonto verbucht wurde. Hier findet jetzt nur der Ausgleich des Forderungenkontos statt - also eine Veränderung der liquiden Mittel und damit lediglich eine Einzahlung.

Ein **Ertrag** oder **Aufwand** ist ein Wertgewinn oder Wertverzehr, der ohne Gegenleistung stattfindet. Angenommen der Stuhl, den wir für 150 € verkaufen, kostet im Einkauf und der Herstellung (Holz, Leim, Personalkosten für die Fertigung) 50 €. Wird der Stuhl nun vor dem Verkauf zerstört, verlieren wir nicht 150 €, sondern nur die 50 €, die wir für den Stuhl an Aufwand hatten. Wird der Stuhl jedoch verkauft, erhalten wir statt der 50 € ganze 150 €. Die 50 € für die Rohstoffe haben wir bereits ausgegeben, diese werden durch den Verkauf kompensiert. Übrig bleiben also noch 100 €, die wir darüber hinaus erhalten haben. Dies ist unser Ertrag an dem Stuhl.

In diesem Sinne bitte ich dich zu beachten, dass bei einem Buchungssatz durchaus gleichzeitig Einzahlung, Einnahme und Ertrag vorliegen können. Dies ist regelmäßig der Fall bei Gehaltszahlungen. Das Gehalt wird auf die Bank überwiesen, stellt also eine Einzahlung dar, es besteht keine (zumindest keine buchhalterische) Forderung die ausgeglichen wird, es stellt also auch eine Einnahme dar, und es ist kein gleichwertiger entgegenstehender Aufwand entstanden, also handelt es sich auch um einen Ertrag.

NUN NOCH EINMAL IM ÜBERBLICK:

Bezeichnung	Definition
Einzahlung / Auszahlung	Erhöhung oder Verringerung der liquiden Mittel.
Einnahme / Ausgabe	Erhöhung oder Verringerung des Geldvermögens.
Ertrag / Aufwand	Wertgewinn oder Werteverzehr innerhalb einer bestimmten Periode.
Leistung / Kosten	Betrieblicher Wertgewinn oder Werteverzehr innerhalb einer bestimmten Periode.

KOSTENARTEN

Wie du siehst, sind Kosten Aufwand. Nicht jeder Aufwand stellt aber auch Kosten dar. Nur dann, wenn der Aufwand betriebsbedingt ist, handelt es sich um Aufwand, der als Kosten in die KLR einfließt. Der sogenannte betriebszweckfremde Aufwand oder neutrale Aufwand spielt nur in der Buchführung eine Rolle.

Die **Gesamtkosten** setzen sich aus folgenden Kostenarten zusammen:

Grundkosten
Dies ist Aufwand, der in seiner gesamten Höhe betriebsbedingt ist und damit komplett aus der Finanzbuchhaltung in die KLR einfließt.

Beispiel:
Löhne für Mitarbeiter fließen in kompletter Höhe in die KLR ein.

Anderskosten
Dies ist Aufwand, der nur teilweise betriebsbedingt ist und daher auch nur teilweise aus der Buchhaltung in die KLR einfließt.

Beispiel:
Abschreibungen werden in der Finanzbuchhaltung nach gesetzlichen Vorschriften berechnet, wobei es dem Unternehmer um die höchst mögliche Abschreibungssumme geht. In der KLR wird der gleiche Abschreibungsgegenstand nach Möglichkeit so abgeschrieben, wie sich der tatsächliche Wertverfall darstellt.

Zusatzkosten

Dies ist Aufwand, der gar nicht in der Buchhaltung auftaucht und nur in die KLR eingerechnet wird.

Beispiel:
Der kalkulatorische Eigenkapitalzins ist eine Schöpfung der KLR und soll im Falle einer Investition darstellen, welche Zinsen auf das investierte Eigenkapital erzielt worden wären, wenn es angelegt worden wäre. Der Mehrgewinn durch die Investition soll diesen Zins deutlich übersteigen. Da es den Zins aber faktisch nicht gibt, existiert er auch in der Finanzbuchhaltung nicht.

BETRACHTUNGSWEISEN

Kosten können nach der Betrachtungsweise kategorisiert werden, um die im Einzelfall am besten zu verarbeitenden Kosten zu ermitteln.
Die Einteilung kann z.B. nach fixen und variablen Kosten erfolgen.

Fixe Kosten sind solche, die für den Betrieb, unabhängig von der Produktivität oder Ausbringungsmenge, konstant bleiben. Zum Beispiel sind das Mietkosten oder Zinsaufwand für Kreditaufnahme. Erwähnenswert sind hier noch speziell die **sprungfixen Kosten**, die für ein bestimmtes Intervall oder eine bestimmte Ausbringungsmenge konstant bleiben, bei Überschreitung dieser Menge jedoch sprunghaft ansteigen oder sinken, um dann wieder bis zu einer bestimmten Menge konstant zu bleiben. Dies sind zum Beispiel Kosten, die durch die Investition in neue Anlagen entstehen. Nimmt man eine Fertigungsanlage, die pro Stunde 50 Produkte fertigt, braucht man für die Fertigung von 51 Produkten pro Stunde eine zweite Maschine oder eine andere Maschine mit höherer Kapazität.

Die Kosten, die die Maschine verursacht, steigen dann mit der Investition schlagartig an.

Variable Kosten steigen mit der Ausbringungsmenge an, bzw. sinken mit dieser. Als Beispiel können Energiekosten pro Stück dienen. Angenommen, für die Herstellung eines Produkts fallen Energiekosten für den Betrieb der Maschine in Höhe von 1 € an. Bei voller Auslastung der Maschine, würden dann z.b. pro Stunde 100 Produkte hergestellt. Es entstünden somit 100 € an Energiekosten pro Stunde. Bei schwacher Auftragslage würden aber eventuell nur 10 Produkte pro Stunde nachgefragt. Wenn man nachfrageorientiert produziert, würden demnach nur 10 € pro Stunde an Energiekosten anfallen.

Eine weitere Möglichkeit ist die Einteilung in Einzel- und Gemeinkosten. Einzelkosten können einem Produkt direkt zugeordnet werden. Dies ist z.b. regulär bei den Rohstoffen der Fall, die letztlich Bestandteil des fertigen Produktes werden. Bei Gemeinkosten ist dies nicht möglich. Miete und Energiekosten zählen hierzu, da sie für z.b. die gesamte Produktionshalle anfallen und nicht unmittelbar (wohl aber im Wege der Kostenstellen- und Kostenträgerrechnung) auf das einzelne Produkt umgelegt werden können.

GESAMTKOSTENFUNKTION

Mit Hilfe der Gesamtkostenfunktion werden alternative Investitionsgüter anhand deren jährlichen Kosten vergliche, um die wirtschaftlichste Variante zu ermitteln. Bei der Gesamtkostenfunktion werden zunächst die fixen Gesamtkosten ermittelt, dann die variablen Gesamtkosten. Anhand der Stückzahl oder Leistung kann dann ermittelt werden, welche Variante günstiger ist.

> Beispiel:
>
> Es soll ein neues Kopiergerät beschafft werden. Pro Jahr werden 10.000 Kopien erzeugt. Welches Gerät sollte beschafft werden?
>
> Kopierer 1:
>
> Kaufpreis: 1.500 €
> Wartungskosten pro Quartal: 100 €
> Tonerkosten pro Seite: 0,05 €
> Stromkosten pro Seite: 0,02 €
>
> Kopierer 2:
>
> Kaufpreis: 1.250 €
> Wartungskosten pro Quartal: 95 €
> Tonerkosten pro Seite: 0,04 €
> Stromkosten pro Seite: 0,04 €

Wir wenden nun die Gesamtkostenfunktion an:

Kopierer 1:

$$K_{gesamt} = K_{fix} + K_{var} \times x$$
$$K_{fix} = 1.500 \text{ €} + 4 \times 100 \text{ €} = 1.900 \text{ €}$$
$$K_{var} = 0,05 + 0,02 \text{ €} = 0,07 \text{ €}$$
$$K_{gesamt} = 1.900 \text{ €} + 0,07 \text{ €} \times 10.000 \text{ } Kopien$$
$$= 1.900 \text{ €} + 700 \text{ €} = 1.600 \text{ €}/Jahr$$

Kopierer 2:

$$K_{fix} = 1.250 \text{ €} + 4 \times 95 \text{ €} = 1.630 \text{ €}$$
$$K_{var} = 0,04 + 0,04 \text{ €} = 0,08 \text{ €}$$

$$K_{gesamt} = 1.630 \, € + 0,08 \, € \times 10.000 \, Kopien$$
$$= 1.630 \, € + 800 \, € = 2.430 \, €/Jahr$$

Lösung:

Obwohl der Kopierer 2 in der Anschaffung deutlich günstiger ist, als der Kopierer 1, ist er aufgrund der höheren variablen Kosten pro Seite in der Summe unwirtschaftlicher. Ausgehend von einer benötigten Anzahl von 10.000 Kopien pro Jahr ist daher Kopierer 1 anzuschaffen.

KOSTENARTENRECHNUNG

Im Rahmen der Kostenartenrechnung werden Kosten und Leistungen aus den Aufwendungen und Erträgen herausgefiltert und gegliedert. In Bezug auf die Gliederung gibt es wiederum unterschiedliche Systeme, ich präferiere hier aber allgemein die Gliederung nach der Art des Verbrauchs:

Infrastrukturkosten	Beratung, Versicherung, Logistik, Energie, Steuern, Gebühren
kalkulatorische Kosten	kalk. Unternehmerlohn, kalk. Wagniskosten, kalk. Abschreibungen, kalk. Eigenkapitalzinsen
Materialkosten	Roh-, Hilfs- und Betriebsstoffe, Zulieferware
Personalkosten	Löhne, Sozialabgaben, vermögenswirksame Leistungen
Raumkosten	Miete, Pacht, Maintenance (= Instandhaltung von Gebäuden, Strukturen), Sicherheit (= Surveillance-Leistungen, also die Überwachung und Sicherung des Geländes, der Produktionsanlagen und der Infrastruktur durch Sicherheitsunternehmen oder Pförtnerdienste)

Es ist nicht auszuschließen, dass du in einer Klausur bestimmte Kostenarten ermitteln und in einer Vollkostenrechnung verwenden musst. Am wahrscheinlichsten ist es, dass nur bestimmte Beträge addiert werden müssen.

> Beispiel:
>
> Gehälter: 1.000.000 €
> Strom: 30.000 €
> Fortbildungen: 100.000 €
> Miete: 55.000 €
> Beihilfe: 15.000 €
>
> Wie hoch sind die Personalkosten?

Lösung:

Zu den Personalkosten gehören die Posten „Gehälter", „Fortbildungen" und „Beihilfe". Diese Posten sind zu addieren, um die gesamten Personalkosten zu erhalten:

$$Personalkosten = 1.000.000 + 100.000 + 15.000$$
$$= 1.115.000 \text{ €}$$

Allerdings kann es auch sein, dass du bestimmte Kostenarten durch Berechnung ermitteln musst. Hier kommen häufig die Materialkosten und die kalkulatorischen Abschreibungen und Zinsen in Betracht. Daher möchte ich dir die Berechnung dieser Kostenarten hier vorstellen:

1. MATERIALKOSTEN

Die Ermittlung der Materialkosten muss in zwei Stufen erfolgen. Zunächst muss erstmal ermittelt werden, wieviel Material überhaupt verbraucht worden ist. Erst im zweiten Schritt kann dann eine geldmäßige Bewertung des verbrauchten Materials erfolgen.

1.1 Ermittlung des Materialverbrauchs

Ich muss an dieser Stelle erwähnen, dass in Klausuren oft nicht nur nach dem Wert des verbrauchten Materials, sondern auch nach dem Wert des Endbestands des Materials gefragt wird. Leider wird dies bei der Bearbeitung der Klausuraufgaben oft vergessen, sodass hier Punkte liegen bleiben können. Also immer an die Ermittlung und Bewertung des Endbestands denken!

Es gibt zwei gängige Möglichkeiten, den Materialverbrauch zu ermitteln. Die erste Variante ist die Inventurmethode. Hier werden einmal im Jahr die Materialbestände durch Zählen, Wiegen oder Messen ermittelt und dokumentiert. Die Differenz aus Anfangs- und Endbestand ist dann die verbrauchte Materialmenge. Diese Variante wird in der Regel in einer Klausur nicht angewendet, weil sie schlicht zu einfach ist. Stattdessen wird die Entnahmescheinmethode verwendet.

Du musst davon ausgehen, dass jedes Mal, wenn während des Jahres Material entnommen wird, ein entsprechender Entnahmeschein ausgefüllt wird. Zusätzlich wird bei jeder Bestellung von neuem Material der entsprechende Lieferschein abgeheftet. Man kann also die Entnahmen und die Zugänge anhand dieser Dokumente summieren.

Addiert man alle Entnahmen zusammen, erhält man den sogenannten mengenmäßigen Verbrauch. Wenn man dem durch die Inventur ermittelten Anfangsbestand die Summe der Zugänge hinzurechnet und davon den mengenmäßigen Verbrauch (also die Summe der Entnahmen) abzieht, erhält man den Endbestand:

$$mengenmäßiger\ Verbrauch = Summe\ der\ Entnahmen$$

$$Endbestand = Anfangsbestand + Zugänge$$
$$- mengenmäßiger\ Verbrauch$$

Übung:

Berechne den wertmäßigen Verbrauch und den Wert des Endbestands!

Anfangsbestand	1.000 Stück	2 €/Stück
1.Zugang	200 Stück	3 €/Stück
1.Abgang	100 Stück	
2.Abgang	500 Stück	
2.Zugang	100 Stück	4 €/Stück
3.Zugang	500 Stück	2 €/Stück
3.Abgang	800 Stück	

$$mengenmäßiger\ Verbrauch\ (mV) = Summe\ der\ Entnahmen$$
$$= 100 + 500 + 800 = 1.400\ Stück$$

$$Endbestand = Anfangsbestand + Zugänge - mV$$
$$= 1.000 + (200 + 100 + 500) - 1.400$$
$$= 400\ Stück$$

1.2 Bewertung des Materialverbrauchs

Wie der Name es bereits sagt, haben wir mit dem mengenmäßigen Verbrauch nur ermittelt, welche Menge an Material verbraucht worden ist. Damit wir dies in unserer Kosten- und Leistungsrechnung berücksichtigen könnten, müssen wir jedoch noch den Wert des verbrauchten Materials, nämlich die Materialkosten, ermitteln. Dies klingt erstmal einfach. Man muss ja nur die Menge des verbrauchten Materials mit dem Einkaufspreis multiplizieren. In der Praxis wird jedoch im Laufe des Jahres immer wieder Material gekauft, welches unter Umständen zu unterschiedlichen Preisen bezogen wurde. Denk z.B. mal an Benzinpreise. Kannst du mir sagen, wieviel das Benzin wert war, das du innerhalb des letzten Monats verfahren hast?

Zur Ermittlung des Wertes gibt es mehrere Varianten, von denen ich dir die gängigsten drei vorstellen möchte.

1.2.1 gewogener Jahresdurchschnitt

Bei der Methode des gewogenen Jahresdurchschnitts wird zuerst ermittelt, wieviel Geld im Material gebunden ist. Es wird also berechnet, wieviel der Anfangsbestand wert war, und diesem Wert werden dann die Zugänge hinzugerechnet (Summe der Gesamtkosten).

Im zweiten Schritt werden der Anfangsbestand und die Zugänge mengenmäßig addiert (Summe der Mengen).

Der jährliche Durchschnittswert ergibt sich dann aus der Division dieser beiden Werte (Summe der Gesamtkosten / Summe der Mengen).

Der wertmäßige Verbrauch wird durch Multiplikation von mengenmäßigem Verbrauch und dem jährlichen Durchschnittswert ermittelt.

Der Wert des Endbestands ergibt sich aus der Multiplikation des Endbestands mit dem jährlichen Durchschnittswert.

▌ Übung (Fortsetzung):

$$Summe\ der\ Gesamtkosten\ (SdG)$$
$$= 1.000 \times 2 + 200 \times 3 + 100 \times 4 + 500 \times 2$$
$$= 2.000 + 600 + 400 + 1.000 = 4.000\ €$$
$$Summe\ der\ Mengen\ (SdM) = 1.000 + 200 + 100 + 500$$
$$= 1.800\ Stück$$

$$jährlicher\ Durchschnittswert\ (jD) = \frac{SdG}{SdM} = \frac{4.000}{1.800}$$
$$= 2,22 \frac{€}{Stück}$$

$$wertmäßiger\ Verbrauch\ (wV) = mV \times jD = 1.400 \times 2,22$$
$$= 3.108\ €$$

$$Wert\ des\ Endbestandes = Endbestand \times jD = 400 \times 2,22$$
$$= 888\ €$$

1.2.2 LIFO-Methode

Bei der LIFO-Methode geht man von der Annahme aus, dass diejenigen Materialien, die zuletzt eingelagert werden, als erstes wieder ausgegeben werden. Stell dir vor, es gäbe einen Lagerraum, der bereits voll mit Kartons mit Druckerpapier ist. Wenn jetzt neues Druckerpapier geliefert wird, wir die Tür aufgemacht und die Kartons werden hineingestellt. Möchte nun jemand Papier entnehmen, nimmt er natürlich einen der vorderen Kartons, die zuletzt geliefert wurden. Die Kartons mit dem „alten" Papier stehen ewig lange in dem Raum, bevor sie entnommen werden. Daraus ergibt sich auch der Name der Methode: Last In, First Out (LIFO). Das zuletzt eingelagerte Material geht zuerst wieder raus.

Die Berechnung ist hier ein wenig komplizierter. Es wird am besten eine Tabelle angelegt, in der die Zugänge erfasst werden, und zwar vom letzten/jüngsten Zugang zum Anfangsbestand. Zusätzlich wird für jede Entnahme der Wert der Entnahme ermittelt (wie auch beim gewogenen Jahresdurchschnitt) und ausgehend vom mengenmäßigen Verbrauch solange der Rest ermittelt, bis der mengenmäßige Verbrauch erreicht ist (Rest = 0).

			mV = 1.400
3.Zugang	500 Stk X 2 €/Stk =	1.000 €	Rest = 1.400 – 500 = 900
2.Zugang	100 Stk X 4 €/Stk =	400 €	900 – 100 = 800
1.Zugang	200 Stk X 3 €/Stk =	600 €	800 – 200 = 600
AB	600 Stk X 2 €/Stk =	1.200 €	600 – 600 = 0
wertmäßiger Verbrauch =		3.200 €	

Auch hier darfst du nicht vergessen, den Wert des Endbestandes zu ermitteln. Das funktioniert hier so, dass von der Summe der Gesamtkosten (SdG) der wertmäßige Verbrauch (wV) subtrahiert wird:

$$Wert\ des\ Endbestandes = SdG - wV = 4.000 - 3.200 = 800\ €$$

Du kannst hier bereits feststellen, dass die mit den unterschiedlichen Methoden ermittelten Werte für den Endbestand und den Verbrauch voneinander abweichen.

1.2.3 FIFO-Methode

Bei der FIFO-Methode (First In, First Out) geht man davon aus, dass diejenigen Materialien, die zuerst eingelagert werden, auch als erstes wieder entnommen werden. Das ist das Prinzip „Supermarkt-Regal". Dort werden i.d.R. alle neuen Waren hinten einsortiert, damit die Waren mit dem kürzesten Haltbarkeitsdatum zuerst gekauft werden. Aus diesem Grund sieht man schon mal Kunden mit dem Arm hinten im Regal angeln, weil sie das Produkt mit dem längsten Haltbarkeitsdatum suchen.

Das Prinzip ist dasselbe, wie bei der LIFO-Methode, nur dass wir hier mit dem Anfangsbestand beginnen und dann chronologisch die Zugänge betrachten. Es wird also erstmal der Anfangsbestand aufgelöst.

			mV = 1.400
AB	1.000 Stk X 2 €/Stk =	2.000 €	1.400 − 1.000 = 400
1.Zugang	200 Stk X 3 €/Stk =	600 €	400 − 200 = 200
2.Zugang	100 Stk X 4 €/Stk =	400 €	200 − 100 = 100
3.Zugang	100 Stk X 2 €/Stk =	200 €	100 − 100 = 0
wertmäßiger Verbrauch =		3.200 €	

$$Wert\ des\ Endbestandes = SdG - wV = 4.000 - 3.200 = 800\ €$$

In meinem Beispiel stimmen die Werte der LIFO- und der FIFO-Methode miteinander überein. Dies ist Zufall. In deiner Klausur können die Werte durchaus abweichen. Du hast dann also keinen Fehler gemacht.

2. KALKULATORISCHE ABSCHREIBUNGEN

Kalkulatorische Abschreibungen werden auf Investitionsgüter berechnet und sollen dessen Wertverlust über die Nutzungsdauer wiederspiegeln. Zusätzlich soll in der KLR aber auch die Preissteigerung berücksichtigt werden, die dazu führt, dass die Anschaffung desselben Investitionsgutes nach Ablauf der Nutzungsdauer i.d.R. teurer ausfällt.

Beachte bitte unbedingt, dass Immobilien nicht abgeschrieben werden!

Zunächst ist anhand des üblicherweise vorgegebenen aktuellen Wiederbeschaffungszeitwertes (WBZW) der WBZW des Folgejahres zu ermitteln. Dies geschieht durch Multiplikation des WBZW mit dem Prozentsatz der Preissteigerung. Zuletzt ist dann der neue WBZW durch die Nutzungsdauer zu dividieren. Das Ergebnis ist dann der jährliche Abschreibungsbetrag.

> Beispiel:
>
> Der aktuelle WBZW eines Fahrzeugs beträgt 18.500 €. Die Preissteigerung beträgt 2 %. Das Fahrzeug kann 7 Jahre genutzt werden.
>
> Ermittle die kalkulatorische Abschreibung für das Folgejahr.

Lösung:

$$WBZW_{aktuell} = 18.500 \text{ €}$$

$$WBZW_{Folgejahr} = WBZW_{aktuell} \times Preissteigerung$$
$$= 18.500 \times 1{,}02 = 18.870 \text{ €}$$

$$kalk.\,Abschreibung = \frac{WBZW_{Folgejahr}}{Nutzungsdauer} = \frac{18.870}{7} = 2.695{,}71 \text{ €}$$

Dieser Betrag ist also jährlich zu erwirtschaften, damit am Ende der Nutzungsdauer ein entsprechendes Ersatzfahrzeug beschafft werden kann.

3. KALKULATORISCHE ZINSEN

Zusätzlich sollen auch die Zinsen berücksichtigt werden, die dadurch verlorengehen, dass das Kapital in dem Investitionsgut gebunden ist.

Hierzu wird der Restbuchwert (RBW) des Folgejahres für das Investitionsgut berechnet, indem vom aktuellen Restbuchwert der bilanzielle Abschreibungsbetrag (Anschaffungswert durch Nutzungsdauer) subtrahiert wird. In manchen Fällen gibt es sogenanntes Abzugskapital, z.B. zweckgebundene Gelder vom Land oder Bund, welches ebenfalls abgezogen werden muss. Auf diesen modifizierten Restbuchwert des Folgejahres wird dann auf Grundlage des angegebenen Zinssatzes der kalkulatorische Zins für das Folgejahr errechnet.

Beispiel:

Der Anschaffungswert für ein Fahrzeug hat 18.500 € betragen. Die Nutzungsdauer liegt bei 7 Jahren. Die

Finanzierung des Fahrzeugs wird vom Land mit 10 % subventioniert. Der aktuelle Restbuchwert beträgt 15.857,14 €. Es wird von einem Zinssatz von 8 % ausgegangen.

Ermittle den kalkulatorischen Zins für das Folgejahr.

Lösung:

$$bilanzielle\ Abschreibung\ (bAfA) = \frac{Anschaffungswert}{Nutzungsdauer}$$

$$= \frac{18.500}{7} = 2.642,86\ €$$

$$RBW_{Folgejahr} = RBW_{aktuell} - bAfA = 15.857,14 - 2.642,86$$
$$= 13.214,28\ €$$

$$Abzugskapital = Anschaffungswert \times Zuweisung$$
$$= 18.500 \times 0,1 = 1.850\ €$$

$$mod.RBW_{Folgejahr} = RBW_{Folgejahr} - Abzugskapital$$
$$= 13.214,28 - 1.850 = 11.364,28\ €$$

$$kalk.Zins_{Folgejahr} = mod.RBW_{Folgejahr} \times Zinssatz$$
$$= 11.364,28 \times 0,08 = 909,14\ €$$

Der kalkulatorische Zins für das Folgejahr beträgt demnach 909,14 €.

KOSTENSTELLENRECHNUNG

Die Kostenstellenrechnung stellt die zweite Stufe der KLR dar und erfolgt auf dem Betriebsabrechnungsbogen (BAB). Hier soll geklärt werden, welche internen Leistungsbeziehungen zwischen den einzelnen Kostenstellen bestehen. Am Ende steht die Ermittlung der Kosten pro Antrag / Produkt.

1. Primärkostenverteilung

Es ist denkbar, dass du im Rahmen einer Klausur eine Primärkostenverteilung vornehmen musst, also die Verteilung der Gesamtkosten einer Kostenart auf die Haupt- und Hilfskostenstellen. In der Regel ist dies nicht schwierig und erfolgt über eine Quoten-Angabe oder über die Angabe von Mitarbeiteranzahlen oder Auftragsanzahlen pro Kostenstelle. Hierzu machen wir zwei kurze Beispiele.

> Beispiel 1:
>
> Die Personalkosten eines Unternehmens betragen 1.000.000 €. Es gibt drei Kostenstellen: Verwaltung, Vertrieb und Produktion. Im Vertrieb arbeiten 5 Mitarbeiter, im Vertrieb 7 Mitarbeiter und in der Produktion 25 Mitarbeiter.
>
> Führe die Primärkostenverteilung durch.

Lösung:

$$Mitarbeiter_{insgesamt} = 5 + 7 + 25 = 37 \, Mitarbeiter$$

$$Personalkosten_{Verwaltung}$$
$$= \frac{Personalkosten}{Mitarbeiter_{insgesamt}} \times Mitarbeiter_{Verwaltung}$$
$$= \frac{1.000.000}{37} \times 5 = 135.135,14 \, €$$

$Personalkosten_{Vertrieb}$

$$= \frac{Personalkosten}{Mitarbeiter_{insgesamt}} \times Mitarbeiter_{Vertrieb}$$

$$= \frac{1.000.000}{37} \times 7 = 189.189,19 \text{ €}$$

$Personalkosten_{Produktion}$

$$= \frac{Personalkosten}{Mitarbeiter_{insgesamt}} \times Mitarbeiter_{Produktion}$$

$$= \frac{1.000.000}{37} \times 25 = 675.675,68 \text{ €}$$

Beispiel 2:

Die Stromkosten eines Unternehmens betragen 500.000 €. Sie verteilen sich auf die drei Kostenstellen Verwaltung, Vertrieb und Produktion im Verhältnis 1:5:8.

Führe die Primärkostenverteilung durch.

Lösung:

$$Anteile_{insgesamt} = 1 + 5 + 8 = 14 \, Anteile$$

$$Stromkosten_{Verwaltung} = \frac{Stromkosten}{Anteile_{insgesamt}} \times Anteile_{Verwaltung}$$

$$= \frac{500.000}{14} (\times 1) = 35.714,29 \text{ €}$$

$$Stromkosten_{Vertrieb} = \frac{Stromkosten}{Anteile_{insgesamt}} \times Anteile_{Vertrieb}$$

$$= \frac{500.000}{14} \times 5 = 178.571,43 \text{ €}$$

$$Stromkosten_{Produktion} = \frac{Stromkosten}{Anteile_{insgesamt}} \times Anteile_{Produktion}$$

$$= \frac{500.000}{14} \times 8 = 285.714,29 \, €$$

Die im Rahmen der Primärkostenverteilung ermittelten Kosten pro Kostenstelle fließen dann in die Sekundärkostenverteilung ein. Nicht jeder Dozent lässt eine Primärkostenverteilung durchführen. Oft werden die Kosten pro Kostenstelle einfach in der Klausuraufgabe angegeben und du musst nur die Sekundärkostenverteilung erledigen.

2. Sekundärkostenverteilung

Bei der Sekundärkostenverteilung ist zwischen Hilfs- und Hauptkostenstellen zu unterscheiden. Die Hauptkostenstellen sind die, die maßgeblich an der betriebszweckmäßigen Produktion beteiligt sind. Die Hilfskostenstellen unterstützen die Hauptkostenstellen dabei. Welche Kostenstellen zu welcher Kategorie gehören, ist nach der Art der Unternehmung zu ermitteln.

Deine Aufgabe in der Sekundärkostenverteilung ist es nun, die Kosten, die in den Hilfskostenstellen entstehen auf die Hauptkostenstellen zu verteilen. Ich will dir das an einem Beispiel verdeutlichen:

Stell dir ein reines Produktionsunternehmen für Kinderspielzeug und Gartenmöbel vor. Die Gesamtkosten pro Kostenstelle stellen sich wie folgt dar:

Kostenstelle	Gesamtkosten
Verwaltung	30.000 €
Finanzbuchhaltung	50.000 €
Produktion A: Kinderspielzeug	120.000 €
Produktion B: Gartenmöbel	150.000 €

In der Aufgabenstellung wird dargelegt, dass folgende Leistungen an die einzelnen Kostenstellen maßgeblich sind:

Leistungen	Verw.	FiBu	Prod. A	Prod. B	Summe
Mitarbeiter	3	8	21	23	55
Buchungen	500	1.500	3.000	2.500	7.500
Aufträge	-	-	2.500	2.000	4.500

Deine erste Aufgabe ist es nun, zu erkennen, dass die Bereitstellung von Mitarbeitern eine Leistung ist, die von der Verwaltung erbracht wird (auch an sich selbst). Buchungen werden von der Finanzbuchhaltung durchgeführt. Die Aufträge entsprechen den gefertigten Endprodukten und werden zunächst vernachlässigt.

Es bietet sich an, eine grafische Darstellung der Leistungsbeziehungen zu erstellen, da je nach verwendetem Umlageverfahren bestimmte Leistungsbeziehungen zu streichen sind.

BLOCKVERFAHREN / ANBAUVERFAHREN
Im Blockverfahren werden alle Leistungsbeziehungen zwischen den Hilfskostenstellen vernachlässigt. Auch die Leistungen an sich selbst werden gestrichen. Grafisch sieht das so aus:

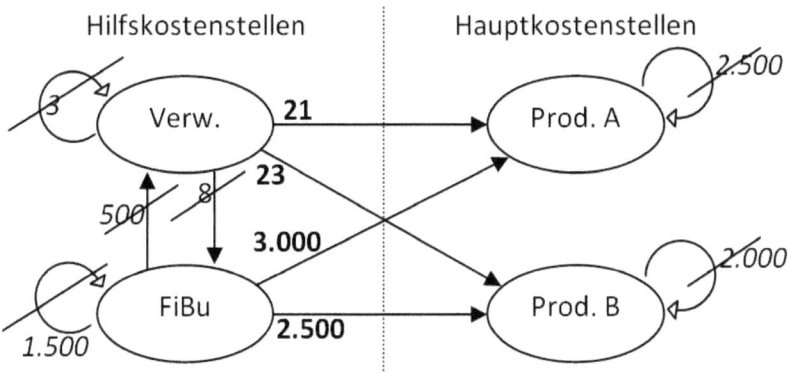

Sodann werden die Gesamtsummen in den Betriebsabrechnungsbogen eingetragen und die Umlage der Kosten nacheinander auf die Hauptkostenstellen durchgeführt:

Hilfskostenstellen		Hauptkostenstellen		Summe
Verw.	FiBu	Prod. A	Prod. B	
30.000	50.000	120.000	150.000	350.000
- 30.000	0	14.318,18	15.681,82	0
-	- 50.000	27.272,73	22.727,27	0
0	0	161.590,91	188.409,09	350.000
-	-	64,64	94,20	-

Erläuterung: Die Primärkosten für die Verwaltung werden in der Zeile „Umlage Verwaltung" in Abzug gebracht und anteilig (entsprechend der Grafik) auf die Hauptkostenstellen verteilt:

$$Produkt\ A = 30.000 \div (21 + 23) \times 21$$
$$Produkt\ B = 30.000 \div (21 + 23) \times 23$$

Auch die Primärkosten für die Finanzbuchhaltung werden auf die Hauptkostenstellen umgelegt:

$$Produkt\ A = 50.000 \div (3.000 + 2.500) \times 3.000$$
$$Produkt\ B = 50.000 \div (3.000 + 2.500) \times 2.500$$

Nun wird für jede Hauptkostenstelle die Gesamtsumme gebildet.

$$Produkt\ A = 120.000 + 14.318,18 + 27.272,73 = 161.590,91 \text{ €}$$
$$Produkt\ B = 150.000 + 15.681,82 + 22.727,27 = 188.409,09 \text{ €}$$

Die Summe dieser Summen muss wieder die Gesamtsumme aller Kostenstellen-Gesamtkosten ergeben.

$$Gesamtkosten = 161.590,91 + 188.409,09 = 350.000 \text{ €}$$

Die jeweilige Gesamtsumme pro Produkt wird durch die Anzahl der Aufträge geteilt. Dieser Wert ergibt die Kosten pro Auftrag:

$$Kosten/Auftrag_{Produkt\ A} = \frac{161.590,91}{2.500} = 64,64 \text{ €}$$

$$Kosten/Auftrag_{Produkt\ B} = \frac{188.409,09}{2.000} = 94,20 \text{ €}$$

Ein hergestelltes Kinderspielzeug muss demnach im Verkauf mindestens 64,64 € kosten, damit die Kosten für die Herstellung und den Vertrieb gedeckt sind, für ein Gartenmöbel sind hierzu 94,20 € zu verlangen.

STUFENLEITERVERFAHREN / TREPPENVERFAHREN

Das Stufenleiterverfahren wird fast genauso durchgeführt, wie das Blockverfahren, mit ein paar kleinen Unterschieden.

In der grafischen Darstellung werden nur die Leistungen an sich selbst und bei gegenläufigen Leistungen diejenigen mit dem geringsten Wert gestrichen. Außerdem müssen die Hilfskostenstellen im BAB wenn so angeordnet werden, dass sie nach der Menge der insgesamt empfangenen Leistungen aufsteigend sortiert sind. Die Kosten der Hilfskostenstellen werden dann auch (aber in der Tabelle nur nach rechts) auf die anderen Hilfskostenstellen umgelegt:

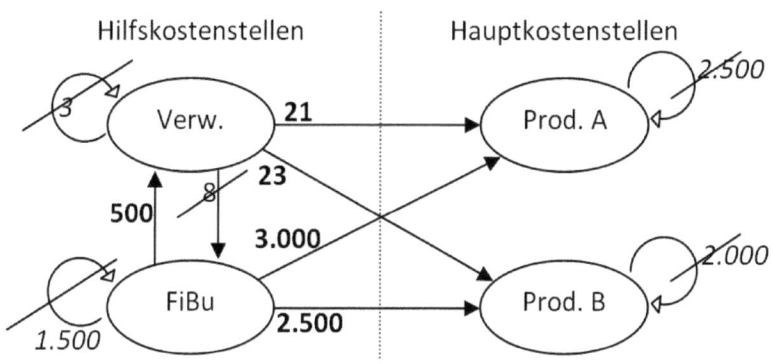

Hilfskostenstellen		Hauptkostenstellen		Summe
FiBu	Verw.	Prod. A	Prod. B	
50.000	30.000	120.000	150.000	350.000
- 50.000	4.166,67	25.000,00	20.833,33	0
-	- 34.166,67	16.306,82	17.859,85	0
0	0	161.306,82	188.693,18	350.000
-	-	64,52	94,35	-

Erläuterung: Die Primärkosten für die FiBu werden in der Zeile „Umlage Verwaltung" in Abzug gebracht und anteilig auf die Hilfskostenstelle Verwaltung und die Hauptkostenstellen verteilt:

$$Verwaltung = 50.000 \div (500 + 3.000 + 2.500) \times 500$$

Und so weiter...

Dann werden die Primärkosten für die Verwaltung zzgl. der Umlage von der FiBu auf die Hauptkostenstellen umgelegt:

$$Produkt\ A = 34.166,67 \div (21 + 23) \times 21$$

Und so weiter...

Nun wird wieder für jede Hauptkostenstelle die Gesamtsumme gebildet. Die Summe dieser Summen muss die Gesamtsumme aller Kostenstellen-Gesamtkosten ergeben.

Die Gesamtsumme wird durch die Anzahl der Aufträge geteilt. Dieser Wert ergibt die Kosten pro Auftrag:

$$Kosten/Auftrag_{Produkt\ A} = \frac{161.306,82}{2.500} = 64,52\ €$$

$$Kosten/Auftrag_{Produkt\ B} = \frac{188.693,18}{2.000} = 94,35\ €$$

Damit ist die Kostenstellenrechnung komplett. Zuletzt möchte ich noch ein paar erklärende Worte zu den verschiedenen Verfahren verlieren:

Das Blockverfahren ist die einfachste Form der Kostenstellenrechnung. Dadurch, dass alle internen Leistungsbeziehungen ausgeblendet werden, ist sie jedoch sehr ungenau.

Das Stufenleiterverfahren ist etwas komplizierter, aber immer noch sehr schnell und einfach durchzuführen. Da hier zumindest die internen Leistungsbeziehungen in einer Richtung

Berücksichtigung finden, ist sie etwas genauer, als das Blockverfahren, aber immer noch sehr ungenau.

Das mathematische Verfahren löst die Kostenstellenrechnung durch die Auflösung von mathematischen Gleichungssystemen. Dies ist eine sehr aufwendige Methode, dafür aber sehr viel genauer, als die beiden erstgenannten Verfahren.

Das iterative Verfahren ist ein mathematisches Verfahren, welches schrittweise alle Beziehungen berücksichtigt. Dieses ist ähnlich genau, wie das Gleichungsverfahren, aber noch aufwändiger.

In deiner Ausbildung wirst du mit hoher Wahrscheinlichkeit nur mit dem Block- und dem Stufenleiterverfahren zu tun haben.

KOSTENTRÄGERRECHNUNG

Die Kostenträgerrechnung stellt die dritte Stufe der KLR dar, ist aber für deine Ausbildung normalerweise nicht maßgeblich, daher wird hier auf detaillierte Ausführungen verzichtet.

Ziel der Kostenträgerrechnung ist grundsätzlich die Ermittlung der Kosten, die für die Herstellung der Produkte angefallen sind und der Kosten, die aus dem Betrieb des Unternehmens an sich erwachsen. Am Ende soll der Unternehmer aufgrund dieser Daten in der Lage sein, einen geeigneten Preis für seine Produkte festzulegen.

1. Divisionskalkulation

Die Divisionskalkulation ist relativ einfach durchzuführen. Unterschieden wird in die einstufige und die mehrstufige

Variante. Ich stelle hier die mehrstufige Variante vor und erkläre anschließend den Unterschied.

Stellen wir uns vor, wir sind Hersteller von Haferflocken für den Einzelhandel. Die Kosten, die für den Einkauf der Rohstoffe, die Verarbeitung und die Vermarktung insgesamt entstehen, sind uns bekannt. Wir wissen jedoch nicht, wie hoch der Preis pro Packung Haferflocken sein muss, damit wir wirtschaftlich arbeiten. Sehen wir uns also zuerst die Kosten an und teilen sie dabei in (Produktions-)Stufen auf:

Herstellung		Vermarktung	
Energiekosten	12.000 €	Werbemaßnahmen	1.500 €
Personalkosten	34.000 €	Personalkosten	5.300 €
RHB	4.500 €	Lagerkosten	600 €
Haferflocken	8.900 €		

Diese Kosten summieren wir pro Stufe zusammen:

Herstellung: 59.400 €   Vermarktung: 7.400 €

Zusätzlich wissen wir, dass wir 85.000 Packungen (250g) unserer Haferflocken verkaufen können.

Jetzt wird nur die Summe der Kosten gebildet und durch die Anzahl der Packungen geteilt, um die Kosten zu erhalten:

$$\frac{59.400 \text{ €} + 7.400 \text{ €}}{85.000 \; Packungen} \approx 0{,}79 \text{ €}$$

Wir wissen also, dass die Herstellung und Vermarktung unserer Haferflocken pro 250g-Packung 0,79 € kostet. Zur Festlegung eines Preises kann nun einfach unsere gewünschte

Gewinnmarge addiert werden, z.B. durch Aufrundung (0,99 € = 0,20 € Gewinn) oder durch Aufschlag einer prozentualen Marge (z.B. 15 % Marge = 0,79 € x 1,15 $\cong$ 0,91 €).

Beim einstufigen Verfahren funktioniert die Rechnung genauso, mit dem einzigen Unterschied, dass die Produktionsstufen nicht getrennt veranschlagt werden, sondern man von vorneherein von den Gesamtkosten (also hier 66.800 €) ausgeht.

2. Äquivalenzziffernkalkulation

Die Äquivalenzziffernkalkulation ist m.E. nicht besonders praktisch und macht auch nur Sinn bei (absolut) gleichartigen Produkten. Stellen wir uns also als Erweiterung zu unserem vorherigen Beispiel vor, dass wir nicht nur 250g-Packungen, sondern auch 500g- und 1kg-Packungen der gleichen Haferflocken vermarkten wollen. Wir gehen von folgenden Absatzzahlen aus:

250g-Packung:	19.500 Verkäufe
500g-Packung:	11.000 Verkäufe
1.000g-Packung:	10.500 Verkäufe

Die Kosten bleiben mit 66.800 € dieselben.

Wir beginnen nun einfach mit der kleinsten Packungsgröße und legen für diese die Äquivalenzziffer 1 fest. Von hier ausgehend legen wir die Äquivalenzziffern der anderen Packungsgrößen als ein Vielfaches der kleinsten Packung fest und multiplizieren dann die jeweilige Menge mit dieser Äquivalenzziffer und summieren dann diese Produkte:

Packungsgröße	Menge		AZ		RE
250g-Packung	19.500	→	1	→	19.500
500g-Packung	11.000	→	2	→	22.000
1.000g-Packung	10.500	→	4	→	42.000
					83.500

Nun werden die Gesamtkosten durch diese ermittelte Summe geteilt:

$$Selbstkosten\ pro\ Rechnungseinheit = \frac{66.800\ €}{83.500} = 0,80\ €$$

Diese Selbstkosten pro Rechnungseinheit werden jetzt wieder pro Packungsgröße mit der jeweiligen Äquivalenzziffer multipliziert:

Packungsgröße	Menge	ÄZ	RE	SK/ME
250g-Packung	19.500	1	19.500	1 x 0,8 = 0,80 €
500g-Packung	11.000	2	22.000	2 x 0,8 = 1,60 €
1.000g-Packung	10.500	4	42.000	4 x 0,8 = 3,20 €
			83.500	

Zuletzt werden diese Selbstkosten pro Mengeneinheit wieder mit den jeweiligen Absatzzahlen pro Packungsgröße multipliziert und man erhält die Selbstkosten pro Packungsgröße:

Packungsgröße	Menge	ÄZ	RE	SK/ME	SK/PG
250g-Packung	19.500	1	19.500	0,80 €	15.600 €
500g-Packung	11.000	2	22.000	1,60 €	17.600 €
1.000g-Packung	10.500	4	42.000	3,20 €	33.600 €
			83.500		66.800 €

Die letzte Spalte dient hierbei lediglich als Überprüfung, dass wir uns nicht verrechnet haben. Die Summe der

Selbstkosten/Packungsgröße muss mit der Summe der Gesamtkosten (66.800 €) übereinstimmen.

Wir kennen jetzt die Produktionskosten für jede unserer Packungsgrößen und können entsprechend unsere Preise kalkulieren, z.B.:

	Kosten	Preis	Gewinn
250g-Packung	0,80 €	0,99 €	0,19 €
500g-Packung	1,60 €	1,99 €	0,39 €
1.000g-Packung	3,20 €	3,49 €	0,29 €

PROBEKLAUSUR / VOLLKOSTENRECHNUNG

Es ist zwar unwahrscheinlich, dass dir in deiner Ausbildung eine Vollkostenrechnung begegnen wird, dennoch kann es sein, dass du bestimmte Teile davon in einer Klausur lösen musst. Daher habe ich eine Probeklausur ausgearbeitet, die die wichtigsten Elemente einer Vollkostenrechnung abdeckt. Kannst du diese Klausur lösen, solltest du für alle Eventualitäten gerüstet sein.

(nächste Seite)

Übung zur Vollkostenrechnung – Rettungswache

I. ABGRENZUNGSRECHNUNG

Teile die nachfolgenden Geschäftsvorfälle anhand der Tabelle in die verschiedenen Aufwands- und Kostenarten auf:

1. Buchung aller Jahreslöhne 2018 i.H.v. 1.750.000 €
2. Sturmschaden an eingesetztem Rettungswagen i.H.v. 4.500 €
3. Buchung aller Mietkosten 2018 i.H.v. 350.000 €
4. Kalkulatorische Abschreibungen auf alle Maschinen 2018 i.H.v. 15.000 €

	Neutraler Aufwand	Zweckaufwand	Grundkosten	Zusatzkosten
1				
2				
3				
4				

II. GESAMTKOSTENFUNKTION

Es soll nächstes Jahr für die Rettungswache ein neues Einsatzfahrzeug beschafft werden. Je nach Einsatzbereich fallen entweder 10.000 km/Jahr oder 20.000 km/Jahr an. Den Kauf welches der beiden Fahrzeuge empfiehlst du?

Fahrzeug 1:
Versicherung pro Jahr = 500 €

Wartungskosten pro Quartal = 150 €
Benzinkosten = 0,27 €/km
Steuer pro Jahr = 125 €
Leasingkosten pro Monat = 500 €

Fahrzeug 2:
Versicherung pro Jahr = 500 €
Wartungskosten pro Quartal = 170 €
Dieselkosten = 0,19 €/km
Steuer pro Jahr = 190 €
Leasingkosten pro Monat = 600 €

III. KOSTENARTENRECHNUNG

1. Materialkosten

Berechne die Materialkosten für den Verbrauch von Medikamenten nach der gewogenen Durchschnittsmethode, der LIFO-Methode und der FIFO-Methode. Berechne jeweils den wertmäßigen Verbrauch und den Wert des Endbestandes.

Anfangsbestand	3.120 Einheiten	20 €/Einheit
1. Zugang	570 Einheiten	17 €/Einheit
1. Abgang	1.000 Einheiten	
2. Zugang	820 Einheiten	15 €/Einheit
2. Abgang	1.300 Einheiten	
3. Abgang	200 Einheiten	
3. Zugang	300 Einheiten	25 €/Einheit
4. Abgang	1.000 Einheiten	

2. Kalkulatorische Abschreibungen und Zinsen

Berechne die kalkulatorische Abschreibung und die kalkulatorischen Zinsen für das Jahr 2018 anhand des folgenden Rettungswagens:

Der Rettungswagen wurde für 35.000 € angeschafft, wobei die Anschaffung mit Hilfe von Landeszuweisungen i.H.v. 20 % erfolgte. Das Fahrzeug soll 6 Jahre genutzt werden. Es ist damit zu rechnen, dass im Jahr 2018 eine Preissteigerung von 2 % erfolgte. Die Zinsen lagen 2018 bei 7 %. Aus der Buchführung ergibt sich ein Restbuchwert im Jahr 2017 i.H.v. 17.500 €. Der Wiederbeschaffungszeitwert in 2017 lag bei 37.142 €.

IV. KOSTENSTELLENRECHNUNG

1. Primärkostenverteilung

Die gesamten Personalkosten aus Aufgabe I.1 verteilen sich nach der Anzahl des eingesetzten Personals auf die Kostenstellen.
Verwaltung = 3 Mitarbeiter
Beschaffung = 3 Mitarbeiter
Hausmeister = 2 Mitarbeiter
Rettungseinsätze (RTW) = 10 Mitarbeiter
Krankentransporte (KTW) = 8 Mitarbeiter
Notarzteinsätze (NEF) = 3 Mitarbeiter

Die kalk. Abschreibungen und Zinsen verteilen sich nach folgendem Verteilungsschlüssel in der v.g. Reihenfolge der Kostenstellen: 1:1:1:3:2:2. Sie bestehen jeweils aus den unter III.2 ermittelten Abschreibungs- und Zinsbeträgen zuzüglich folgender Gesamtbeträge:
kalk. Zinsen = 5.513,43 €

kalk. Abschreibungen = 23.211,21 €

Die von dir unter III.1 nach der FIFO-Methode ermittelten Materialkosten für Medikamente verteilen sich nach folgendem Verteilungsschlüssel in der v.g. Reihenfolge nur auf die Endkostenstellen: 4:3:1.

2. Sekundärkostenverrechnung

Nimm anhand der nachfolgend dargestellten Leistungsbeziehungen unter Verwendung des Stufenleiterverfahrens die Sekundärkostenverrechnung vor.

Die Kostenstelle Hausmeister leistet 800 Stunden an Beschaffung, 3.200 Stunden an RTW, 2.800 Stunden an KTW und 3.750 Stunden an NEF.

Die Kostenstelle Verwaltung leistet insgesamt 10.000 Stunden. Davon entfallen 37 % auf RTW, 40 % auf KTW und 23 % auf NEF.

Die Kostenstellen Beschaffung leistet 1.000 Stunden an Verwaltung, 2.000 Stunden an Hausmeister, 500 Stunden an RTW, 650 Stunden an KTW und 450 Stunden an NEF.

V. KOSTENTRÄGERRECHNUNG

Berechne für die Kostenstelle RTW die Selbstkosten pro Einsatz und die Jahresgesamtkosten für die nachfolgend genannten Einsatzarten:

70 % Herzleiden
8 % Unwohlsein
11 % Knochenbrüche

5 % Magenleiden
3 % Blutungen
3 % Fehlalarm

Hinweise:
- Knochenbrüche sind dreimal so teuer, wie Unwohlsein
- Magenleiden kosten 20 % weniger, als Unwohlsein
- Unwohlsein ist zehnmal günstiger, als Herzleiden
- Unwohlsein ist doppelt so teuer, wie ein Fehlalarm
- Blutungen kosten die Hälfte von Knochenbrüchen

Insgesamt werden pro Woche 6.750 Einsätze durchgeführt.

(Lösung auf der nächsten Seite)

Lösung

I.

	Neutraler Aufwand	Zweckaufwand	Grundkosten	Zusatzkosten
1		X	X	
2	X			
3		X	X	
4				X

II.

Fahrzeug 1:

$K_F = 500 € + 4 * 150 € + 125 € + 12 * 500 € = 7.225 €$

$K_v = 0,27 €/km$

$K_{10.000} = K_F + K_v * x = 7.225 € + 0,27 €/km * 10.000 km = 9.925 €$

$K_{20.000} = 7.225 € + 0,27 €/km * 20.000 km = 12.625 €$

Fahrzeug 2:

$K_F = 500 € + 4 * 170 € + 190 € + 12 * 600 € = 8.570 €$

$K_v = 0,19 €/km$

$K_{10.000} = K_F + K_v * x = 8.750 € + 0,19 €/km * 10.000 km = 10.470 €$

$K_{20.000} = 8.750 € + 0,19 €/km * 20.000 km = 12.370 €$

Die Wirtschaftlichkeit der Fahrzeuge unterscheidet sich nach der Fahrleistung. Bei einer geplanten Fahrleistung von 10.000 km/Jahr ist das Fahrzeug 1 wirtschaftlicher, bei einer

Fahrleistung von 20.000 km/Jahr und darüber ist jedoch Fahrzeug 2 wirtschaftlicher.

III.

1.

a) Ermittlung des Endbestandes

Zur Ermittlung des Endbestandes wende ich die Entnahmescheinrechnung an:

Mengenmäßiger Verbrauch
= Summe der Entnahmen
= 1.000 E. + 1.300 E. + 200 E. + 1.000 E.
= 3.500 E.

Endbestand = AB + Zugänge - mengenm. Verbrauch
= 3.120 E. + 570 E. + 820 E. + 300 E. − 3.500 E. = 1.310 E.

b) gewogener Durchschnitt
Summe der Gesamtkosten (SdG)
= 3.120 E. * 20 €/E. + 570 E. * 17 €/E. + 820 E. * 15 €/E. + 300 E. * 25 €/E.
= 62.400 € + 9.690 € + 12.300 € + 7.500 € = 91.890 €

Summe der Mengen (SdM)
= 3.120 E. + 570 E. + 820 E. + 300 E. = 4.810 E.

jährlicher Durchschnittswert (jD) = SdG / SdM
= 91.890 € / 4.810 E. = 19,10 €/E.

wertmäßiger Verbrauch = mengenm. Verbrauch * jD
= 3.500 E. * 19,10 €/E. = 66.850 €

Wert des Endbestandes = Endbestand * jD
= 1.310 E. * 19,10 €/E. = <u>25.021 €</u>

c) LIFO-Methode

3. Zugang	300 E. * 25 €/E. = 7.500 €	Rest: 3.200 E.
2. Zugang	820 E. * 15 €/E. = 12.300 €	Rest: 2.380 E.
1. Zugang	570 E. * 17 €/E. = 9.690 €	Rest: 1.810 E.
Anfangsbestand	1.810 E. * 20 €/E. = 36.200 €	Rest: 0 E.
wertm. Verbrauch =	<u>65.690 €</u>	

Wert des Endbestands = SdG – wertm. Verbrauch
= 91.890 € - 65.690 € = <u>26.200 €</u>

d) FIFO-Methode

Anfangsbestand	3.120 E. * 20 €/E. = 62.400 €	Rest: 380 E.
1. Zugang	380 E. * 17 €/E. = 6.460 €	Rest: 0 E.
wertm. Verbrauch =	<u>68.860 €</u>	

Wert des Endbestands = SdG – wertm. Verbrauch
= 91.890 € - 68.860 € = <u>23.030 €</u>

2.
Anschaffungswert (AW) = 35.000 €
Nutzungsdauer (ND) = 6 Jahre
Landeszuweisung = 20 %
Preissteigerung = 2 %
Zinssatz = 7 %
RBW_{2017} = 17.500 €
$WBZW_{2017}$ = 37.142 €

a) kalk. Abschreibung
$WBZW_{2018}$ = $WBZW_{2017}$ + Preissteigerung = 37.142 € * 1,02

= 37.884,84 €

Kalk. Abschreibung = $WBZW_{2018}$ / ND
= 37.884,84 € / 6 Jahre = 6.314,14 €

b) kalk. Zinsen
bil. Abschreibung = AW / ND = 35.000 € / 6 Jahre = 5.833,33 €

RBW_{2018} = RBW_{2017} − bil. Abschreibung
= 17.500 € - 5.833,33 € = 11.666,67 €

Abzugskapital = AW * Zuweisung = 35.000 € * 0,2 = 7.000 €

mod. RBW_{2018} = RBW_{2018} − Abzugskapital
= 11.666,67 € - 7.000 € = 4.666,67 €

kalk. $Zinsen_{2018}$ = mod. RBW_{2018} * Zinssatz
= 4.666,67 € * 0,07 = 326,67 €

IV.

1.

a) Personalkosten
Personalkosten = 1.750.000 €

Anzahl MA = 3 + 3 + 2 + 10 + 8 + 3 = 29

$PK_{Verwaltung, Beschaffung, NEF}$ = 1.750.000 € / 29 * 3 = 181.034,48 €

$PK_{Hausmeister}$ = 1.750.000 € / 29 * 2 = 120.689,66 €

PK_{RTW} = 1.750.000 € / 29 * 10 = 603.448,28 €
PK_{KTW} = 1.750.000 € / 29 * 8 = 482.758,62 €

b) Zusatzkosten

kalk. Zinsen = 326,67 € + 5.513,43 € = 5.840,10 €

kalk. Abschreibungen = 6.314,14 € + 23.211,21 €
= 29.525,35 €

Zusatzkosten$_{Gesamt}$ = kalk. Zinsen + kalk. Abschr. = 5.840,10 €
+ 29.525,35 € = 35.365,45 €

Summe Schlüsselwerte = 1 + 1 + 1 + 3 + 2 + 2 = 10

Zusatzkosten$_{Verwaltung, Beschaffung, Hausmeister}$ = 35.365,45 € / 10 =
3.536,55 €

Zusatzkosten$_{RTW}$ = 35.365,45 € / 10 * 3 = 10.609,64 €

Zusatzkosten$_{KTW, NEF}$ = 35.365,45 € / 10 * 2 = 7.073,09 €

c) Materialkosten

Materialkosten = 68.860 €

Summe Schlüsselwerte = 4 + 3 + 1 = 8

Materialkosten$_{RTW}$ = 68.860 € / 8 * 4 = 34.430 €

Materialkosten$_{KTW}$ = 68.860 € / 8 * 3 = 25.822,50 €

Materialkosten$_{NEF}$ = 68.860 € / 8 = 8.607,50 €

d) Primärkostenberechnung

Primärkosten$_{Verwaltung}$ = PK + ZK + MK
= 181.034,48 € + 3.536,55 € + 0 € = 184.571,03 €

$Primärkosten_{Beschaffung}$ = 181.034,48 € + 3.536,55 € + 0 €
= 184.571,03 €

$Primärkosten_{Hausmeister}$ = 120.689,66 € + 3.536,55 € + 0 €
= 124.226,21 €

$Primärkosten_{RTW}$ = 603.448,28 € + 10.609,64 € + 34.430 €
= 648.487,92 €

$Primärkosten_{KTW}$ = 482.758,62 € + 7.073,09 € + 25.822,50 €
= 515.654,21 €

$Primärkosten_{NEF}$ = 181.034,48 € + 7.073,09 € + 8.607,50 €
= 196.715,07 €

2.
Verwaltung leistet ausschließlich an Endkostenstellen.

Hausmeister leistet insgesamt 10.550 Std., davon 800 Std. an Beschaffung.

Beschaffung leistet insgesamt 4.600 Std., davon 2.000 Std. an Hausmeister.

$Wert_{H>B}$ = Primärkosten / Gesamtleistung * Einzelleistung
= 124.226,21 € / 10.550 Std. * 800 Std. = 9.420 €

$Wert_{B>H}$ = 184.708,52 € / 4.600 Std. * 2.000 Std. = 80.308,05 €

Die Leistungen von Beschaffung an Hausmeister sind mehr wert, als die gegenläufigen Leistungen, deswegen sind die Leistungsbeziehungen von Hausmeister an Beschaffung zu streichen.

Das bedeutet, dass Verwaltung als Vorkostenstelle ganz rechts stehen muss, Beschaffung ganz links und Hausmeister demnach in der Mitte.

Beschaffung	Hausmeister	Verwaltung	RTW	KTW	NEF
184.571,03	124.226,21	184.571,03	648.487,92	515.654,21	196.715,07
-184.571,03	+80.248,27	+40.124,14	+20.062,07	+26.080,69	+18.055,86
	-204.474,48		+67.109,57	+58.720,88	+78.644,03
		-224.695,17	+83.137,21	+89.878,07	+51.679,89
0,00	0,00	0,00	818.796,77	690.333,85	345.094,85

Uml. B:
- H   = Primärkosten / Gesamtleistung * Einzelleistung
        = 184.571,03 € / 4.600 Std. * 2.000 Std. = 80.248,27 €

- V   = 184.571,03 € / 4.600 Std. * 1.000 Std. = 40.124,14 €

- RTW = 184.571,03 € / 4.600 Std. * 500 Std. = 20.062,07 €

- KTW = 184.571,03 € / 4.600 Std. * 650 Std. = 26.080,69 €

- NEF = 184.571,03 € / 4.600 Std. * 450 Std. = 18.055,86 €

Uml. H:
- RTW
= 204.474,48 € / (3.200 Std. + 2.800 Std. + 3.750 Std.) * 3.200
= 204.474,48 € / 9.750 Std. * 3.200 Std. = 67.109,57 €

- KTW = 204.474,48 € / 9.750 Std. * 2.800 Std. = 58.720,88 €

- NEF = 204.474,48 € / 9.750 Std. * 3.750 Std. = 78.644,03 €

Uml. V:
- RTW
= 224.695,17 € (/ 10.000 Std. * 10.000 Std.) * 0,37
= 83.137,21 €

- KTW = 224.695,17 € * 0,4 = 89.878,07 €

- NEF = 224.695,17 € * 0,23 = 51.679,89 €

V.

$Gesamtkosten_{RTW}$ = 818.796,77 €
Knochenbrüche = 3 * Unwohlsein
Magenleiden = 0,8 * Unwohlsein
Herzleiden = 0,1 * Unwohlsein
Fehlalarm = 0,5 * Unwohlsein
Blutungen = 0,5 * Knochenbrüche = 0,5 * 3 * Unwohlsein

Ich lege für Unwohlsein die Äquivalenzziffer 1 fest.

$Einsätze_{Woche}$ = 6.750 Einsätze
$Einsätze_{Jahr}$ = 6.750 Einsätze * 52 = 351.000 Einsätze

Produkt	ÄZ	Leistungs-menge	Rechnungs-einheit	Selbst-kosten/ Einsatz	Selbst-kosten/ Jahr
Unwohl-sein	1	351.000 * 0,08 = 28.080	28.080	4,02 €	112.881,60
Knochen-brüche	3	351.000 * 0,11 = 38.610	115.830	12,06 €	465.636,60
Magen-leiden	0,8	351.000 * 0,05 = 17.550	14.040	3,22 €	56.511,00
Herzlei-den	0,1	351.000 * 0,7 = 245.700	24.570	0,40 €	98.280,00
Fehlalarm	0,5	351.000 * 0,03 = 10.530	5.265	2,01 €	21.165,30
Blutungen	1,5	351.000 * 0,03 = 10.530	15.795	6,03 €	63.495,90
			203.580		~819.350,87

Kosten pro Rechnungseinheit
= Gesamtkosten / Summe d. Rechnungseinheiten
= 818.796,77 € / 203.580 = 4,02 €/RE

SK/Einsatz = K/RE * ÄZ

SK/Jahr = SK/Einsatz * Leistungsmenge

KOMMUNALES FINANZMANAGEMENT

Das kommunale Finanzmanagement befasst sich mit der Haushaltsführung im Allgemeinen und dem Haushaltsausgleich im Besonderen.

RECHTSGRUNDLAGEN

Bisher wurden die öffentlichen Haushalte nach dem Prinzip der Kameralistik geführt. Dieses sieht eine Differenzierung zwischen Einzahlungen/Auszahlungen und Einnahmen/Ausgaben, sowie eine konkrete Berücksichtigung der Investitionsgüter und des Vermögens nicht in dem Sinne vor, wie es beim Prinzip der Doppik der Fall ist. Deswegen wurde durch das NKF-Einführungsgesetz NRW (NKFEG NRW) im Jahr 2004 die Pflicht für die Kommunen in Nordrhein-Westfalen geschaffen, ihre Haushaltswirtschaften spätestens ab dem Jahr 2009 auf das doppische Prinzip umzustellen.

Diese Umstellung unterliegt vielfacher Kritik, die sich insbesondere auf die vermögenswirksame Veranschlagung von Infrastruktur, wie z.B. Straßen oder Kanalanlagen, bezieht. In der Tat erscheint es fragwürdig, derartige Bauwerke, die sich nicht ohne Weiteres veräußern lassen, als wirtschaftliches Eigenkapital der Gemeinden anzusehen.

Sicherlich gibt es Unternehmer, die vom Kauf von z.B. Straßen oder Brücken profitieren würden, um für die Benutzung Entgelte zu erheben. Ein solches Konstrukt kann einer verfassungsrechtlichen Prüfung jedoch nicht standhalten. Die Unterhaltung und das, zumindest grundsätzliche, kostenfreie Zurverfügungstellen von öffentlichen Einrichtungen, wie Straßen und Kanälen, zählt zur Daseinsvorsorge des Staates.

Eine Wartung dieser Einrichtungen kann auf private Unternehmen übertragen werden, nicht aber die Verantwortung für die Instandhaltung.

Die rechtlichen Grundlagen zur Durchführung der Haushaltswirtschaft aufgrund des doppischen Systems finden sich vor allem in der Kommunalhaushaltsverordnung NRW (KomHVO NRW) und in der Gemeindeordnung NRW (GO NRW). Die KomHVO NRW hat Ende 2018 die GemHVO NRW abgelöst und enthält die wesentlichen Vorschriften zur Durchführung der Buchhaltung, Aufstellung der Haushaltspläne und Feststellung des Jahresabschlusses, während die GO NRW die wesentlichen Vorschriften zur Feststellung des Haushaltsausgleichs enthält.

ALLGEMEINE HAUSHALTSGRUNDSÄTZE

Die Allgemeinen Haushaltsgrundsätze stecken die ganz grundsätzlichen Rahmenbedingungen ab, innerhalb derer die öffentliche Hand wirtschaften darf. Es existieren derzeit 8 Haushaltsgrundsätze:

BRUTTOPRINZIP:
Einnahmen und Ausgaben dürfen nicht miteinander verrechnet werden und sind grundsätzlich getrennt zu veranschlagen.

EINHEIT UND VOLLSTÄNDIGKEIT:
Alle Einnahmen und Ausgaben sind in einem (1) Haushaltsplan zu erfassen. Sonderhaushalte sind nicht erlaubt.

FÄLLIGKEIT:
In den Haushaltsplan dürfen nur die Ausgaben eingestellt werden, die im laufenden Haushaltsjahr fällig (= kassenwirksam) werden. Werden vertragliche

Verpflichtungen eingegangen, die zur Fälligkeit von Ausgaben in den Folgejahren führen, sind diese in Form von Verpflichtungsermächtigungen in den Haushaltsplan aufzunehmen.

GESAMTDECKUNG:
Die Summe aller Einnahmen dient zur Deckung der Summe aller Ausgaben.

JÄHRLICHKEIT:
Es ist für jedes Jahr jeweils ein (1) Haushaltsplan zu erstellen, der alle Einnahmen, Ausgaben und Verpflichtungsermächtigungen enthält.

SACHLICHE SPEZIALISIERUNG:
Einnahmen müssen nach dem Entstehungsgrund und Ausgaben nach dem Zweck getrennt veranschlagt werden.

VORHERIGE BEWILLIGUNG:
Die Ausgabe von öffentlichen Mitteln muss vorher durch den Rat bewilligt werden. Zwischen Ablauf des bisherigen und Verabschiedung des neuen Haushaltsplans besteht die sogenannte „vorläufige Haushaltsführung". In dieser Zeit dürfen Ausgaben nur getätigt werden, zu denen die Gemeinde gesetzlich oder vertraglich verpflichtet ist oder die zur pflichtgemäßen Aufgabenerfüllung unabweisbar sind.

WIRTSCHAFTLICHKEIT UND SPARSAMKEIT:
Die Gemeinde muss versuchen, das erforderliche Ergebnis mit dem geringstmöglichen Mitteleinsatz zu erreichen. Die Verwendung von öffentlichen Geldern ist auf ein Minimalmaß zu beschränken.

HAUSHALTSKREISLAUF

Der Haushalt einer Gemeinde unterliegt einem sich stetig wiederholenden Kreislauf. Im Rahmen deiner Ausbildung reicht es m.E. aus, wenn dir bekannt ist, dass der Haushalt sich in die drei Phasen Planung, Vollzug und Prüfung untergliedert.

Im Rahmen der Haushaltsplanung werden die Mittel der Organisationseinheiten angemeldet und der Haushalt aufgestellt. Nach Feststellung des Haushalts durch den Rat findet der Vollzug statt. Dabei werden die geplanten Einnahmen vereinnahmt und die geplanten Ausgaben getätigt. Der Vollzug endet dann mit dem Jahresabschluss. Der Haushalt wird nun auf Wirtschaftlichkeit und Rechtmäßigkeit überprüft. Ist der Bürgermeister entlastet, kann mit der Planung des neuen Haushalts begonnen werden. Die Entlastung des Bürgermeisters als Chef der Verwaltung erfolgt durch den Rat, wenn er keine vorsätzlichen Verstöße beim Vollzug des Haushaltsplans begangen hat. Kann er nicht entlastet werden, ist es möglich, dass er dafür zivilrechtlich in Regress genommen und / oder strafrechtlich verfolgt wird.

HAUSHALTSSATZUNG UND HAUSHALTSPLAN

In der Haushaltssatzung werden die Summen von Einnahmen- und Ausgabenseite, inklusive der Verpflichtungsermächtigungen, die jeweiligen Höchstbeträge für Kontokorrent- und Investitionskredite, die Höhe der Umlagesätze und die Hebesätze für Grund- und Gewerbesteuer festgelegt.

Da sie damit quasi den Rahmen für die spätere Haushaltstätigkeit vorgibt, bildet die Haushaltssatzung die Grundlage für die Umsetzung des Haushaltsplans. Dieser enthält jedoch Detailinformationen zu jedem Kostenträger, bzw. jeder Kostenstelle, sowie die Ergebnispläne der gemeindlichen Eigenbetriebe und den Gesamtstellenplan der Gemeinde.

DECKUNGSGRUNDSÄTZE

Zusätzlich zu den zu beachtenden Planungsgrundsätzen (auch Veranschlagungsgrundsätze) gibt es Deckungsgrundsätze, die regeln sollen, wie die einzelnen Positionen im Jahresabschluss gegenübergestellt werden dürfen:

BUDGETS:
Die Gemeinde soll mit Budgets arbeiten.

DECKUNGSFÄHIGKEIT:
Alle Erträge dienen zur Deckung aller Aufwendungen; alle Einzahlungen aus laufender Verwaltungstätigkeit dienen zur Deckung aller Auszahlungen aus laufender Verwaltungstätigkeit.

FEHLBETRÄGE/ÜBERSCHÜSSE:
Fehlbeträge und Überschüsse sind anzumelden und zu begründen.

HAUSHALTSAUSGLEICH:
Der Ausgleich des Haushalts muss angestrebt werden. Ist dies nicht möglich, ist ein Konzept auszuarbeiten, wie der Ausgleich in Zukunft erreicht werden kann.

RÜCKLAGEN:
Zum Ausgleich des Haushalts, zur Sicherstellung der Liquidität und zur Personalversorgung sind Rücklagen zu bilden.

ZWECKBINDUNG:

Kommunale Abgaben die zweckgebunden sind, sind nur in Bezug auf den Zweck deckungsfähig für Aufwendungen.

OUTPUTORIENTIERUNG

Wie ich schon im Kapitel Betriebswirtschaftslehre beschrieben habe, richtet sich die Kommunalverwaltung bei der Arbeitsplanung nach dem Output, der erreicht werden soll. Ziel ist hierbei nicht das Erreichen eines bestimmten Jahresergebnisses, sondern die Maximierung des Bürgernutzens. Im Vordergrund muss dazu natürlich zunächst die Bearbeitung aller eingehenden Anträge stehen. Sind dann noch Ressourcen frei, kann mit der Schaffung freiwilliger Aufgaben versucht werden, den Bürgernutzen weiter zu steigern.

Die einzelnen Tätigkeiten der Verwaltung werden dabei als Produkte bezeichnet. Aus diesem Produktsystem, das die Tätigkeiten messbar machen soll, lassen sich dann Ziele und Kennzahlen generieren. Ziele sind hierbei nicht zwingend messbar, sondern können auch z.B. als „Steigerung der öffentlichen Sicherheit" formuliert werden. Kennzahlen hingegen müssen sich vergleichen lassen. Sie können absolut angegeben werden, aber oft bietet sich auch die prozentuale Angabe an.

Für nähere Informationen zu Kennzahlen verweise ich auf den entsprechenden Abschnitt im Kapitel „Betriebswirtschaftslehre".

BUDGETS

Arbeitet eine Gemeinde mit Produkten, so bietet es sich in der Regel an, auch ein Budgetsystem zu verwenden. Budgets werden über Dezernate, Organisationseinheiten, Sachgebiete und teilweise bis auf einzelne Sachbearbeiter herunter gebrochen. Jeder dieser Instanzen steht ein bestimmtes Budget zu, welches wiederum Bestandteil des Budgets der höheren Instanzen ist und sich letztlich im Gesamthaushalt aggregiert wiederfinden lässt.

Das Budget richtet sich nach den in der Vergangenheit angefallenen Kosten und Erträgen der entsprechenden Budgeteinheit und den jeweiligen Kennzahlen. Sollen bestimmte Kosten gesenkt und dies durch die Verwendung von Kennzahlen überprüft werden, so wird das Budget logischerweise, bei gleichbleibender Ertragsseite, für die künftigen Haushaltsjahre kontinuierlich gesenkt.

Auch eine Unterschreitung des Budgets kann zu einer künftigen Absenkung führen - dies sollte aber nur dann der Fall sein, wenn der Unterschreitung eine tatsächlich dauerhafte Steigerung der Einnahmen- oder Verringerung der Ausgabenseite zugrunde liegt. Die Überschreitung eines Budgets sollte, bei plausibler Begründung, grundsätzlich möglich, aber genehmigungspflichtig sein.

Auf diese Weise ist sowohl dem Budgetverantwortlichen, wie auch der Kämmerei, eine gute Haushaltskontrolle eröffnet. Ist das Budgetsystem allerdings nicht flexibel oder durchlässig genug, kann dies die budgetierten Einheiten einschnüren und demotivieren. Dies kann z.B. der Fall sein, wenn außerplanmäßige Ausgaben durch Einsparungen in gut laufenden Zweigen kompensiert werden müssen, oder auch wenn sparsame Einheiten dadurch „belohnt" werden, dass deren Budget stetig nach unten korrigiert wird, anstatt z.B. Anwartschaften zu schaffen, die eine spätere Inanspruchnahme der gesparten Mittel für Anschaffungen oder ähnliches möglich machen.

ÜBER- UND AUSSERPLANMÄSSIGE AUFWENDUNGEN

So gut die Haushaltsplanung auch durchdacht sein mag, in der Praxis kann es in Einzelfällen immer auch zu über- oder außerplanmäßigen Aufwendungen kommen. Der § 83 GO NRW beschreibt das Vorgehen für beide Fälle.

Überplanmäßig sind Aufwendungen, wenn im Haushalt Aufwendungen für die betreffende Aufgabe bereits vorgesehen sind, die tatsächlichen Aufwendungen aber in höher ausfallen. Beispiel:

Im Haushalt sind für die Durchführung des Winterdienstes 10.000 € vorgesehen. Dadurch, dass der Winter besonders hart ist, müssen die Fahrzeuge und das Räumpersonal länger im Einsatz sein und durch die Streusalzknappheit steigt der Salzpreis an. Tatsächlich entstehen Kosten in Höhe von 25.000 €. Davon sind 15.000 € überplanmäßig angefallen.

Außerplanmäßige Aufwendungen fallen an, wenn der kostenverursachende Geschäftsvorfall nicht im Haushaltsplan berücksichtigt ist.

Beispiel:

Die Landesregierung beschließt ein neues Programm zur Subvention von Biobauern. Die Kosten sollen von den Gemeinden und Städten getragen werden. Für die Gemeinde stellen sich die voraussichtlichen Kosten in Höhe von 250.000 € komplett als außerplanmäßiger Aufwand dar.

Sowohl über- als auch außerplanmäßige Aufwendungen sind nach § 83 I 1, 2 GO NRW nur zulässig, wenn sie unabweisbar sind. Außerdem soll die Deckung der Mehraufwendungen durch den Haushalt (inklusive Kreditermächtigungen) zu decken sein. Unabweisbar sind Aufwendungen nur dann, wenn sie zur Aufrechterhaltung der pflichtgemäßen Aufgabenerfüllung zwingend notwendig sind. Sind die über- oder außerplanmäßigen Aufwendungen erheblich, so muss der Rat diesen gemäß § 83 II GO NRW zustimmen; ansonsten kann der Kämmerer darüber entscheiden.

HAUSHALTSAUSGLEICH

Das Ziel der Gemeinde ist stets die Erreichung eines tatsächlichen Haushaltsausgleichs. Dieser ist erreicht, wenn die Erträge des laufenden Haushaltsjahres mindestens so hoch sind, wie die Aufwendungen, und das Eigenkapital dabei nicht aufgebraucht ist.

Wird dieses Ziel nicht erreicht, so kann der Haushalt noch fiktiv ausgeglichen werden. Dies kann zunächst dadurch erfolgen, dass die sogenannte Ausgleichsrücklage, die von der Gemeinde zu diesem Zweck angelegt werden muss, in Anspruch genommen wird. Ist die Ausgleichsrücklage aufgebraucht, so kann stattdessen die Allgemeine Rücklage, die eigentlich für die Liquiditätssicherung vorgesehen ist, teilweise verwendet werden.

Wenn die Allgemeine Rücklage innerhalb eines Haushaltsjahres um mehr als ein Viertel, in der Planung für zwei Haushaltsjahre um jeweils mehr als 1/20 (= insgesamt 1/10) oder mittelfristig komplett zum Haushaltsausgleich herangezogen, so ist nach § 76 I GO NRW ein Haushaltssicherungskonzept aufzustellen. In dem

Haushaltssicherungskonzept muss dargelegt werden, wann (jedoch innerhalb von maximal 10 Jahren) der Haushalt bei sparsamer Bewirtschaftung voraussichtlich wieder ausgeglichen sein wird. Das Haushaltssicherungskonzept muss von der Aufsichtsbehörde auf Plausibilität geprüft werden und wird dann, wenn es plausibel ist, von dort genehmigt. Die Genehmigung kann an Bedingungen und Auflagen geknüpft werden.

Kann die Aufsichtsbehörde das Haushaltssicherungskonzept, und damit den Gesamthaushalt, nicht genehmigen, so befindet sich die Gemeinde in der vorläufigen Haushaltsführung, dem sogenannten Nothaushalt. Im Rahmen dessen dürfen nur Ausgaben getätigt werden, zu denen die Gemeinde durch Gesetz oder durch bereits bestehende Vertragslage verpflichtet ist. Will die Gemeinde darüber hinaus Ausgaben tätigen, ist die Genehmigung der Aufsichtsbehörde notwendig. Hält sich eine Gemeinde an diese Vorschriften nicht, so kann die Aufsichtsbehörde Anordnungen treffen, um die Gemeinde dazu zu zwingen. Im äußersten Fall kann das Innenministerium des Landes einen Beauftragten bestellen, der die Aufgaben der Gemeinde, quasi anstelle des Bürgermeisters, übernimmt. Die Regelungen der vorläufigen Haushaltsführung gelten ganz regulär auch für die Zeit, während der der vorgelegte Haushalt noch nicht vom Rat genehmigt ist.

KRITIK

Aus meiner Sicht ist nichts Grundsätzliches am System der Haushaltskonsolidierung zu bemängeln. In der Praxis bestehen allerdings für sehr viele Gemeinden massive Probleme, die auch im System begründet sind. So ist es z.B. nicht schlecht, dass die Möglichkeit der Erreichung eines fiktiven Haushalts aus Mitteln des Eigenkapitals besteht. Macht man sich jedoch klar, dass durch die Einführung des Neuen Kommunalen Finanzmanagements Vermögensgegenstände in das Eigenkapital fließen, die tatsächlich nicht liquidierbar sind, so stellt sich die Frage, wie Gemeinden, die über lange Zeit mit einem fiktiven Haushaltsausgleich wirtschaften, jemals die Kehrtwende zu einem tatsächlichen Haushaltsausgleich erreichen wollen. Derzeit stellt sich die Lage bereits so dar, dass einige Gemeinden der Situation entgegen blicken, dass deren (fiktives) Eigenkapital aufgebraucht sein wird. Für ein privatwirtschaftliches Unternehmen bedeutet dies: Insolvenz. Wie in diesem Fall bei einer Gemeinde zu verfahren ist, bleibt bislang offen.

In Frage zu stellen ist ebenso die Tendenz, Aufgaben auf die Gemeinden zu übertragen, ohne die Kosten, die für deren Ausführung entstehen, in voller Höhe zu erstatten. Es ist nicht zu übersehen, dass die Gemeinden durch übertragene Aufgaben an die Belastungsgrenze gebracht werden. So stellt sich für manche Kommunen die Situation so dar, dass der Gesamtbetrag an Steuern und sonstigen Abgaben allein vom Gesamtbetrag für Transferaufwendungen (Sozialleistungen, Umlagen, etc.) aufgebraucht wird. Dies ist außerdem unabhängig von der Größe und Einwohnerzahl der Kommune. Die laufenden Verwaltungskosten (Personalkosten, Rückstellungen, Versorgungsaufwand, Unterhaltungskosten, etc.) sind somit durch zusätzliche Einnahmequellen zu decken. Dies entspricht nicht dem ursprünglichen Prinzip der gemeindlichen Gesamtkostendeckung durch Vereinnahmung von Realsteuern.

KOMMUNALES ABGABENRECHT

Kommunale Abgaben stellen die Haupteinnahmequelle für die Gemeinden dar. Nach § 1 Kommunalabgabengesetz (KAG) unterscheidet man hier zwischen Steuern, Beiträgen und Gebühren.

Gebühren sollen in ihrer Höhe den Kosten entsprechen, die der Verwaltung für die Erbringung der Dienstleistung entstanden sind. Zum Beispiel soll der Eintritt ins städtische Schwimmbad so hoch sein, dass damit die (Ab-)Nutzung der Räumlichkeiten, die Inanspruchnahme des Wassers, die Energiekosten, die Reinigungs- und Wartungskosten, die Personalkosten, etc. abgedeckt sind. Gleichzeitig soll durch die Erhebung des Eintritts aber kein Gewinn erzielt werden. Der Eintritt ist demnach eine Gebühr. Die Höhe der Gebühr ist grundsätzlich durch Kosten- und Leistungsrechnung zu ermitteln und soll die Kosten decken, aber keinen Gewinn abwerfen.

Beiträge werden für die Möglichkeit gezahlt, bestimmte Gegenleistungen in Anspruch nehmen zu dürfen. Bist du Mitglied bei der Stadtbücherei, so zahlst du jährlich einen Beitrag. Dieser berechtigt dich dazu, die Bücherei im Laufe des Jahres so oft aufzusuchen und so viele Bücher auszuleihen, wie du möchtest. Die zusätzlichen Kosten, die für das konkrete Ausleihen eines Buches entstehen, sind wiederum Gebühren, die die Abnutzung des Buches kompensieren sollen.

Steuern sind allgemeine Belastungen, die ohne jegliche Gegenleistung erhoben werden. Sie steuern einerseits ein bestimmtes Verhalten des Bürgers, dienen andererseits aber vor allem der Finanzierung der Gemeinden, denn durch

Gebühren kann gar kein nennenswerter Ertrag erwirtschaftet werden und durch Beiträge nur ganz marginal. Da außerdem nicht alle Tätigkeitsbereiche der Gemeinde in Form von konkreten Leistungen in Erscheinung treten, sondern z.b. das Streife fahren der Polizei allgemein der Sicherheit dient und nicht durch eine Gebühr abgegolten werden kann - wer sollte hier Gebührenschuldner sein ? - werden diese Kosten im Umlageverfahren durch die Steuern getragen. Es ist jedoch zu beachten, dass spezielle Verbrauchs- und Aufwandssteuern zweckgebunden sind. So soll z.b. die Tabaksteuer die steigenden Kosten für das Gesundheitssystem durch Raucher ausgleichen.

Nach § 75 I, II Gemeindeordnung NRW muss der Haushalt einer Behörde ausgeglichen sein. Das heißt, dass der Gesamtbetrag der Erträge den Gesamtbetrag der Aufwendungen erreichen oder übersteigen soll. Die Gemeinde soll zudem die notwendigen Finanzmittel nach § 77 I, II Nr. 1 Gemeindeordnung NRW in Verbindung mit u.a. § 5, 6 Kommunalabgabengesetz NRW vorrangig aus Gebühren beschaffen.

UMLAGEN / SCHLÜSSELZUWEISUNGEN

Steuern sind aber nicht die einzige Einnahmequelle für Kommunen. Durch Umlagen können sich übergeordnete Gebietskörperschaften die Kosten, die für die Verwaltung des Gebiets in seiner Gänze anfallen, von den untergeordneten Körperschaften ausgleichen lassen. Dies erfolgt über einen festgelegten Umlagesatz, der sich oft an der Einwohnerzahl oder am Steueraufkommen der untergeordneten Kommunen orientiert. Ein Beispiel hierfür ist die Kreisumlage, die die Kreise von den kreisangehörigen Kommunen erheben. Werden noch zusätzliche Leistungen, wie z.B. bei kleinen Gemeinden die stellvertretende Durchführung eines Jugendamtes oder Bauamtes, erbracht, so werden auch diese Kosten über ein Umlageverfahren von den entsprechenden Kommunen gemindert.

Die Kommune kann sich außerdem eine Beteiligung an öffentlichen Einrichtungen, wie z.b. Flughäfen sichern. Sie bürgt dann einerseits mit dem Gemeindehaushalt für die Aufrechterhaltung dieser Einrichtung, wird aber andererseits auch an deren Ertrag beteiligt.

Es kommt regelmäßig vor, dass Kommunen zusätzliche Aufgaben vom Land oder vom Bund auferlegt bekommen. Diese müssen sie üblicherweise nicht komplett aus dem eigenen Haushalt finanzieren, sondern erhalten dafür Schlüsselzuweisungen von Land oder Bund, die sich, wie der Name bereits beinhaltet, nach bestimmten Schlüsseln für jede einzelne Kommune berechnet. Im Rahmen der Sozialhilfe wäre z.B. die Anzahl der Hilfeempfänger ein solcher Schlüssel.

Es soll aber nicht unerwähnt bleiben, dass die Kommunen immer mehr unter der Übertragung von Aufgaben von oben leiden, da gerade kein vollständiger Kostenersatz für die neu entstehenden Aufwendungen erfolgt. Hier sind Bund und Länder aufgefordert, die Kommunen finanziell zu entlasten, um damit die Mittel innerhalb des gesamtstaatlichen Haushalts gerechter zu verteilen und den Kommunen die wirtschaftlichen Möglichkeiten zu geben, wieder mehr auf die unmittelbaren Bedürfnisse der Bürger eingehen und freiwillige Aufgaben wahrnehmen zu können.

In der öffentlichen Kritik war das Konzept der zweckgebundenen Förderung der Länder und Kommunen durch den Bund zuletzt u.a. unter dem Gesichtspunkt der kommunalen und föderalistischen Selbstverwaltung. Im Rahmen des „Digitalpakts Schule" wollte der Bund den Ländern und Kommunen Gelder dafür zur Verfügung stellen, damit die Schulen im Hinblick auf die Umstellung auf digitale Klassenzimmer ausgestattet und modernisiert werden. Hiergegen regte sich Widerstand, denn der Bereich der Bildung ist Ländersache. Es wurde befürchtet, dass durch die zweckgebundene Zurverfügungstellung von Geldern mittelbar Einfluss auf die Gestaltung der Lehrpläne und des Schulbetriebs genommen werden könne. Auch, wenn diese Position umstritten ist, ist sie sicherlich nicht völlig unbegründet. Im Ergebnis wurden zwar Gelder zur Verfügung gestellt, die Mittelverwendung obliegt aber allein den Ländern. Dies wiederum wurde vom Bund kritisiert, da dort nicht bekannt ist, wofür nun genau die bereitgestellten Gelder eingesetzt werden. An diesem Beispiel kannst du sehen, dass die Lage zwischen Bund, Ländern und Kommunen nicht unkompliziert ist, insbesondere, wenn Befürchtungen aufkommen, es können an den jeweiligen Kompetenzen manipuliert werden.

KOMMUNALE BEITRÄGE

Beiträge werden als Ersatz für Aufwendungen erhoben, die durch Herstellung, Anschaffung oder Erweiterung öffentlicher Einrichtungen oder Anlagen entstehen. Dabei kommt es eben nicht darauf an, ob die öffentliche Einrichtung oder Anlage auch tatsächlich genutzt wird, sondern es reicht aus, dass die theoretische Möglichkeit der Nutzung besteht. Am relevantesten ist hier der sogenannte Erschließungsbeitrag nach Baurecht, der erhoben wird, wenn in einem Baugebiet z.B. neue Straßen oder Kanale gebaut oder bestehende Anlagen deutlich modernisiert, verbessert oder erweitert werden, sodass unterstellt wird, dass die Anlieger hierdurch einen Marktvorteil, z.B. Steigerung des Grundstückswertes, erhalten. Würde die

Erschließung schlicht aus Steuermitteln finanziert werden, würden alle Steuerzahler gleichermaßen für eine regionale Modernisierung belastet werden, die nur für einen kleinen Anteil der Steuerzahler nützlich ist. Es ist daher einerseits sinnvoll, die Kostenlast denjenigen Personen aufzuerlegen, die auch einen (theoretischen) Nutzen aus der Erschließung haben. Andererseits ist die Schaffung einer homogenen Infrastruktur in Deutschland im generellen Interesse des Steuerzahlers und die Kosten für Erschließungen sind oftmals so hoch, dass sie die Beitragspflichtigen in den wirtschaftlichen Ruin bringen können. Erschließungsbeiträge sind daher im Einzelfall zu recht umstritten.

KOMMUNALE GEBÜHREN

Das Gebührenrecht kann im Rahmen deiner Ausbildung relevant sein, deswegen möchte ich hierauf etwas intensiver eingehen.

Rechtliche Grundlage für die Gebührenerhebung in Nordrhein-Westfalen sind zunächst das Gebührengesetz NRW (GebG NRW) und die Allgemeine Verwaltungsgebührenordnung NRW (AVerwGebO NRW).

Wie bereits dargestellt, sollen Gebühren immer die Kosten abdecken, die der Verwaltung für die Erbringung einer bestimmten Dienstleistung oder die Herstellung eines bestimmten Produkts entstehen, und dabei keinen Gewinn erzeugen. Am genauesten ist die Ermittlung von Gebühren in sogenannten kostenrechnenden Einrichtungen. Dies sind Ämter oder Abteilungen, die eine Kosten- und Leistungsrechnung durchführen und in diesem Rahmen, durch Gegenüberstellung von Aufwand und Ertrag, ermitteln, welchen Wert eine bestimmte behördliche Tätigkeit hat. Im Folgenden spreche ich immer nur von Produkten, die für alle Arten von hoheitlichen Tätigkeiten, wie z.B. Zulassung eines Kraftfahrzeugs, und Herstellung von Waren, wie z.B. Ausstellen eines Personalausweises, stehen. Nähere Informationen zu Produkten findest du insbesondere in den Kapiteln Betriebswirtschaftslehre und Kosten- und Leistungsrechnung.

Kostenrechnende Einrichtungen sind in öffentlichen Verwaltungen eher die Ausnahme. Klassische Bereiche in denen eine Kosten- und Leistungsrechnung durchgeführt wird, sind z.B. der Rettungsdienst, die Müllabfuhr oder städtische (freiwillige) Einrichtungen, wie Theater oder Schwimmbäder. Die Gebühr entspricht dann in diesen kostenrechnenden Einrichtungen der Höhe der Kosten, die für das jeweilige Produkt anfallen.

In den übrigen Fällen muss man als Sachbearbeiter nach einer sogenannten Gebührentarifstelle suchen. Diese kann sich in der AVerwGebO NRW, anderen Gebührenordnungen oder in örtlichen Gebührensatzungen finden. Manche Gebührentarife lassen sich auch dem Gesetz entnehmen, z.B. § 107 I OWiG, das ist aber ebenfalls eher die Ausnahme.

Ansonsten gibt es einige unterschiedliche Arten, wie Gebühren aufgrund der Tarifstellen zu berechnen sind. In ein paar Fällen, werden Gebühren als Prozentsatz eines bestimmten Wertes angegeben, wie z.B. beim v.g. § 107 I OWiG in Höhe von 5 % der festgesetzten Geldbuße oder bei artenschutzrechtlichen Verfahren anhand eines bestimmten Prozentsatzes auf den Marktwert z.B. eines Pelzmantels oder artgeschützten Tieres. Viel häufiger werden Gebühren jedoch nach Zeitaufwand berechnet. Dies steht dann ausdrücklich so in der Tarifstelle. Die abzurechnenden Zeitintervalle können sich hier unterscheiden (z.B. Abrechnung je angefangene 15 Minuten oder 30 Minuten oder Stunde). Basis der Berechnung sind immer die vom Innenministerium in regelmäßigen Abständen herausgegebenen Stundensätze für die vier Beamtenlaufbahnen, die entsprechend auch für die jeweils äquivalenten Beschäftigten gelten.

> Beispiel:
>
> Wenn im Jahre 2019 der Stundensatz laut Runderlass des Ministeriums des Inneren für die Tätigkeit der 1. Laufbahngruppe, 2. Einstiegsamt (ehemals mittlerer Dienst) 61 € betragen hat, für die durchgeführte Tätigkeit die Berechnung der Gebühr nach Zeitaufwand pro angefangene 15 Minuten vorgeschrieben ist und die Tätigkeit 70 Minuten in Anspruch genommen hat, läge die zu erhebende Gebühr bei 76,25 € (61 € / 4 = 15,25 € pro 15 Minuten; 70 Minuten / 15 Minuten = 4,6 = 5 Mal angefangene 15 Minuten; 15,25 € X 5 = 76,25 €).

Die häufigsten Varianten sind die Tarifstellen, in denen entweder eine feste Gebühr oder ein sogenannter Gebührenrahmen angegeben ist.

Die feste Gebühr bedarf sicherlich keiner weiteren Erklärung.

> Beispiel:
>
> Für die Ausstellung der Bescheinigung X ist eine Gebühr in Höhe von 10,00 € zu erheben.

Es liegt auf der Hand, dass in diesem Fall von der Gebühr weder nach oben, noch nach unten, abgewichen werden darf.

Bei einem Gebührenrahmen ist das Ganze dann schon schwieriger. Dort ist dann z.B. für die Ausstellung der Bescheinigung X eine Gebühr in Höhe von 5 € bis 250 € zu erheben. Die Frage ist, wie die genaue Gebühr in diesem Fall zu ermitteln ist. Klar ist, dass eine Berechnung des Zeitaufwands nicht zulässig ist. Dies kann man natürlich für sich selbst tun, um einordnen zu können, wie hoch die Gebühr in diesem Fall wäre, aber der errechnete Wert darf allenfalls als Hilfestellung, nicht aber als tatsächliche Gebührenhöhe verwendet werden. In § 9 I GebG NRW werden Vorgaben dazu gemacht, wie mit Gebührenrahmen zu verfahren ist. Demnach bilden die Grundlage für die Gebühr der entstandene Verwaltungsaufwand, die Bedeutung, bzw. der wirtschaftliche Wert oder sonstige Nutzen der Amtshandlung für den Gebührenschuldner und, unter Umständen, dessen wirtschaftliche Verhältnisse. Sicherlich spielt auch hier die Selbstbindung der Verwaltung eine Rolle, welche Gebühr also in der Vergangenheit für denselben oder ähnliche Sachverhalte erhoben worden ist. Hier muss man also ein bisschen Mut beweisen und sich für eine angemessene Gebührenhöhe entscheiden.

Im Bereich des Gebührenrechts gibt es einige Regelungen über die Befreiung von Gebühren und Ermäßigungen. Grundsätzlich ist es so, dass im Einzelfall von der Erhebung einer Gebühr abgesehen werden oder die Gebühr gesenkt werden kann, wenn dies insbesondere zur Vermeidung sozialer Härte gerechtfertigt ist (§ 3 AVerwGebO NRW i.V.m. § 6 GebG NRW). Hierbei handelt es sich aber um eine Ausnahme, von der mit Bedacht Gebrauch gemacht werden sollte, da ja der Gebührenertrag ganz maßgeblich die entstandenen Kosten decken soll.

Des Weiteren ist die sachliche Gebührenfreiheit nach § 7 GebG NRW zu beachten. Dort sind verschiedene Dienstleistungen aufgeführt, die grundsätzlich keiner Gebührenpflicht unterliegen. Für dich dürften hier ausschließlich die mündlichen und einfachen schriftlichen Auskünfte (Nr. 1) relevant sein. Bedenke jedoch, dass es sich hierbei nur um einen Grundsatz handelt. Sieht z.B. die AVerwGebO NRW für deinen konkreten Arbeitsbereich eine Gebühr für mündliche Auskünfte vor, so besteht die Gebührenpflicht.

Zuletzt besteht noch die persönliche Gebührenfreiheit nach § 8 GebG NRW. Hier sind in Absatz 1 juristische Personen aufgeführt, die keine Gebühren leisten müssen. Dies sind u.a. die Städte, Gemeinden, Kreise, Bundesländer, Kirchen und die Bundesrepublik Deutschland. Vorsichtig musst du immer dann sein, wenn es sich beim Gebührenschuldner um eine staatliche Einrichtung handelt, die jedoch von einem privatwirtschaftlichen Träger bewirtschaftet wird. Zum Beispiel sind lebensmittelrechtliche Kontrollen in städtischen oder kirchlichen Schulen und Kindergarten dann gebührenpflichtig, wenn die dortige Küche von einem Catering-Unternehmen beliefert oder von einem gewerblichen Pächter betrieben wird. Zudem ist noch die Ausnahme des Absatzes 2 zu beachten, wonach die Gebührenfreiheit (gegenüber den unter Absatz 1 genannten Personen) nicht eintritt, wenn die Gebührenschuld an Dritte weitergegeben werden kann. Auch hierzu kann ich ein Beispiel aus der Lebensmittelüberwachung nennen: wenn ein Kunde zur Anzeige bringt, dass ihm durch Verzehr eines Lebensmittels schlecht geworden ist, wird die Lebensmittelüberwachung eine Probe des Lebensmittels (soweit noch teilweise vorhanden) und anderer Lebensmittel derselben Charge entnehmen und diese einem Untersuchungsamt zusenden. Dort wird untersucht, ob die Krankheitsbeschwerden von dem Lebensmittel stammen können, weil dieses z.B. falsch gelagert oder verunreinigt war.

Für diese Untersuchung fallen nach der AVerwGebO NRW Gebühren an. Die den Auftrag vergebende Verwaltung ist aber nach § 8 I GebG NRW persönlich gebührenbefreit. Wenn sich aber herausstellt, dass das Lebensmittel schuldhaft durch den Lebensmittelbetrieb verunreinigt gewesen ist, weil der Betrieb z.b. sehr stark verschmutzt war, wird in der Regel gegen den Lebensmittelunternehmer ein Ordnungswidrigkeiten- oder Strafverfahren eingeleitet werden. Im Rahmen dieses Verfahren können die Gebühren für die erfolgte Untersuchung dem Betroffenen, bzw. Beschuldigten als Auflagen in Rechnung gestellt werden. In diesem Fall ist dann also nach § 8 II GebG NRW die Gebühr von der Verwaltung zu bezahlen und die Gebührenschuld an den Lebensmittelunternehmer weiterzugeben. Wenn ein Verschulden des Lebensmittelunternehmers nicht festgestellt werden kann, liegt kein Fall des Absatzes 2 vor und das Untersuchungsamt bleibt auf den Kosten für die Untersuchung sitzen.

Die §§ 12, 13 GebG NRW stellen fest, dass die Behörde, die die gebührenpflichtige Handlung vornimmt Kostengläubiger ist, während derjenige, der die Amtshandlung verursacht (z.B. beantragt oder provoziert) oder zu wessen Gunsten sie vorgenommen wird oder wer die Kostenübernahme erklärt, der Kostenschuldner ist. Hier ist insbesondere die letzte Variante sehr interessant, denn derjenige, der selbst die Amtshandlung nicht verursacht hat, aber die Kostenübernahme gegenüber der Behörde erklärt, ist dann als Gebührenschuldner verpflichtend heranzuziehen.

Nach § 17 GebG NRW werden Gebühren mit Bekanntgabe fällig, soweit nicht die Behörde einen späteren Zeitpunkt bestimmt. Oft werden in der Praxis Zahlungsziele von zwei Wochen oder einem Monat benannt.

Wie auch in anderen Rechtsgebieten (z.B. Ordnungswidrigkeitenrecht) unterscheidet man bei der Verjährung von Ansprüchen im Gebührenrecht in die Festsetzungsverjährung und die Zahlungsverjährung. Die Frist zur Festsetzungsverjährung gibt an, wie lange die Behörde nach Durchführung der gebührenpflichtigen Amtshandlung Zeit hat, diese Gebühren dem Gebührenschuldner in Rechnung zu stellen. Es folgt dem Grundsatz der Rechtssicherheit, dass eine Gebührenforderung nicht noch Jahrzehnte nach der Amtshandlung erhoben werden darf. In § 20 I GebG NRW ist daher geregelt, dass eine Gebührenforderung nur vier Jahre lang gefordert werden darf, wobei die Frist erst mit Ablauf des 31.12. des Jahres beginnt, in dem die Amtshandlung durchgeführt wurde.

> Beispiel:
>
> Herr Meier beantragt am 12.03.2019 bei der Stadt S eine Gesundheitsbescheinigung. Aufgrund eines technischen Fehlers kann ihm zwar die Gesundheitsbescheinigung ausgehändigt werden, jedoch nicht der zugehörige Gebührenbescheid. Aufgrund einer Dauererkrankung des zuständigen Sachbearbeiters gerät die Sache in Vergessenheit. Die Festsetzungsverjährungsfrist beginnt mit Ablauf des 31.12.2019 und endet somit vier Jahre später mit Ablauf des 31.12.2023. Solange hat die Stadt S Zeit, Herrn Meier die Gebührenentscheidung noch bekannt zu geben. Tut sie dies nicht innerhalb der Frist, ist die Gebühr festsetzungsverjährt und kann nicht mehr eingefordert werden.

Die Zahlungsverjährung befasst sich mit der Frage, wie lange eine ordnungsgemäß bekanntgegebene Gebührenschuld eingefordert werden kann, wenn der Gebührenschuldner nicht zahlt. Hier geht es also um die Frage der Zahlungsvollstreckung. Dies betrifft die Fälle, in denen ein Schuldner entweder nicht zahlen möchte oder z.b. aufgrund eines laufenden Insolvenzverfahrens nicht zahlen kann. Hier tritt nach § 20 II GebG NRW die Zahlungsverjährung mit Ablauf des fünften Jahres nach Kostenfestsetzung ein.

> Beispiel (Fortsetzung):
>
> Am 13.01.2020 bemerkt die Stadt S, dass der Gebührenbescheid unterblieben ist und holt die Bekanntgabe sofort nach. Die Vollstreckungsverjährungsfrist beginnt mit Ablauf des 31.12.2020 und endet mit Ablauf des 31.12.2025. Danach kann von Herrn Meier die Zahlung der Gebühr nicht mehr verlangt werden.

STEUERN

REALSTEUERN (GRUND- UND GEWERBESTEUER)

Der Begriff der Realsteuern bezeichnete bislang, im Gegensatz zur Personensteuer, solche Steuern, die unabhängig von der persönlichen Leistungsfähigkeit des Steuerschuldners ist und sich lediglich auf das Grundstück von ihm beziehen. Hierzu zählen insbesondere die Grundsteuer und die Gewerbesteuer. Da aber zumindest im Falle der Gewerbesteuer sehr wohl wesentliche Elemente der persönlichen Leistungsfähigkeit einfließen, halte ich die, mittlerweile auch vom Grundgesetz vorgesehene, Unterteilung schlicht in Gewerbe- und Grundsteuer für zielführender, als an dem Begriff der Realsteuern festzuhalten. Für die Ausbildung, insbesondere deine mündliche Prüfung, solltest du aber wissen, dass dieser Begriff existiert und eben konkret auch diese beiden Steuern umfasst.

GRUNDSTEUER

Die Berechnung der Grundsteuer wird hier von mir nicht behandelt, da die bisherige Berechnungsweise durch das Bundesverfassungsgericht als verfassungswidrig erklärt und eine Neuregelung gefordert wurde. Eine endgültige verfassungskonforme Regelung wurde bislang nicht getroffen.

GEWERBESTEUER

Die Gewerbesteuer ist die zweite ganz wesentliche Einnahmequelle der Gemeinden. Sie wird erhoben auf den Ertrag grundsätzlich aller in Deutschland betriebenen stehenden Gewerbebetriebe. Auch hier findet die Berechnung in mehreren Schritten statt:

Zunächst ist festzustellen, ob eine Gewerbesteuerbefreiung nach § 3 GewStG vorliegt. Dies sind im Wesentlichen die Bundesbetriebe und gemeinnützige Einrichtungen.

Das Finanzamt stellt dann fest, wie hoch der Gewerbeertrag ist. Vom Finanzamt wird der Gewerbesteuermessbetrag berechnet und in einem Gewerbesteuermessbescheid festgehalten. Der Messbetrag wird durch Anwendung einer Steuermesszahl auf den Gewerbeertrag ermittelt.

Die Gemeinde multipliziert den Gewerbesteuermessbetrag mit dem gemeindlichen Gewerbesteuerhebesatz und erhält die Jahresgewerbesteuer.

Der Gewerbetreibende hat jeweils zum 15.02., 15.05., 15.08. und 15.11. Vorauszahlungen zu leisten. Nach Bekanntgabe des Steuerbescheids wird zu viel geleistete Steuer zurück gewährt. Du siehst, dass das Verfahren dem Grundsteuerverfahren sehr ähnelt. Die konkreten Schwierigkeiten, die sich hier für dich ergeben könnten, liegen in der Ermittlung des maßgebenden Gewerbeertrags. Dieser unterliegt nämlich bestimmten Hinzurechnungen und Kürzungen. Die wesentlichen Vorschriften sind hierzu:

Hinzurechnungen (1/4 der Summe)		Kürzungen
+	Entgelte für Schulden (= Zinsen) aus § 8 Nr. 1 lit. a	- 1,2 % auf den Einheitswert des zum Betriebsvermögen gehörenden grundsteuerpflichtigen Grundbesitzes aus § 9 Nr. 1
+	1/5 der Miet- und Pachtzinsen für geliehenes bewegliches Sachvermögen (= Mietwagen, Spedition) aus § 8 Nr. 1 lit. d	
+	1/2 der Miet- und Pachtzinsen für geliehenes unbewegliches Sachvermögen (= Gebäude, Gelände) aus § 8 Nr. 1 lit. e, wenn die Hinzurechnungen 100.000 € übersteigen.	

Nach § 10a GewStG können außerdem Verluste aus den Vorjahren vom Gewerbeertrag abgezogen werden.

Die Formel zur Berechnung der Gewerbesteuer lautet daher wie folgt:

$$Gewerbesteuer$$
$$= (Gewerbeertrag + Hinzurechnungen$$
$$- K\ddot{u}rzungen) \times Steuermesszahl \times Hebesatz$$

ÖRTLICHE VERBRAUCHS- UND AUFWANDSSTEUERN

Die Berechtigung der Gemeinden zur Erhebung örtlicher Verbrauchs- und Aufwandssteuern ergibt sich aus der Steuerhoheit der kommunalen Selbstverwaltung. Entsprechend der individuellen Bedürfnisse der Gemeinde kann diese bestimmte Sachverhalte besteuern. Die Steuererträge aus Aufwandssteuern stehen allein den Gemeinden zu, können aber vom Land in ihrer Höhe begrenzt werden. Rein örtliche Verbrauchssteuern sind kaum existent - die Ertragshoheit ist hier zwischen Bund, Ländern und Gemeinden aufgeteilt.

Gängige örtliche Aufwandssteuern sind z.B. die Hundesteuer, die Zweitwohnsitzsteuer und die Vergnügungssteuer.

Beispiele für Verbrauchssteuern sind z.B. die Tabaksteuer, die Kaffeesteuer oder die Mineralölsteuer.

HANDLUNGS- UND SOZIALKOMPETENZ

Da es sich hierbei um ein Fach handelt, das von Diskussionen, deinen persönlichen Erfahrungen und Rollenspielen lebt, wird hier von mir nur auf die aller grundlegendsten Aspekte eingegangen. Diese sollten dir im Grunde genommen schon längst bekannt sein, jedoch kann es sinnvoll sein, sich bestimmte Regeln wieder neu zu verinnerlichen, damit man nicht nur reaktiv und intuitiv, sondern auch mit Überlegung Arbeitssituationen begegnen und geschickt aus Problemsituationen heraus gehen kann.

Die Handlungs- und Sozialkompetenz wird zunehmend wichtiger für dein späteres Berufsleben, da mittlerweile Tendenzen zu erkennen sind, dass die übliche mündliche Laufbahnabschlussprüfung in Form eines Interviews flächendeckend durch ein Rollenspiel im Sinne einer Bürger-Behörde-Situation ersetzt wird und auch aufbauende Ausbildungen/Studiengänge, wie der Bachelor of Laws, ein starkes Augenmerk auf Verhaltenskompetenz legen.

VERHALTEN UND MOTIVATION

Als Bedienstete oder Bediensteter im öffentlichen Dienst hast du eine besondere Vorbildwirkung gegenüber den Bürgerinnen und Bürgern. Dein Verhalten sollte daher dieser Vorbildwirkung gerecht werden. Das heißt, dass du insbesondere im Dienst dem Bürger so gegenübertreten solltest, dass du von ihm ernst genommen werden, dass er sich aber auch von dir ernst genommen fühlt. Dies bezieht sich zum Einen auf die Wahl der Kleidung, zum Anderen auch auf dein sonstiges Erscheinungsbild und deine Gestik und Mimik.

Wie du konkret auftreten sollten, ist je nach Behörde und deinem Einsatz unterschiedlich. In jedem Fall solltest du seriös wirken. Wenn du viel im Bereich der Öffentlichkeitsarbeit eingesetzt wirst, ist gegebenenfalls ein Anzug, bzw. Kostüm angemessen, im sozialen Bereich wäre das aber eher nicht üblich. Genauso solltest du darauf achten, dass deine Ausstrahlung zu deinem Einsatzbereich passt. Wenn du im Ordnungsbereich arbeitest, ist es oft nötig, den Bürger mit Nachdruck – aber selbstverständlich ohne Beleidigung oder Erniedrigung – auf sein Fehlverhalten hinzuweisen, während im Sozialbereich sehr einfühlsam auf die Bürger einzuwirken ist. Oft kann sich die Situation auch schnell ändern, wenn hinter einem nicht gezahlten Bußgeld zum Beispiel schwere private Schicksalsschläge verborgen sind. Hier musst du schnell reagieren und dein Verhalten den Gegebenheiten anpassen. Bleibe dennoch immer Herr, bzw. Frau des Gesprächs und versuche nicht den Faden zu verlieren. Lasse außerdem keinen Raum für Vorurteile. Der Mensch neigt sehr schnell dazu, andere Menschen in Schubladen zu stecken, und es kann auch sein, dass du mit deinen Einschätzungen oft richtig liegen wirst; dennoch solltest du bedenken, dass einer der Bürger, die du zum Beispiel als Spinner abtust, doch ein ernsthaftes Anliegen haben und deine Hilfe benötigen könnte. Vergiss nicht: du könntest dieser Mensch sein. Beurteile jeden Fall gewissenhaft und unvoreingenommen. Dazu gehört auch, Menschen nicht nach ihrem äußeren Erscheinungsbild, sondern allein nach den vorliegenden Fakten zu beurteilen. Soziale Aspekte sind dabei selbstverständlich auch einzubeziehen.

Es kann insgesamt sehr hilfreich sein, sein Verhalten regelmäßig zu reflektieren und sich zu fragen, ob man jedem Bürger noch die gleiche Freundlichkeit und Aufmerksamkeit entgegenbringt, oder ob man vielleicht schon eine gewisse Berufsblindheit angenommen hat. Vielleicht solltest du dich auch einmal fragen, wie du persönlich behandelt werden möchtest, wenn du deine eigenen Dienstleistungen in Anspruch nehmen müsstest.

Hinweis für Beamtinnen und Beamte

Sehr wichtig ist jedoch auch, dass du 24 Stunden am Tag und 7 Tage in der Woche Beamtin/Beamter bist. Deine Verpflichtung zu standesgemäßem Verhalten erstreckt sich ebenso auf deine Freizeit. Wenn du betrunken durch die Innenstadt torkelst, kann sich das auch dienstrechtlich auf deine Karriere auswirken, insbesondere dann, wenn du auch noch über deinen Dienstherrn lästerst. Ebenso einschneidend ist es, wenn du straffällig werden solltest. Über Straftaten im Dienst brauchen wir hier gar nicht zu sprechen – in dem Falle bist du deinen Job sofort los. Wenn du allerdings in deiner Freizeit straffällig werden und zu einer Freiheitsstrafe von mindestens einem Jahr verurteilt werden solltest, verlierst du automatisch deinen Beamtenstatus und etwaige Pensionsansprüche. Eine Freiheitsstrafe von einem Jahr kann schon bei vergleichsweise geringen Straftaten wie Hausfriedensbruch, Fahrerflucht oder Diebstahl verhängt werden. Aber auch im Strafmaß geringere Verurteilungen oder wiederholte Ordnungswidrigkeiten wie „Schwarzfahren" können zu einem sogenannten „förmlichen Disziplinarverfahren mit dem Ziel der Entfernung aus dem Dienst" führen.

Denke einfach daran, dass du je nach Körperschaft und Region als Behördenmitarbeiterin/Behördenmitarbeiter bekannt oder zu erkennen bist, und dass du stets an Recht und Gesetz gebunden bist.

KOMMUNIKATION

Die Kommunikationsmodelle werden dir im Unterricht vorgestellt, daher werde ich auch hier nur allgemein auf die Kommunikation in der Praxis eingehen.

Wie schon zuvor erwähnt, ist es wichtig, zu jedem Thema und jeder Person die richtigen Worte und den richtigen Umgangston zu finden. Dies ist zunächst nicht einfach, wird sich aber im Laufe deiner Tätigkeit einspielen. In deiner Tätigkeit wird es allerdings häufig wichtig sein, die Inhalts- und Beziehungsebenen zu trennen. Unter der Inhaltsebene versteht man den sachlichen Austausch von Informationen, während die Beziehungsebene die Gefühle, Beziehungen und Stimmungen zwischen den Beteiligten beinhaltet. Oft wirst du mit Menschen zu tun haben, die dir unsympathisch sind. Diese sind jedoch von dir, als Amtswalter, genauso zu behandeln, wie jeder andere. Genauso darfst du Menschen, die du kennst oder die du sympathisch findest, nicht bevorzugen.

Die Sprache, die du verwendest, sollte zwar an das individuelle Verständnisvermögen des Gesprächspartners angepasst sein, jedoch sollte dies nicht dazu führen, dass deine Ausführungen unpräzise werden und Spielraum für Interpretationen lassen, die letztlich gegen dich verwendet werden könnten. Fachbegriffe sollten nur gegenüber denjenigen genannt werden, die diese verstehen können. Gibt es für einen Fachbegriff keine passende Alternative, kann der Fachbegriff genannt werden, ist im Anschluss aber zu erklären, bzw. zu umschreiben. Wie in jedem privaten Gespräch sollte darauf geachtet werden, dass der Gesprächspartner nicht unterbrochen wird, und dass er die Zeit hat, sein Anliegen vollständig vorzubringen. Nimm jedoch hierbei Rücksicht auf den Betroffenen. Ein 80-jähriger schwerbehinderter Mann braucht länger für seine Ausführungen; ein 20-jähriger Jungunternehmer kann schon mal dazu angehalten werden, seine Ausführungen auf das Wesentliche abzukürzen. In jedem Fall solltest du keinen Moment lang den Eindruck entstehen lassen, dass der Bürger das Gespräch leitet. Du bleibst immer Herr des Verfahrens und gibst den roten Faden vor. Dies kann geschehen indem du nochmals ganz kurz auf den Bürger eingehst, um dann eine Wende einzuleiten. So fühlt sich der Bürger trotzdem verstanden, und das Gespräch wird wieder in die richtige Richtung geleitet:

„Ich kann gut verstehen, Herr Müller, dass Sie die Auseinandersetzungen in der Nachbarschaft sehr berühren, jedoch müsste ich nochmal auf die genauen Abmessungen des geplanten Anbaus zu sprechen kommen, damit ich Ihren Antrag weiter bearbeiten kann.“

Ein Punkt, den ich bei meiner Arbeit als absolut wesentlich im Umgang mit dem Bürger kennengelernt habe, und den ich dir nur dringend ans Herz legen kann, ist es, dem Bürger deine Entscheidungen, sei es im mündlichen Gespräch oder im schriftlichen Bescheid, verständlich zu begründen. Der Bürger muss wissen, warum du deine Entscheidung so triffst, wie du es tust. Erst wenn er einsieht, dass du nachvollziehbare Gründe für deine Entscheidung hast, wird er sich auch mit möglichen Sanktionen abfinden können. Im Rahmen von Bußgeldverfahren hilft es außerdem, wenn er sieht, dass Sie den Bußgeldrahmen nicht ausgeschöpft haben, er also „noch glimpflich davon gekommen" ist. In diesem Zusammenhang möchte ich noch erwähnen, dass du auf jeden Fall am Ende eines Gesprächs zu einem Ergebnis, einer Entscheidung kommen solltest. Dies kann auch nur ein Zwischenergebnis sein oder, wenn überhaupt kein Konsens zu erzielen ist, wenigstens ein Plan für das weitere Vorgehen. Lasse den

Bürger nicht unverrichteter Dinge gehen, sondern sage ihm, welche Unterlagen er noch beizubringen hat, bevor eine Entscheidung getroffen werden kann, oder nenne ihm eine Frist oder einen Termin bis zu dem du dich wieder bei ihm melden wirst, bzw. er sich bei dir melden soll.

Achte außerdem auf die non-verbalen Signale, die du aussendest. Bist du ordnungsrechtlich tätig, solltest du Selbstbewusstsein und Stringenz ausstrahlen. In der gewährenden Verwaltung solltest du die Kluft zwischen Bürger und Behörde nicht zu groß werden lassen. In diesem Fall sollte der Bürger nicht von oben herab behandelt werden, sondern in dir eine Hilfe sehen.

Anzusprechen sind in diesem Zusammenhang auch Kommunikationshürden oder -schwierigkeiten. Hierzu zählen Begebenheiten, die die Kommunikation beeinträchtigen. Diese gilt es zu umschiffen, um die Verständigung sicherzustellen. Hierzu zählt zum Beispiel eine schlechte Akustik oder auch unterschiedliche gesprochene Sprachen. Dies kann umgangen werden, indem dein Büro für häufige Bürgergespräche räumlich angepasst wird, bzw. ein Dolmetscher oder Formulare in mehreren Sprachen vorhanden sind. Sicher fallen dir noch viele Beispiele für Kommunikationshürden ein, und dazu einfache Möglichkeiten, diese zu lösen. Das praktische Problem liegt eher darin, sich der bestehenden Hürden bewusst zu werden. Dazu solltest du dir die Gegebenheiten in deinem Büro anschauen und prüfen, ob Verbesserungen möglich sind. Auch könnte ein Sprachkurs oder eine Logopädie zur Verbesserung führen.

ROLLEN

Mache dir klar, dass jeder von uns sein ganzes Leben lang Rollen spielt. Teilweise möchten wir diese Rollen spielen, teilweise werden wir durch die Erwartungen der Gesellschaft in Rollen gepresst. So trägt jeder von uns mehrere Rollenmodelle gleichzeitig in sich: Kind, Elternteil, Partner, Chef, Auszubildender, Praktikant, Freund, Kunde, etc..

Wenn wir uns klar machen, welche Erwartungen die Gesellschaft, bzw. unser Gegenüber an unsere Rolle hat, so können wir in unserer Rolle auch erfolgreich sein und uns wohl fühlen. Wir können durch unser eigenes Verhalten aber auch Rollenmodelle ändern und damit auch die Erwartungen. Gegenüber dem Bürger sind verschiedene Erwartungen an unsere Rolle denkbar, zum Beispiel der faule Beamte, der kein Interesse am Bürger hat, der strenge Beamte, der einem nur Verpflichtungen auferlegen möchte, aber auch der helfende Beamte, der Gelder zum Lebensunterhalt gewährt. An den Erwartungen, die die Menschen haben, die zu dir kommen, kannst du kurzfristig wenig ändern – aber langfristig. Spiele „den" Beamten so, wie du ihn sehen willst. Bestimmt nicht als faulen Besserwisser, sondern als kompetenten Helfer oder als fairen Vollstrecker der Gerechtigkeit. So, wie du an den Bürger herantrittst, wird er sich dieses Bild einprägen und wird seinen Bekannten und Verwandten davon erzählen. Wenn nun fünf dieser Bekannten und Verwandten zu dir kommen und das gleiche positive Erlebnis erhalten, und auch diese davon weitererzählen, hast du schon damit begonnen, das Bild des Beamten in deiner Behörde zu verändern. Es liegt eine hohe Verantwortung auf dir, aber es kann auch eine unglaubliche Befriedigung sein, wenn man Menschen zufrieden stellt oder seinen Job so ausführt, wie er gedacht ist.

Ein weiteres Rollenmodell, das dir vor allem in deiner Ausbildung eventuell teilweise zu schaffen machen wird, ist die Hierarchie. Sie spielt eine erhebliche Rolle in der öffentlichen Verwaltung und letztlich definiert sich jeder Beamte auch über seine Amtsbezeichnung. Als Auszubildender oder Anwärter bist du zwar nicht das kleinste Licht in der Behörde, diese Stelle nehmen wohl eher Praktikanten ein, jedoch hast du, um ehrlich zu sein, nicht viel zu melden. Gern gesehen ist in Maßen, in erster Linie bei jüngeren Vorgesetzten, zurückhaltend vorgebrachte konstruktive Kritik. Dadurch kannst du dich positiv von anderen Auszubildenden abheben. Was du in jedem Fall vermeiden solltest, sind Überheblichkeiten im Umgang mit deinen Kollegen. Sobald du deine Ausbildung abgeschlossen hast, kannst du durchaus selbstbewusster auftreten, vorher ist das aber gar nicht angezeigt. Du wirst natürlich viele Dinge lernen und bei manchen Dingen mitreden können, aber bilde dir bitte nicht ein, schon alles zu wissen. Bringe dein Wissen für alle Gewinn bringend ein, aber nicht, um dich selbst hervorzutun. So wirst du Achtung erfahren, ohne deine Rolle als Auszubildender zu sprengen.

KORRUPTION

Da die Dienstherren mittlerweile ein sehr hohes Augenmerk darauf legen, die Bestechlichkeit im Amt zu bekämpfen, muss an dieser Stelle auch hierzu eine kurze Ausführung folgen.

Unter Korruption versteht man grundsätzlich die Annahme von Geschenken jeder Art für die vorrangige oder begünstigende Bearbeitung eines Einzelfalles. Während sich noch vor einigen Jahren das Verbot der „Vorteilsannahme" nur auf Geldgeschenke in Verbindung mit nachweisbaren Gegenleistungen beschränkt hat, sind nunmehr sämtliche Schenkungen von Bürgern an ihre Sachbearbeiter unzulässig.

Es gibt gewisse Freimengen, im Sinne von Kugelschreibern und kleinen Schokoladentäfelchen, in der Praxis ist aber jedem Bediensteten im öffentlichen Dienst dringlichst von der Annahme auch geringster Geschenke abzuraten. Lässt sich ein Bürger partout nicht „abwimmeln", bzw. wäre er bei Nicht-Abnahme des Geschenks über alle Maße beleidigt, kann das Geschenk entgegengenommen und unverzüglich an den Vorgesetzten weitergeleitet werden. Dieser kann darüber entscheiden, ob das Geschenk vernichtet, an alle Mitarbeiter der Abteilung aufgeteilt oder gemeinnützig gespendet wird.

Ich will nochmal ausdrücklich darauf hinweisen, dass die Annahme von Geld oder geldwerten Vermögensgegenständen regelmäßig als Korruption ausgelegt wird und in der Regel ein förmliches Disziplinarverfahren mit dem Ziel der Entfernung aus dem Dienst nach sich zieht - völlig egal, ob der Wert mehrere Tausend Euro oder nur einen Cent beträgt.

Bringe dich am besten gar nicht erst in die Lage, dich für irgendwelche angenommenen Gegenstände rechtfertigen zu müssen, indem du einfach immer alles ablehnst. Auch Disziplinarverfahren, die mit einem Vergleich enden oder bei denen sich der Vorwurf als haltlos herausstellt, verbleiben in deiner Personalakte oder den Köpfen deiner Kollegen und wirken sich negativ auf deine Karriere aus.

STICHWORTVERZEICHNIS

A

ABC-ANALYSE 364
ABGRENZUNGSRECHNUNG 408
ABLAUFORGANISATION 306
ABSCHREIBUNGEN FÜR ABNUTZUNG 395
ABSOLUTE MEHRHEIT 46
ABSTRAKTE NORMENKONTROLLE 80
AKTIVKONTEN..373
ALLGEMEINE HAUSHALTSGRUNDSÄTZE 455
AMTSBEZEICHNUNGEN 219
ANCIENNITÄTSPRINZIP 235
ANDLERSCHE FORMEL..362
ANFECHTUNGSKLAGE 145
ANGEMESSENHEIT...32
ÄQUIVALENZZIFFERNKALKULATION 437
ARBEITSLOSENGELD I 239
ARBEITSLOSENVERSICHERUNG 238
ARBEITSVERTRAG 223, 234
AUFBAUORGANISATION 298
AUFLAGE 139
AUFLAGENVORBEHALT 140
AUFWAND..411
AUFWAND AN ERTRAG 389
AUFWANDSKONTEN..375
AUSLEGUNGSREGELN...42
AUSSCHÜSSE 181
AUSSENWIRKUNG...116
AUSWAHL DES VERANTWORTLICHEN 155
AUSZAHLUNG 411

B

BEAMTE AUF ZEIT 217
BEAMTENVERHÄLTNISSE...215
BEDARF 249, 324
BEDARFSDECKUNGSPRINZIP 344
BEDARFSERMITTLUNG 262
BEDARFSGEMEINSCHAFTEN 247
BEDINGUNG 139
BEFRISTUNG...139
BEHÖRDE 115
BEIGEORDNETE...183
BESCHEIDSTIL...61
BESCHRÄNKT GESCHÄFTSFÄHIGE 193
BESTANDSKONTEN...373
BETRIEBLICHE ÜBUNG 234
BETRIEBLICHE ZIELE UND KENNZAHLEN ALS STEUERUNGSGRUNDLAGE ...345
BETRIEBSVEREINBARUNG 233
BEWERBUNGSGESPRÄCH 235
BILANZ..376

BIP 333
BLOCKDIAGRAMM.. 319
BLOCKVERFAHREN 430
BOTE 205
BRUTTOPRINZIP.. 455
BSP... 333
BUCHUNGEN ÜBER UND UNTER BUCHWERT............................ 394
BUCHUNGSSÄTZE 385
BUDGETS...458, 459
BUNDESPRÄSIDENT 78
BUNDESRAT 77
BUNDESREGIERUNG.. 79
BUNDESTAG... 76
BUNDESVERFASSUNGSGERICHT... 79
BUNDESVERSAMMLUNG.. 78
BUND-LÄNDER-STREITIGKEITEN 80
BÜRGER... 173
BÜRGERBEGEHREN 174
BÜRGERENTSCHEID... 174
BÜRGERMEISTER 182

D
DECKUNGSFÄHIGKEIT 458
DECKUNGSGRUNDSÄTZE... 458
DEFINITION.. 50
DEFLATION.. 341
DELIKTSFÄHIGKEIT.. 274
DIENSTWEGPRINZIP.. 308
DIREKTIONSRECHT 234
DISTRIBUTIONSPOLITIK 355
DREI-SEKTOREN-HYPOTHESE 328
DREI-SEKTOREN-MODELL... 328

E
ECKREGELSATZ... 270
EFFIZIENZ 330
EG-VERORDNUNGEN 18
EINFACHE MEHRHEIT.. 46
EINHEIT UND VOLLSTÄNDIGKEIT: 455
EINSATZ DER ARBEITSKRAFT 247
EINSATZ DES EINKOMMENS... 249
EINSATZ DES VERMÖGENS 254
EINSATZ VON EINKOMMEN... 269
EINSATZ VON VERMÖGEN... 269
EINSPRUCHSGESETZ.. 82
EINWOHNER... 173
EINZAHLUNG 411
EINZELFALL.. 115
ELEMENTENLEHRE.. 67
ENTGELTPOLITIK 352
ENTSCHLIEßUNGSERMESSEN 34
ENTSTEHUNGSRECHNUNG 334
ERFOLGSKONTEN 374

ERFORDERLICHKEIT 31
ERGEBNISRECHNUNG 378
ERLASS...44
ERLEDIGUNG 142
ERMÄCHTIGUNGSGRUNDLAGE 151
ERMESSEN...34, 155
ERMESSEN...29
ERMESSENSFEHLER..37
ERNENNUNG 216
ERSATZVORNAHME 160
ERSATZZWANGSHAFT 161
ERTRAG..411
ERTRAGSKONTEN...375
EUROPÄISCHE INVESTITIONSBANK (EIB) 110
EUROPÄISCHE KOMMISSION 107
EUROPÄISCHE ZENTRALBANK (EZB) 108
EUROPÄISCHER AUSSCHUSS DER REGIONEN (ADR)....................109
EUROPÄISCHER AUSWÄRTIGER DIENST (EAD).............................109
EUROPÄISCHER DATENSCHUTZBEAUFTRAGTER (EDSB)..............109
EUROPÄISCHER OMBUDSMANN...109
EUROPÄISCHER RAT 106
EUROPÄISCHER RECHNUNGSHOF 108
EUROPÄISCHER WIRTSCHAFTS- UND SOZIALAUSSCHUSS (EWSA) 109
EUROPÄISCHES PARLAMENT 105
EUROPARECHT..104
EXEKUTIVE 16

F
FAHRLÄSSIGKEIT 275
FÄLLIGKEIT..455
FEHLBETRÄGE...458
FESTSTELLUNGSKLAGE 146
FIFO-METHODE..423
FINANZHOHEIT 170
FINANZWISSENSCHAFTEN 323
FRAKTIONSZWANG 180
FUNKTIONEN DES GELDES 338

G
GEBIET DES ÖFFENTLICHEN RECHTS 116
GEBÜHREN..469
GEEIGNETHEIT 31
GEFAHR...152
GELDANGEBOT UND –NACHFRAGE 339
GELDVERMÖGEN 409
GEMEINSAMER AUSSCHUSS 80
GENERALKLAUSEL DES OBG..151
GERICHTSHOF DER EUROPÄISCHEN UNION (EUGH)....................108
GESAMTDECKUNG 456
GESAMTKOSTENRECHNUNG 369
GESCHÄFTSFÄHIGKEIT 192
GESCHÄFTSUNFÄHIGE 193
GESETZGEBUNG 80

GESETZGEBUNGSVERFAHREN 82
GEWALTENTEILUNG 16
GEWERBESTEUER 477
GEWERKSCHAFTEN 229
GEWINN- UND VERLUSTRECHNUNG 378
GEWOGENER JAHRESDURCHSCHNITT 420
GLEICHHEITSGRUNDSATZ 25
GROßE KREISANGEHÖRIGE STADT 184
GRUNDFREIBETRAG 251
GRUNDRECHTE 89
GRUNDRECHTSGLEICHE RECHTE 89
GRUNDSTEUER 477
GÜNSTIGKEITSPRINZIP 235
GUTACHTERSTIL 47
GÜTER 325
GUV 378

H
HARTZ IV 243
HAUSHALTSAUSGLEICH 458, 462
HAUSHALTSKREISLAUF 457
HAUSHALTSPLAN 457
HAUSHALTSSATZUNG 457
HEILUNG 141
HOHE VERTRETERIN DER EUROPÄISCHEN UNION FÜR AUßEN- UND
    SICHERHEITSPOLITIK 109
HOHEITLICHE MAßNAHME 114

I
INFLATION 341
INPUT-OUTPUT-MODELL DER VERWALTUNG 290
INVESTITIONSRECHNUNG 367

J
JÄHRLICHKEIT 456
JUDIKATIVE 17
JUGENDARBEITSSCHUTZ 229
JURISTISCHE PERSONEN 190
JURISTISCHE ZITIERWEISE 13
JURISTISCHEN PERSONEN 190

K
KALKULATORISCHE ABSCHREIBUNGEN 424
KALKULATORISCHE ZINSEN 425
KAUFVERTRAG 196
KAUSALITÄT 208
KOLLEKTIVES ARBEITSRECHT 228
KOLLISIONSREGELN 39
KOMMUNALE AUFGABEN 172
KOMMUNALE BEITRÄGE 468
KOMMUNALE GEBÜHREN 469
KOMMUNALE WAHLBEAMTE 217
KOMMUNIKATIONSPOLITIK 353

KONKRETE NORMENKONTROLLE 79
KORRUPTION 321, 487
KOSTEN DER UNTERKUNFT 260
KOSTENARTEN 412
KOSTENARTENRECHNUNG 416
KOSTENDECKUNGSPRINZIP 344
KOSTENSTELLENRECHNUNG 426
KOSTENTRÄGERRECHNUNG 435
KOSTENVERGLEICHSRECHNUNG 368
KRANKENVERSICHERUNG 238
KREISANGEHÖRIGE GEMEINDE 184
KÜNDIGUNG 224
KÜNDIGUNGSSCHUTZGESETZ 226

L
LAUFBAHNEN 219
LEGISLATIVE 16
LEGITIMER ZWECK 30
LEITZINS 340
LIFO-METHODE 421
LIQUIDE MITTEL 408

M
MARKETING 348
MARKT 335
MEHRBEDARF 258
MEHRHEITEN 45
MIND-MAP 317
MITTLERE KREISANGEHÖRIGE STADT 184
MODIFIZIERTE SUBJEKTSTHEORIE 116
MUTTERSCHUTZ 230

N
NATÜRLICHE PERSONEN 190
NEBENBESTIMMUNGEN 139
NEUES STEUERUNGSMODELL 310
NICHTIGKEIT 140
NORMENKOLLISION 39
NORMENKONTROLLE 17

O
OBJEKTGLIEDERUNG 307
OFFENKUNDIGKEITSPRINZIP 206
ÖFFENTLICHE SICHERHEIT 151
ÖFFENTLICHEN ORDNUNG 152
ÖKONOMISCHES PRINZIP 326
OPPORTUNITÄTSPRINZIP 44
OPTIMALE BESTELLMENGE 359
ORDENTLICHE GERICHTSBARKEIT 212
ORDNUNGSBEHÖRDE 149
ORDNUNGSPRINZIP 235
ORGANISATIONSEINHEITEN 304
ORGANISATIONSHOHEIT 171

ÖRTLICHE VERBRAUCHS- UND AUFWANDSSTEUERN 479
OUTPUTORIENTIERUNG... 459
OUTSOURCING... 292

P
PASSIVKONTEN... 374
PERSONALHOHEIT 171
PERSONALROTATION.. 321
PFLEGEVERSICHERUNG.. 238
PLANUNGSHOHEIT 170
POLITISCHE BEAMTE.. 217
PREIS 335
PREISPOLITIK.. 352
PREUßISCHE STÄDTEORDNUNG 168
PRINZIP DER LIMITIERTEN GEWINNERZIELUNG 345
PRIVATISIERUNG 292
PRODUKTIONSFAKTOREN.. 329
PRODUKTPOLITIK.. 351

Q
QUALIFIZIERTE MEHRHEIT 47

R
RANGORDNUNG DER RECHTSQUELLEN 232
RANGPRINZIP.. 234
RAT... 178
RAT DER EUROPÄISCHEN UNION 107
RATSBESCHLUSS 184
RATSBÜRGERENTSCHEID 178
REALSTEUERN... 476
RECHNUNGSABGRENZUNG 393
RECHTSFÄHIGKEIT 192
RECHTSGUTVERLETZUNG 208
RECHTSMÄNGEL... 197
RECHTSNORM.. 8
RECHTSPRECHUNG 18
RECHTSQUELLEN 18
REGELBEDARFSSTUFEN 246
REGELLEISTUNG 261
REGELUNG 115
REGIERUNGSFORM... 70
REGIERUNGSFORMEN 70
RELATIVE MEHRHEIT.. 46
RENTABILITÄT 330
RENTENVERSICHERUNG 239
ROLLEN... 486
RÜCKLAGEN... 458
RÜCKNAHME 142

S
S.M.A.R.T... 346
SACHLICHE SPEZIALISIERUNG: 456
SACHMÄNGEL 197

SATZUNGSHOHEIT 169
SCHADEN 209
SCHLÜSSELZUWEISUNGEN 466
SCHRANKEN 91
SCHRANKEN-SCHRANKEN 92
SCHWERBEHINDERTENSCHUTZ 231
SELBSTVERWALTUNG 169
SOFORTIGE VOLLZIEHUNG 163
SOFORTVOLLZUG 162
SOLL AN HABEN 389
SOZIALGELD 261
STAATSFORM 71
STAATSFORMMERKMALE 74
STAATSZIELE 74
STANDARDMASSNAHMEN 165
STELLENBEDARFSBERECHNUNG 294
STELLENBESCHREIBUNG 306
STELLENPLAN 313
STELLVERTRETUNG 205
STEUERHOHEIT 171
STEUERN 476
STIMMENMEHRHEIT 46
STÖRER 155
STÖRERAUSWAHL 155
STUFENLEITERVERFAHREN 432
SUBSUMTION 51
SUBVENTIONSPRINZIP 344

T
TARIFVERTRAG 233
TATBESTANDSIRRTUM 274
TATEINHEIT 277
TATMEHRHEIT 277
TRÄGER DER ÖFFENTLICHEN VERWALTUNG 111

U
ÜBER- UND AUSSERPLANMÄSSIGE AUFWENDUNGEN 461
ÜBERSCHÜSSE 458
UMLAGEN 466
UNERLAUBTE HANDLUNG 207
UNFALLVERSICHERUNG 238
UNMITTELBARER ZWANG 161
UNTERNEHMER 190

V
VERBOTSIRRTUM 274
VERBRAUCHER 190
VERFASSUNGSBESCHWERDE 79
VERFASSUNGSBESCHWERDE 97
VERFASSUNGSGRUNDSÄTZE 74
VERFÜGUNGSGESCHÄFT 202
VERHÄLTNISMÄSSIGKEIT 157
VERHÄLTNISMÄSSIGKEIT 29

VERHÄLTNISMÄßIGKEIT IM ENGEREN SINN 32
VERHÄLTNISMÄSSIGKEITSPRINZIP 29
VERLETZUNGSHANDLUNG 208
VERPFLICHTUNGSGESCHÄFT 202
VERPFLICHTUNGSKLAGE 145
VERRICHTUNGSGLIEDERUNG 307
VERSCHULDEN 274
VERSUCH 275
VERTEILUNGSRECHNUNG 335
VERTRAGSTYPEN 203
VERTRETER DES BÜRGERMEISTERS 183
VERWALTUNGSAKT 113
VERWALTUNGSGERICHTLICHES EILVERFAHREN 164
VERWALTUNGSRECHTSSCHUTZ 145
VERWALTUNGSVORSCHRIFT 44
VERWENDUNGSRECHNUNG 335
VOLLKOSTENRECHNUNG 440
VORBEHALT DES GESETZES 21
VORHERIGE BEWILLIGUNG: 456
VORRANG DES GESETZES 24
VORSATZ 275

W
WAHLVERFAHREN 92
WERTSCHÖPFUNG 333
WIDERRUF 142
WIDERRUFSVORBEHALT 139
WIDERSPRUCH 146
WIRTSCHAFTLICHKEIT 330
WIRTSCHAFTLICHKEIT UND SPARSAMKEIT: 456
WIRTSCHAFTSKREISLAUFMODELL 332
WIRTSCHAFTSPOLITIK 323
WIRTSCHAFTSSEKTOREN 331
WIRTSCHAFTSSUBJEKTE 327
WIRTSCHAFTSTHEORIE 323

Z
ZUMUTBARKEIT 248
ZUSTÄNDIGKEIT 27
ZUSTIMMUNGSGESETZ 82
ZWANGSGELD 161
ZWANGSMITTEL 158
ZWECKBINDUNG 459